NATIONAL GEOGRAPHIC TRAVELER

NEUSEELAND

NATIONAL GEOGRAPHIC TRAVELER

NEUSEELAND

Peter Turner
Fotos von Colin Monteath

INHALT

Seite 2–3: Mt. Adams, Westland National Park
Links: Die Oriental Bay schmückt die Wellington Waterfront.

RÜCKSICHTSVOLL REISEN

Umsichtige Urlauber brechen voller Neugierde auf und kehren reich an Erfahrungen nach Hause zurück. Wer dabei rücksichtsvoll reist, kann seinen Teil zum Schutz der Tierwelt, zur Bewahrung historischer Stätten und zur Bereicherung der Kultur vor Ort beitragen. Und er wird selbst reich beschenkt mit unvergesslichen Erlebnissen.

Möchten nicht auch Sie verantwortungsbewusst und rücksichtsvoll reisen? Dann sollten Sie folgende Hinweise beachten:

- Vergessen Sie nie, dass Ihre Anwesenheit einen Einfluss auf die Orte ausübt, die Sie besuchen.
- Verwenden Sie Ihre Zeit und Ihr Geld nur auf eine Weise, die dazu beiträgt, den ursprünglichen Charakter eines Ortes zu bewahren.
- Entwickeln Sie ein Gespür für die ganz besondere Natur und das kulturelle Erbe Ihres Urlaubslandes.
- Respektieren Sie die heimischen Bräuche und Traditionen.
- Zeigen Sie den Einheimischen ruhig, wie sehr Sie das, was den besonderen Reiz ihres Landes ausmacht, zu schätzen wissen: die Natur und die Landschaft, Musik, typische Gerichte, historische Dörfer oder Bauwerke.
- Scheuen Sie sich nicht, mit Ihrem Geldbeutel Einfluss zu nehmen: Unterstützen Sie möglichst solche Einrichtungen oder Personen, die sich um die Bewahrung des Typischen und Althergebrachten bemühen. Entscheiden Sie sich für Läden, Restaurants, Gaststätten oder Reiseanbieter, denen offensichtlich an der Bewahrung ihrer Heimat gelegen ist. Und meiden Sie Geschäfte, die den Charakter eines Ortes stören.
- Wer auf diese Weise reist, hat mehr von seinem Urlaub, und er kann sicher sein, dass er seinen Teil zum Erhalt und zur Verbesserung eines Ortes oder einer Landschaft beigetragen hat.

Diese Art des Reisens gilt als zeitgemäße Form eines sanften, auf Nachhaltigkeit bedachten Tourismus. NATIONAL GEOGRAPHIC verwendet dafür auch den Begriff des „Geo-Tourismus". Gemeint ist damit ein Tourismus, der den Charakter eines Ortes – seine Umwelt, seine Kultur, seine natürliche Schönheit und das Wohlergehen seiner Bewohner – nicht aus den Augen verliert. Weitere Informationen zum Thema gibt es im National Geographic's Center for Sustainable Destinations unter *www.nationalgeographic.com/travel/sustainable.*

NATIONAL GEOGRAPHIC TRAVELER

NEUSEELAND

ÜBER DEN AUTOR & DEN FOTOGRAFEN

Peter Turner hat es aus familiären Gründen ebenso wie aus Liebe zur Natur 20 Jahre lang immer wieder auf die Südinsel gezogen. Er hat praktisch jeden Winkel von Neuseeland bereist und darüber auch geschrieben. Der gebürtige Australier ist ein leidenschaftlicher Wanderer und Journalist. Als Redakteur und Journalist war er in seiner Heimat Australien ebenso tätig wie in den Ländern Indonesien, Thailand und Brunei. Der Reiseschriftsteller und Fotograf hat sich auf Südostasien und den Südpazifik spezialisiert. Seine Beiträge erscheinen mittlerweile in Zeitungen und Zeitschriften auf der ganzen Welt, und er hat schon an mehr als 20 Reiseführern mitgewirkt.

Colin Monteath aus Christchurch in Neuseeland ist freiberuflicher Fotograf, Autor und Bergsteiger. In den Polarregionen ist er ebenso zu Hause wie im Hochgebirge. 1983 hat er Hedgehog House New Zealand gegründet, eine Bildagentur, die sich auf Fotografien von den Polarregionen und Gebirgen, auf Naturaufnahmen und Reisefotogafie spezialisiert hat.

Colin hat schon unzählige Male in der Antarktis gearbeitet und bereits an 20 Himalaja-Expeditionen teilgenommen. Im Rahmen von Auftragsarbeiten mit der Fotokamera hat er praktisch sämtliche Kontinente bereist. Seine Bilder und Beiträge wurden in vielen internationalen Zeitungen und Zeitschriften veröffentlicht, unter anderem in NATIONAL GEOGRAPHIC.

Die Reise planen

Die Natur hat die beiden Inseln des südlichen Pazifik mit großartigen Landschaften gesegnet: mit Bergen, Hochgebirgen, Gletschern, Wüsten, Vulkanen, Seen, Wäldern und Stränden. Hier erfahren Sie, wie die Reise am besten gelingt.

Neuseeland ist ein Naturparadies, es bietet aber auch einen faszinierenden Kulturmix. Dieses freundliche Land ist leicht zu erkunden und erlaubt zahllose Aktivitäten, von Outdoor-Abenteuern bis zur Wildtierbeobachtung.

Reisevorschläge

Neuseeland ist in zwei Inseln von ähnlicher Gestalt geteilt, die beide ihre eigenen landschaftlichen Reize haben. Wenn man nur kurz dort ist, sollte man sich am besten auf eine Insel beschränken, doch es lassen sich auch die Highlights beider Inseln besuchen.

Eine einwöchige Tour zu den Highlights könnte Auckland–Rotorua–Christchurch–Mount Cook–Queenstown–Milford Sound–Gletscher und die Rückkehr nach Christchurch/Auckland umfassen. Diese Route ist so dicht gedrängt, dass man am besten ein Pauschalangebot wahrnimmt. Wer mehr Zeit hat, kann das Land per Auto erkunden. Auch Flüge und Busfahrten sind leicht zu arrangieren.

In zwei Wochen kann man die Highlights der Nord- und Südinsel genießen, während ein Aufenthalt von drei Wochen oder länger viele weitere wunderschöne Orte ins Auge fassen lässt.

Start im Norden

Zu den Hauptattraktionen der Nordinsel gehören die Maorikultur, Vulkane und Strände. Die Insel ist sichtlich dichter besiedelt und stärker landwirtschaftlich genutzt, und doch bietet sie eine Fülle von Naturwundern. Eine einwöchige Tour über die Nordinsel könnte so aussehen: Auckland–Bay of Islands–Rotorua–Lake Taupo–Tongariro National Park–Wellington. Mit dem Mietwagen sind einige Abstecher möglich, auch bei einer Bustour gibt es zwischen den Hauptsehenswürdigkeiten interessante Zwischenstopps.

Die meisten Besucher werden zuerst in Auckland Station machen, der an einem wunderschönen Hafen gelegenen Metropole, die neben kulturellen

Schnitzerei der Maori

Attraktionen und fantastischer Landschaft hervorragende Restaurants, Nachtclubs und Einkaufsmöglichkeiten zu bieten hat.

Die Maori bevorzugten die wärmere Nordinsel. Ihre Kultur wird für Besucher am deutlichsten in Rotorua lebendig, das drei Autostunden südlich von Auckland liegt. Rotorua ist auch für seine Geysire und Schlammtöpfe berühmt.

In einer vierstündigen Autofahrt von Auckland nach Norden gelangt man zur Bay of Islands mit herrlicher Küstenlandschaft, in fünf Stunden Fahrt nach Süden zu den Vulkanen des Tongariro National Park.

Fünf Autostunden südlich von Tongariro liegt die Hauptstadt Neuseelands, Wellington – viel kleiner als Auckland, aber ebenso schön an einem Hafen gelegen. Hier, an der Südspitze der Nordinsel, starten die Fähren zur Südinsel.

UNBEDINGT ANSEHEN:

Auckland, die „Stadt der Segel" und Drehscheibe des Südpazifik 58

Die Bay of Islands, Geburtsort des modernen Neuseeland, berühmt für ihre Meereslandschaft 84

Rotorua – thermische Aktivitäten, Maori, Touristenzentrum 122

Die Vulkane und Wanderungen im eindrucksvollen Tongariro National Park 131

Das kultivierte Wellington, Hauptstadt des Landes 152

Kaikoura zur Walbeobachtung und zum Schwimmen mit Delphinen 176

Die Gletscher Franz Josef und Fox mit ihren blauen Eiszungen 227

Queenstown, den großartigen Ferienort in den Bergen 248

Den Ehrfurcht gebietenden Milford Sound, vom Boot aus oder aus der Luft 266

Weiter nach Süden

Die Hauptattraktionen der Südinsel sind die Southern Alps, Fjorde und Gletscher. Für die meisten Besucher ist die Südinsel der Inbegriff der wilden Landschaft Neuseelands.

Christchurch, die wichtigste Stadt der Südinsel im Stil einer englischen Gartenstadt, ist von Auckland, Rotorua und Wellington aus gut zu erreichen. Von hier aus kann man zum Fuß der mächtigen Southern Alps fahren – dieses Gebirge hat mit dem Aoraki/ Mount Cook den höchsten Gipfel Neuseelands. Per Kurzflug oder in einer

Besucherinformation

Das Hauptinformationsportal für Neuseeland-Besucher ist das von Tourism New Zealand *(www.newzealand.com)* betriebene i-SITE Network.

In der Hochsaison im Sommer ist der Ansturm auf die rund 80 Anlaufstellen von Tourism New Zealand allerdings groß. Außerdem sind die meisten i-SITE-Zweigstellen kommerzielle Unternehmen, die lokale Firmen fördern und Vermittlungsgebühren erheben, also daran interessiert sind, dass ihre Firmenkunden Umsatz machen.

In fast allen Städten finden Sie auch kleinere, regionale Touristeninformationen; sie nehmen oft keine Buchungen vor, sind dafür aber sehr ortskundig.

Die Naturschutzbehörde Department of Conservation (DOC) unterhält in Parks und Städten zahlreiche Informationsstellen. Sie führen manchmal auch Listen lokaler Zimmervermittlungen, nehmen allerdings keine Reservierungen vor. Ihre Website *(www.doc.govt.nz)* bietet einen ausgezeichneten Überblick über Neuseelands Parks und Freizeitmöglichkeiten.

Reisezeit

Die beste Reisezeit für Neuseeland sind die Sommermonate von Dezember bis Februar, wenn die Tage warm, die Strände am schönsten und die Nationalparks in den Bergen zugänglich sind. Allerdings können von Weihnachten bis Mitte März die Haupttouristenregionen sehr voll, Unterkünfte und Mietwagen schwierig zu finden sein. Für diese Zeit sollte man so früh wie möglich buchen. In der Nebensaison – Oktober/November und April/Mai – ist es etwas kühler, dafür nicht so überlaufen und die Unterkünfte merklich preiswerter. Außerhalb der Saison, von Juni bis September, herrscht auf den Skihängen der Southern Alps und des Mount Ruapehu auf der Nordinsel reger Betrieb.

achtstündigen Fahrt von Christchurch geht es dann Richtung Südwesten nach Queenstown mit seinen Outdoor-Aktivitäten.

Nächste Station könnte, etwa fünf Autostunden westlich von Queenstown, der Milford Sound sein: Bei einer Fjordfahrt genießt man den Blick auf die schneebedeckten Gipfel. Dieses faszinierende Wunderwerk der Natur ist eine der bedeutendsten Sehenswürdigkeiten des Landes.

Die weiteren Hauptziele der Südinsel liegen auf der anderen Seite der Alpen, eine malerische, sechsstündige Fahrt von Queenstown gen Norden. Der Franz Josef Glacier und der Fox Glacier sind besonders leicht zugänglich.

Alle Highlights der Südinsel lassen sich mit dem Mietwagen in einer Woche besichtigen. Wer ein oder zwei Tage einsparen möchte, kann den Milford Sound oder die Gletscher oder auch Christchurch auslassen, indem er direkt nach Queenstown fliegt.

Wer mehr Zeit hat: Nordinsel

Northland, der „winterlose Norden" nördlich von Auckland, wird wegen seiner Strände und der herrlichen Ostküstenlandschaft geschätzt. Eine Fahrt von der Bay of Islands durch Northland könnte die Kauriwälder der Kauri Coast einschließen, und wer Zeit hat, fährt zum Cape Reinga im äußersten Norden.

Ein zweitägiger Abstecher führt zur Coromandel Peninsula, eineinhalb Stunden östlich von Auckland, mit ihren wunderschönen Stränden. Weiter geht es entlang der Ostküste gen Süden zur Bay of Plenty, während sich Vulkanfreunde einen Ausflug zur White Island, 48 Kilometer vor der Küste von Whakatane, nicht entgehen lassen sollten.

Das East Cape, eine abgelegene Maoriregion, lädt Autofahrer zum

Trinkgeld

Trinkgeld ist in Neuseeland freiwillig. Obwohl keinesfalls erforderlich, ist ein Trinkgeld von fünf bis zehn Prozent für guten Service in den schickeren Restaurants gern gesehen. (Bei sehr schlechtem Service sollte man darauf verzichten.) Für Taxifahrer kann man den Betrag bis zu zehn Prozent aufrunden, und in Spitzenhotels ist es üblich, dem Portier fürs Koffertragen ein bis zwei NZ$ zu geben.

Abstecher über Land ein. Auf dem Weg Richtung Süden nach Rotorua empfehlen sich die Waitomo Caves mit ihren Glühwürmchen als Zwischenstopp. Nachdem man die Maorikultur und die geothermischen Aktivitäten in Rotorua in sich aufgenommen hat, kann man den Weg zum Lake Taupo, Tongariro National Park und nach Napier fortsetzen. Die Art-déco-Stadt liegt inmitten eines Weinanbaugebiets. Danach geht es zurück nach Auckland.

Die Westküste der Nordinsel bietet insgesamt weniger Attraktionen, aber immerhin doch den Ehrfurcht gebietenden Vulkan Mount Taranaki und den Whanganui River.

Nach Hause telefonieren

Auslandsgespräche können von Telefonzellen mit Münzen, Kreditkarten oder Prepaid-Telefonkarten geführt werden. Die an Kiosken und in kleinen Läden erhältlichen Telefonkarten für Auslandsgespräche bieten die günstigsten Tarife ins Festnetz. Eine Prepaid-SIM-Karte fürs Handy kann sich durchaus lohnen. Bei Auslandsgesprächen wählt man die 0049 für Deutschland, 0043 für Österreich oder 0041 für die Schweiz, dann die Ortsvorwahl ohne vorangestellte 0 und die Nummer (Details siehe S. 281).

Wer mehr Zeit hat: Südinsel

Auf der Südinsel verdienen die sonnigen nördlichen Distrikte Marlborough und Nelson eine genauere Erkundung. Fähren von der Nordinsel fahren in die Marlborough Sounds ein, während der Abel Tasman National Park wenige Stunden weiter westlich traumhafte Strände und Buchten zu bieten hat, die sich zu Fuß, mit dem Boot oder Kajak erkunden lassen. Weitere Attraktionen sind die Stadt Nelson, die Weingüter bei Blenheim sowie Kaikoura mit Walbeobachtungs- und vielen anderen Touren in die wilde Natur.

Dunedin, fünf Autostunden südlich von Christchurch gelegen, war einst der Hauptort des Landes. Die Otago Peninsula ist ein Ziel für alle, die sich für Meereslebewesen interessieren. Auch in den Catlins weiter südlich gibt es Robben, Seelöwen und Pinguine zu sehen, daneben Wasserfälle und Wälder.

Im äußersten Süden, 725 Kilometer von Christchurch entfernt, bietet sich die Stewart-Insel als letzte Station an. Sie ist abgelegen, aber reich an Naturschätzen. Der Kiwi, der Nationalvogel Neuseelands, lässt sich hier am besten beobachten.

Weitere Highlights der Südinsel sind die Stadt Akaroa bei Christchurch, der Ferienort Wanaka und der Doubtful Sound, ein würdiger Rivale des Milford Sound.

Es sind die Nationalparks, die die größten Sehenswürdigkeiten bergen – doch auch andernorts stößt man auf manches Juwel, das noch nicht von allen Neuseelandbesuchern endeckt wurde. ■

Einwohner von Canterbury

Geschichte & Kultur

Bodysurfen in der Cathedral Cove, Coromandel Peninsula

Neuseeland heute

Als die ersten Maori mit Kanus von Polynesien kamen, fanden sie ein Land vor, wie sie es noch nie gesehen hatten, eine urgeschichtliche Welt, abgeschieden und einzigartig. Sie nannten es Aotearoa, „Land der langen weißen Wolke", da die hoch aufragenden Vulkane oft im Nebel lagen und die schneebedeckten Bergketten sich weiter erstreckten, als das Auge reichte.

Blick vom Sky Tower über Auckland

Uralte Wälder aus riesigen Nadelbäumen und Farne bedeckten einen Großteil des Landes, und die vielen Buchten und Strände dieser großen, unberührten Inseln waren von türkis und tiefblau schimmerndem Meer gesäumt.

Trotz ihrer Stammesfehden führten die Maori hier ein gutes Leben, bis die Engländer eine Kolonie errichteten, die durch Ausbeutung der Ressourcen des Landes erblühte. Aus Aotearoa wurde Neuseeland, die Siedler gestalteten die Landschaft um, verwandelten Hügel und Täler in Ackerland und ließen auf grünen Weiden Schafe grasen. Neuankömmlinge und Maori gerieten aneinander, wobei Letztere durch Krankheiten, Gewehrfeuer und die wachsende Zahl nach Land dürstender Einwanderer dezimiert wurden. Doch Aotearoa sollte seine polynesischen Wurzeln nie verlieren. Das moderne Neuseeland ist ein englischsprachiges, entwickeltes, von europäischer Kultur dominiertes Land, doch in seinen Adern wird ewig polynesisches Blut fließen.

Neuseeland ist noch immer ein Anziehungspunkt im südpazifischen Raum: Bis heute suchen Polynesier aus Samoa, Tonga, Niue und von den Cook-Inseln hier ihr Glück. Es ist auch zunehmend attraktiv für Einwanderer aus Asien. Obwohl es also mehr und mehr multikulturell wird, bleibt das Bikulturelle für die Bevölkerung des Landes und seine Zukunft prägend.

Zwei Völker, ein Land

Unter den 4,2 Millionen Staatsbürgern bezeichnen sich etwa 15 Prozent als Maori und 80 Prozent als europäischstämmig oder Pakeha. So wird Neuseeland zur Begegnungsstätte zweier Kulturen – ein stets faszinierendes Aufeinandertreffen.

Die Beziehungen zwischen den Ethnien erhielten mit dem Vertrag von Waitangi 1840 eine gute Basis, denn den Maori wurden – ungewöhnlich für eine Kolonie – ihre Rechte und ihr Landbesitz garantiert. Doch der Landhunger der Siedler führte unausweichlich zum Krieg. Die Maori waren gute Kämpfer, konnten aber auf Dauer der britischen Militärmacht nicht standhalten. Aus Rache beschlagnahmten Kolonisten Land, missachteten den Vertrag und vertrieben die Stämme in zumeist abgelegene Gegenden. Bis in die 1950er-Jahre gab es wenig Berührung zwischen beiden Gemeinschaften, dann strömten die Maori in großer Zahl in die Städte. Wirtschaftlich hatten sie davon Vorteile, doch viele verloren den Kontakt zu ihrer Sprache und Kultur.

In den letzten Jahrzehnten hat das Interesse an *Maoritanga* (Kultur der Maori) stark zugenommen und Neuseeland als Ganzes beflügelt. Die Regierungen nehmen die Belange der Maori sehr ernst und sind heute bemüht, soziale und ökonomische Ungerechtigkeiten zu beseitigen. Ein Meilenstein war die Einrichtung des Waitangi-Tribunals 1975, das Verstöße gegen den Vertrag von Waitangi ahnden und Ausgleichszahlungen an Stämme beschließen soll – ein Zeichen des Wunsches nach einem Neuanfang in den Beziehungen zwischen den Ethnien. Dieser Prozess ist noch nicht abgeschlossen, allerdings hat der Bikulturalismus auch seine Kritiker – von Pakeha, die „ein einiges Neuseeland" befürworten, bis zu Forderungen einiger Maori nach einem eigenen Staat. Für den Besucher eröffnet die Maorikultur insbesondere auf der Nordinsel einen farbenfrohen Einblick in eine reiche Tradition.

Helden der Kiwis

Zu den Kiwi-Helden gehören der Atomphysiker Ernst Rutherford und der Mount-Everest-Erstbesteiger Sir Edmund Hillary. Sportler wie die All Blacks, die Rugby-Nationalmannschaft, sind Halbgötter, und auch die Kunst ist gut vertreten – von der Autorin Katherine Mansfield bis zu den Hollywood-Exporten Sam Neill, Russell Crowe und dem Regisseur von „Der Herr der Ringe", Peter Jackson.

Die meisten Neuseeländer sind Nachfahren englischer, schottischer oder irischer Siedler. Bis ins 20. Jahrhundert betrachteten sie Großbritannien als ihre Heimat. Heute hat das Land die britischen Fesseln abgestreift. Es liegt ihm aber ebenso daran, sich von Australien zu distanzieren, dem größeren, lauteren und gönnerhaften Vetter jenseits der Tasmansee.

Voller Stolz und auf ihre Unabhängigkeit bedacht, nennen die Neuseeländer sich (und ihre Kultur) „Kiwi", nach dem flugunfähigen, nachtaktiven Nationalvogel. Wenn Kiwis auf der Weltbühne Furore machen, schwillt allen Neuseeländern die Brust. Obwohl Neuseeländer den Anspruch erheben, vom Motorflug bis zum Joggen einfach alles erfunden zu haben, wird der Nationalstolz doch durch einen Hang zur Selbstironie und das Misstrauen gegenüber jeglicher Autorität im Zaum gehalten.

Kiwis sehen sich gern als Bilderstürmer, Verfechter der Gleichheit und Weltführer in Sachen Sozialreform: Neuseeland war das erste Land, das in den 1890er-Jahren das Frauenwahlrecht einführte. Es sieht sich bis heute durch eine fortschrittliche Umwelt-, Sozial- und Bevölkerungspolitik geprägt. Mit hohem Lebensstandard und niedrigen Kriminalitätsraten belegt es hinsichtlich Lebensqualität regelmäßig einen Spitzenplatz. Neuseeland die Kirchturmpolitik der Vergangenheit hinter sich gelassen, augenfällige Exzesse gibt es allenfalls in seiner politischen Korrektheit. Die Kiwis sind um ihre Lebensart nur zu beneiden.

Drei Maorijungen am Waikanae Beach, Gisborne

Europäischstämmige Kiwis definieren ihren Nationalcharakter oft mit Blick auf die frühen Siedler. Diese Pioniere führten ein raues, abgeschiedenes Leben und meisterten die widrigen Umstände mit harter Arbeit, Entschlossenheit und Anpassungsfähigkeit. Kiwis rühmen sich ebenso ihres Einfallsreichtums und ihrer Autarkie, man hört oft, mit einem „Zaundraht Nr. 8" – so die übliche Größe für Zäune auf Farmen – lasse sich alles in Ordnung bringen.

Während männliche, durch Rugby verkörperte Werte gepriesen werden, sind alternative Lebensstile ebenfalls willkommen. Selbst in kleinen Ortschaften finden sich Künstler und Kunsthandwerker in Hülle und Fülle. Auch Frauen tragen im modernen Neuseeland viel zur Dynamik des öffentlichen Lebens bei und besetzen Führungspositionen in Politik, Justiz, Verwaltung und Wirtschaft. Im Sport machen die Neuseeländerinnen beim Frauenfußball von sich reden.

Neuseeland besitzt trotz seines agrarischen Hintergrunds eine urbane Gesellschaft. Allerdings wirken hier sogar größere Städte dörflich, jeder kennt jeden oder verhält sich zumindest so. Fremde grüßen einander mit einem Lächeln, einem Hallo oder einigen Worten. Auf abgelegenen Straßen winken Autofahrer einander zu wie alte Freunde.

Nicht mehr auf dem Rücken der Schafe

Der globale Wandel hat auch in Neuseeland dramatische Veränderungen bewirkt. Nach Jahren mit hohem Lebensstandard hat es in einer Zeit sinkender Agrareinnahmen Korrekturen an seinem Wohlfahrtssystem vornehmen müssen. Einst galt es als agrarisches Hinterland Großbritanniens, doch nun muss es sich nach weiteren Märkten umsehen und seine Wirtschaft neu justieren.

Bei den Exporten spielen Agrargüter noch immer die Hauptrolle, vor allem Milchprodukte, Fleisch und Holz, doch der Dienstleistungssektor nimmt an Bedeutung zu. Wenn man durch Neuseeland reist, wird man auf einst blühende Ackerbürgerstädte treffen, mit denen es jetzt bergab geht. Im Gegensatz dazu boomen Touristenstädte mit betriebsamen Cafés und ausgebuchten Hotels. Seit den 1980er-Jahren hat sich das Land dem freien Welthandel verschrieben.

In Neuseeland können Sie Mittelerde erleben und ein Hobbit-Haus besichtigen.

Geschickte Unternehmer entdecken neue Chancen für Neuseeland auf dem Weltmarkt, trotz der Schwierigkeiten für eine kleine, weit abgelegene Volkswirtschaft. Das betrifft in erster Linie den exportorientierten Weinbau und die florierende Filmindustrie. Die Welt findet zunehmend Geschmack an guten Weinen aus Down Under, und der Erfolg von „Der Herr der Ringe" sowie „Der Hobbit" sorgt für ausländische Investitionen in neuseeländische Spitzenstudios.

Das Wachstum findet vorrangig in Metropolen wie Auckland statt, der einzigen echten Großstadt Neuseelands, doch auch den Küstenstädten geht es gut: Hierher strömen die Babyboomer mit ihren Immobiliengewinnen. Ruheständler suchen Sonnenschein, schöne Strände und Yachthäfen, mit denen Neuseeland gut ausgestattet ist.

Neuseeland ist für seine Wanderwege, wie den Milford Track, Routeburn Track und Tongariro Alpine Crossing Track, berühmt.

Die Natur wird gehegt und gepflegt

Die Neuseeländer lieben ihre Landschaften. Für die Berge haben sie in ihrem Herzen einen Sonderplatz reserviert, doch das Meer wird ebenso verehrt. Insgesamt sind die Kiwis fit, gesund und darauf bedacht, die Natur wandernd, kletternd, segelnd, schwimmend, surfend oder mit dem Kajak zu erleben.

Trotz oder vielleicht gerade wegen der Umweltschäden, die die frühen Siedler verursachten, betreiben die Neuseeländer einen Kult um die Natur. Ein System von Nationalparks schützt die Schätze des Landes. Die größten Attraktionen – die Southern Alps, Gletscher, Fjorde, Vulkane und wundervolle Wanderwege – liegen in Nationalparks, die vom Department of Conservation, dem DOC, verwaltet werden.

Die DOC-Büros in den Parks sind eine gute Informationsquelle für Wanderungen, Hütten – mit denen die Parks gut bestückt sind – und das Wetter. Neuseeland ist für seine Wanderwege berühmt. Neun Routen sind vom DOC als *Great Walks* markiert worden: Sie führen durch die schönsten Landschaften und bieten besser ausgestattete Hütten zur Übernachtung. Die meisten müssen über die DOC-Website *(www.doc.govt.nz)* gebucht werden. Man sollte auf jeden Fall Wanderschuhe mitnehmen, denn hier gibt es überall etwas zu erwandern, von ausgeschilderten Streifzügen durch Stadtparks bis zu kleinen Abstechern in die spektakuläre Wildnis.

Zwar hat Neuseeland außer Fledermäusen keine heimischen Landsäugetiere zu bieten, dafür aber eine einzigartige reiche Vogel- und Meereswelt. Seebären, Seelöwen und Pinguine gehen an vielen Stränden an Land, wo sich auch Delfine beobachten lassen. Dieser Überfluss hat eine starke Tourismusindustrie hervorgebracht, vom Schwimmen mit Delfinen bis zur Walbeobachtung in Kaikoura auf der Südinsel.

Die beiden Persönlichkeiten Neuseelands

Neuseeland ist ein Land aus zwei Inseln, zwei Hälften, zwei Persönlichkeiten.

Drei Viertel der Bevölkerung leben auf der Nordinsel, die für ihre thermischen Aktivitäten, Vulkane und die Maorikultur bekannt ist. Die Insel besitzt

Mutige Wanderer auf einer Hängebrücke beim Mount Sefton auf der Südinsel

Berge und eine schöne Küstenlandschaft, und doch bleiben vor allem Bilder von Weideland und von mit Schafen übersäten Hügeln im Gedächtnis.

Die Südinsel ist wilder, spektakulärer und das Hauptziel der Besucher. Hier finden sie mächtige Berge, Fjorde, Gletscher und Seen. Der Einfluss der Maori ist weniger zu spüren, und die Städte pflegen ihre britischen Wurzeln.

Die Nordinsel wird von Auckland beherrscht. Diese Stadt mit 1,3 Millionen Einwohnern – jeder dritte Neuseeländer lebt hier – ist die heimliche Hauptstadt ganz Polynesiens. Die „echte" Hauptstadt Wellington im Süden der Nordinsel ist kleiner, aber sehr kultiviert und schön gelegen.

Die Nordinsel ist das Kerngebiet der Maori – insbesondere der hohe Norden und der Osten, wo an den *marae* (Versammlungsorten) die Tradition hochgehalten wird. Hier lebte der Stamm der Te Arawa, lange bevor Touristen kamen, um die berühmten Schlammtümpel und Geysire zu sehen.

Vulkanische Aktivitäten sind ein Merkmal der Nordinsel, und die mitten im Tongariro National Park aufragenden Vulkane sind ein Höhepunkt eines jeden Besuchs. Die Insel wartet außerdem mit einer eindrucksvollen Küste auf. Die geschützte Ostküste an der heiteren Bay of Islands in Far North bildet ein immer wieder unterbrochenes Band von Buchten, Stränden und Inseln.

Über eine rasche Passage gelangt man zur etwas größeren Südinsel, die rauer, dünner besiedelt und landschaftlich noch reizvoller ist. Die majestätischen Southern Alps verlaufen längs über die Insel – die höchsten Gipfel finden sich im Aoraki/Mount Cook National Park. Auch die atemberaubenden Fox Glacier und Franz Josef Glacier sollte man sich nicht entgehen lassen.

Im äußersten Süden frästen vor Urzeiten Gletscherströme die Ehrfurcht gebietende Fjordlandschaft aus. Eine Kette von spektakulären Fjorden – darunter der berühmte Milford Sound – durchbricht diese zerklüftete Küste, die zu den Weltnaturerbestätten zählt.

Queenstown am Lake Wakatipu ist der beliebteste Ferienort. Hier fließt das Adrenalin beim Bungee-Jumping, Wildwasserrafting, Jetbootfahren (siehe S. 252), Tandem-Fallschirmspringen und Parasailing.

In Christchurch, dem Hauptort der Südinsel, zeugen Parks und Gebäude vom englischen Erbe. Die Stadt Dunedin hingegen zelebriert ihre schottischen Wurzeln.

Für ein mit einzigartigen Naturwundern gesegnetes Land ist es nur zu passend, dass es auf den Tourismus setzt. Wo die Natur einst ausgebeutet wurde, wird sie heute wie ein Schatz gehütet, und das saubere, grüne Neuseeland belegt im Umweltschutz weltweit eine Spitzenposition.

Die ursprüngliche Landschaft bildete sich über Millionen von Jahren heraus, doch die kulturelle Evolution vollzog sich rascher. Neuseeland, einst Heimat der Maori, später kolonialer Außenposten und schließlich eine unabhängige Nation, ist ein junges, dynamisches Land. Kulturelle Werte sind nicht einfach zu definieren und wandeln sich. Obwohl des britischen Erbes gewahr, hat es seine polynesischen Wurzeln angenommen und eine einzigartige nationale Identität geschaffen, die sich mit selbstsicherem Blick auf die Welt weiterentwickelt. ■

Der Akzent der Kiwis

Keine Betrachtung über Neuseeländer kommt ohne einen Kommentar zu ihrem Akzent aus. Er gleicht dem der Australier, hat über die letzten Generationen eine Sonderentwicklung genommen und wird mit wachsendem Patriotismus und Stolz auf die Kultur der Kiwis verbunden. Das Weglassen kurzer Vokale kann ausländische Besucher manchmal zur Verzweiflung treiben. Mehrere Vokale sind von dieser Eigenart betroffen, doch am deutlichsten ist der Unterschied beim kurzen „i": Aus *fish and chips* wird hier *fush and chups*.

Neuseeland damals

Neuseeland wurde als letzte größere Landmasse besiedelt. Sie ist ein isolierter Überrest des Riesenkontinents Gondwana, der vor 80 Millionen Jahren in Indien, Australien, die Antarktis, Südamerika und Afrika zerbrach.

Abgeschnitten vom Rest der Welt, entwickelten sich auf Neuseeland eine einzigartige Flora und eine reiche Vogelwelt, doch Landsäugetiere gab es hier nicht. Der Moa, der mit 3,70 Metern größte Vogel der Welt, streifte, unbehelligt von Raubtieren – abgesehen vom riesigen Haastadler –, umher. Vögel beherrschten ein glühendes, durch Hebung und Eruption hervorgebrachtes Land.

Einwanderung der Maori

Es ist ungewiss, warum und wo die Maori ursprünglich hierher aufbrachen, doch ihre Sprache weist die größte Ähnlichkeit mit polynesischen Sprachen auf den Cook-Inseln und Tahiti auf, so dass sie wahrscheinlich von dort kamen.

Einigen mündlichen Maoriüberlieferungen zufolge entdeckte Kupe Neuseeland. Er kam aus dem polynesischen Hawaiki übers Meer und nannte das neue Land Aotearoa („Land der langen weißen Wolke"). Diese Geschichte wurde über Jahre an neuseeländischen Schulen als Tatsache gelehrt, danach aber weitgehend als Irrtum entlarvt.

Dennoch legten mit Sicherheit einige *waka* (Kanus) die Reise zurück, und die Maoristämme führen deshalb ihre Herkunft auf das *waka* zurück. Wann sie hier ankamen, war Gegenstand heftiger Debatten. Einigen Theorien zufolge geschah die Besiedlung Neuseelands durch die Maori bereits um 800, nach neuerer Auffassung jedoch erst ab dem 13. Jahrhundert.

Die Neuankömmlinge fanden ein sehr fremdes Land vor: Mit seinen 1600 Kilometern Länge war es riesig, dazu bergig und fruchtbar. Den aus den Tropen stammenden Polynesiern erschien es zudem kalt. Nicht alle ihre Feldfrüchte würden hier gedeihen, und die weiter südlich gelegenen Berge waren mit *huka* (Schaum) bedeckt – so nannten sie den ihnen völlig unbekannten Schnee.

Gestalt nahm die Maorikultur durch Anpassung an, die zunächst durch die Jagd auf Moas erleichtert wurde. Diese riesigen flugunfähigen und daher leicht zu fangenden Vögel gab es hier in großer Zahl, doch in vielleicht 100 Jahren waren sie durch die Jagd nahezu ausgelöscht. In nördlichen Gebieten dienten Robben als Hauptnahrungsquelle, doch auch sie wurden dezimiert.

Die Herkunft der Maori

Vor etwa 5000 Jahren entwickelte das Volk der Austronesier in Südostasien Fähigkeiten in der Seefahrt, die es ihm ermöglichten, in den Pazifik auszuschwärmen. Etwa 1000 v. Chr. hatten sie Tonga und Samoa erreicht.

Diese Urahnen der Polynesier blieben in ihrer neuen Heimat fast ein Jahrtausend sesshaft und stießen dann weiter in den Ostpazifik vor. Mit ihren Doppelrumpfkanus zogen sie nach Osten zu den Marquesas, schließlich nach Süden bis Tahiti und nach Norden bis Hawaii.

Waka **(Kriegskanu) der Maori in der Wairoa Bay, Northland**

Im 14. und 15. Jahrhundert gewann die Landwirtschaft an Bedeutung, und die Maori wurden sesshafter. *Kumara* (Süßkartoffeln) spielten eine große Rolle. Da ihre Knollen in Gruben gelagert werden mussten, nahm das Nomadentum weiter ab. In den Schnitzereien der Maori bildeten sich verschiedene Stile heraus. Auch die Verwendung natürlicher Ressourcen wie Flachs zum Weben und der kostbaren *pounamu* (Jade) zum Schnitzen entwickelte sich.

Mit der Zunahme der Bevölkerung und wachsender Rivalität in der Nutzung der Rohstoffe kam es häufiger zu Konflikten. Befestigte Dörfer, sogenannte *pa*, wurden auf Hügeln erbaut und bei Auseinandersetzungen besetzt, und größere Stammeszusammenschlüsse gewannen für die Verteidigung an Bedeutung. Aber es gab auch einen funktionierenden Handel. Der Austausch von Jade florierte zwischen den Maori der Südinsel und den Stämmen des Nordens, und aus anderen Regionen wurden Minerale wie Obsidian ausgeführt. Als im 17. Jahrhundert die Europäer Aotearoa erstmals besuchten, hatte sich eine Maorikultur entwickelt, die sich von jener im östlichen Polynesien deutlich unterschied.

Beim ersten Kontakt mit Europäern hatte das Land eine Bevölkerung von 100 000 Maori – die letzte größere Bevölkerungsgruppe überhaupt, die keine Verbindung zur übrigen Welt hatte.

Kupe und Toi – die großen Erforscher

Die meisten Geschichten zur Einwanderung der Maori beginnen mit dem Halbgott Maui, der von seinem Kanu – der Südinsel – aus die Nordinsel angelte, mit Stewart Island als Anker. Die Großzahl der Stämme führen ihre Herkunft auf eines der *waka* (Kanus) zurück, mit denen ihre Vorfahren aus Hawaiki kamen, doch auch von Kupe und Toitehuatahi ist vielfach die Rede. An der Westküste der Nordinsel spielt Kupe in den Mythen eine große Rolle – einige Stämme behaupten, nachdem er sich in Hokianga niedergelassen habe, sei er nach Hawaiki zurückgekehrt und habe Anordnungen für das neue Land hinterlassen. An der Ostküste der Nordinsel berufen viele Stämme ihre Herkunft auf Toitehuatahi (Toi). Einigen Überlieferungen nach kam er aus Hawaiki, andere meinen, er sei in Neuseeland heimisch gewesen und habe den Stamm Te Tine o Toi (Tois Vielzahl) gegründet.

Erkundung durch Europäer

Der holländische Seefahrer Abel Janszoon Tasman (1603–1659) sichtete als erster Europäer Neuseeland. Er war von Batavia, dem heutigen Jakarta, in Niederländisch-Indien losgesegelt: auf der Suche nach dem großen unbekannten Südkontinent *(Terra australis incognita)*. Nachdem er die heute nach ihm benannte See überquert hatte, erspähte er am 13. Dezember 1642 die Südinsel. Fünf Tage darauf ging er in der Golden Bay im Norden der Südinsel vor Anker. Maoritrompeten begrüßten die Holländer, die diesen Gruß zurückgaben – nicht wissend, dass sie damit eine Herausforderung zum Kampf angenommen hatten. Diese neue Welt, die nach der holländischen Provinz den Namen Nieuw Zeeland erhielt, galt als feindselig und wirtschaftlich nicht interessant. Der britische Forschungsreisende James Cook (1728–1779) umfuhr Neuseeland binnen sechs Monaten. Mit Wissenschaftlern wie dem Botaniker Joseph Banks (1743–1820) sammelte er umfangreiche Informationen über das Land. Er fuhr von Neuseeland zur Ostküste Australiens.

Cook erschienen die Maori „tapfer, edel, offen und gütig", und auf allen seiner drei Pazifikreisen besuchte er Neuseeland. Er erwies sich als fortschrittlicher Mann, dessen Umgang mit den Maori zumeist freundlich und respektvoll, wenngleich nicht störungsfrei war. Auf seiner zweiten Reise 1773 wurden im Queen Charlotte Sound zehn seiner Leute von Maori getötet und verspeist. Cook zeigte Beherrschung, eine Tugend, die ihm 1779 auf Hawaii fehlte: Nach einem Streit über eine gestohlene Jolle wurde er von Dorfbewohnern getötet.

Auch französische Forschungsreisende zog es in den Pazifik. Marion du Fresne (1724–1772) bestimmte die Bay of Islands 1772 zu seiner Basis und reparierte hier seine Schiffe. Nach zwei Monaten herzlichen Umgangs mit den Maori schlug die Stimmung um: Fresne und 25 seiner Männer wurden nach einem Angelausflug getötet. Als Vergeltungsmaßnahme plünderten die Franzosen ein Dorf und töteten 250 Bewohner.

Statue von Captain Cook auf dem Victoria Square, Christchurch

Robben, Wale und Missionare

Angesichts der Probleme, mit denen die ersten Europäer in Neuseeland konfrontiert waren, entschieden die Briten, ihre erste Kolonie im Pazifikraum 1788 in Port Jackson (Sydney) in Australien einzurichten und deren Aufbau Strafgefangenen zu überlassen. Mit der Ausdehnung der Strafkolonie und in der Hoffnung auf ökonomische Gelegenheiten richteten sich die Augen auf das Land jenseits der Tasmansee.

Cook hatte berichtet, dass es in Neuseeland Pelzrobben im Überfluss gab, und so errichteten Siedler 1792 eine Basis am Dusky Sound auf der Südinsel. Trotz der rauen Bedingungen kamen viele weitere Siedler nach, und bald darauf wurde der Walfang zum bedeutenden Wirtschaftszweig. Im Dorf Kororareka (heute Russell) an der Bay of Islands wurden stets Dutzende von britischen, französischen und amerikanischen Walfangschiffen zugleich betreut. Dies war der erste engere Kontakt zwischen Maori und Europäern. Kororareka wurde als „Lasterhöhle des Pazifik" bezeichnet, der die Missionare allerdings bald das himmlische Licht brachten. Reverend Thomas Kendall (1778–1832) freundete sich mit dem Ngapuhi-Häuptling Hongi Hika (um 1772–1828) an und nahm ihn mit nach London. Auf der Rückfahrt gelang es Hika, bis zu 500 Musketen zu erwerben. Das ermöglichte dem Stamm der Ngapuhi, eine alte Rechnung zu begleichen – mit verheerenden Folgen in den Musketenkriegen (siehe S. 110).

Die Unterzeichnung des Vertrags von Waitangi, Gemälde (1939) von Marcus King

Britische Annexion

Die frühe Besiedlung durch Europäer beschränkte sich weitgehend auf Robbenjäger und Walfänger, von denen viele einheimische Frauen heirateten. 1830 lebten auf Neuseeland nur etwa 300 Europäer, doch mit dem Aufschwung des Handels und zunehmender Gesetzlosigkeit in der Bay of Islands beschloss die Kolonie in Australien, in der Siedlung für Ordnung zu sorgen.

James Busby (1802–1871) wurde zum britischen Regierungsvertreter ernannt und ließ sich 1833 in Waitangi nieder. Busby hatte weder echte Befugnisse noch Polizeikräfte und wandte sich beharrlich an seine Vorgesetzten mit der Bitte, endlich einzuschreiten, wobei er seiner Sorge über den Rückgang der Maoribevölkerung Ausdruck verlieh. Die Briten wurden schließlich aktiv, denn sie fürchteten eine Annexion durch die Franzosen und die private New Zealand Company, die im großen Stil Land an sich riss.

William Hobson (1792–1842) wurde zum ersten Vizegouverneur der neuen Kolonie ernannt. Er versuchte die Maorihäuptlinge dazu zu bewegen, die Souveränität an Großbritannien zu übertragen – ein Akt, der durch den Vertrag von Waitangi 1840 bestätigt wurde. Der hastig ausgearbeitete Vertrag ist bis heute heftig umstritten (siehe S. 90). Er sprach Königin Viktoria die Souveränität über das Land zu, sicherte den Maori aber die Kontrolle über ihren Grund und Boden und dieselben Rechte wie britischen Untertanen zu. Damit auch andere Häuptlinge ihn unterzeichnen konnten, wurde der Vertrag im Land verbreitet, und am 21. Mai 1840 erklärte Hobson Neuseeland zur britischen Kolonie. Im Jahr darauf verlegte er die Hauptstadt nach Süden, nach Auckland.

Die Annexion bereitete den Weg für eine Besiedlung im großen Stil, und mit der Einwanderung wuchs die Unzufriedenheit der Maori. Insbesondere Landverkäufe waren Gegenstand von Auseinandersetzungen, da Gemeinschaftseigentum der Maori häufig von unbefugten Leuten verkauft wurde.

Auf der Südinsel brachen im Juni 1843 Kämpfe aus, als die New Zealand Company im Wairau Valley siedeln wollte. Nachdem der Maorihäuptling Te Rauparaha (um 1760–1849) Versuche zur Landvermessung behindert hatte, schickte die Company eine Gruppe Bewaffneter, um ihn festnehmen zu lassen – 22 Europäern wurde eine tödliche Lektion erteilt. In der Bay of Islands war der Ngapuhi-Häuptling Hone Heke (um 1810–1840), Erstunterzeichner des Vertrages von Waitangi, bald von den Steuern und der Justiz der Briten enttäuscht. Nachdem er dreimal den britischen Fahnenmast in Kororareka niedergelegt hatte, griff er die Stadt 1845 an. Binnen Monaten kamen Hunderte ums Leben in dem Kampf, den sich Heke und sein Verbündeter Kawiti mit britischen Truppen lieferten, die von Stammesfeinden unterstützt wurden. Mit dem Friedensschluss von Heke und Kawiti mit Gouverneur George Grey (1812–1898) war der Krieg zu Ende, doch der Unmut unter den Maori schwelte weiter.

Masseneinwanderung

Bei Unterzeichnung des Vertrags von Waitangi lebten 2000 Europäer in Neuseeland, bis Ende der 1850er-Jahre waren es fast 60 000 und damit ebenso viele wie Maori. 1881 war die Zahl der europäischen Siedler auf 500 000 gestiegen.

In der Frühzeit wurde die Besiedlung auch von der New Zealand Company vorangetrieben, die Edward Gibbon Wakefield begründet hatte. Mit Unterstützung einflussreicher Gönner in London machte er sich daran, seine Vision im Pazifik durchzusetzen. Das lief darauf hinaus, den Maori für wenig Geld Land abzukaufen und mit einem ordentlichen Gewinn an gut situierte Kapitalisten weiterzuverkaufen sowie befähigte Arbeitskräfte anzulocken, die der Kolonie und den neuen Landeigentümern zu Diensten sein sollten.

Unter allen größeren Siedlungen wuchs nur Auckland unbehelligt von solchen sozialen oder religiösen Visionen heran. Obwohl es 1865 den Status der Hauptstadt an Wellington verlor, erlebte es einen Boom. Die Hälfte der Einwanderer waren Engländer, gefolgt von Schotten. Die großenteils katholischen Iren wurden zur Einwanderung nicht ermutigt, dennoch stieg ihr Anteil an der europäischen Bevölkerung in den 1860er-Jahren auf knapp 20 Prozent. Französische Siedler gründeten in Akaroa 1840 eine Kolonie und versuchten, die Südinsel für Frankreich zu reklamieren, doch sie kamen zu spät. Als sie Neuseeland erreichten, war der Vertrag von Waitangi bereits unterzeichnet.

Die Neueinwanderer nahmen, nachdem sie ganze Wälder abgeholzt oder niedergebrannt hatten, viel Land unter den Pflug. Bevorzugte Tätigkeit war jedoch die Schafzucht. 1858 gab es im Land 1,5 Millionen Schafe, eine Zahl, die sich binnen drei Jahrzehnten verzehnfachte. Insbesondere auf der Südinsel machten Wollbarone ein Vermögen, doch bevor es zu einem echten Boom der Wirtschaft und der Bevölkerung kam, musste erst Gold entdeckt werden.

Gold

Bereits in den 1850er-Jahren wurde auf der Coromandel Peninsula Gold abgebaut, doch der Goldrausch setzte mit der Entdeckung reicher Vorkommen in Otago auf der Südinsel 1860/61 ein. Von überallher strömten Bergleute ins Land. Dunedin profitierte besonders und wurde zur größten und bedeutendsten Stadt des Landes. In den 1870er-Jahren versiegten die Goldvorkommen, doch mittlerweile hatte sich die Bevölkerungszahl verdoppelt, und alle blickten hoffnungsvoll in die Zukunft – mit Ausnahme der Maori.

Neuseelandkriege

Während die Besiedlung in den Küstenregionen zunahm, blieb das Hinterland fest in der Hand der Maori. Doch bald drohte die europäische Landwirtschaft auch das Innere der Inseln zu erfassen.

Um der Dominanz der Pakeha zu begegnen, schlossen sich die Maori erstmals über die Stammesgrenzen hinweg zusammen. Die Kingitanga, das King Movement (Königsbewegung), wurde ins Leben gerufen; ihre Mitglieder wählten 1856 einen Maorikönig. Nachdem ein Taranaki-Häuptling versucht hatte, dem Landverkauf bei New Plymouth Einhalt zu gebieten, wurden 1860 Truppen entsandt – damit brach der Taranaki-Krieg aus. Die Maori fügten dem Gegner von den *pa* (Hügelfestungen) aus schwere Verluste zu, bis 1861 eine Waffenruhe vereinbart wurde.

1863 brach der Krieg erneut aus, und 20 000 Europäer wurden zu den Waffen gerufen, um das King Movement zu vernichten. In mehreren Schlachten starben in der Region Waikato 1000 Maori und 700 britische Soldaten. Die Kämpfe breiteten sich bis in die Bay of Islands aus, kamen dann aber 1864 zum Erliegen.

Die messianische Hauhau-Bewegung, die das Christentum mit Glaubensüberzeugungen der Maori verband, terrorisierte Teile von Taranaki und die Ostküste der Nordinsel, wurde aber 1866 niedergeschlagen und vertrieben.

Dies ermöglichte den Aufstieg von Te Kooti (um 1830–1893), der seine Gefolgsleute dazu brachte, 1868 54 Menschen abzuschlachten. Von Truppen der Europäer und Maori gejagt, kämpfte er fast vier Jahre lang und zog sich schließlich ins abgelegene King Country (siehe S. 111) zurück.

Der kriegerische Geist der Maori tritt beim *haka*-Tanz vor einem All-Blacks-Match offen zutage (siehe Kasten S. 73).

Die Nation entsteht

Durch die Neuseelandkriege wurde das Vordringen der Besiedlung der Nordinsel jedoch nur kurzfristig verlangsamt. Es wurde noch mehr Land beschlagnahmt, und geschäftstüchtige „Politiker" machten riesige Gewinne.

Julius Vogel (1835–1899) brachte es in dieser Art der politischen Führung am weitesten. Der ehemalige Journalist war über mehrere Amtsperioden Premierminister und Schatzmeister und lenkte den wirtschaftlichen Boom der 1870er-Jahre. Mit einer sogenannten unterstützten Einwanderung versuchte er, neue Siedler anzulocken. Frauen aus Großbritannien, insbesondere Hausangestellte, mussten für die Überfahrt nichts bezahlen – so sollte dem Ungleichgewicht der Geschlechter begegnet werden. Gold, Land- und Forstwirtschaft hatten unverheiratete Männer in Scharen angezogen, die oft ein hartes, einsames Leben führten: Die neuseeländische Gesellschaft wirkte männlich-roh.

In den 1880er-Jahren wurde Neuseeland von der weltweiten Depression erfasst. Die Wollpreise fielen in den Keller, doch die Einbußen wurden teilweise durch den Export von Tiefkühlfleisch nach England ausgeglichen, der durch neue Gefriertechniken möglich geworden war. Zu den wichtigen Exportgütern gehörte auch das Holz der Kauribäume von Coromandel und Northland, das im Schiffs- und Hausbau geschätzt wurde. Mit Kauri-Sägewerken konnte man viel Geld verdienen, doch zu Beginn des 20. Jahrhunderts waren die mächtigen Wälder so dezimiert, dass man um den Bestand fürchten musste.

Australische und neuseeländische Truppen (ANZAC) auf der türkischen Halbinsel Gallipoli, 1915

Als sich die Depression bis in die 1890er-Jahre hinzog, breitete sich in den Städten Armut aus. Die Forderung nach Reformen im Arbeitsleben brachte 1891 die Liberal Party an die Macht. Ihr gelangen durchgreifende Veränderungen und Neuseeland wurde zum Experimentierfeld in Sachen Sozialreformen. Das Arbeitsrecht führte zu verbesserten Arbeitsbedingungen. Durch eine Landreform wurde der Großgrundbesitz aufgeteilt. 1893 führte Neuseeland als erster Staat überhaupt das Frauenwahlrecht auf Landesebene ein. 1898 folgte eine Altersrente, auch das Gesundheitswesen wurde ausgebaut. Richard Seddon (1845–1906), von 1893 bis zu seinem Tod Premierminister, erhielt den Spitznamen „König Dick". Die Liberalen sollten für die nächsten 21 Jahre die Politik in Neuseeland bestimmen.

1900 hatte Neuseeland weltweit das höchste Bruttoinlandsprodukt pro Kopf. Die Nordinsel, nun nicht mehr in Konflikte verwickelt, überflügelte die Südinsel. Auckland wuchs rapide, das Land wurde zunehmend verstädtert. Die Maori jedoch blieben auf dem Land. Zwar nahm ihre Zahl nicht weiter ab, gleichwohl betrug ihr Anteil an der Gesamtbevölkerung um 1900 nurmehr zehn Prozent.

Unabhängigkeit

1947 ratifizierte Neuseeland das Statut von Westminster und erhielt damit in der Innen- und Außenpolitik vollständige Autonomie von Großbritannien. Trotz der Unabhängigkeit blieb Großbritannien die Heimat vieler. Entsprechend groß war der Jubel, als ihre neue Königin Elisabeth II. 1952/53 Neuseeland besuchte.

Von 1907 an war Neuseeland nicht mehr Kolonie, sondern Dominion, was mit einer größeren Unabhängigkeit von Großbritannien einherging. Dennoch folgten die Neuseeländer dem Aufruf des Königreichs, Truppen in den Burenkrieg in Südafrika zu entsenden. Neuseeland hatte nun bald eigene Kolonien, denn es erhielt von Großbritannien die Kontrolle über die Cook-Inseln und Niue. Im Ersten Weltkrieg kam Samoa hinzu.

Die Weltkriege

1914 folgte Neuseeland wiederum dem britischen Kriegsaufruf: 100 000 Mann, zehn Prozent der Bevölkerung, schlossen sich dem Australian and New Zealand Army Corps (ANZAC) an, um in Europa und Afrika zu kämpfen. Die Verluste waren hoch, in fast jeder neuseeländischen Stadt waren Tote zu beklagen. Insgesamt kamen 17 000 Männer um: eine hohe Zahl für ein so kleines Land.

Beim Streik der Goldgräber 1912 in Waihi schickte die konservative Regierung der Reform Party Polizeikräfte, wobei einer der Streikenden getötet wurde. Danach wuchs die Popularität der Sozialisten, bald gehörte die Labour Party somit zu den etablierten Parteien.

In den 1930er-Jahren traf die Weltwirtschaftskrise Neuseeland hart, denn die Agrarexporte nach Großbritannien brachen ein. Ein Erdbeben machte zudem 1931 Napier und Hastings dem Erdboden gleich. Die Labour Party erstarkte und stellte 1935 mit Michael Joseph Savage (1872–1940) erstmals den Premier. Von der Labour-Politik profitierten vor allem die benachteiligten Maori, auch wenn Maori und Pakeha damals in weitgehend getrennten Gemeinschaften lebten.

John Key, der 38. Premierminister von Neuseeland, mit seiner Frau Bronagh

Als Großbritannien sich 1939 wieder im Kriegszustand befand, stellte Neuseeland 200 000 Soldaten. Die Neuseeländer kämpften diesmal näher vor der eigenen Haustür. Nachdem Japan britische Positionen in Asien erstürmt hatte, suchte Neuseeland erstmals die USA um Verteidigung an.

Auf- & Abschwung

Nach Kriegsende erfuhr die Wirtschaft eine neue Dynamik, während mit der Verfestigung des Kalten Krieges der Konservatismus zunahm. Neuseeland wandte sich 1949 von der Labour Party ab, und die für das freie Unternehmertum eintretende National Party kam an die Regierung. Aus Furcht vor dem Kommunismus schloss Neuseeland mit Australien und den USA den ANZUS-Militärpakt, Neuseeland musste sich deshalb auch in Vietnam engagieren.

Aus dem kriegszerstörten Europa kamen Menschen auf der Suche nach einem besseren Leben in das wohlhabende Neuseeland, jedoch waren die meisten Einwanderer weiterhin Briten. Die Gesellschaft war konformistisch, wenn nicht gar sittenstreng. Schriftsteller, Wissenschaftler und Akademiker verließen ein Land mit Filmzensur und einer Sperrstunde um 18 Uhr.

In den 1960er- und 1970er-Jahren fand Neuseelands Isolation ein Ende. Durch billige Flugreisen, Satellitenkommunikation und Fernsehen kam die Welt ins Haus. Feministinnen wandten sich gegen den Rugby-Machismo, auch die Einwanderungshürden für Nichtweiße fielen. In Demonstrationen wurden die Rückkehr der Truppen aus Vietnam und ein Ende der Rugbyspiele mit dem Südafrika der Apartheid gefordert.

Vor allem aber stellten die Maori die Überzeugung der Pakeha infrage, dass Neuseeland ein Modellfall hinsichtlich der Beziehungen zwischen den Ethnien sei. Im Nachkriegsboom waren viele Maori in die Städte geströmt. Assimilation war die Forderung des Tages, doch nun prangerten die Maori nicht nur den Verfall ihrer Kultur und Sprache, sondern auch Ungerechtigkeiten in Vergangenheit und Gegenwart an. Ein zunehmender Radikalismus, Protestmärsche und Forderungen, den Vertrag von Waitangi hochzuhalten, beunruhigten viele.

Im Zeichen des Wandels kam 1972 Labour erneut an die Macht, hielt sich aber nur drei Jahre, da steigende Ölpreise eine Inflation auslösten. Die National Party unter Robert Muldoon (1921–1992) versuchte, dem ökonomischen Niedergang und der Liberalisierung zu begegnen. Das Einfrieren von Löhnen und Preisen und überdimensionierte Infrastrukturprojekte verschlimmerten die Situation jedoch, da die Auslandsverschuldung in die Höhe schoss.

Das neue Neuseeland

Die Wahlen von 1984 ergaben eine neuerliche Labour-Regierung unter David Lange (1942–2005), der durchgreifende Reformen auf den Weg brachte. Labour führte außerdem eine unabhängige Außenpolitik mit einer strikten Anti-Atom-Haltung, die nicht nur im eigenen Land, sondern auch unter den Nachbarn im Pazifikraum, in dem Frankreich weiterhin Atomtests durchführte, sehr populär war. Auch die Reformen in der Gesellschaftspolitik waren nachhaltig, und Labour machte sich daran, den Beschwerden der Maori entgegenzukommen. Das Waitangi-Tribunal erhielt die Vollmacht, über Ansprüche zu entscheiden, die auf den Vertrag von 1840 zurückgeführt wurden. Daraufhin gab es Hunderte von Klagen auf Landrückgabe. Die Regierung vereinbarte mit einigen Stämmen Abfindungen in mehrfacher Millionenhöhe, doch der Prozess ist bis heute nicht abgeschlossen.

Aufgrund politischer Differenzen brach die Regierung auseinander, Lange trat 1989 zurück. Neu gegründete Parteien griffen den Unmut der Wähler über den radikalen Wandel auf, das Zweiparteiensystem begann aufzuweichen. Im Reformeifer wurde daraufhin 1993 das Wahlsystem in Richtung auf ein Verhältniswahlrecht nach deutschem Vorbild geändert, das kleinere Parteien begünstigte und die Politik Neuseelands weiter zersplitterte.

Neuseeland ist heute ein ganz anderes Land als vor 30 Jahren, da es sich in seinem Nationalstolz vom britischen und australischen Einfluss befreien wollte.

Doch das Zweiparteiensystem hielt stand. Aufeinanderfolgende Labour- und National-Regierungen bildeten Koalitionen mit kleineren Parteien. Die Wirtschaft blühte auf, nicht zuletzt wegen der boomenden Milchprodukte-Exporte nach China. Allerdings erfolgte durch das Erdbeben, das im Februar 2011 das Zentrum von Christchurch zerstörte, ein Einbruch.

Bereits im September 2010 hatte ein Erdbeben die Innenstadt von Christchurch beschädigt, die am Mittag des 22. Februar 2011 von einem Erdbeben der Stärke 6,3 fast vollständig zerstört wurde. Hochhäuser stürzten ein, während in den Vorstädten 100 000 Wohnhäuser beschädigt wurden und 10 000 in sich zusammenfielen. 185 Menschen verloren durch diese Naturkatastrophe ihr Leben. Möglicherweise wird noch ein Jahrzehnt vergehen, bevor das Zentrum von Christchurch vollständig neu aufgebaut ist. Zum Glück zählen Durchhaltevermögen und Anpassungsfähigkeit zu den Tugenden der Neuseeländer.

Neuseeland hat sich in den letzten 30 Jahren entscheidend verändert und ist bestrebt, sich von Großbritannien und Australien zu emanzipieren.Es baut sich in den verschiedensten Bereichen seine eigenen Helden auf und arbeitet engagiert daran, eine eigene Identität zu definieren. Einwanderer von Pazifikinseln und aus Asien halfen, den eigenen Horizont zu erweitern. Die größte Veränderung aber brachte der erstarkende Bi-Kulturalismus mit sich. Kultur und Anliegen der Maori sind im Alltag immer stärker präsent. MMP-Wahlrechtsreformen erreichten, dass Maori heute mehr Parlamentssitze und stärkeren politischen Einfluss haben. Das Neuseeland des 21. Jahrhunderts steht der Welt selbstbewusst und mit autonomer Identität gegenüber. ■

Zu Besuch in einem *marae* am Lake Rotorua

Die Kultur der Maori

Mindestens seit dem 13. Jahrhundert, seit ihrer Einwanderung aus Ostpolynesien, leben Maori in Neuseeland. Ihre Sprache ist mit jenen auf Tahiti und den Cook-Inseln am engsten verwandt.

Einige mündliche Überlieferungen der Maori schreiben die Entdeckung Neuseelands dem Seefahrer Kupe zu, der von ihrer angestammten Heimat Hawaiki aufbrach.

Nachdem er den Inseln den Namen Aotearoa („Land der langen weißen Wolke") gegeben hatte, kehrte er zurück, um von seinem Fund zu berichten, woraufhin eine große Flotte Kurs darauf nahm.

Wissenschaftlichen Erkenntnissen zufolge gab es mehrere Einwanderungswellen, doch die Maori führen ihre Herkunft bis heute auf eines der sieben Kanus dieser Flotte zurück: Arawa, Aotea, Horouta, Mamari, Mataauta, Tainui und Takitimu.

Gesellschaftliche Ordnung

Die wichtigste Gliederung in der Maorigesellschaft ist der *iwi* (Stamm), der aus mehreren *hapu* (Unterstämmen) besteht. Die Stammesnamen tragen oft das Präfix *ngati* oder *ngai*.

Bevor die Europäer kamen, war der Hapu wichtiger als der Iwi. Einem Hapu konnten mehrere Hundert Menschen angehören. Dieser setzte sich wiederum aus *whanau* (Familienverbänden) zusammen.

Ein Whanau von 20 oder 30 Familienangehörigen bewohnte ein oder mehrere Schlafhäuser und hatte oft sein eigenes Gebäude im Dorf. Als Kriegergesellschaft errichteten die Maori auch befestigte Dörfer oder *pa*, die sie in Kriegszeiten besetzten. Sie standen üblicherweise an strategisch wichtigen Punkten und hatten mit Pfählen bestückte Wälle, die Angreifer abhalten sollten.

Whakapapa (Abstammung) war in der Maorigesellschaft eine wichtige Bestimmungsgröße hinsichtlich Status und Stammesgliederung, und auf *hui* (Zusammenkünften) rezitierten Sprecher häufig weit zurückreichende Genealogien ihrer Sippe.

Die Macht lag in Händen der *rangatira*, der Adelsfamilien. Der erstgeborene Sohn der führenden Familie war der *ariki*, der Erbhäuptling. Unterhalb der Rangatira standen die *tutua* (das gemeine Volk) und unter diesen die *taurekareka* (Sklaven).

Die *tohunga* (Priester) waren Spezialisten für religiöse Rituale, kannten sich aber auch in Landwirtschaft, Schnitzkunst, Genealogie, mündlicher Überlieferung und symbolträchtiger Tätowierung aus.

Nach der Ankunft der Pakeha (Europäer) verloren viele Stämme den Zusammenhalt. Um den wachsenden Einfluss der Pakeha zurückzudrängen, gab es Mitte des 19. Jahrhunderts Einigungsbestrebungen. Dadurch wurde der Iwi wichtiger als der Hapu.

Nach dem Zweiten Weltkrieg wurde der Iwi zum bestimmenden Stammesfaktor, da die Regierung auf den Iwi aufbauende Vorstände einrichtete, die Interessen der Maori vertreten sollten.

In der zweiten Hälfte des 20. Jahrhunderts untergrub der Prozess der Verstädterung die Identität der Maori, viele verloren die Verbindung zu ihren Stammeswurzeln. Heute kennt bis zu ein Fünftel der Maori nicht seinen Iwi. Die Zahl jener, die ihren Hapu nennen können, ist noch geringer. Gleichwohl sind viele Maori daran interessiert, über den *marae*, die Versammlungsstätte des Stammes, ihre Stammesbindungen zu bewahren oder zurückzugewinnen.

ERLEBNIS: In einem *marae*

Der heilige Versammlungsplatz *marae* ist der Ort, wo Stammesangelegenheiten diskutiert werden und Hochzeiten, Trauerfeiern und religiöse Zeremonien stattfinden. Ein *marae* befindet sich meist im Herzen des Territoriums eines Stammes, es gibt aber auch *marae* für mehrere Stämme sowie Stadt-, Universitäts- und Kirchen-*marae*. Wellingtons Nationalmuseum verfügt über einen eigenen *marae* (siehe S. 154), und die Website *www.naumaiplace.com/home/marae/search* verrät Ihnen, wo Sie lokale *marae* finden.

Eigentlich ist ein *marae* der Platz vor dem Versammlungshaus (*wharenui* oder Großes Haus), doch gewöhnlich bezeichnet der Begriff das gesamte Anwesen. Weitere Gemeinschaftsgebäude sind das *wharekai* (Speisesaal) für gemeinsam eingenommene Mahlzeiten, deren Außenbereich für Zeremonien und formelle Reden genutzt wird, während im Versammlungshaus wichtige Zusammenkünfte und kulturelle Aktivitäten stattfinden und Gäste untergebracht werden.

Der Vorfahr, nach dem das Versammlungshaus benannt ist, wird von kunstvollen Schnitzereien repräsentiert: Der *tekoteko* auf dem Dach steht für seinen Kopf, die *maihi* (Zierbretter) für seine Arme, die Firststange für seine Wirbelsäule und die Dachsparren für seine Rippen. Die *poupou* genannten Holzstatuen im Inneren stellen weitere Vorfahren dar.

Ein *marae* ist heilig und nicht für die Öffentlichkeit zugänglich, doch auf manchen Maoritouren können sie besichtigt werden. Nutzen Sie die Gelegenheit, einen *marae* zu besuchen.

Religion

Die Religion der Maori beruhte auf der Verehrung der Natur und der Ahnen. Alles Lebendige und alle Elemente der Natur besaßen *mauri* (Lebenskraft). Eine Vielzahl

Eine Maori bei einer Kulturvorführung in Rotorua

von Göttern, die mit der Natur in Verbindung standen, forderten Respekt und mussten durch Riten besänftigt werden.

Zwei wichtige Aspekte des spirituellen Lebens der Maori sind *mana* und *tapu*. Das Mana (spirituelle Kraft oder Respekt) konnte durch Kriegführung, Weisheit, Redekunst, Vererbung oder durch den Verzehr eines Feindes, dessen Mana man damit aufnahm, erworben werden.

Tapu (heilig oder tabu) bezieht sich auf Beschränkungen bei einer Reihe von Tätigkeiten: von Regeln des Jagens und Fischens bis zu Verboten im Umgang mit Toten oder heiligen Stätten. Das Hinwegsetzen über das Tapu kann tödlich enden. Einige ursprüngliche Tapu-Vorschriften lassen sich heute noch in Bestattungsriten und im *marae*-Protokoll beobachten.

Im 19. Jahrhundert wurden die Maori von Missionaren im großen Stil bekehrt. Doch ihre traditionelle Religion wurde durch das Christentum nicht zerstört, sondern lebte mit dem Aufstieg zweier bedeutender christlicher Maorisekten weiter.

Die zu Beginn des 20. Jahrhunderts begründete Ratana-Bewegung hat noch heute viele Anhänger und beachtlichen politischen Einfluss. Die kleinere Glaubensrichtung der Ringatu, der „Erhobenen Hand", wurde im 19. Jahrhundert von dem Guerillakämpfer und Propheten Te Kooti begründet. Heute gehören ihr noch 16 000 Menschen an. Unter ihrem Einfluss stehen unter anderem die Ngati Dread, eine Rastafari-Maorisekte.

Mythologie

Die Maorigesellschaft brachte aus der Heimat die polynesische Mythologie mit, passte sie aber der neuen Umgebung an. Der Halbgott Maui ist eine in ganz Polynesien bekannte Figur, und die Maori erzählen gern von seinen Heldentaten, zum Beispiel wie er von seinem Kanu, der Südinsel, aus die Nordinsel angelte (anderswo angelte er die Inseln von Hawaii).

Die Überlieferung der Maori verfügt auch über einen großen Vorrat an Legenden zur Genealogie und Einwanderung, die bis heute weitererzählt und lebendig gehalten werden.

Mythen dienten der Welterklärung und bildeten die Grundlage der Religion. Sie wichen von Stamm zu Stamm voneinander ab, auch wenn die Schöpfungsgeschichte meist ähnlich ist: Sie beginnt mit dem Nichts, das vor der Vereinigung der Erdmutter Papatuanuku und dem Himmelsvater Ranginui herrschte (siehe Kasten S. 92).

Die Kunst der Maori

Unter den vielfältigen Kunst- und Tanztraditionen der Maori ist der *haka* leicht zu erkennen. Dieser Kriegstanz wird etwa von der Rugby-Nationalmannschaft aufgeführt, um den Gegner zu demoralisieren (siehe S. 72 f.). Mit seinem Stampfen, dem Beugen des Körpers, dem Rollen der Augen und dem Herausstrecken der Zunge bietet der Haka einen wirklich erschreckenden Anblick. Er wird von einem dröhnenden, kehligen Chorgesang begleitet. Besucher können Haka-Aufführungen bei Maorikonzerten erleben, auf denen Frauen auch immer den Poi-Tanz aufführen, bei dem Poi (Flachsbälle) anmutig am Seil herumgewirbelt werden.

Die Maori waren im Pazifikraum die unerreichten Meister der Schnitzkunst. Das Anbringen von Schnitzereien an Gebäuden und Kanus geschah vor der Einführung von Metallwerkzeugen durch Europäer mit Jade-Drechseln. Menschliche Figuren wie die Vorfahren waren grundlegende Motive der Schnitzkunst. Auch Spiralen sind ein wichtiges Merkmal, und das *manaia* ist ein eigentümliches Maorimotiv, das mal als Vogel, mal als Schlange oder als menschliche Gestalt aufgefasst wird.

Auch Knochen, Jade und Keulen für den Kriegsgebrauch wurden mit Schnitzereien verziert. Das bekannteste Ornament ist der *hei-tiki*, ein Anhänger, der eine verdrehte menschliche Gestalt mit zur Seite geneigtem Kopf darstellt.

Wegen des kalten Klimas benötigt man auf Neuseeland warme Kleidung – die Maorifrauen fertigten die schönsten Webereien im Pazifikraum. Aus Flachs gewann man einen feinen Faden, aus dem Matten, Umhänge, Röcke und Körbe gewebt wurden. Eindrucksvoll sind die mit Federn geschmückten Umhänge, die heute allerdings kaum noch – und wenn, dann mit importierten Federn – hergestellt werden.

Die Sprache der Maori

Nur vier Prozent der Bevölkerung spricht Maori, doch es ist eine offizielle, in Schulen gelehrte Sprache. In manchen Gegenden können Kinder im Vorschulalter in *kohanga reo* (sogenannten Sprachnestern) ganz in die Maorisprache eintauchen. Viele Maoriwörter haben Eingang ins Alltagsenglisch gefunden, insbesondere in den Medien, wo Ansager mit einem *„kia ora"* (hallo) beginnen. Es wird viel Wert auf korrekte Aussprache gelegt, obwohl es einige sehr schwierige Laute gibt. ■

ERLEBNIS: Einige Maoriwörter und -wendungen

Obwohl überall Englisch gesprochen wird, werden in den Medien und in der Alltagssprache zunehmend Maoriwendungen gebraucht – es lohnt sich, einige Wörter zu lernen. Neben etwas Elementar-Maori wie in der folgenden Liste sind auch geografische Begriffe wie awa (Fluss), puke (Hügel), roto (See), wai (Wasser) und whanga (Hafen) für das Verständnis von Ortsnamen nützlich.

kia ora: hallo (auch: danke)
haere mai: willkommen
haere ra: auf Wiedersehen
tena koa: bitte
ae: ja
kaore: nein
marae: Versammlungsstätte eines Stammes
pa: befestigtes Dorf
Aotearoa: Neuseeland (Land der langen weißen Wolke)
tangata whenua: Volk des Landes (oft zur Bezeichnung der Maori verwendet)

Kunst & Literatur

Zu Neuseeland fallen einem wilde Landschaften, Viehwirtschaft und Rugby ein. Vor diesem Hintergrund wurden die Künste oft als Luxus betrachtet, doch das Streben nach Identität und internationaler Anerkennung hat dazu geführt, dass Ikonen der Kultur wie Spitzensportler gefeiert werden.

Zu dieser Trendwende hat der Erfolg der Filmindustrie einiges beigetragen. Die Zeiten, in denen Neuseeländer alles Ausländische bejubelten und alles Eigene herabsetzten, sind lange vorüber. Kiwis wollen Bücher von Neuseeländern lesen, Filme von Neuseeländern sehen und einheimische Musiker hören. In den Städten blühen Theater und Tanz – und auf dem Land scheint jeder Zweite zu töpfern oder zu malen.

Literatur

Katherine Mansfield (1888–1923) erntete als erste Schriftstellerin aus Neuseeland Beifall. Ihre Kurzgeschichten wie „Puppenhaus" und „Das Gartenfest" beschwören das Neuseeland der Kolonialzeit herauf.

Zu den herausragenden neuseeländischen Autoren des 20. Jahrhunderts gehört John Mulgan (1924–2004), der in „Man Alone" das Neuseeland zu Beginn des 20. Jahrhunderts beleuchtet. Von Janet Frame, einer für den Nobelpreis nominierten Autorin, wird vor allem das Werk „Ein Engel an meiner Tafel" in Erinnerung bleiben, in dem sie ihren Kampf gegen das System der Psychiatrie schildert. Maurice Gee (geb. 1931) schreibt elegante Prosa, am bekanntesten ist seine „Plumb"-Trilogie. Zu den bekannten zeitgenössischen Romanciers gehören Elizabeth Knox (geb. 1959; „Der Feuerkuss"), Nigel Cox (1951–2006; „Tarzan Presley"), Emily Perkins (geb. 1970; „Roman über meine Frau") und

Lloyd Jones (geb. 1955), dessen Werk „Mister Pip" 2007 auf der Liste für den Man Booker Prize stand.

Maorischriftsteller tragen viel zur Dynamik der neuseeländischen Literatur bei, allen voran Keri Hulmes (geb. 1947) und sein anspruchsvoller Roman „Unter dem Tagmond" (1984) über Gewalt, Spiritualismus, Liebe und Tod innerhalb eines bikulturellen Konflikts. 1985 bekam er dafür den Man Booker Prize. Witi Ihimaera (geb. 1944) schrieb mit „Der Tag nach der Hochzeit" 1974 als erster Maori einen Roman. Es folgte unter anderem „Whalerider", der als Vorlage für einen populären Film diente (siehe Kasten S. 43). Eine weitere wegweisende Maoriautorin, Patricia Grace (geb. 1937; „Potiki"), behandelt engagiert Themen wie menschliche Beziehungen, Entwurzelung, Mythologie und Politik.

Skulpturen im Garten des Giant's House, Akaroa

Auch Alan Duff (geb. 1950) konzentriert sich auf den Kulturverfall, doch sein Roman „Warriors“ ist düster. Seine Sichtweise, dass die Maori sich in vergangenen Ungerechtigkeiten ergehen und darüber versäumen, aktuell Verantwortung zu übernehmen, hat ihn bei seinem Volk Kritik eingebracht.

Musik

Die Popmusik floriert und hat auch einige Stars für den Export hervorgebracht, namentlich Split Enz, die in den 1970er Jahren internationale Erfolge feierten. Die Gründer Neil und Tim Finn waren danach treibende Kraft weiterer Musikprojekte, darunter die Band Crowded House.

Die heimische Plattenindustrie wurde in den 1980er Jahren flügge, als die Firma Flying Nun aus Dunedin Bands wie The Chills und The Clean herausbrachte.

In jüngerer Zeit waren der Sänger Bic Runga (geb. 1976) und Gruppen wie The Mutton Birds und The Datsuns erfolgreich.

Bedeutende Künstler im Hip-Hop-Bereich sind Upper Hutt Posse und Che Fu.

Neuseeland hat drei Sinfonieorchester und ist die Heimat der berühmten Operndiva Dame Kiri Te Kanawa (geb. 1944).

Flight of the Conchords

1998 gründeten die Freunde Jemaine Clement und Bret Mckenzie Flight of the Conchords, von dem es später heißen sollte, es sei „Neuseelands viertbeliebtestes Digi-Bongo-a-capella-Rap-Funk-Comedy-Folk-Duo mit Gitarrenbegleitung“. Diese Selbstbeschreibung trifft es genau. Ihre Musik bewegt sich zwischen Serge Gainsbourg und den Beastie Boys, doch immer mit den Mitteln der Comedy. Die Band hat seitdem viel Zuspruch aus dem Ausland erfahren und 2007 sogar eine Sitcom für den US-Sender HBO produziert: „Flight of Conchords“ begleitet Jemaine und Bret, die in den Straßen von New York das Auf und Ab im Leben von B-Stars erfahren.

Malerei

Die Maoriporträts von Charles Goldie (1870–1947) und Gottfried Lindauer (1839–1926) bleiben Ikonen aus der Frühzeit der neuseeländischen Kunst, auch wenn sie nach dem Ende des Kolonialismus in die Kritik gerieten. Vor allem Goldies verklärende Darstellungen von Stammesältesten der Maori als Letzte einer aussterbenden Ethnie wurden als rassistisch bezeichnet.

Die größte Wertschätzung genießen Maler, die einen schwärmerischen Blick auf Neuseeland werfen, von den Pionierwerken von Petrus Van der Velden (1837–1913) bis zu den wunderschönen Landschaften von Rita Angus (1908–1970), William Sutton (1917–2000) und Grahame Sydney (geb. 1948).

Frances Hodgkins (1869–1947) gelangte in Großbritannien zu Ruhm, wo sie mit realistischen Aquarellen begann und zu einer Protagonistin des britischen Modernismus wurde. Neuseelands Kunstszene war lange Zeit konservativ, doch ein Künstler wie Colin McCahon (1919–1987) betrat mit seinen Werken, die wegen ihres religiösen Symbolismus Beachtung fanden, Neuland.

Um sich einen Überblick über die neuseeländische Kunst zu verschaffen, lohnt vor allem ein Besuch der Galerien in Auckland und Christchurch, doch es gibt auch einige gute Galerien in der Provinz wie die Govett-Brewster Art Gallery in New Plymouth.

Zu den führenden Köpfen der gegenwärtigen Kunstszene gehören unter anderem Bill Hammond, Julian Dashper, Shane Cotton und Michael Smither.

Tanz

Das Royal New Zealand Ballet wurde 1953 gegründet. Die Tänzer dieser Truppe schauten typischerweise nach London, um dort Karriere zu machen. Rückkehrer wie Russell Kerr (geb. 1930) und Rowena Jackson (geb. 1926) brachten in den 1950er-Jahren frischen Wind. Jon Trimmer (geb. 1929), ein Veteran der Royal Ballet School und des Sadler's Wells, gilt seit 1962 als führender Tänzer in Neuseeland und übernimmt noch heute Charakterrollen. Die Truppe hat ihren Sitz in Wellington, geht aber häufig auf Tournee. Sie hatte sich lange der klassischen Schule verschrieben, führt jedoch seit einigen Jahren auch innovative Werke einheimischer Choreografen auf. Die Limbs Dance Company übernahm in den 1970er-Jahren eine Vorreiterrolle im Modern Dance, wobei sie mit Komponisten wie Don McGlashan (geb. 1959) und Split Enz zusammenarbeitete. Die Truppe hat Choreografen wie Douglas Wright (geb. 1956) und Mark Balwin (geb. 1959), den künstlerischen Direktor der Rambert Dance Company, hervorgebracht, löste sich aber 1989 auf.

Black Grace zählen zu Neuseelands führenden Tanzkompanien. Sie verbinden pazifischen und zeitgenössischen Tanz mit athletischen Elementen.

Zu den zeitgenössischen Tanzkompanien gehören Black Grace aus Auckland. Sie verbinden in ihren athletischen Aufführungen Elemente aus dem pazifischen Raum und zeitgenössischem Tanz.

Theater

Trotz einer langen Geschichte des Repertoiretheaters erhielt Neuseeland erst 1952 mit den New Zealand Players eine professionelle Schauspieltruppe. Gründer waren Richard und Edith Campion, die Eltern der Filmregisseurin Jane Campion (geb. 1954). Die Truppe bestand weniger als ein Jahrzehnt, inspirierte aber eine ganze Generation von Mimen. 1964 ging die Downstage Theatre Company in Wellington voran, und es folgten die Truppen Mercury, Circa und Court. Führende Dramatiker waren der britische Emigrant Roger Hall (geb. 1939) und Greg McGee (geb. 1950), dessen „Foreskin's Lament" (1980) in Neuseeland zum Klassiker wurde. Auch wenn die Klassiker und zeitgenössische ausländische Erfolgsstücke weiterhin viel gespielt werden, haben sich seit den 1980er- und 1990er-Jahren einheimische Dramatiker auf dem Spielplan durchgesetzt. Auch das Maoritheater hat gebührende Beachtung gefunden, insbesondere die Werke von Hone Kouka (geb. 1966; „Wairoa") und Briar Grace-Smith (geb. 1966; „Flat Out Brown"). Die Bats Company in Wellington hat innovativen heimischen Produktionen den Weg geebnet, während Downstage und Circa Wellingtons Ruf als Zentrum des neuseeländischen Theaters fördern.

Die Auckland Theatre Company pflegt ein kommerzielles Programm. Auch Christchurch und Dunedin verfügen über eigene Profi-Ensembles.

Kino

Der neuseeländische Film wird von Peter Jackson (geb. 1961) angeführt, der mittlerweile als wichtigste Persönlichkeit im Kulturleben des Landes gilt. Bei den Dreharbeiten zu den „Herr der Ringe"-Filmen wurde das ganze Land zum Filmset. Die Welt wurde auf die neuseeländische Filmindustrie aufmerksam. „Der Hobbit" wurde ebenfalls in Neuseeland gedreht und kam 2012 in die Kinos.

Peter Jackson macht Werbung für den Film „Der Hobbit" von 2012.

Das neuseeländische Kino nahm seinen Anfang lange vor den Visionen von Mittelerde. Mit „Sleeping Dogs" (1977) startete die heimische Filmindustrie durch und begründete die Karriere des Schauspielers Sam Neill (geb. 1947) und des Regisseurs Roger Donaldson (geb. 1945).

Die Kiwis strömten in den 1980er-Jahren in Scharen in Filme, die in Neuseeland gedreht worden waren. „Mach's gut, Pork Pie" (1980) war einer der vielen Kassenschlager. „Bad Blood" (1981) übte Kritik am Waffenwahn, während „Smash Palace" (1981) über eine gescheiterte Ehe und einen Sorgerechtsstreit ebenfalls ernste Themen behandelte. Geoff Murphys (geb. 1938) „Utu" (1983) bedeutete den Durchbruch für den Maoriwestern.

„Vigil" (1984) von Vincent Ward (geb. 1956), ein nachdenklicher Film über das Erwachsenwerden, beeindruckte in Cannes und brachte durch seinen künstlerischen Anspruch dem neuseeländischen Kino Anerkennung, doch erst Jane Campions mit drei Oscars bedachtes Meisterwerk „Das Piano" (1994) bescherte ihm volle internationale Aufmerksamkeit. Der Film erzählt, wie eine stumme Frau und ihre Tochter sich an das Pionierleben anpassen.

Dann kam Lee Tamahoris (geb. 1950) Film „Die letzte Kriegerin" (1994), ein brutales Märchen über das aus den Fugen geratene Leben einer Maorifamilie nach dem Roman „Warriors" von Alan Duff, während der Film „Whale Rider" (2002) auf einer Maorilegende beruht und spirituell wirkt. Zu den beliebtesten Komödien zählen die in Aucklands Samoaner-Vierteln spielende „Sione's Wedding" (2006) und „Boy" (2010) über das Erwachsenwerden eines Maori.

Peter Jackson drehte anfangs Splattermovies wie „Meet the Feebles" (1989) und zog mit „Heavenly Creatures" (1994) Aufmerksamkeit auf sich. Sein Film „King Kong" (2005) wurde in seinem Weta Workshop in Wellington produziert, der auch für die Spezialeffekte und die Nachbearbeitung von „Der Herr der Ringe" und „Der Hobbit" verantwortlich war. In Neuseeland entstehen weiterhin hochwertige Filme. Das Land zieht auch Film- und TV-Produzenten aus den USA an, da die Studios über große Kompetenz verfügen und günstig sind.

Architektur

Die neuseeländische Architektur hat keine großen Monumente hervorgebracht. Viele Gebäude aus der Zeit der ersten Besiedlung bis zum 20. Jahrhundert sind Zeugnisse einer Gesellschaft, die sich abgeschieden im Pazifik entwickelte.

Die beeindruckendste Gebäudeform der Maori ist das *wharenui* (Versammlungshaus). Typisch sind der Dachgiebel und der terrassenartige Eingangsbereich. Ab dem 19. Jahrhundert wurden die Verzierungen immer kunstvoller. Der Stil floss auch in die Gestaltung von Kirchen ein, wie bei der Kapelle von Arthur's Pass.

Die ersten europäischen Architekten bauten in den verschiedenen frühviktorianischen Stilen, vor allem in Dunedin und Christchurch auf der Südinsel. Zu den einflussreichen Architekten der Frühzeit gehört Benjamin Mountford (1825–1998). Er setzte in Christchurch, wie mit den Canterbury Provincial Council Buildings, dem Canterbury Museum und der University of Canterbury, seine steinernen Zeichen.

Viel Geld floss auch nach Dunedin. Robert Lawson (1833–1902) war für die großartige First Church im neugotischen Stil und das Larnach Castle verantwortlich, ebenso für viele Gebäude im historischen Bezirk von Oamaru, während George Troup (1863–1941) für seinen überladenen Bahnhof von Dunedin den Spitznamen „Pfefferkuchen-George" erhielt.

Auf der Nordinsel stand viel Holz als Baumaterial zur Verfügung. Aus Holz errichtete Gebäude überstanden Erdbeben besser als Steinhäuser. Holzgebäude aus früheren Zeiten weisen charakteristische Stilelemente auf, von den Government Buildings in Wellington und dem Old Government House in Auckland bis zu Holzkirchen wie der Old St. Paul's in Wellington. Viele dieser Kirchen finden sich auch in Auckland. Auch die viktorianischen Holzvillen in den Vororten der Stadt weisen einen einzigartigen Stil auf.

Öffentliche Gebäude aus späterer Zeit im italienischen oder edwardianischen Neubarock finden sich in Hülle und Fülle. Nach dem Erdbeben in Napier entstanden einige schöne Gebäude im Stil des Art déco.

Nach dem Zweiten Weltkrieg schlossen sich die Architekten dem Modernismus an. Architekten wie William Toomath (geb. 1925) und Miles Warren (geb. 1929) waren hier die Vorreiter in Auckland beziehungsweise Wellington. Unter den jüngsten Gebäuden sind das Museum Te Papa und das Westpac-Stadion in Wellington sowie der Sky Tower in Auckland erwähnenswert. ■

Whale Rider

Der Film „Whale Rider" (2002) nach einem Roman von Witi Ihimaera war ein internationaler Kassenschlager. Gedreht wurde er in Whangara am East Cape bei Gisborne. In einer Mischung aus Legende und Darstellung des heutigen Maorilebens erzählt er die Geschichte eines zwölfjährigen Mädchens, das um die Anerkennung durch den Großvater kämpft, den Dorfhäuptling und Abkömmling von Paikea.

Der Legende nach war Paikea der Lieblingssohn von Häuptling Uenuku von der Insel Mangaia. Seine eifersüchtigen Brüder hatten die Absicht, ihn während eines Angelausflugs zu töten. Paikea hörte am Abend zuvor zufällig mit, was seine Brüder planten. Er versenkte auf hoher See das Kanu, so dass seine Brüder ertranken. Er selbst trieb, dem Tod geweiht, auf einer Planke, bis der Wal Tohora ihn auf den Rücken nahm und mit ihm Richtung Süden nach Whangara schwamm, wo Paikea ein neues Leben begann.

Essen & Trinken

Neuseeland hat eine lebendige Esskultur, die verschiedene Küchen in sich vereint und auf einer breiten Palette frischer Zutaten beruht, zumal die Landwirte, durch den Erfolg der Kiwifrucht beflügelt, ihre Fühler in neue Regionen ausstrecken. Auch wenn das britische Erbe unverkennbar ist, finden sich auf den Speisekarten heute viele im Pazifikraum verbreitete Gerichte.

Eine Besucherin bei der Weinverkostung auf dem French Festival in Akaroa

In einem Land, dessen kulinarische Wurzeln in Großbritannien liegen – ein wenig aufregendes Erbe –, sprießen mittlerweile Restaurants, Weingüter, Käsehersteller und Scharen kleiner, aber feiner Nahrungsmittelproduzenten. Seit den 1980er-Jahren starrt Neuseeland nicht mehr nach Großbritannien, sondern hat in vielen Bereichen eine breitere, globale Vision entwickelt – zum Glück auch beim Essen. Die moderne neuseeländische Küche nimmt Anleihen aus einer großen Region, die von Asien bis Kalifornien reicht. Doch auch mediterrane und orientalische Einflüsse sind auf den Speisekarten zu finden, während die Weinkarten durch eine breite Palette heimischer Jahrgänge bereichert werden.

Die Küche der Maori hat sich nicht richtig durchsetzen können, auch wenn die *kumara* (Süßkartoffel), die sie aus Polynesien mitbrachten, in Neuseeland sehr geschätzt wird. In Maoridörfern wird der Besucher vielleicht Gelegenheit haben, an einem Festmahl teilzunehmen, das traditionellerweise in einem *hangi* (Erdofen) zubereitet wird: Fleisch und Gemüse werden in Körbe gelegt und über heißen Steinen in einer geschlossenen Erdgrube gegart.

Gäbe es so etwas wie ein Nationalgericht, dann wäre es wahrscheinlich gebratene Lammkeule, denn auch wenn der kulinarische Horizont erweitert wird, bringen die grünen Weiden doch weiterhin das geschätzte Fleisch hervor. Mit dem Rückgang der Weltmarktpreise mag in den letzten Jahren auch die Zahl der Schafe abgenommen haben, doch das Lammfleisch ist so saftig wie immer, während der Boom beim Rindfleisch und bei Molkereiprodukten weitere Vielfalt auf den Tisch bringt. Auch Schwein, Geflügel und Wild gibt es in Hülle und Fülle.

Direkt vom Bauernhof

Die Qualität der Zutaten ist das Geheimnis der neuseeländischen Küche. Saftiges Fleisch, frische Sahne und vor Ort hergestellter Käse sind überall erhältlich, Obstplantagen liefern eine breite Palette sonnengereifter Früchte, und das Gemüse auf dem Teller wuchs wahrscheinlich unmittelbar vor der Haustür. Aus dem Meer stammen ebenso viele Köstlichkeiten, nicht nur Fisch, sondern auch Krustentiere aller Art.

Ein Maori-*hangi* (Festmahl) aus dem Erdofen

Frisch vom Boot

Der Ozean hielt für die Maori immer leicht zugängliche Gaumenfreuden bereit. Sie aßen Schalentiere wie *paua* (Abalone), *pipi*, Herzmuscheln, *toheroa* und *tuatua*, und das tun die Neuseeländer auch heute noch, obwohl es Fangquoten gibt und die Bestände zurückgehen. Aus der Zucht in den Marlborough Sounds stammen die Grünlippmuscheln, und auch die großen Austern aus Bluff im äußersten Süden sollte man sich in der Saison nicht entgehen lassen. Langusten und Jakobsmuscheln sind ebenfalls zu bekommen.

Whitebait ist eine Delikatesse, zumal wenn es von der Westküste der Südinsel stammt. Die winzigen Jungfische verschiedener Arten werden üblicherweise in Teig frittiert serviert. Die Berufsfischerei bringt Schnapper, *tarakihi*, Petersfisch und *hapuka* auf den Tisch, während sich in vielen Flüssen Forellen und Lachse tummeln.

Fish-and-chips-Imbisse gibt es überall. Sie bieten preiswerten Fisch und gelten als das Lieblings-Fast-Food des Landes, obwohl in Neuseeland auch eine exzellente Spielart eines weiteren traditionell englischen Imports, der Fleischpastete, geboten wird.

Am anderen Ende der Skala stehen die feinen Speiselokale, vor allem in größeren Städten, doch auch in abgelegeneren Regionen lassen sich wunderbare kulinarische Erfahrungen machen. Daneben gibt es noch immer viele Restaurants, die die neuesten Trends zu ähnlichem Preis, aber ohne Rücksicht auf Qualität anbieten.

Vom heimischen Weingut

Die Provinz Marlborough auf der Südinsel ist das bekannteste Weinanbaugebiet.

Weine aus Neuseeland sind selten eine Enttäuschung. In den letzten 30 Jahren nahm der Weinanbau eine rasante Entwicklung. Von den warmen Landstrichen der Waiheke Island bei Auckland bis zu den unwirtlichen Extremen von Central Otago bei Queensland bringt Neuseeland eine aufregende Vielfalt an Weinen hervor. Kalte Winter und warme Sommer sind guten Weißweinen besonders zuträglich, doch auch leichtere Rotweine gedeihen gut. Die Provinz Marlborough auf der Südinsel ist die bekannteste Weinregion. Im Wairau Valley und anderen Tälern wird ein Sauvignon blanc erzeugt, der für seine frischen, blumigen Aromen geschätzt wird. Die Region Hawke's Bay rund um Napier auf der Nordinsel ist für ihren Chardonnay und rote Rebsorten bekannt.

Ebenfalls für ihre Weine berühmt sind die Regionen Kumeu westlich von Auckland, Wairarapa bei Wellington und Waipara nördlich von Christchurch. Viele Weinkellereien stehen Besuchern offen, und zu den vielen Weintouren, die angeboten werden, gehören auch solche mit individuell zusammengestellten Routen. Einige gute Weingüter betreiben auch Restaurants, in denen sie das Beste aus Küche und Keller in angenehmer Umgebung präsentieren. ■

ERLEBNIS: Essen wie die Maori

Für ausländische Besucher ist das traditionelle *hangi*, das Festmahl aus dem Erdofen, der Inbegriff der Maoriküche. Es steht bei allen Touren zur Maorikultur von Rotorua auf dem Programm. Doch die Esstraditionen der Maori umfassen auch viele Gaumenfreuden aus Meer und Wald.

Der Maori-TV-Koch und Erzähler Charles Royal gibt bei Touren in Gruppen von maximal sechs Personen *(Tel. 07/346-3122, www.maorifood.com, $$$$$)* sein Geheimwissen über traditionelle Ernährung weiter.

Die Ausflüge beginnen mit der Suche nach Pflanzen und Kräutern im Freien, die von Kommentaren über das Leben und die Folklore der Maori begleitet sind, und enden mit einem Festmahl. Zu den Nahrungsmitteln, die man bei den botanischen Exkursionen kennenlernt, gehören *pikopiko* (Farnwedel), *horopito* (Buschpfeffer), *kawakawa* (Buschbasilikum) und *periperi*, ein feuriges Gewürz. Der zum Weben genutzte Flachs liefert Samen, die geröstet werden und aus denen reichhaltiges Brot gebacken wird.

Vielleicht entdeckt man in Baumstämmen auch *huhu*, fette Maden, die, mit Pikopiko gekocht, eine traditionelle, wie Erdnussbutter schmeckende Leckerei ergeben.

Royal, der in neuseeländischen Spitzenhotels und in den USA gearbeitet hat, bereitet schließlich ein Mahl, zu dem vielleicht Lachs, Hähnchen und Krustentiere wie Muscheln, *paua* (Abalone) oder *kina* (Seeigel) gehören. Dazu gibt es Maoriwein und -bier. In manchen dieser Touren sind *marae*-Besuche, Jetbootfahren und Angeln inbegriffen.

Natur & Landschaft

Neuseeland besteht aus großen, hoch aufragenden Inseln, die lange vom Rest der Welt abgeschnitten waren. Dieses Land, das einst von Primärwald bedeckt war, bietet eine reiche Biodiversität und eine abwechslungsreiche, atemberaubende Landschaft.

Das Land erstreckt sich von der sandigen subtropischen Halbinsel an der Nordspitze bis zu den von Gletschern geformten Fjorden im Süden über 1600 Kilometer. Dazwischen liegen mächtige Berge mit schneebedeckten Gipfeln, Vulkane, große Seen, dichte Wälder und Hänge mit fruchtbaren Weiden. Strände und Buchten bilden eine gewundene, 15 000 Kilometer lange Küstenlinie.

Mit einer Fläche von 270 000 Quadratkilometern ist Neuseeland etwa zehn Prozent größer als Großbritannien. Die Südinsel ist etwas größer als die Nordinsel, beide zusammen bilden den Großteil der Landmasse. Es gibt aber auch kleinere Inseln, darunter Stewart Island im äußersten Süden, die drittgrößte Insel.

Neuseeland ist geologisch durch den Zusammenstoß der Pazifischen und der Australischen Platte geprägt. Es ist eine Region mit hoher Erdbeben-, Vulkan- und geothermischer Aktivität und gehört zum Pazifischen Feuerring.

Der Kermadec Trench im Osten der Nordinsel markiert die Linie, an der sich die Platten begegnen, doch in der Landesmitte winden sich die Platten entlang zahlreicher Bruchlinien. Auf der Südinsel schiebt sich die Australische unter die Pazifische Platte. Dadurch sind entlang der alpinen Bruchlinie, die längs über die Insel verläuft, die Southern Alps mit mehr als einem Dutzend Dreitausendergipfeln aufgeworfen worden.

Die Entstehung Neuseelands

Den Maori zufolge fuhr der Halbgott Maui, der in der Heimat ihrer Ahnen, Hawaiki, lebte, eines Tages mit seinen Brüdern weit aufs Meer hinaus. Er benutzte einen magischen Angelhaken und spürte ein heftiges Zerren an der Leine, so dass er seine Brüder um Hilfe bat. Mit großer Mühe zogen sie die Nordinsel oder Te Ika a Maui („Mauis Fisch") aus dem Wasser. Der Kopf liegt südlich rund um Wellington, während sich der Schwanz bis zum Cape Reinga im Norden erstreckt.

Mauis Kanu wurde zur Südinsel oder Te Waka a Maui. Die meisten Stämme der Nordinsel bezeichnen die Südinsel hingegen als Te Wai Pounamu („die Grünsteingewässer"), denn sie war die Quelle der hochgeschätzten Neuseeland-Jade.

Die Nordinsel

Die Nordinsel ist zwar weniger gebirgig als die Südinsel, macht dies aber durch vulkanische Aktivitäten wett. Alle aktiven Vulkane des Landes gruppieren sich um die Mitte der Nordinsel, von der rauchenden White Island unmittelbar vor der Ostküste über die geothermischen Regionen um Rotorua bis zum Vulkantrio Tongariro, Ngauruhoe und Ruapehu auf dem Central Plateau.

Die Giant Gate Falls am Milford Track im Fiordland National Park

In der Nähe der Vulkane erstreckt sich der riesige Lake Taupo, der größte See des Landes. Vom See fließt der Waikato, der längste Fluss des Landes, Richtung Norden durch Ebenen mit fruchtbarer vulkanischer Erde. Das Bauernland der Region Waikato ist typisch für die Nordinsel, die in weiten Teilen mit grünem Weideland für Schafe und Vieh überzogen ist.

Jenseits des Waikato liegt Auckland auf einem schmalen Isthmus, der den Pazifik von der Tasmansee trennt. Die Stadt erstreckt sich, immer wieder unterbrochen durch Naturhäfen, kilometerweit auf alten Vulkankegeln.

Northland, die Region an der Spitze der Nordinsel, ist eine lang gestreckte Landzunge, die an der Westküste vom Wind gepeitscht ist, während die geschützte Ostküste schöne Buchten hat, darunter die reizvolle Bay of Islands. Einst war diese Gegend von Kauriwäldern bedeckt, doch nur einige kleine Restvorkommen dieser mächtigen Koniferen sind noch vorhanden.

Die Southern Alps fangen den von den vorherrschenden Westwinden herangebrachten Regen ab, so dass es nirgendwo in Neuseeland so nass ist wie an der Westküste der Südinsel.

Der Osten der Nordinsel reicht von der Coromandel Peninsula über die Bay of Plenty, einer sonnenverwöhnten Region, die für den Anbau von Kiwis bekannt ist, bis zum East Cape, einer Hochburg der Maorikultur. Weiter südlich erstrecken sich hinter der Küste wilde, bewaldete Berge hinunter bis zur Hawke's Bay, einer agrarischen Region. Durch ihre Weingüter hat sie bei den Önologen Berühmtheit erlangt.

Wo die Westküste in die Tasmansee vorspringt, ragt der Taranaki empor, ein schlafender Vulkan. Mit seinem an der Spitze weißen Kegel beherrscht er über Kilometer das umliegende Agrarland. Weiter gen Süden liegt an der Westküste der Distrikt Wanganui, der nach dem längsten schiffbaren Fluss Neuseelands benannt ist. Er ergießt sich von Bergen in der Inselmitte.

Im Süden verjüngt sich die Insel, ganz unten liegt beidseits von Bruchlinien die – deshalb erdbebengefährdete – Hauptstadt Wellington.

Die Südinsel

So reizvoll die Nordinsel auch ist, so kann sie sich doch mit den majestätischen Landschaften der Südinsel nicht messen. Die großartigen Southern Alps erstrecken sich der Länge nach über die Insel und erreichen mit dem 3754 Meter hohen Aoraki/Mount Cook in der Mitte den höchsten Gipfel. Es gibt weitere 18 Dreitausender, die dauerhaft mit Schnee und Gletschereis bedeckt sind. Im Winter ist alles verschneit.

Im Süden der Insel sind die Berge niedriger, aber nicht weniger imposant. Hier frästen einst Gletscher tiefe Fjorde aus, dazu große Inlandseen wie den Te Anau und Manapouri. Der viel besuchte Milford Sound ist der berühmteste Fjord. Hier steigen nackte Felsen direkt aus dem glasklaren Wasser auf.

Die Southern Alps fangen den von den Westwinden herangebrachten Regen ab, so dass es nirgendwo in Neuseeland so niederschlagsreich ist wie an der Westküste der Südinsel. Auf einem schmalen Landstrich zwischen dem Meer und den Bergen hat der Regen einen üppigen Bewuchs gefördert, während sich hoch oben der Schnee zu Gletschern verdichtet hat: den gut zugänglichen Fox Glacier und Franz Josef Glacier, deren Zungen fast bis zum Meer reichen.

Die windabgewandte Seite der Berge hingegen ist knochentrocken. In wüstenähnlichen Landschaften aus schroffen Felsen und Geröll liegen türkisfarbene, von Gletschern gespeiste Seen. An Hochebenen mit Büschelgras schließen sich weiter unten belaubte Grünzonen an, doch diese schöne Welt im Schatten der Berge ist mit eiskalten Wintern und heißen Sommern sehr unwirtlich.

Abseits der Berge bietet die Ostküste um Southland hügeliges Weideland, während die ausgedehnten Canterbury Plains besten Ackerboden aufweisen. Die Banks Peninsular eröffnet mit ihren verwitterten Vulkanen eine reizvolle Szenerie, während im Norden die Gebirgskette der Kaikoura Ranges direkt am Meer verläuft.

Der Norden der Insel präsentiert sich wieder ganz anders. Nelson und Marlborough sind warm und sonnig, ein typisches Obst- und Weinanbaugebiet. Auch das Meer ist geschützt, vor allem in den eindrucksvollen Marlborough Sounds mit sonnengefleckten Wasserwegen und bewaldeten kleinen Eilanden.

Weitere Inseln

Stewart Island ist die drittgrößte neuseeländische Insel. Trotz ihrer Lage weit im Süden wirkt sie fast tropisch, weil die sie umgebenden Gewässer aus wärmeren, nördlicheren Klimazonen stammen.

Great Barrier Island, die größte Insel im Norden, liegt nahe Auckland im Hauraki Gulf, ebenso wie **Waiheke**, eine weitere Insel von einigem Umfang, die praktisch ein Vorort von Auckland ist.

Neuseeland erhebt Anspruch auf eine Reihe anderer abgelegener Inseln, von denen allein die **Chatham Islands**, 800 Kilometer östlich von Christchurch, dauerhaft bewohnt sind. Sie wurden von den Moriori besiedelt, einem polynesischen Volk, das eine von den Maori abweichende Kultur entwickelte. Bis heute tobt die Debatte darüber, ob die Moriori ursprünglich Maori von der Südinsel waren oder direkt aus einem anderen Teil Polynesiens kamen.

Weitere Inseln sind die subtropischen **Kermadec Islands**, die zwischen Neuseeland und Tonga liegen, die subantarktische **Campbell Island** und die Inselgruppen der Snares, Antipoden, Bounty und Auckland, die allesamt für ihre reiche Vogelwelt bekannt sind.

Klima

Neuseeland hat ein gemäßigtes Klima. In bewohnten Regionen steigt die Temperatur manchmal über 30 Grad Celsius und fällt selten unter den Gefrierpunkt. Die Klimamuster sind allerdings sehr unterschiedlich und reichen von subtropisch im hohen Norden bis zu kühl im äußersten Süden. In den Bergen herrscht alpines Klima.

Auf den Inseln mitten im Meer geht viel Niederschlag nieder, im Durchschnitt zwischen 60 und 160 Zentimetern jährlich. Die vorherrschenden Westwinde bringen die meisten Niederschläge, die an der Westküste der Südinsel am stärksten ausfallen, während die trockenste Region nur 100 Kilometer entfernt auf der anderen Seite der Southern Alps liegt. Auf beiden Inseln fällt in den Bergen Schnee, selten aber in den Küstenregionen, obwohl dies im Winter im Süden und Osten der Südinsel gelegentlich vorkommt.

Der Wind ist oft böig und führt zu raschen Wetterwechseln. So brauen sich an einem Tag mehrmals Regenwolken zusammen, allerdings bricht zwischendurch immer wieder die Sonne durch. Die vom Westwind abgeschirmten

Regionen sind sonniger, wie Nelson und Marlborough auf der Südinsel und die Bay of Plenty und Hawke's Bay auf der Nordinsel. Die geringe Luftverschmutzung und eine dünne Ozonschicht sorgen für eine hohe UV-Strahlung.

Flora und Fauna

Da 80 Millionen Jahre lang keine Verbindung zur Außenwelt bestand, hat sich auf Neuseeland eine einzigartige Flora und Fauna entwickelt. Die Urwälder gediehen, flugunfähige Vögel entwickelten sich, die keine warmblütigen Raubtiere fürchten mussten. Zu den unvergleichlichen Arten gehören der langschnäbelige, flugunfähige Kiwi, der größte flugunfähige Papagei (Kakapo), eine urzeitliche Reptilienart (Tuatara), das schwerste Insekt (Weta) und der Baum mit dem weltweit größten Volumen (Kauri).

In den Wäldern herrschen Steineiben vor, während in kühleren Regionen Südbuchen (Nothofagus) am häufigsten sind. In dichten Wäldern wachsen zahlreiche Farne, darunter auch riesige Baumfarne. In subalpinen Regionen finden sich Büschelgras und niedrige Sträucher. Im Flachland ist Flachs weitverbreitet. Aus seinen langen Blättern wird die Faser für Webarbeiten der Maori gewonnen.

Im Meer wimmelt es von Warmblütern wie Walen, Delfinen, Seebären, Seelöwen und Pinguinen.

Zur reichen Vogelwelt gehörte einst der riesige Moa, ein ebenfalls flugunfähiger Vetter des Kiwis, der eine Höhe bis 3,70 Meter erreichte. Doch Maorijäger rotteten diese leicht zu erlegende Beute aus. Zu den flugunfähigen Vögeln, die heute vom Aussterben bedroht sind, gehören die Takahe mit ihrem Gefieder in schillerndem Blau und Grün und dem dicken roten Schnabel sowie der Kakapo, ein riesiger Papagei, der bis zu drei Kilogramm schwer werden kann.

Weitere, häufiger vorkommende Papageien sind der Kaka und der freche Kea, der in Bergregionen und auf Parkplätzen vorkommt, wo er gern das Dichtungsgummi von Autoscheiben anpickt. Zu den hier heimischen Rallenvögeln gehören die Wekaralle und das farbenprächtige Pukeko (Purpurhuhn). Aus der Vielfalt der Meeresvögel sei der Königsalbatros hervorgehoben, der auf der Otago Peninsula bei Dunedin brütet und eine Spannweite von drei Metern hat.

Unter den neuseeländischen Amphibien finden sich vier Arten primitiver Frösche. Zu den Reptilien gehört die Tuatara (Brückenechse), deren Vorkommen 200 Millionen Jahre, bis in die Dinosaurierzeit, zurückreicht. Es gibt auf Neuseeland keine Schlangen und nur eine giftige Spinne, die seltene Katipo.

Im Meer wimmelt es zudem von Warmblütern wie Walen, Delfinen, Seebären, Seelöwen und vielen Pinguinarten (siehe S. 180 f).

Da vielerorts ihre natürliche Umwelt verschwunden ist, sind zahlreiche Arten auf Neuseeland bedroht. Im Gegenzug richten eingeführte Tiere wie Ratten und das australische Possum (Kusu) große Schäden an. Das Department of Conservation hat deshalb ein Programm zur aktiven Insel-Rekultivierung gestartet. Dazu gehört die Beseitigung eingeführter Kaninchen und Schweine und die Wiedereinführung heimischer Arten, insbesondere bedrohter Vögel, auf den Inseln vor der Küste. ■

Die Südflanke des Aoraki/Mount Cook, des höchsten Berges der Southern Alps

Kultiviert und voller Sehenswürdigkeiten – die größte Stadt des Landes besitzt einen herrlichen Hafen und Dutzende von Buchten und Stränden.

Auckland & Umgebung

Aucklands Skyline und Hafen, von Devonport aus gesehen

Auckland & Umgebung

Auckland erstreckt sich über eine Reihe von Vulkankegeln, vom Wasser zweier Häfen umspült. Die zerklüftete Küste der Stadt umfasst Dutzende von Buchten und Stränden, so dass die Einwohner nie weit vom Meer entfernt leben. Yachten füllen die Marinas, daher wird Auckland auch die „Stadt der Segel" genannt.

Fügt man dieser Kulisse noch das milde Klima, die starke Wirtschaft und die Sehenswürdigkeiten hinzu, ist es kein Wunder, dass fast ein Drittel aller Neuseeländer hier wohnen. Obwohl Wellington offiziell das politische Machtzentrum bildet, ist doch Auckland der Motor, der die Wirtschaft und das Land durch die höchste Konzentration an Reichtum, Kultur und Bildung sowie Industrie in Neuseeland antreibt.

Auckland ist zudem die größte polynesische Stadt der Welt. Neben den Maori zog es auch Menschen aus Samoa, von den Cook-Inseln, Tonga, Niue und anderen pazifischen Inseln nach Auckland.

Berücksichtigt man die zunehmende Migration aus Asien, kann man Auckland trotz seiner relativ geringen Einwohnerzahl von nur etwa 1,3 Millionen tatsächlich als kosmopolitische Stadt bezeichnen.

Die Stadt liegt auf einem Isthmus zwischen dem Pazifik und der Tasmansee, der an seiner engsten Stelle nur 1,6 Kilometer misst. Hier zogen die Maori einst ihre Kanus über Land, um zwischen den Küsten zu reisen. Nachdem Auckland im 19. Jahrhundert kurz Kolonialhauptstadt gewesen war, verlor es diesen Status 1865 an Wellington, wuchs aber dynamisch weiter.

Städtische Ausdehnung ist typisch für Auckland. Die Stadt erstreckt sich inzwischen über 40 Kilometer. Greater Auckland besteht im Wesentlichen aus vier Städten: Auckland City am südlichen Ufer des Waitemata Harbour, North Shore City im Norden jenseits der Brücke, Manukau am Manukau Harbour im Süden und Waitakere im Westen. Wald und Meer umgeben die Stadt, so dass sich Tagesausflüge nach Westen zu den Waitakere Ranges und nach Osten zu den Inseln im Hauraki Gulf anbieten. Die meisten Besucher bleiben allerdings nicht lange in Auckland. ■

UNBEDINGT ANSEHEN

Das Viaduct Basin, Zentrum des Segelns, der Restaurants und des Nachtlebens 59

Den Rundgang durch Auckland, der die Geschichte der Stadt zeigt 60–61

Das Stadtpanorama vom Sky Tower oder vom Vulkankegel des Mount Eden 62, 68

Das schicke und historische Parnell 63

Das Auckland Museum, eine gute Einführung in die Kultur Neuseelands und der Maori 64

Das viktorianische Küstendorf Devonport 66–67

Eine Hafenrundfahrt im Auckland Harbour oder mit der Fähre zur Rangitoto Island oder Waiheke Island 70–71

Die Waitakere Ranges und die Surfstrände an der Westküste 74–75

Auckland

Durch seine Lage an einem wunderschönen Hafen und sein mildes Klima zieht Auckland eine wachsende Zahl neuer Einwohner und Besucher an. Es ist mit Abstand die größte Stadt Neuseelands und zugleich kulturelles Zentrum des Landes. Englische und polynesische Einflüsse vermischen sich hier. Zahlreiche Aktivitäten, Restaurants und ein lebendiges Nachtleben lassen die Stadt pulsieren.

Segeln wird in Auckland mit Leidenschaft betrieben.

Stadtzentrum

Das traditionelle Herz der Stadt ist die **Queen Street**, die vom Fähranleger den Berg zur Karangahape Road hinaufführt. Die großen Banken und Finanzhäuser der Queen's Street, die einst den Spitznamen „Golden Mile" trug, existieren heute nicht mehr, und die Gebäude wurden zum Teil in Einzelhandelsgeschäfte umgewandelt. Im alten Teil der Stadt gibt es noch weitere Einkaufsmöglichkeiten, insbesondere in Seitenstraßen wie der **High Street**.

Die Stadtteile am Wasser stehen für das neue Gesicht Aucklands. Die „Stadt der Segel" verdankt ihre Aufwertung dem Segelsport, da hier, nachdem Neuseeland 1995 den America's Cup gewonnen hatte, reichlich saniert wurde.

INSIDERTIPP

Besuchen Sie die North Wharf im Wynyard Quarter. Hier können Sie bei einer Tasse Kaffee den ein- und ausfahrenden Fischerbooten zusehen.

LEN BROWN
Bürgermeister von Auckland

Das **Viaduct Basin**, westlich des Fährterminals in der Stadtmitte gelegen, war Liegeplatz der teilnehmenden Rennyachten und ist heute Aucklands Zentrum für Restaurants und Nachtleben. Schicke neue Apartments entstehen immer weiter westlich in den alten Hafen- und Marktvierteln. Eine Fußgänger- und Radfahrerbrücke führt vom Viaduct Basin ins Wynyard Quarter, einer anlässlich des 2011 Rugby World Cup vorgenommenen Restaurierung und Umwidmung. Hier finden Sie Geschäfte, Cafés, einen Spielplatz und den Fischmarkt.

Voyager New Zealand Maritime Museum

Das **Maritime Museum** am Viaduct Basin würdigt Neuseelands Geschichte als Seefahrernation. Zahlreiche Galerien und Schiffe schaffen einen Überblick, und für wenige Dollar zusätzlich kann man auf der *Ted Ashbey*, einem Flachboot, oder einem Dampfschiff eine Hafenrundfahrt unternehmen.

Waitemata Harbour & Queen Street

Das **Ferry Building**, am Hafenende der Queen Street gelegen, ist für den Besucher ohne Yacht das Tor zum Waitemata Harbour. Der günstigste Weg, um aufs Wasser zu kommen, ist die Fähre nach Devonport (siehe S. 66).

Geht man in südlicher Richtung die Queen Street hinauf, kommt man an Sehenswürdigkeiten wie dem **Britomart** *(12 Queen St.)* vorüber, einst das elegante Hauptpostamt, heute Knotenpunkt der öffentlichen Verkehrsmittel. In den restaurierten Gebäuden der näheren Umgebung sind Geschäfte, Restaurants und Bars untergebracht. Auf halber Höhe der Queen Street steht die **Town Hall**, die in ein Kulturzentrum

Die Schlacht um Auckland

Die Legenden der Maori erzählen von einer großen Schlacht zwischen den Stämmen der Waitakere und Hunua Ranges, die im Westen beziehungsweise Osten Aucklands lebten. Ein Priester der Hunua beschwor die Sonne, früh aufzugehen und die Gegner zu blenden – die Feinde flohen. Die Krieger der Hunua verfolgten sie, aber ein Priester der Waitakere ließ die Erde explodieren – so formten sich die Vulkane Aucklands. Die Lava stoppte das Vorrücken der Feinde.

Auckland

Karte S. 56–57

Besucherinformation

Arrivals hall, Auckland International Airport

Atrium, SkyCity, Victoria & Federal Sts.

137 Quay St., Princes Wharf

09/367-6009

www.aucklandnz.com

Department of Conservation Information Centre

137 Quay St., Princes Wharf

09/379-6476

www.doc.govt.nz/footer-links/contact-us/visitor-centres

Voyager New Zealand Maritime Museum

Karte S. 56 & 61

Quay & Hobson Sts.

09/373-0800

$$

www.maritimemuseum.co.nz

Rundgang durch Auckland

Der beste Ausgangspunkt für einen Spaziergang durch die „Stadt der Segel" ist die Seeseite. Von dort geht es landeinwärts. Ziel der Rundgangs ist das Old Government House, ein Relikt aus der Zeit Aucklands als Hauptstadt.

Man startet am **Ferry Building** 1, 1912 erbaut, von dem aus Fähren die Routen zu den Vorstädten sowie den Inseln im Hauraki Gulf, darunter Rangitoto und Waiheke, befahren. Es beherbergt einige der besten Restaurants Aucklands mit Meerblick.

Weiter westlich liegt der modernisierte Komplex **Princes Wharf**, der einem Ozeandampfer nachempfunden ist. Hier finden sich heute exklusive Apartments, das Hilton Hotel, Restaurants und Bars. Ein Spaziergang entlang dem Kai lohnt sich immer, um zu sehen, welche Kreuzfahrtschiffe und Luxusyachten gerade in der Stadt sind.

Das **Viaduct Basin** 2 (siehe S. 59) ist der Ursprung aller neueren Sanierungsprojekte am Wasser. Aucklands Nachtleben ist der große Gewinner, da das Viaduct Basin mittlerweile von Bars, Restaurants und Ausblicken auf das Wasser umgeben ist.

Um das Viaduct Basin geht es weiter zum **Market Square**, wo früher die Markthallen der Stadt standen. Weiter im Westen setzen sich die Neubaugebiete mit Apartments und davor ankernden, teuren Yachten, wie etwa im Wynyard Quarter fort. Nach links biegt man in die Customs Street West ab, die an den herrlich altmodischen Tepid Baths von 1914 vorbeiführt. Seit ihrer Restaurierung bietet die Anlage Süßwasserbecken, Whirlpool und Sauna.

Weiter entlang die Customs Street West, steht an der Ecke zur Albert Street das große **Old Customs House** 3. Es wurde 1888 im Stil der französischen Renaissance erbaut und 1997 zum Einkaufszentrum umgestaltet.

Einen Block östlich geht es rechts in die Queen Street. Die **Queens Arcade** 4 in Nummer 34 bis 40 ist eine altmodische viktorianische Einkaufspassage. Hier findet man Kunsthandwerk sowie andere Läden zum Stöbern, wie das Musikgeschäft Marbecks, seit seiner Eröffnung 1934 eine Institution in Auckland.

Zu den historischen Gebäuden an der Queen Street gehört das neoklassizistische **Bank of New Zealand Building** 5 in Nummer 125 (jetzt das Tower Shopping Centre), das bei seiner Eröffnung 1867 als Aucklands schönstes Gebäude galt.

Die **Vulcan Lane** neben der Queen Street erhielt ihren Namen von den Schmiedeessen, die dort einst betrieben wurden. Heute finden sich hier beliebte Kneipen, darunter der Occidental Pub von 1884. Von der Vulcan Lane geht es rechts in die **High Street**, die von Modegeschäften und anderen Läden gesäumt ist. In Haus Nummer 19 befindet sich Unity Books, einer der besten unabhängigen Buchläden Aucklands und immer einen Besuch wert. Anschließend gelangt man über die High

Und danach ...

Zu den angesagten Abendlokalen gehören:

Freddy's Ice House *(201 Quay St., Princes Wharf, www.showcasehospitality.co.nz/microsite/freddys-ice-house)*. **Hier besteht alles aus Eis. Die für den Aufenthalt notwendige Ausrüstung wird gestellt.**

Northern Steamship Co. *(122 Quay St., Britomart, www.northernsteamship.co.nz)* **in einem geschmackvoll renovierten Altbau.**

Occidental *(6 Vulcan Ln.)*. **In diesem schönen Bierlokal glaubt man, tatsächlich in Belgien zu sein.**

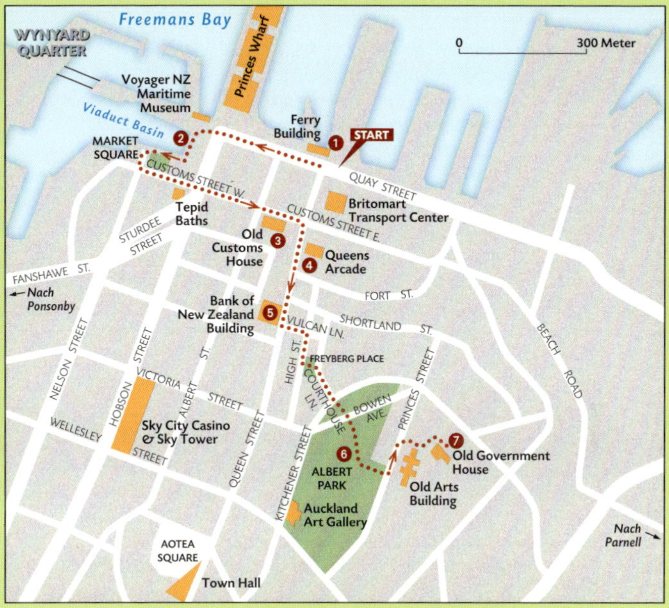

Street zum Freyberg Place und von dort zur **Courthouse Lane**. Von dieser schönen gepflasterten Piazza, wo gern im Freien gespeist wird, blickte man früher auf das erste Gericht und die erste Polizeistation Aucklands. Schräg rechts führen Stufen zur Kitchener Street hoch. Auf der anderen Straßenseite befindet sich der hübsche **Albert Park** ❻, durch den die Bowen Avenue führt und der von Stadt und Universität begrenzt wird. Trotz seines Namens steht eine Statue von Königin Viktoria in seiner Mitte. Eine Statue von Sir George Grey gedenkt des Verwaltungsbeamten, der Gouverneur von Neuseeland und Superintendent von Auckland war.

Die **Auckland Art Gallery** (siehe S. 62) liegt an der südwestlichen Ecke des Parks. An der Ostseite steht das imposante **Old Arts Building** (1926), das bemerkenswerteste Gebäude der Universität mit einem Uhrenturm, dessen Stil als „Gaudí geht nach Camelot" beschrieben werden könnte. Hinter dem Old Arts Building befindet sich das **Old Government House** ❼, eine prächtige Holzvilla mit einer Fassade, die wie Stein aussieht, und einem verzierten Portikus. 1856 erbaut, diente die Villa als Residenz des Gouverneurs, als Auckland noch Hauptstadt war. George Grey pflanzte den riesigen Flammenbaum im Garten. ■

- Siehe Umgebungskarte S. 56
- ➤ Ferry Building
- 2,5 Kilometer
- 2 Stunden
- ➤ Old Government House

NICHT VERSÄUMEN

Ferry Building • Viaduct Basin • Queens Arcade • Albert Park • Old Arts Building • Old Government House

Sky Tower
Karte S. 56
Victoria & Federal Sts.
09/363-6000
$$$
www.skycityauckland.co.nz

umgewandelt wurde. Das imposante Gebäude wacht über den Zugang zum **Aotea Square**, auf dem städtisches Leben stattfindet. Auf einer Seite steht das **Aotea Centre** *(Mayoral Dr., Tel. 09/309-2677, www.the-edge.co.nz/aoteacentre.aspx)*, das Zentrum für die darstellenden Künste des Landes. Es ist Teil des Edge, eines Zentrums der Künste, zu dem das nahe gelegene **Civic Theatre** an der Ecke Queen Street/Wellesley Street gehört. Das Civic ist die Grande Dame der Theater Aucklands. Berühmt ist sein Deckengemälde, das den Sternenhimmel der südlichen Hemisphäre an einem Aprilabend um 22 Uhr darstellt.

ERLEBNIS: Die Auckland Bridge erklettern

Für einen umwerfenden Blick auf Stadt und Hafen kann man entlang der Wartungsgänge auf und über die Auckland Harbour Bridge klettern – ein spannendes Unterfangen.

Führer weihen in die Geheimnisse der Brücke ein. 1959 erbaut, reichten bereits nach einem Jahrzehnt ihre Kapazitäten für den zunehmenden Verkehr zum North Shore nicht mehr aus. 1969 wurde sie um zusätzliche Spuren erweitert. Dabei wurde ein Kastenträger-Ansteckverfahren eingesetzt, das von einer japanischen Firma entwickelt worden war.

Der Aufstieg dauert etwa 1,5 Stunden und ist leicht zu bewältigen. Wem das zu zahm ist, der kann anschließend einen Bungeesprung wagen. Aufstieg und Sprünge bucht man bei A. J. Hackett ***(Westhaven Reserve, Tel. 09/360-7748, www.aucklandbridgeclimb.co.nz).***

Es scheint, als sei keine Stadt am Pazifik ohne einen nadelförmigen Turm komplett, der alle anderen Gebäude überragt. Aucklands Version ist der **Sky Tower**, der mit seinen 328 Metern bei Tag und Nacht die Skyline dominiert. Ein Fahrstuhl befördert Besucher fast bis zur Spitze. Wer den ultimativen Kick sucht, sollte sich einfach fallen lassen – beim SkyJump, eine verschärfte Version des Bungee-Springens, oder sich auf den SkyWalk wagen, den Außenrand des Turms. Dieser Turm gehört zum SkyCity, einem Kasino-, Hotel- und Unterhaltungskomplex.

Kultur im Überfluss

Kultur ist auch im Stadtzentrum allgegenwärtig. Die **Auckland Art Gallery** hat eine breit gefächerte Sammlung westlicher Kunst. Das Highlight sind eindeutig die Maoriporträts der gebürtigen Aucklander Charles Goldie und Gottfried Lindauer. Zur Sammlung gehört auch Goldies „Die Ankunft der Maori in Neuseeland" (1898), ein umstrittenes Gemälde, da es den Mythos einer einzigen großen Flottenlandung untermauerte. Das Museum wurde aufwendig renoviert. Das ursprüngliche, 1887 im Stil der französischen Renaissance errichtete Gebäude erhielt eine moderne Erweiterung.

Über die K Road hinaus

Die Queen Street endet an der K Road, wie die Einheimischen die **Karangahape Road**

Das IMAX Centre, Queen Street, Auckland

abkürzen, die sich am Bergrücken oberhalb der Stadtmitte entlangwindet. Ein Spaziergang entlang der K Road lohnt immer – die Geschäfte verbinden verruchten Charme und Geschichte. Die Straße hat viele Veränderungen mitgemacht: von der frühen Besiedelung bis zu ihrem Höhepunkt als Enklave am Pazifik in den 1960er- und 1970er-Jahren. Asiatische Restaurants und trendige Cafés tragen heute zu der Mischung bei, und obwohl viele der Sexshops verschwunden sind, hält die K Road noch immer an ihren Rotlichtwurzeln fest.

Die K Road endet an der **Ponsonby Road**, einer der beliebtesten Straßen Aucklands. Der historische Vorort Ponsonby schüttelte sein Slumimage in den 1970er-Jahren ab, als viele Künstler hierherzogen.

Von den nahen Vororten ist **Newmarket**, gleich hinter Parnell gelegen, ein florierendes Einkaufsviertel und Mode-Outletzentrum. Pendlerzüge fahren vom Britomart hierher. Auf einem Hügel östlich von Newmarket liegt **Remuera**, Aucklands edelster Vorort. Seine Boutiquen entlang der Remuera Road bieten qualitativ hochwertige Produkte.

Parnell

Östlich der Stadtmitte liegt Parnell. Schicke Restaurants, Bars und Geschäfte säumen die Hauptstraße, **Parnell Road**. **Parnell Village**, auf halber Höhe der Hauptstraße gelegen, gleicht einem Labyrinth aus Boutiquen, Galerien und Restaurants.

Eines der vielen geschichtsträchtigen Gebäude Parnells, die **St. Mary's Church** *(420–432 Parnell Rd.)*, wurde im gotischen Stil erbaut. Sie gilt als eine der schönsten Holzkirchen Neuseelands.

Rund um Parnell

Das **Kinder House** *(2 Ayr St., geschl. Mo & Di 12–15 Uhr)* wurde als Wohngebäude des Schulleiters der Church of England Grammar School erbaut. Nach seinem ersten Bewohner, Dr. John Kinder, benannt, enthält dieses zweistöckige, steinerne Museumsgebäude seine Aquarelle und Fotos.

Einige Häuser weiter steht das charmante **Ewelme**

Auckland Art Gallery

Karte S. 56

Main Gallery: Wellesley & Kitchener Sts.

New Gallery: Wellesley & Lorne Sts.

09/379-1349

www.aucklandartgallery.com

Auckland Museum
Karte S. 56
Auckland Domain
09/309-0443
$

www.auckland museum.com

Kelly Tarlton's Antarctic Encounter & Underwater World
Karte S. 57
23 Tamaki Dr., Orakei
09/531-5065
$$$–$$$$

www.kellytarltons.co.nz

Cottage *(14 Ayr St., geschl. Mo–Sa, $)*, ein Beispiel eines kolonialen Holzbungalows, das 1863 für den Pfarrer Vicesimus Lush erbaut wurde.

Legende America's Cup

Vor dem Voyager New Zealand Maritime Museum (siehe S. 59) am Eingang zum Viaduct Basin liegt die „KZ1". Diese 27-Meter-Slup fuhr beim America's Cup 1988 mit, musste sich aber dem amerikanischen Champion Dennis Connor in seinem Katamaran geschlagen geben. Der Wettstreit vor Gericht dauerte länger als der auf dem Wasser, motivierte aber Neuseeland, 1995 mit der „Black Magic" den America's Cup zu gewinnen. Das Team New Zealand verteidigte den Titel 2000, musste ihn 2003 jedoch an einen Schweizer Herausforderer abgeben.

Von der Parnell Road zweigt die Maunsell Road zum **Auckland Domain** *(20 Park Rd.)*, einem Park am Rande der Stadt, ab. Außer den Grünanlagen und dem Kricketplatz gibt es den **Wintergarden**: zwei Gewächshäuser voller exotischer Pflanzen, die einen viktorianischen Garten umschließen.

Das **Auckland Museum**, eine der Hauptattraktionen der Stadt, steht hoch oben auf dem Hügel des Domain. Auch wenn Wellingtons Museum Te Papa (siehe S. 154) als bestes Museum des Landes gepriesen wird, scheint es recht leer im Vergleich zu diesem herrlichen Museum. Seit das Auckland Museum in das neoklassizistische Gebäude des Auckland War Memorial Museum umgezogen ist, hat es auch ein angemessenes Zuhause gefunden. Schätze der Maori, Exponate aus dem Pazifikraum und eine Straßenansicht Aucklands aus dem Jahr 1866 sind nur einige Höhepunkte der Ausstellung. **Folklorevorführungen** der Maori *(11, 12 & 13.30 Uhr, $$–$$$)* bilden eine beliebte zusätzliche Attraktion.

Tamaki Drive

Diese malerische Küstenstraße zeigt die „Stadt der Segel" von ihrer besten Seite. Im Sommer wimmelt es hier von Strandgängern. Bei Sonnenschein kreuzen Yachten im Waitemata Harbour, und Windsurfer strömen zum Strand.

Von der Stadtmitte aus nimmt man die Quay Street in Richtung Osten. Der Tamaki Drive überquert die Hobson Bay, die von Motorbooten gesäumt wird, ehe er Orakei erreicht. Eine Straße neben dem Tamaki Drive liegt **Parakai Drive**, die „Straße der Millionäre".

In Orakei befindet sich auch **Kelly Tarlton's SEA LIFE Aquarium**. Wenn man nur ein Aquarium in Neuseeland besuchen kann, sollte es dieses sein. Von einem Glastunnel aus sieht man beeindruckend viele

ERLEBNIS: Nation der Segel

Die Neuseeländer haben sich den Ruf als die besten Segler der Welt erarbeitet. Auckland mit seinen überquellenden Yachthäfen wird daher auch die „Stadt der Segel" genannt. Im Grunde sollte Neuseeland „Nation der Segel" heißen – geschützte Häfen und Buchten, mit malerischen Inseln darin, bieten rund um das ganze Land hervorragende Segelmöglichkeiten.

Wer diesen aufregenden Sport immer schon ausprobieren wollte, dem bieten Veranstalter Törns mit Skipper und Besatzung an. Die Palette reicht von Nachmittagsausflügen bis zu einwöchigen Ozeantörns auf einer Maxiyacht – oder man chartert eine Yacht und steuert sie selbst.

Die besten Segelreviere sind der Hauraki Gulf bei Auckland und die Marlborough Sounds, aber man kann auch von Nelson, Akaroa bei Christchurch und sogar Queenstown am Lake Wakatipu in See stechen.

In Auckland organisieren zahlreiche Veranstalter, wie etwa **Pride of Auckland** *(Tel. 09/359-5987, www.explorenz.co.nz)* verschiedene Segel- und Dinnertouren. **SailNZ** *(Tel. 09/359-5987, www.explorenz.co.nz)* am Viaduct Basin bietet aktive Teilnahme bei der zweistündigen Tour auf einer America's-Cup-Yacht an. Für Segler und alle, die es werden wollen, gibt es bei **Gulfwind** *(Tel. 09/521-1564, www.gulfwind.co.nz)* Kurse unterschiedlicher Stufen.

Wer das Meer einmal anders erleben möchte, ist bei **Arawai** *(Tel. 0800/42-7292, www.arawai.co.nz)* richtig, die in den Sommermonaten Wochenendtouren auf einem Waka-Katamaran der Maori anbieten.

Weitere Anbieter in der Bay of Islands sind unter anderen **FairWind Charters** *(Tel. 09/402-7821, www.fairwind.co.nz)* in Opua, die 8,5- bis 14-Meter-Yachten im Verleih haben, die man selbst segeln oder mit Crew chartern kann.

Die ruhigen Gewässer der herrlichen Marlborough Sounds (siehe S. 171f) sind zum Segeln ebenfalls sehr beliebt. Törns dauern bis zu einer Woche. Zu den Anbietern in Picton gehören **Compass Charters** *(Tel. 03/573-8332, www.compass-charters.co.nz)* und **Charterlink** *(Tel. 03/573-6591, www.charterlinksouth.co.nz)*. ■

Sonnenanbeter auf einer Yacht im Waitemata Harbour

Devonport
Karte S. 57
Besucher-information
3 Victoria Rd., Devonport
09/446-0677
www.devonport.co.nz

große Fische wie Stachelrochen und Haie über sich hinwegschwimmen. Herzstück der Ausstellung ist die Antarktiswelt mit Kolonien von Königs- und Eselspinguinen, Schneemobilfahrten und einer Ausstellung zu Antarktisexpeditionen mit einem Nachbau des antarktischen Basislagers von R. F. Scott.

Bastion Point, auf dem Berg hinter Kelly Tarlton's, war der Platz für eine Befestigung, die 1885 hier erbaut wurde,

Tropische Pflanzen füllen die Auckland Regional Botanic Gardens.

um eine russische Invasion abzuwehren, die allerdings nie stattfand. Die Besitzrechte an dem Land, das dem Stamm der Ngati Whatua weggenommen worden war, blieb immer umstritten. In den Jahren 1977 und 1978 besetzten protestierende Maori diese Stätte. Letztlich wurde sie den Ngati Whatua wieder zuerkannt. Im Norden ehrt ein Obelisk den Labour-Premierminister Michael Joseph Savage, der als einer der größten politischen Anführer Neuseelands gilt.

Der Tamaki Drive führt weiter zur **Mission Bay** mit ihrem sanften Strand, küstennahen Park und einer belebten Restaurantmeile. Die Straße endet an der hübschen **St. Heliers Bay**. Von hier aus führt die Cliff Road zum **Achilles Point**, von dem man einen spektakulären Ausblick hat. Direkt unterhalb führen Stufen zur hübschen **Lady's Bay**, einem beliebten FKK-Strand, hinab.

Devonport & North Shore

Eine Fahrt nach Devonport ist ein Muss für jede Reiseplanung. Sie verbindet eine kostengünstige Hafenrundfahrt mit dem Besuch eines viktorianischen Badeorts. Davenport ist zwar ein Vorort, hat aber seinen Charakter bewahrt, und die Geschäfte und Cafés entlang der Hauptstraße sind beliebt. Die B&Bs bieten eine gute Ausgangsbasis, um von hier aus Auckland auf der anderen Hafenseite zu erkunden.

Es macht Spaß, die alten Straßen des Ortes entlangzuspazieren. Das Besucherzentrum hält hierzu eine Broschüre bereit. Vom Fähranleger aus geht man die Victoria Road entlang, um in den Geschäften zu stöbern. Anschließend führt die Straße weiter zum **Mount Victoria**. Eine zehnminütige Wanderung zum Gipfel dieses Vulkankegels wird mit einem einmaligen Ausblick belohnt. Auf den nördlichen und östlichen Hängen, die vom Stamm der Kawerau besiedelt wurden, sieht man noch Terrassen und Gruben. Wie am Bastion Point, so gab es am Mount Victoria ein Fort, das zur Verteidigung gegen einen russischen Angriff dienen sollte.

Die Furcht vor den Russen führte auch zum Bau großer Befestigungsanlagen mit drei Kanonenstellungen am **North Head**, einen Kilometer weiter östlich. Die militärischen Anlagen auf North Head, einem Vulkan mit grandioser Aussicht, können besichtigt werden.

Devonport hat einige Museen vorzuzeigen, von denen das **Torpedo Bay Navy Museum** *(64 King Edward Parade, Tel. 09/445-5186, www.navymuseum.co.nz)* das interessanteste ist.

Devonport ist Teil von North Shore City, das die meisten wohlhabenden Vororte Aucklands auf der anderen Seite der Harbour Bridge umfasst. Im Herzen von North Shore City gelegen, besitzt **Takapuna** ein Einkaufszentrum, das zwischen einem See und einem schönen Stadtstrand liegt.

Die Vororte dehnen sich immer weiter aus. **Orewa**, 35 Kilometer nördlich von Auckland, war einst ein Küstendorf und liegt nun am Stadtrand von Auckland. Es hat einen Strand und viele Unterkünfte.

Vulkane

Auckland erstreckt sich über 49 Vulkane, und auch wenn der letzte Ausbruch vor 600 Jahren stattfand, ist das Vulkanfeld keineswegs erloschen. Die meisten Vulkane bestehen aus Kegeln, die etwa 150 Meter hoch sind. Hier wird die vulkanische Aktivität durch einen Hotspot verursacht, der 100 Kilometer direkt unter der Stadt liegt.

Alles aus Wolle

Mit 30 bis 40 Millionen Schafen ist Neuseeland einer der Hauptproduzenten von Wolle und Lammfellartikeln. Jacken und Mäntel aus Lammfell und kuschelige Lammfellstiefel sind eine Spezialität.

Stricken ist hier eine verbreitete Heimindustrie; produziert werden handgestrickte Pullover, Umhänge, Handschuhe und Schals. Maschinell gewobener Wollstoff wird für hochwertige Modeartikel verwendet. Der Wolle wird dabei oft Kusufell oder Mohairwolle beigemischt, um einen herrlich weichen, warmen Stoff zu erhalten.

Regionale Künstler stellen Webarbeiten aus Wolle her. Firmen wie Dilana *(www.dilana.co.nz)* lassen Brücken mit ansprechenden modernen Designs weben. In Aucklands Vorort Mount Eden befindet sich ein Studio mit Galerie *(40 George St)*.

Rangitoto Island (siehe S. 70f.) ist der größte und jüngste Vulkan dieses Feldes. Doch wenn es in Auckland zu einem erneuten Ausbruch

Wallace Arts Centre
✉ The Pah Homestead, 72 Hillsborough Rd., Hillsborough
☎ 09/639-2010
www.tbsbank wallaceartscentre.org.nz

kommen sollte, wird dies wahrscheinlich an einer anderen Stelle mitten in der Stadt geschehen.

Die Vulkane versorgten die Maori mit fruchtbaren Böden. Die *pa* (Dörfer) der Maori lagen über die Hänge der Vulkankegel verstreut. Ausgedehnte Terrassen sind noch heute am Mount Eden (Maungawhau in der Maorisprache) und dem One Tree Hill (Maungakiekie) sowie Mount Victoria (Takarunga) und North Head (Takapuna) gut zu erkennen.

ERLEBNIS: Fisch zubereiten!

Der Fischmarkt in Auckland ist für seinen frischen Fisch weltberühmt (daneben gibt es hier auch Obst, Gemüse und frisch gemahlenen Kaffee). Direkt darüber liegt Aucklands einzige Kochschule für die Zubereitung von Fisch und Meeresfrüchten: die Auckland Seafood School ***(22–32 Jellicoe St., Freemans Bay, Tel. 09/379-1497, www.afm.co.nz).*** **Das Angebot spiegelt den internationalen Charakter. Zu den beliebtesten Kursen gehören „Fisch auf dem Grill", „Sushi und Tempura" und „Mediterrane Küche". Die Kurse dauern meist mehrere Stunden.**

Der **Mount Eden** liegt drei Kilometer südlich des Stadtzentrums und ist mit 196 Metern der höchste Kegel auf dem Festland. Obwohl der Sky Tower nun höchster Aussichtspunkt der Stadt ist, genießt man vom Mount Eden noch immer spektakuläre Ausblicke über die Stadt und ihre Umgebung. Vom **One Tree Hill** (183 m) aus genießt man ebenfalls einen herrlichen Ausblick. Es ist das größte der *pa* der Maori und wurde nach dem einsamen Baum auf der Kuppe benannt. Dieser wurde 1852 von einem weißen Siedler gefällt und später durch eine Kiefer ersetzt, die 1994 wiederum protestierenden Maori zum Opfer fiel, was dem Hügel den Spitznamen „None Tree Hill" eintrug. Heute steht ein Obelisk oben. In dem an seinem Fuße angelegten Cornwall Park befinden sich Aucklands ältestes Gebäude **Acacia Cottage** (1841) sowie das Planetarium **Stardome Observatory** (*Tel. 09/624-1246, www.stardome.org.nz*). Drei Kilometer südwestlich davon finden Sie das **Wallace Art Centre** mit seiner umfangreichen Kunstsammlung.

Aucklands Märkte

Auckland bietet viele interessante Märkte. Am westlichen Rand des zentralen Geschäftsviertels beherbergen die umfunktionierten Gebäude der ehemaligen städtischen Müllverwertung den **Victoria Park Market** (*Victoria St. W. & Union St.*). In der Nachbarschaft, nahe den Docks, bietet der **Auckland Fish Market** (siehe links) eine große Auswahl an frisch gefangenem Fisch. Außerdem findet man hier viele Fischrestaurants sowie ein Angebot an Kochkursen zu Fischgerichten.

Aucklands Anspruch als die große Stadt des Südpazifik wird

Frisch gepflückte Ware auf dem Otara Market

jeden Samstagmorgen auf dem **Otara Market** *(Newbury St., Otara)* verständlich.

INSIDERTIPP

Aucklands botanischer Garten ist ein Refugium für alle, die eine Ruhepause vom Sightseeing brauchen. Auf jeden Fall die Gewächshäuser ansehen!

COLIN MONTEATH
NATIONAL GEOGRAPHIC-Fotograf

Weitere Sehenswürdigkeiten

Süd-Auckland straft den Anspruch Neuseelands auf Gleichheit und Integration Lügen. In den Vorstädten von Manukau City wohnen überwiegend Einwanderer von den Pazifikinseln, Maori und Arme. Manukau hat einige, an der SH1 angezeigte Attraktionen zu bieten, darunter den landesweit größten Vergnügungspark **Rainbow's End**. Über die nächste Autobahnausfahrt in südlicher Richtung gelangt man zu den **Auckland Botanic Gardens** *(Tel. 09/267-1457, www.aucklandbotanicgardens.co.nz)*. Sie entstanden erst 1973, verfügen aber über eine große Zahl an Pflanzen und ein Besucherzentrum.

Unweit des Western Highway zeigt das **Museum of Transport & Technology** (MOTAT) historische Fahrzeuge, landwirtschaftliche Geräte und vieles mehr. MOTAT besitzt sein eigenes viktorianisches Dorf und eine große Sammlung historischer Flugzeuge. Fährt man mit der Tram am See entlang, gelangt man zum **Auckland Zoo**. Hier gibt es die üblichen Exoten, aber auch zahlreiche einheimische Tierarten. ■

Rainbow's End

Great South & Wiri Station Rds., Manukau
09/262-2030
$$$$

www.rainbowsend.co.nz.

Museum of Transport & Technology

Karte S. 56
805 Great North Rd., Western Springs
09/815-5800
$$

www.motat.org.nz

Auckland Zoo

Karte S. 56
Motions Rd., Western Springs
09/360-3805
$$$

www.aucklandzoo.co.nz

Rund um Auckland

Aucklands Hafen geht in den Hauraki Gulf über. Rangitoto Island, ein inaktiver Vulkan, ist ein interessanter Tagesausflug für Wanderer. Die Waiheke Island bietet schicke B&Bs, Strände, Weingüter und künstlerisches Flair.

Das Mansion House auf Kawau Island, ehemaliger Wohnsitz des Gouverneurs Sir George Grey

Auf der entlegenen Great Barrier Island finden Besucher eine wunderschöne Landschaft, um der modernen Welt zu entfliehen. Im Westen umfassen die Waitakere Ranges eine junge Waldwildnis, die zu windumtosten Stränden, Farmland und Weingütern führt.

Inseln im Hauraki Gulf

Jenseits des Waitemata Harbour liegen über 50 Inseln in den geschützten Gewässern des Hauraki Gulf verstreut. Die Hauptinseln erreicht man bequem mit der Fähre – ein Besuch als Tagesausflug oder Kurzurlaub lohnt sich.

Rangitoto Island, von vielen Plätzen Aucklands aus zu sehen, ist das Ergebnis einer großen Eruption vor etwa 600 Jahren. Der symmetrische Vulkankegel hat eine Höhe von 260 Metern und ähnelt einem flach gedrückten Fudschijama. Vom Auckland Ferry Building aus dauert die Fahrt keine halbe Stunde. Vom Inselkai aus führt ein einstündiger Weg auf die Bergspitze, von der man Panoramablicke auf Auckland, den Golf und in den bewaldeten Krater hinunter genießt. Für die Wanderung einschließlich einem Abstecher zu den Lavahöhlen – Röhren aus Fels,

INSIDERTIPP

Wer mit der Fähre nach Waiheke Island übersetzt, kann einen herrlichen Tag in Cafés und bei Weinproben genießen.

REBEKAH MAWSON
Neuseeländische Botschaft, Washington, D. C.

durch die einst Lava floss – sollte man mindestens drei Stunden einplanen. Vulkangestein bedeckt den Boden, festes Schuhwerk. ist von Vorteil. Ein Damm verbindet Rangitoto mit der landwirtschaftlich genutzten Motutapu Island.

Mit ihren 8000 Einwohnern ist **Waiheke Island** fast schon ein Vorort von Auckland. Die meisten Insulaner wohnen am westlichen Ende der Insel, in und um den Hauptort **Oneroa**, der eine schöne Bucht umspannt. Die östliche Hälfte der Insel hat ländlichen Flair. Bei Künstlern und Kunsthandwerkern sehr beliebt, gibt es auf der Insel zahlreiche Galerien. Die Weingüter stehen Besuchern offen, und etliche Unterkünfte bieten Übernachtungsmöglichkeiten. Es werden Inseltouren veranstaltet – man kann aber auch Fahrräder, Motorroller oder Autos mieten.

Die größte der Inseln, **Great Barrier Island**, scheinen Jahrzehnte von Auckland zu trennen, dabei sind es nur zwei Stunden mit der Fähre oder 30 Minuten mit dem Flugzeug. Diese raue, 40 Kilometer lange Insel zieht jene an, die Abgeschiedenheit suchen. Die Straßen sind unbefestigt, es gibt weder Banken noch Geldautomaten. Der Strom wird von Generatoren erzeugt, und das Wasser kommt aus Regentanks. *The Barrier*, wie die Einheimischen die Insel nennen, bietet romantische Buchten und Strände, schöne Wanderwege, Kauriwälder, heiße Quellen und zerklüftete Berge im Inselinneren.

In **Tryphena**, dem Hauptort im Süden der Insel, und

Blutiger Himmel

„Blutiger Himmel" ist die wörtliche Übersetzung von Rangitoto und bezieht sich scheinbar auf die dramatische Entstehung der Vulkaninsel. Tatsächlich ist der Name der Insel jedoch von *Te Rangi i totongia a Tametekapua* – „der Tag, an dem das Blut von Tametekapua vergossen wurde" – abgeleitet. Tametekapua war ein Maorihäuptling, der im 14. Jahrhundert in einer Schlacht bei der Islington Bay fiel.

Neuseeland feiert seinen Sieg beim 2011 Rugby World Cup im Eden Park in Auckland.

Die alles besiegenden All Blacks

Gemessen an seiner Größe, hat Neuseeland viele Koryphäen in so unterschiedlichen Sportarten wie Kricket, Golf, Radfahren, Autorennen, Rudern, Squash und Segeln hervorgebracht. Aber in dem sportbesessenen Land steht Rugby an erster Stelle. Mehr als alles andere bewegt Rugby die Gemüter der Nation. So werden die All Blacks, die Nationalmannschaft, wie Halbgötter behandelt.

Die Winterwochenenden stehen ganz im Zeichen des nationalen Obsession. Der starke Bezug von Rugby zur nationalen Identität begann mit der internationalen Tour der neuseeländischen Mannschaft 1905 bis 1906, als sie die Urgesteine dieses Sports der nördlichen Hemisphäre bezwangen – auch England, wo das Spiel an der Privatschule Rugby erfunden worden war.

Seither sind die All Blacks die Mannschaft, die es zu schlagen gilt. Sie besitzen in internationalen Spielen eine beachtliche Siegesquote von 75 Prozent. Nach ihrem ersten Sieg beim Rugby World Cup 1982 gelang es den All Blacks nicht, sich auf Dauer gegen die Rugbynationen Großbritannien, Australien, Südafrika und Frankreich durchzusetzen. Über 20 Jahre lang ging der Cup an andere, was den All Blacks viel Kritik seitens ihrer Landsleute einbrachte. Doch 2011, als Neuseeland wieder Gastgeberland war und siegte, war schnell alles vergeben und vergessen. Die Gastgeber ließen alle Gegner weit hinter sich, um schließlich knapp, aber eindeutig gegen Frankreich zu gewinnen.

Der Name des Teams stammt von seinem Trikot, das traditionell bis auf das silberne Farnlogo vollständig schwarz *(all black)* ist. Vor Beginn eines Spiels führt die

INSIDERTIPP

Man sollte im Stadion nicht versehentlich die neue „Australia"-Kappe tragen – sonst muss man schnell und gründlich den Grund erklären, um die örtlichen Fans zu besänftigen.

LARRY PORGES
NATIONAL GEOGRAPHIC-Travel Books-Redakteur

Mannschaft den berühmten *haka*, den Kriegstanz der Maori, auf (siehe unten).

Rugby in Neuseeland sah sich 1981 seiner größten Krise ausgesetzt, als die „Springboks" (die südafrikanische Nationalmannschaft) noch zur Zeit der Apartheid durch Neuseeland tourten, obwohl es weltweite Kritik und massive Straßenproteste der Neuseeländer gab. Doch auch wenn er in der Vergangenheit vor der Apartheid die Augen verschloss, verdankt der Rugbysport Neuseelands einen Großteil seines Erfolgs den Maorispielern sowie Spielern von den Pazifischen Inseln – wie Jonah Lomu (geb. 1975), einem der großen Spieler neuerer Zeit, dessen Eltern aus Tonga stammen und der in Auckland geboren wurde.

Die All Blacks spielen Rugby Union, die in Neuseeland vorherrschende Spielart des Rugby. Seit die Auckland Warriors in die australische Profiliga aufgenommen wurden, in der die Rugby-League-Variante gespielt wird, findet Letztere auch in Neuseeland mehr und mehr Anhänger. Eine weitere Variante, Siebener-Rugby, ist ein schnelleres Spiel mit nur sieben Spielern.

Der nationale Pokal, bei dem Neuseelands Regionen vertreten sind, ist immer hart umkämpft und zieht große Zuschauermengen an. Es lohnt sich, im Winter ein Spiel in einem der großen Stadien des Landes wie Eden Park in Auckland, dem AMI Stadium in Christchurch oder Westpac Stadium in Wellington zu besuchen. ■

EXPERIENCE: Den *Haka* üben

Zum Maoritanz *haka* gehören Schreien, Stampfen, Knüppelschwingen und furchterregende Grimassen. Zwar war er nicht immer ein Kriegstanz, aber der *Haka* wurde oft aufgeführt, um den Kriegsgott herbeizurufen und den Gegner das Fürchten zu lehren, ehe es in den Kampf ging. Heute wird der bekannteste *Haka*, der „Te Rauparaha" oder „Ka Mate", von den All Blacks vor jedem Spiel aufgeführt.

Der Haka Te Rauparaha wird dem Krieger Te Rauparaha zugesprochen, dem von einem örtlichen Häuptling, Te Whareangi (dem „haarigen Mann" des Liedes), Zuflucht gewährt wurde, als er von seinen Feinden verfolgt wurde. Te Whareangi versteckte Te Rauparaha in seinem unterirdischen Lager für *kumara* (Süßkartoffeln), wo Te Rauparaha seine Lobpreisung des Lebens über den Tod erdachte. Wer es ausprobieren möchte, sollte nicht vergessen, dabei grimmig zu schauen.

Ka mate. Ka mate. Ka ora. Ka ora.
Ich sterbe. Ich sterbe. Ich lebe. Ich lebe.
Ka mate. Ka mate. Ka ora. Ka ora.
Ich sterbe. Ich sterbe. Ich lebe. Ich lebe.
Tenei te tangata puhuru huru.
Dies ist der haarige Mann.
Nana nei i tiki mai, whakawhiti te ra.
Der die Sonne brachte und wieder scheinen ließ.
A upane. Ka upane.
Einen Schritt hinauf. Noch einen
A upane. Ka upane.
Schritt hinauf.
Whiti te ra. Hi.
Die Sonne scheint. He.

Kawau Island
Karte S. 79
www.kawauisland.org.nz/general-kawau-information

im benachbarten **Medlands Beach**, das an einer schönen, sandigen Bucht liegt, finden sich die meisten Unterkünfte. Außerhalb der Saison im Sommer ist Great Barrier jedoch die Ruhe selbst. Im **Great Barrier Forest** in der Inselmitte liegen viele Wanderwege, unter anderem zu den **Kaitoke Hot Springs** und den alten Kauridämmen, die von Holzfällern gebaut wurden, um Stämme den Fluss hinunterzuflößen.

ERLEBNIS: Windsurfen

Mit Hunderten von Buchten, steten nordöstlichen Meeresbrisen und zahlreichen Spezialgeschäften ist Auckland als Surfgebiet berühmt. Da muss man nur die Longboardfahrer und Olympiamedaillengewinner Bruce und Barbara Kendall fragen, die in Auckland leben. In jedem Geschäft erhält man Infos über Surfplätze, spontane Unterrichtsstunden und Ausrüstung. Dive Bomb in der Tern Lane *(Tel. 09/333-3322, www.divebomb.com)* ist eine gute Anlaufstelle für Anfänger. Fortgeschrittene Windsurfer zieht es zu Flying Forwards am Manly Beach *(Tel. 09/428-5847, www.flyingforwards.co.nz)*, wo die besten Surfer abhängen, nachdem sie einen Tag auf dem Wasser verbracht haben. *www.windsurf.co.nz* bietet viele Infos, ehe man überhaupt einen Fuß auf neuseeländischen Boden setzt.

Rotoroa Island, auf der die Heilsarmee lange Zeit ein Rehabilitationszentrum betrieb, wurde 2011 für das Publikum geöffnet und bietet Sandstrände, historische Gebäude und eine Ausstellung zur Geschichte der Insel. Die Fähren von **360 Discovery Cruises** *(Tel. 09/307-8005, www.360discovery.co.nz)* fahren sowohl Rotoroa an als auch das Wildreservat **Tiritiri Matangi**, in dem eingeführte, bedrohte Vogelarten wie Takahe und Kokako (Lappenkrähe) sowie Tuatara (Brückenechse) leben.

Kawau Island

Kawau Island wird ebenfalls mit der Fähre von Sandspit aus (siehe S. 81) angefahren. Schon lange zieht Kawau Yachten an, die im **Bon Accord Harbour**, der diese kleine Insel in zwei Hälften teilt, Schutz suchen.

Auf Kawau war ursprünglich eine Kupfermine, bevor Generalgouverneur Sir George Grey 1862 die Insel kaufte. Er gab ein Vermögen dafür aus, das imposante **Mansion House** *(Tel. 09/422-8882, $)* zu erbauen, und führte zahlreiche exotische Bäume und Tiere ein.

Westlich von Auckland

Die zerklüfteten **Waitakere Ranges**, ein grünes Refugium vor der Stadt, liegen zwischen Auckland und der windumtosten Küste zur Tasmansee. Am Wochenende fahren Städter gern für einen Tag hierher, ein Besuch lässt sich aber auch als attraktiver Umweg gestalten, wenn man die Stadt auf dem Weg nach Northland umfahren möchte. Farnreiche Wälder und lange Strände gehen im Norden in hügeliges Farmland und Weingüter über.

Die Zufahrt erfolgt meist über Titirangi, einen schicken Vorort Aucklands in der Nähe des Manukau Harbour und der Gebirgsausläufer. Von Titirangi fährt man den imposanten, gewundenen **Scenic Drive** zum eindrucksvollen **Arataki Visitor Centre** *(Tel. 09/817-0077)* hinauf. Hier erhält man viele Informationen über den **Waitakere Ranges Regional Park**, ein riesiges Gebiet mit Regenwald und zerklüfteter Küstenlandschaft.

Die Fahrt führt weiter den Scenic Drive entlang nach Waiatarua. Man biegt dann Richtung **Piha** ab, einen bekannten Surferstrand, der vom Lion Rock dominiert wird. Das oftmals unbeständige Wetter verleiht den schwarzen Stränden der Westküste eine besondere Atmosphäre, die in dem oscarprämierten Film „Das Piano" wunderbar dargestellt wurde. Die Auftaktszenen des Films wurden in Karekare, südlich von Piha, gefilmt.

Zurück in Waiatarua, führt der Scenic Drive weiter nordwärts den Bergkamm entlang. Etwa zehn Minuten nach dem Piha-Abzweig kommt der **Aussichtspunkt Parkinson** mit Hafen und Panoramablick. Etwas weiter liegt **Pukemateko Hill**, von dem sich ein Rundumblick eröffnet.

Die Hauptstraße fällt schließlich in das Tiefland um Kumeu ab, wo es viele gute Weingüter gibt. Bei **Kumeu** biegt man links auf die SH16 Richtung Helensville ab. **Coopers Creek Vineyard** *(Tel. 09/412-8560, www.cooperscreek.co.nz)* auf der SH16 bei Hupaia bietet ein schönes Gelände und Weinproben. Einer der größten Weinerzeuger Neuseelands, **Nobilo** *(Tel. 09/412-6666)*, liegt ganz in der Nähe. Ein weiteres bekanntes Weingut, **Matua Valley Wines** *(Tel. 09/411-5501, www.matua.co.nz)*, befindet sich nördlich des Highways, an der Waikoukou Valley Road bei Waimauku.

Kurz vor Waimauku kann man Richtung **Muriwai** abfahren: Gegen den hiesigen Strand schlägt eine stete Brandung, und von den Beobachtungsplattformen lässt sich eine riesige Tölpelkolonie beobachten. ■

„Rainbow Warrior"

Am 10. Juli 1985 zündeten französische Geheimdienstagenten auf dem Greenpeaceschiff „Rainbow Warrior" eine Bombe und versenkten es, als es in Aucklands Waitemata Harbour angedockt lag. Die Umweltorganisation hatte gegen französische Atomtests im Südpazifik protestiert. Zwei der Agenten, die sich als Touristenpaar ausgaben, wurden von der neuseeländischen Polizei verhaftet und wegen Totschlags an einem portugiesischen Mannschaftsmitglied der „Rainbow Warrior" verurteilt. Die französische Regierung stritt zunächst die Verantwortung für den Anschlag ab, räumte aber schließlich ihre Schuld ein. Der Ausdruck *You can't sink a rainbow* – „Ein Regenbogen lässt sich nicht versenken" – wurde international ein geflügeltes Wort unter Umweltschützern.

Eine reiche Geschichte, starke Maoriwurzeln, ein „winterfreies" Klima und die eindrucksvollste Küste des Landes

Northland

Cape Maria Van Diemen, Northland

Northland

Das Meer prägt die Halbinsel von Northland. Es brandet gegen die Dünen an der Westküste und umschmeichelt die Buchten der Ostküste. Kein Wunder, dass es die frühen Seefahrer, Maori wie auch Europäer, nach Osten zog. Hier dominiert die Bay of Islands aufgrund ihrer Bedeutsamkeit und schönen Küstenlandschaft.

Ein Angler zieht am Ninety Mile Beach Lachsbarsche an Land.

Viele Besucher konzentrieren sich auf die Bay of Islands, die nur vier Autostunden von Auckland entfernt liegt – und das, obwohl eine Rundfahrt durch Northland solch eine abwechslungsreiche Landschaft bietet: von Kauriwäldern bis hin zur windumtosten Pracht des Cape Reinga. Der Wasserspaß umfasst neben Segeln und Tauchen auch das Schwimmen mit Delfinen.

Northland war eine der ersten Regionen, die von den Maori besiedelt wurde. Im 18. Jahrhundert lebte hier bereits ein Viertel aller Maori, und noch heute stellen die Maori hier ein Drittel der Bevölkerung. Walfänger und Händler, gefolgt von Missionaren, kamen im frühen 19. Jahrhundert und hatten Krankheiten und Musketen im Gepäck. Unter ihrem Anführer Hongi Hika setzte der Stamm der Ngapuhi die neuen Waffen mit verheerendem Erfolg ein. Von 1821 bis in die 1830er-Jahre hinein brach eine Reihe von Stammeskriegen aus.

Frühe europäische Besiedelung beschränkte sich zumeist auf die Bay of Islands, wo die Bewohner des Hauptorts Kororareka (Russell) den Ruf für Trunkenheit und Laster bekamen. Der britische Regierungsvertreter, James Busby, riet Großbritannien eindringlich, endlich einzugreifen. Der Vertrag von Waitangi, der 1840 unterzeichnet wurde, sicherte augenscheinlich die Rechte der Maori und regelte dubiose Landverkäufe, aber de facto läutete er den Beginn der Kolonialisierung ein.

Augenmerk und Handel der Europäer verschoben sich bald nach Süden zur neuen Hauptstadt Auckland. In der zweiten Hälfte des 19. Jahrhunderts wurde die Holzfällerei in Northlands Kauriwäldern, vor allem rund um die Sägewerke von Dargaville, ein wichtiger Industriezweig. Einwanderer aus dem heutigen Kroatien kamen in Scharen, um nach Kauri-Bernstein zu graben. In den 1920er-Jahren waren die meisten Kauriwälder verschwunden, und Northland fiel in einen ländlichen Schlaf. Ohne Industrie und aufgrund der schlechten Straßen blieb es im 20. Jahrhundert ein vergessenes Hinterland. Die Region kann auf der Twin Coast Discovery Road

UNBEDINGT ANSEHEN:

Die malerische Bay of Islands **84–93**

Waitangi Treaty Grounds, Geburtsstätte des modernen Neuseeland **86**

Die alte Mission bei Kerikeri **93**

Cape Reinga, die nördlichste Spitze des Landes, wo die Meere aufeinandertreffen **95**

Eine Tour entlang der Sandautobahn des Ninety Mile Beach **96**

Den riesigen Kauribaum Tane Mahuta, Herr des Waipoua Forest **99–100**

Das vollgepackte Kauri Museum in Matakohe **101**

erkundet werden. Diese Route, die ein Delfinlogo trägt, schließt beide Küsten ein. Hat man nicht viel Zeit, fährt man die Bay of Islands und die Kauri Coast an. Bei mehr Zeit lassen sich auch Far North und Hokianga erkunden. Für Strandwanderungen bietet sich die Ostküste an. ■

Von Auckland zur Bay of Islands

Die meisten Touristen fahren direkt zur Bay of Islands und halten in Whangarei, dem Hauptort von Northland, höchstens für ein Mittagessen. Wer mehr Zeit hat, kann die traumhaft schöne Küste östlich der Hauptstraße erkunden. Hier gibt es heiße Quellen, alte Dörfer, schöne Strände, Inseln und Tauchreviere. Hinter Whangarei führt eine weitere Küstenroute zum Hafenort Tutukaka.

Der Strand von Mangawhai Heads

Kowhai Coast

Verlässt man Auckland auf der SH1 nach Norden, erblickt man die verschlungene Küstenlandschaft der Kowhai Coast, die sich zwischen Auckland und Whangarei erstreckt.

Der erste interessante Flecken ist das hübsche Dorf **Waiwera** an der Mündung des Waiwera River. Es ist schon lange für seine heißen Quellen bekannt. Das **Waiwera Infinity Spa Resort** *(Tel. 09/427-8820, www.waiwera.co.nz, $–$$$$)* bietet Thermalbäder, Sauna, Fitnesscenter und Wasserrutschen.

Unweit der SH1 liegt **Puhoi**, das um 1860 von böhmischen Einwanderern gegründet wurde. Der Puhoi Pub *(Ahuroa & Puhoi Rds., Tel. 09/422-0812)* ist ein beliebter Zwischenstopp auf der Fahrt in Richtung Norden.

Warkworth, 63 Kilometer nördlich von Auckland, schmiegt sich an den Mahurangi River. In Warkworth beginnt die landschaftlich reizvolle Küstenstrecke mit ihren Buchten und den Stränden.

Am südlichen Stadtrand zeigt das **Warkworth & District Museum** *(Tel. 09/425-7093, www.museum.orconhosting.net.nz, $)* Exponate zur Kolonialzeit, aber der gegenüberliegende Kauripark ist noch interessanter. Hier steht die riesige, 800 Jahre alte „McKinney-Kauri", und man kann einen 30-minütigen Spaziergang durch einen Hain mit Kauribäumen, Palmen und Farnen unternehmen.

INSIDERTIPP

Das Abbey Caves Reserve, westlich von Whangarei, zu erkunden ist eine kühle Art, einen warmen Sommernachmittag zu verbringen.

BRENT OPELL
NATIONAL GEOGRAPHIC-Experte

Sheepworld *(Tel. 09/425-7444, www.sheepworld.co.nz, $$–$$$$)*, etwas nördlich von Warkworth, ist ein Freizeitpark, der sich ganz den Schafen widmet. Es gibt Vorführungen zur Schafschur und zur Arbeit mit Hirtenhunden (11 & 14 Uhr).

Von Warkworth aus führt die SH1 weiter nördlich durch Wellsford nach Whangarei – oder man verlässt die SH1, um die Kauri Coast anzufahren. Eine andere Route nach Wellsford führt über Leigh. Diese alternative Route zweigt östlich von Warkworth von der SH1 Richtung **Sandspit** ab, einem ruhigen Hafenstädtchen und Ablegestelle für Fähren zur Kawau Island (siehe S. 74). Von Sandspit aus führt die Straße zu einigen schönen Stränden, wie denen im **Tawharanui Regional Park** und bei **Omaha.** Fährt man weiter stößt man auf den Fischerort Leigh. Besucher erkunden das **Goat Island Marine Reserve** aufmerksam.

Die winzige Goat Island ist der Küste direkt vorgelagert und von äußerst fischreichen Gewässern umgeben. Dieses Schutzgebiet lässt sich am besten unter Wasser erkunden – oder bei einer Fahrt mit dem Glasbodenboot, wie sie im Sommer angeboten wird. In

ERLEBNIS:

Ausritte am Pakiri Beach

Pakiri Beach Horse Rides *(Taurere Park, Rahuikiri Rd., Pakiri Beach, Tel. 09/422-6275, www.horseride-nz.co.nz)* ermöglicht Ausritte der besonderen Art: einen berauschenden Galopp über ein unberührtes Stück weißen Strand, begleitet von Nachkommen des Maorihäuptlings Te Kiri vom Stamm der Ngati Wai.

Die Ausritte reichen von einer Stunde am Strand für Anfänger bis zu zweistündigen, halbtägigen und ganztägigen Ausritten durch Dünen und Wald. Zwei- oder mehrtägige Ausritte schließen Kriegerpfade und Unterkunft in einer umgebauten Schafschurhütte oder auf einem *marae* (siehe S. 35) ein.

Abbey Caves Reserve

Karte S. 79

Abbey Caves Road 0175 Whangarei

09/430-6562

Whangarei
Karte S. 79
Besucher-information
92 Otaika Rd.
09/438-1079
www.whangareinz.com

Leigh finden sich Anbieter für Tauchausflüge, ein Café/Aquarium am Eingang vermietet Schnorchelausrüstungen. Fährt man von Goat Island aus über die Hügel weiter, erreicht man den **Pakiri Beach**, einen unberührten Sandstrand, an dem die Australseeschwalbe nistet – allerdings nur noch 40 Exemplare. Von hier aus ist die Straße zehn Kilometer weit nur geschottert, ehe wieder *tarseal* (das Kiwi-Wort für Asphalt) kommt.

Nördlich von Wellsford geht es bei Kaiwaka von der SH1 auf die Kaiwaka-Mangawhai Road ab und somit auf eine weitere Schleife mit wunderbarer Küstenlandschaft, die nach **Mangawhai Heads** führt. Die Straße führt anschließend über die Landspitze zur **Waipu Cove**. Hier gibt es ein paar Wohnmobilplätze auf einem atemberaubend schönen Stück Strand. Etwas weiter liegt unweit der SH1 der Ort Waipu. Von hier aus sind es 40 Kilometer bis Whangarei.

Whangarei

Mit 50 000 Einwohnern ist Whangarei die größte Stadt in Northland. Am schönsten ist der renovierte **Town Wharf** mit seinem Blick auf die Yachten. Das **Clapham Clocks Museum** *(Tel. 09/438-3993, www.claphamsclocks.co.nz, $–$$)*, direkt an der großen Uhr des Town Wharf gelegen, stellt Zeitmesser aus. Zur vollen Stunde ertönen viele ungewöhnliche Arten von Geläut. Über die SH14 gelangt man nach sechs Kilometern Richtung Westen zum Museum **Kiwi North** *(Tel. 09/438-9630, $)*. Zur Ausstellung gehört ein restauriertes Farmhaus mit

In Sheepworld können Besucher selbst Hand anlegen.

kolonialen Exponaten sowie eine beeindruckende Sammlung von Maori-Artefakten und ein Kiwi-Haus.

Nur wenige Städte haben einen Wasserfall, der so beeindruckend ist wie die **Whangarei Falls** am nördlichen Stadtrand, in der Nähe der Ngunguru Road nach Tutukaka. Der Fluss stürzt über eine Basaltklippe in ein tiefes grünes Loch, ein Wanderweg führt am Fluss entlang.

Whangarei besitzt auch einen ausgezeichneten Strand, zu dem die Whangarei Heads Road führt. Die Wellen des Pazifik branden 36 Kilometer östlich der Stadt auf den **Ocean Beach**. Dieser schöne, unberührte Sandstrand erstreckt sich kilometerweit in Richtung Norden.

Tutukaka Coast

In einer Schleife führt eine Straße von Whangarei zur schönen Meereslandschaft der Tutukaka Coast. Sie ist für ihre Segel-, Sportangel-, Tauch- und Surfmöglichkeiten bekannt. Die Straße trifft an der beeindruckenden blaugrünen Bucht Ngunguru auf das Meer und windet sich über die Landspitze nach **Tutukaka**. Tutukaka ist nicht nur ein bekanntes Sportangelzentrum, sondern auch Ausgangsbasis für Tauchausflüge zu den **Poor Knights Islands**, einem der besten Tauchreviere Neuseelands (siehe Kasten rechts).

Hinter Tutukaka schlängelt sich die Straße durch die Hügel zur friedlichen Mündung der **Matapouri Bay**, wo ein ganz ausgezeichneter Küstenwanderweg *(einfache Strecke 20 Minuten)* zur **Whale Bay** führt. Die benachbarte **Woolley's Bay** ist ebenso sehenswert, und die bei Surfern beliebte **Sandy Bay** bietet einen letzten schönen Halbmond aus Sand, ehe die Straße sich wieder landeinwärts in Richtung SH1 wendet. ■

ERLEBNIS: Das beste Tauchrevier Neuseelands

Die Poor Knights Islands liegen etwa 24 Kilometer vor der Küste und sind Teil eines Meeresschutzgebiets, durch das ungewöhnlich warme subtropische Strömungen fließen. Daher ist die Unterwasserfauna besonders vielfältig, unter anderem sind hier Schwämme und Mantarochen zu finden. Sehr klares Wasser und ein Riff, das 100 Meter in die Tiefe abfällt, tun ein Übriges.

Unterwasserhöhlen, Bogengänge und Felsspalten können das ganze Jahr über mit einem der Tauchbetriebe von Tutukaka erkundet werden. Dive! Tutukaka *(Marina Rd., Tutukaka, Tel. 09/434-3867, www.diving.co.nz)* ist eine der größten Tauchschulen und bietet PADI-Kurse, Bootsausflüge und mehr an. Am Yachthafen Tutukaka finden sich die Anbieter Ocean Blue Adventures *(Tel. 0274 880-459, www.oceanblue.co.nz)* und Pacific Hideaway Charters *(Tel. 09/434-3762, www.divenz.co.nz, nur Gruppen)*, die Tauchfahrten zu den Inseln organisieren.

Zu den Anbietern in Whangarei, die auf Tauchgänge vor den Poor Knights Islands spezialisiert sind, gehören Dive HQ Whangarei *(41 Clyde St., Tel. 09/438-1075, www.divenow.co.nz)* und Dive Connection *(135 Lower Cameron St., Tel. 09/430-0818)*.

Die Bay of Islands

Rund 150 Inseln liegen im türkisblauen Gewässer der Bay of Islands verstreut, die von malerischen Hügeln geschützt wird. Von allen Küstenabschnitten Neuseelands ist die Bay of Islands mit Abstand die berühmteste. Das gemütliche Ferienambiente der Bucht täuscht jedoch über seine zuweilen turbulente Vergangenheit als Wiege des modernen Neuseeland hinweg.

Der Paihia-Kai ist das Tor zur Bay of Islands.

Bay of Islands
Karte S. 79
www.bayofislands.co.nz

Geschichte

Die geographische Form der Bucht ist die eines überschwemmten Flusssystems. Das Meer überflutete im Verlauf von Millionen von Jahren die Täler, bis nur noch die Rücken und Gipfel uralter Berge herausragten. Diese Inseln haben Seefahrern von jeher Schutz geboten. Die ersten Kanus der Maori landeten hier möglicherweise bereits vor 1000 Jahren.

Captain Cook war 1769 als erster Europäer hier, und er gab der Bucht ihren heutigen Namen. Obwohl er Warnschüsse mit Musketen abgab und Kanonen abfeuerte, „um zu sehen, welchen Effekt eine Kanone hätte", waren die Einheimischen ihm gegenüber freundlich. Der französische Entdecker Marion du Fresne hatte 1772 nicht so viel Glück: Er und 25 Besatzungsmitglieder wurden getötet. Europäer blieben danach fern, bis die Walfänger im frühen 19. Jahrhundert begannen, hier Kurzweil zu suchen. Kororareka (heute Russell) wurde das beliebteste Dorf für Maorimädchen und Rumkneipen.

Aufgrund seines verruchten Rufs erhielt Kororareka den Beinamen „Lasterhöhle des Pazifik", doch bald trafen Missionare ein, um dem Treiben Einhalt zu gebieten. Samuel Marsden hielt am 25. Dezember 1814 in Rangihoua die erste Predigt des Landes.

INSIDERTIPP

Im Ökozentrum auf der kleinen Aroha Island können Sie wild lebende Kiwis beobachten. Buchen Sie telefonisch eine Abendführung (Tel. 09/407-5243, www.arohaisland.co.nz/ecocentre).

CHARLOTTE BUEB
Bloggerin für den NATIONAL GEOGRAPHIC-Travel-Blog

Im Jahr 1840 wurden die Maorihäuptlinge dazu gebracht, sich der Souveränität der britischen Krone zu unterwerfen. William Hobson wurde zum Vizegouverneur der neuen Kolonie ernannt. Er verlagerte den Verwaltungssitz von Kororareka südwärts nach Auckland. So stieg die Bay of Islands zur Provinz ab. Hone Heke, der als erster Häuptling den Vertrag von Waitangi unterschrieben hatte, belagerte und zerstörte Kororareka 1845. Es wurde unter dem Namen Russell wiederaufgebaut.

Touristische Bekanntheit erlangte die Bay of Islands 1926, als der amerikanische Autor Zane Grey hierherkam, um Marlin zu angeln. Internationale Wettbewerbe im Sportangeln taten ein Übriges für den Tourismus.

Zu Besuch in der Bucht

Paihia ist das touristische Zentrum der Bay of Islands, es grenzt direkt an die Waitangi Treaty Grounds. Die herrliche Bucht kann beim Schwimmen mit Delfinen oder bei einer Angeltour erkundet werden. Am beliebtesten sind jedoch Bootsausflüge. Nicht versäumen sollte man, mit der Fähre zum charmanten alten Dorf Russell überzusetzen.

Kerikeri ist der Hauptort der Region und liegt abseits der Hauptattraktionen. Außerhalb der Stadt befindet sich die ehemalige Missionsstation, ein beliebtes Touristenziel.

Paihia

Die meisten Besucher der Bay of Islands übernachten in Paihia. Mit Hotels, Restaurants und Reiseveranstaltern vollgepackt, hat es etwas an Charme verloren. Von hier aus kann man zu Fuß zu den Waitangi Treaty Grounds gehen.

Fullers *(Tel. 09/402-7421, www.dolphincruises.co.nz)* ist der

Paihia
Karte S. 79
Besucher-information
The Wharf, Marsden Rd.
09/402-7345
www.paihia.co.nz

Waitangi
Karte S. 79

Waitangi Treaty Grounds
Waitangi National Reserve, 26 Tau Henare Dr., Paihia
09/402-7437
$$$
www.waitangi.net.nz

Besuch einer Maoristätte

Manche Maoristätten, insbesondere Grabstätten, sind *tapu* („heilig" oder „verboten") und dürfen nicht betreten werden. Bevor man einen *marae* (ein abgegrenztes Stammesareal) betreten darf, muss man eingeladen worden sein.

Maori begrüßen Gäste mit einem *powhiri* (dem formellen Willkommensritual), das mit einem Gesang der Frauen beginnt. Bei offiziellen Anlässen führt ein Krieger den *wero* (die Aufforderung) aus und schwingt einen Stock, bevor er ihn den Gästen vor die Füße legt. Diese müssen ihn aufheben, um ihre Friedfertigkeit zu zeigen.

Das *wharenui* (Versammlungshaus) darf nur barfuß betreten werden. Nach der *hongi*-Begrüßung (das traditionelle Berühren der Nasen) übergeben die Gäste den Gastgebern ein *koha* (Geschenk).

größte Veranstalter von Bootsfahrten zu den Inseln vor der Russel Peninsula. Besonders beliebt sind Touren zum Hole in the Rock bei der Motukokako Island nahe des Leuchtturms von Cape Brett, auf denen man Delfine und Wale beobachten und Urupukapuka Island besuchen kann. Fuller's Cream Trip, bei der man viele schöne Ausblicke genießt, folgt der Route des Milchschiffs aus den 1920ern, das die Molkereiprodukte abgelegener Farmen abholte und ihnen die Post brachte.

Explore NZ *(Tel. 09/359-5987, www.explorenz.co.nz)* bietet ebenfalls Bootstouren an sowie Segeltouren und Fahrten, auf denen man mit Delfinen schwimmen kann. Auch viele andere Veranstalter organisieren Touren dieser Art.

Waitangi Treaty Grounds

Auf der anderen Seite des Waitangi River, zwei Kilometer nördlich des Paihia-Kais, liegen die Waitangi Treaty Grounds, die Geburtsstätte der Nation. Hier unterschrieben Maorihäuptlinge den Vertrag von Waitangi (siehe S. 90 f.), und William Hobson verkündete Großbritanniens Souveränität über das Land.

Das Treaty House, von englischem Rasen umgeben, wurde von 1833 bis 1834 als Residenz des ersten britischen Kolonialverwalters, James Busby, erbaut. Das Museum zeigt, wie ein Kolonialhaus aussah, und präsentiert eine Kopie des Vertrags. Daneben befindet sich das Versammlungshaus **Te Whare Runanga**, das 1940 erbaut wurde, um die Beteiligung der Maori am Aufbau der Nation zu feiern. Es ist als Begegnungsstätte für alle Maoristämme gedacht, daher zeigen die beeindruckenden Schnitzereien im Inneren die Vorfahren und Kunststile der einzelnen Hauptstämme.

Am Hobsons Beach ist das 35 Meter lange Kriegskanu

ERLEBNIS: Kultur der Maori

Am stärksten ausgeprägt ist die traditionelle Kultur der Maori im *marae*, dem Treffpunkt des Stammes, der sich zumeist auf dem Land befindet. Allerdings floriert die Maorikultur auch in den Städten, da die meisten Maori heute Städter sind. Wiederbelebte Maoritraditionen werden zelebriert, so durchdringt der Einfluss der Maori die neuseeländische Gesellschaft.

Maorikünstler sind für ihre Holzschnitzereien berühmt.

Falls man das Glück hat, eingeladen zu werden, sollte man die Gelegenheit, einen Marae zu besuchen, auf jeden Fall nutzen. Am einfachsten aber erhält man Einblick in die Maorikultur bei einem der volkskundlichen Ausflüge, die von Rotorua aus angeboten werden. Viele Hotels und Reiseveranstalter bieten Vorführungen von Maoriliedern und -tänzen an, gefolgt von einem *hangi*-(Erdofen-)Festessen.

In den beiden größten Maorizentren Rotorua, **Te Puia** und **Whakarewarewa** (siehe S. 126), werden jeweils Folklore und Hangi geboten. Die Betreiber des Tamaki Maori Village *(1220 Hinemaru St., Tel. 07/349-2999, www.maoriculture.co.nz)* holen Besucher am Hotel ab und bringen sie zu einem nachgebauten Maoridorf im Wald, wo Abendvorstellungen gegeben werden. Das **Mitai Maori Village** *(196 Fairy Springs Rd., Tel. 07/343-9132, www.mitai.co.nz)* ist ebenfalls ein guter Anbieter in Rotorua. In Taupo findet man bei **Wairakei Terraces** *(Tel. 07/378-0913, www.wairakeiterraces.co.nz)* ein entsprechendes Angebot.

Vorführungen

Die ausgefeilten Lied- und Tanzaufführungen *(kapa haka)* der Maori am **Auckland Museum** (siehe S. 64) lohnen einen Besuch. Manchmal werden auch Festivals veranstaltet, die Aufführungen der Maori beinhalten, wie jeden März das **Pasifika Festival** *www.aucklandnz.com/pasifika)*, bei dem der pazifische Kulturraum präsentiert wird. Der nationale *kapa-haka*-Wettbewerb, **Te Matatini**, der alle zwei Jahre stattfindet, bietet den besten jungen Maorikünstlern eine Bühne.

Am East Cape der Nordinsel offeriert **Tipuna Tours** *(Tel. 027/240-4493, http://tipunatours.com)* Ausflüge in die Umgebung von Girborne, auf denen Tolaga Bay und ein Marae besucht werden.

Vertiefung

Die **Waitangi Treaty Grounds** in der Bay of Islands sind Neuseelands geschichtsträchtigste Stätte. Auf dem Gelände befindet sich das Te Whare Runanga, ein nationales Versammlungshaus für alle Maoristämme, und seine großartigen Schnitzereien sind ein Muss. Führer des Ngapuhi-Stammes erklären deren Bedeutung, und örtliche Maori-Reiseveranstalter wie **Culture North** *(SH1, Okaihau, Tel. 09/402-5990, www.culturenorth.co.nz)* bieten zahlreiche Ausflüge mit Kanufahrten und den Besuch eines traditionellen Marae an.

Footprints Waipoua *(Tel. 09/405-8207, www.footprintswaipoua.co.nz)* in Opononi organisiert Touren, die die Legenden zum **Waipoua Forest** (siehe S. 99 f.) und zum Hokianga Harbour, wo der Entdecker Kupe angelandet sein soll, erklären. ■

Russell
Karte S. 79
Besucher-information
Russell Wharf
09/403-8020
www.russellnz.co.nz

Ngatokimatawhaorua nach dem Boot benannt, mit dem der Entdecker Kupe nach Aotearoa segelte. Es ist das größte Maorikanu, das jemals gebaut wurde. Alle paar Jahre wird es von 80 Ruderern zu Wasser gelassen, um den Waitangi Day am 6. Februar zu feiern.

Man sollte sich ein paar Stunden gönnen, um den Park zu erkunden, zu dem ein Café und schöne Spazierwege gehören. Ein Wanderweg, Hin- und Rückweg etwa fünf Kilometer, führt zu den **Haruru Falls**.

The Strand in der geschichtsträchtigen Stadt Russell

Russell

Als Charles Darwin 1835 dem Ort Russell (der damals Kororareka hieß) einen Besuch abstattete, beschrieb er die englischen Bewohner als «den absoluten Abschaum der Gesellschaft» und die Häuser der Maori als «dreckige Löcher».

Mittlerweile hat sich die Stadt vom lasterhaften zum geschichtsträchtigen Ort gewandelt. Alte Villen säumen die Seeseite, und es macht Spaß, auf den wenig befahrenen Straßen zu flanieren. Zudem bietet Russell Inselfeeling, denn die meisten Besucher reisen mit der Passagierfähre aus Paihia oder der Autofähre von Opua nach Okiato an.

Links des Fährenanlegers steht das **Duke of Marlborough Hotel** *(www.theduke.co.nz)*, eine der ältesten Herbergen des Landes. Geht man die Straße The Strand weiter, trifft man auf die alte **Polizeistation** (1870). Am Ende der Straße kann man bei Ebbe entweder am Strand entlang oder bei Flut die Wellington Street hochgehen, um in 30 Minuten den **Flagstaff Hill** zu erklimmen. man kann auch mit dem Auto die Tapeka Road hochfahren, um zum Flagstaff Hill zu gelangen. Auf diesem Hügel fällte Hone Heke 1844 die Fahnenstange mit der britischen Flagge, die schon vier Jahre nach der Unterzeichnung des Vertrags von Waitangi als Symbol der Unterdrückung galt. Die Fahnenstange wurde ersetzt, aber Heke war ein Wiederholungstäter. Beim letzten Mal begann dadurch eine Schlacht um Kororareka, bei der die Stadt zerstört wurde.

Das **Russell Museum** *(2 York St., Tel. 09/403-7701, www.russelmuseum.org.nz, $)* in der Stadtmitte lohnt einen Besuch. Es beherbergt ein Modell von Captain Cooks „Endeavour", zeigt einen interessanten Film

ERLEBNIS: Mit Delfinen schwimmen

In neuseeländischen Gewässern sieht man häufig Delfine, und sie haben sich schon lange mit Menschen verständigt. Zwei der berühmtesten Delfine sind Pelorus Jack, der zwischen 1888 und 1912 oft Schiffe durch die Cook Strait begleitete, und Opo, der am Strand bei Opononi mit Urlaubern spielte und in den 1950er-Jahren ein nationaler Star wurde.

Mittlerweile wird Schwimmen mit Delfinen weltweit hier und da angeboten, aber Neuseeland ist weiterhin eines der beliebtesten Länder dafür. Die Veranstalter müssen dabei jedoch bestimmte Regeln befolgen und werden streng überwacht. Das Schwimmen mit Menschen soll das Verhalten in Freiheit lebender Delpfine so wenig wie möglich beeinflussen.

Sehr beliebt ist das Schwimmen mit Delfinen in der Bay of Islands, wo **Explore NZ** *(Tel. 09/359-5987, www.explorenz.co.nz)*, **Fullers** *(Tel. 09/402-7421, www.dolphincruises.co.nz)* sowie **Carino Sailing and Dolphin Adventures** *(Tel. 09/402-8040, www.sailingdolphins.co.nz)* von Paihia aus Touren veranstalten, in deren Rahmen man in faszinierender Umgebung mit zahlreichen Großen Tümmlern und Gemeinen Delfinen schwimmen kann.

Riesige Schulen von Schwarzdelfinen und anderen Delfinarten kommen auch in Kaikoura nah ans Ufer. **Dolphin Encounter** *(Tel. 03/319-6777, www.dolphinencounter.co.nz, $$$$$)* ist hier der einzige Anbieter von Ausflügen zum Schwimmen mit Delfinen.

Mit den Delfinen kann man auch in Tauranga und Whakatane an der Ostküste der Nordinsel schwimmen, ebenso wie bei Akaroa in der Nähe von Christchurch, wo besonders die Hector-Delfine gerne spielen.

Die Ausflüge müssen im Sommer *(Nov.–April)* im Voraus gebucht werden. Informieren Sie sich auch, ob zu dem Zeitpunkt geeignete Wetterbedingungen herrschen.

zur Geschichte von Russell sowie Artefakte der Maori und aus der Kolonialzeit.

Vom Museum aus geht man die Robertson Road bis Ecke Church Street hoch: Dort erhebt sich die **Christ Church**. 1836 erbaut, ist sie die älteste Kirche des Landes. Vier Seeleute der „HMS Hazard" wurden in der Nähe der Kirche getötet, als Hone Heke 1845 die Stadt angriff. In der Kirche befindet sich die ursprüngliche Grabmarkierung. Der Friedhof davor erzählt die spannende frühe Besiedungsgeschichte. Er beherbergt die Gräber des Ngapuhi-Häuptlings Tamati Waka Nene (der gegen Hone Heke kämpfte), der Familie Clendon (James R. Clendon war der erste US-Konsul) und zahlreicher Waljäger.

An der südlichen Seeseite steht das **Pompallier House** *(The Strand, Tel. 09/403-9015, $)*, das einst zur katholischen Mission gehörte, die von Bischof Jean Baptiste François Pompallier (um 1801–1871) 1838 gegründet wurde. Dieses Gebäude enthielt Druckerpressen, mit denen religiöse Büchlein in der Sprache der Maori hergestellt wurden. Nach der Übersiedlung der Mission nach Auckland kam in dem Gebäude eine Gerberei unter. Schönster Wanderweg hier ist der 16 km lange **Cape Brett Track**. Er führt von

Vertrag von Waitangi

Er ist kurz und wurde mit guten Absichten geschlossen. Dennoch ist der Vertrag von Waitangi weiterhin eines der umstrittensten Dokumente des Landes.

Obwohl der Vertrag aus dem 19. Jahrhundert die Annexion Neuseelands einleitete, war Großbritannien zunächst ein zurückhaltender Kolonialherrscher. Doch als die Kriminalitätsrate in Neuseeland anstieg, die private New Zealand Company mit einer flächendeckenden Besiedelung begann und sogar ihre eigene Regierung einsetzen wollte, entschied sich Großbritannien zum Handeln.

Der britische Offizier Captain William Hobson kam am 29. Januar 1840 in der Bay of Islands an, um eine Kolonie zu gründen. Hobson entwarf innerhalb von vier Tagen einen Vertrag und begann, die Maoristämme davon zu überzeugen, ihre Souveränität an die britische Krone zu übertragen.

Das Maoriproblem

Missionare übersetzten den Vertrag in die Sprache der Maori. Dieser wurde dann am 5. Februar in Waitangi einer Versammlung von Stammeshäuptlingen des Nordens vorgestellt. Die Häuptlinge besprachen den Vertrag bis tief in die Nacht. Am nächsten Tag unterschrieben ihn dann 45 von ihnen. Bis zum Jahresende hatten schließlich insgesamt 500 Häuptlinge unterschrieben.

Der Vertrag von Waitangi besteht lediglich aus drei Artikeln. Der erste gewährt dem britischen Monarchen Souveränität über Neuseeland. Der zweite gewährt den Häuptlingen uneingeschränkten «ausschließlichen und unbeeinträchtigten Besitz ihrer Ländereien, Grundstücke, Wälder, Fischgründe und anderer Eigentümer». Ferner steht darin, dass die Maori ausschließlich über die Krone Land verkaufen dürfen. Der dritte Artikel gewährt den Maori «alle Rechte und Privilegien britischer Untertanen».

Die Häuptlinge unterschrieben in dem Glauben, Großbritannien werde ihre Interessen schützen. Als die Siedler ins Land strömten, wurden die Rechte der Maori jedoch ignoriert. Als Maorihäuptlinge sich 1860 zusammentaten, um den Verkauf von Land einzuschränken, waren die Neuseelandkriege die Folge. Nach deren Ende beschlagnahmten die Siedler riesige Gebiete. 1877 erklärten die Gerichte den Vertrag zur «einfachen Nichtigkeit».

Dispute jüngerer Zeit

Obwohl der Vertrag missachtet wurde, priesen ihn neuseeländische Politiker als ein Beispiel für die Gleichberechtigung, die den Maori gewährt wurde. In den 1970er-Jahren räumten Aktivisten der Maori mit dem Mythos des „glücklichen Eingeborenen" auf. 1975 gründete die Regierung das Waitangi-Tribunal, um Verstößen gegen den Vertrag nachzugehen.

Im Jahr 1985 erweiterte die Labour-Regierung die Befugnisse des Waitangi-Tribunals rückwirkend bis 1840, worauf hin die Anzahl der Klagen zunahm. Der Tainui-Stamm erhielt eine Entschädigung in Höhe von 170 Millionen NZ $ (75 Millionen Euro) für das Land, das ihm in Waikato weggenommen worden war. ■

Links: Porträt des Captain William Hobson von James Ingram McDonald (1913)
Oben: Feierlichkeiten zum Waitangi Day am 6. Februar 2008

Kerikeri

Karte S. 79

Besucherinformation

Kerikeri DOC Area Office

34 Landing Rd.

09/407-0300

www.kerikeri.co.nz

Rawhiti zum Leuchtturm. Nach einer Buchung über *www.doc.govt.nz* können Sie in der Cape Brett Hut übernachten.

Der unweit des Hafens gelegene **Bay of Islands Swordfish Club** *(www.swordfish.co.nz)* zeigt seinen Besuchern „fischige" Ausstellungsstücke, darunter einen ausgestopften Blauen Marlin, Fotos und Listen der Fänge aus den 1920ern.

Urupukapuka Island

Die meisten Inseln der Bucht sind winzige Felseilande, wovon nur eine Handvoll bewohnt worden ist. Die größeren Inseln sind heute meist Freizeitorte. Die Ausnahme ist Urupukapuka Island. Wanderwege durchkreuzen die grünen Hügel und schließen die archäologischen Stätten der Maoridörfer ein.

Der amerikanische Autor Zane Grey zeltete auf der Insel an der Otehei Bay, wo 1927 eine Ferienanlage eingerichtet wurde. Inzwischen wurde diese in **Otehei Bay** *(Tel. 09/403-7009, www.oteheibay.co.nz)* umbenannt. Es gibt hier Holzhäuser sowie das Waterfront Bar & Café. Die Insel verfügt auch über einen Campingplatz und eine Kajak-Vermietung (*Tel. 021/272-3353*).

Die Entstehung der Maori

Am Anfang war das Nichts, doch dann kamen Papatuanuku, die Erdmutter, und Ranginui, der Himmelsvater. Sie hatten viele Söhne, die Götter der Maori.

Die Götter wurden von ihren Eltern so eng umschlungen, dass kein Licht zu ihnen vordrang, und die Götter waren der Dunkelheit müde. Sie beschlossen, ihre Eltern zu trennen und ins Licht durchzubrechen.

Tumatauenga, der Gott des Krieges, sprach: «Lasst uns unsere Eltern töten.» Doch Tanemahuta, der Gott des Waldes, drängte auf Trennung und meinte, dass Ranginui in den Himmel gezwungen werden sollte. Alle Götter stimmten schließlich zu – außer Tawhirimatea, dem Gott der Winde und Stürme. Er hielt den Atem an, als sie, einer nach dem anderen, versuchten, Erde und Himmel zu trennen.

Rongomatane, der Gott der Feldfrucht, versuchte es, scheiterte aber ebenso wie Tangaroa, der Gott des Meeres. Auch dem Gott der Wildfrucht, Haumiatiketike, gelang es nicht, Himmel und Erde zu trennen.

Tumatauenga, der Krieger, hieb auf die Verbindungen zwischen Erde und Himmel ein, doch er konnte sie nicht durchtrennen. Schließlich trat Tanemahuta vor. Mit der Kraft und Geduld eines langsam wachsenden Kauribaums zog und schob er, seine Schultern gegen seine Mutter Papatuanuku, seine Füße gegen seinen Vater Ranginui gestemmt, bis sie sich schließlich voneinander lösten und Licht die Welt durchflutete.

Tawhirimatea floh zu seinem Vater, und bis heute lässt er seinen stürmischen Zorn an der Welt aus.

Viele Lebewesen kamen dabei ans Licht, doch Menschen fehlten. Tanemahuta gestaltete aus Ton eine Frau, Hineahuone.

Beide hatten eine Tochter namens Hinetitama, die Tanemahuta ebenfalls zur Frau nahm. Sie hatten auch Kinder, und so war gewährleistet, dass die Menschheit gedeihen würde. Als Hinetitama erfuhr, dass Tanemahuta ihr Vater war, floh sie beschämt in die Unterwelt, wo sie zu Hinenuiitepo, der Göttin der Nacht, wurde.

Kerikeri

Die Zahl der Bewohner Kerikeris wächst ständig, ist der Ort doch mit einem warmen Klima gesegnet und von fruchtbaren Obsthöfen umgeben.

Weiter nördlich liegt die **Kerikeri Mission Station**. Sie ist eine der ältesten Siedlungen und eine der bedeutendsten historischen Stätten. Sie liegt in einem malerischen Delta, wo der Kerikeri River ins Meer mündet, und wurde 1819 neben dem Kororiko Pa erbaut. Die **St. James Church** (1878) ersetzte die Kirche, die ursprünglich hier stand.

INSIDERTIPP

Machen Sie einen Spaziergang zum Kororiko Pa, der nicht weit vom Mission House entfernt ist. Von diesem einst befestigten Dorf ist nur noch eine Reihe von Terrassen und Gräben übrig, doch hier versammelte der Ngapuhi-Häuptling Hongi Hika seine Krieger.

LARRY PORGES
NATIONAL GEOGRAPHIC Travel Books-Redakteur

Der **Stone Store**, 1832 bis 1836 als Lager für die Mission erbaut, ist das älteste Steingebäude des Landes. Die Familie Kemp übernahm das Gebäude, nachdem die Mission 1848 geschlossen worden war, und nutzte es als Geschäft. Heute werden dort Touren (*$*) zum nahe gelegenen Mission House verkauft.

Stone Store in Kerikeri ist das älteste Steinhaus des Landes.

Das **Mission House** ist Neuseelands ältestes erhaltenes europäisches Gebäude. Das Holzhaus wurde 1822 für Pfarrer John Butler erbaut.

Am anderen Flussufer liegt **Rewa's Village** (*Tel. 09/407-6454, $*), ein Maoridorf mit traditionellen Häusern. Für einen schönen Spaziergang bietet sich der nahegelegene **Kerikeri River Track** an. Er beginnt am Parkplatz des Dorfes und führt an Wharepuke Falls und den Fairy Pools vorbei zu den Rainbow Falls (*Gehzeit einfach 1 Stunde*). ■

Stone Store and Mission House

- ✉ 246 Kerikeri Rd., Kerikeri Basin
- ☎ 09/407-9236
- $ $

Far North

Hinter der Bay of Islands liegt Far North, die wärmste Region des Landes. Hier finden sich entlegene Buchten, Strände und Städte der Maori.

Der Leuchtturm am Cape Reinga markiert den nördlichsten Punkt Neuseelands.

Landschaftliche Höhepunkte der Region sind die Doubtless Bay mit Mangonui sowie Cape Reinga, der nördlichste Punkt des Landes am Ende einer lang gestreckten Halbinsel. Vom Hauptort Kaitaia aus werden Ausflugsfahrten entlang dem Ninety Mile Beach zum Cape Reinga angeboten.

Doubtless Bay

Der Name der Bucht stammt von Captain Cook, der 1769 am Eingang zur Bucht vorübersegelte und in seinem Journal notierte, dass es «zweifelsohne eine Bucht» – «doubtless a bay» – sei. Walfang und später Kauriholz zogen Siedler an, und im Fischerort **Mangonui** führt ein historischer Spaziergang an geschichtsträchtigen Gebäuden vorbei. Ein Highlight ist der Mangonui Fish Shop *(Beach Rd.)*. **Butler Point** *(Tel. 09/406-0006, $)*, ein Anwesen in Privatbesitz bei Hihi auf der anderen Hafenseite, umfasst ein Walfangmuseum und das Haus des Walfängers William Butler von 1847.

INSIDERTIPP

Die Nordseite des Coopers Beach ist von Pohutukawabäumen umgeben. Sie werden auch „neuseeländische Weihnachtsbäume" genannt, da sie im (neuseeländischen) Sommer leuchtend rote Blüten tragen.

ANGELA GORE
Neuseeländische Botschaft Washington, D. C.

Über die SH1 liegt westlich von Mangonui **Coopers Beach**, das bis zur Cable Bay reicht, wo ein sichelförmiger Sandstrand in einer Landspitze endet, die einst per Telefonkabel mit Australien verbunden war. Die Straße überquert den Damm nach **Taipa**, dem letzten dieses Trios kleiner Strandorte und der Legende nach jener Ort, wo der polynesische Entdecker Kupe anlandete.

Die **Karikari Peninsula** mit entlegenen, unberührten Stränden bildet die westliche Seite der Doubtless Bay. Der bekannteste Strand der Halbinsel, **Matai Bay**, bietet zwei Buchten, die ideal zum Baden sind. Hier sieht man of Delfine. Sommerurlauber zieht es in Scharen zum Zeltplatz des Department of Conservation.

Cape Reinga & Ninety Mile Beach

Die SH1, die wichtigste Straße des Landes, schlängelt sich durch die Mitte der langen Aupouri Peninsula bis zum **Cape Reinga**, dem äußersten Fitzelchen Neuseelands an der Spitze der Nordinsel. Ein Leuchtturm blickt über die Klippen zum Columbia Bank, wo der Pazifik in sein Teilseegebiet, die ostaustralische Tasmansee übergeht. Der obligatorische Wegweiser zu fernen Ländern jenseits des Ozeans bekräftigt, dass dies das Ende der Welt ist.

Die Maori nannten diese Halbinsel *Te Hiku o te Ika a Maui*, den „Schwanz des Fisches von Maui". Von seinem Kanu – der Südinsel – aus zog Maui einen riesigen Fisch aus dem Meer, aus dem er die Nordinsel formte. Te Rerenga Wairua lässt sich als „Ort, wo die Seele abreist" übersetzen, denn die Seelen Verstorbener

Temporekord

1932 versuchte der Australier Norm „Wizard" Smith, auf dem Ninety Mile Beach einen neuen Geschwindigkeitsrekord aufzustellen. Sein Fahrzeug war um einen riesigen Napier-Lion-Flugzeugmotor herum gebaut, der eisgekühlt und mit Kompressoraufladung eine Leistung von 1450 PS lieferte. Es gelang Smith, für die Zehnmeilenstrecke einen neuen Weltrekord von 264,06 km/h aufzustellen.

legen den Weg hierher zurück, um sich von hier aus auf die Reise nach Hawaiki, der Geisterheimat, zu begeben.

ERLEBNIS: Strände sammeln bis zum Cape Reinga

Bei Ebbe ist der Strandhighway des Ninety Mile Beach mit Abstand der beste Weg, um zum Cape Reinga zu gelangen. Da es aus versicherungstechnischen Gründen verboten ist, mit einem Mietwagen über den Sand zu fahren, schließt man sich am besten einer Tour an. Busse und Allradfahrzeuge fahren von Kaitaia und auch von der Bay of Islands aus (eine viel längere Tagestour). Die Touren schließen die Te-Paki-Dünen, den Leuchtturm am Cape Reinga, das Holzgeschäft Ancient Kauri Kingdom, Sandrodeln und gegebenenfalls den Gumdiggers Park, Rarawa Beach und andere Sehenswürdigkeiten ein. Zu den Anbietern in Kaitaia gehören Harrisons Cape Runner *(Tel. 09/408-1033, www.harrisonscapereingatours.co.nz)*, Sand Safaris *(Tel. 09/408-1778, www.sandsafaris.co.nz)* und Cape Reinga Adventures *(Tel. 09/409-8445, www.capereingaadventures.co.nz)*. Von Paihia aus bietet Dune-Rider *(Tel. 09/359-5987, www.explorenz.co.nz)* Touren in einem flippigen Allradfahrzeug an.

Captain Cook nannte dies die *Desert Coast*, denn die Westküste entlang dem **Ninety Mile Beach** – tatsächlich nur 100 Kilometer lang – ist eine trostlose Landschaft mit Sandstränden und riesigen Dünen. Fahrzeuge können den harten Sand des Strandes befahren, der vor dem Bau der SH1 de facto als Highway genutzt wurde. Allerdings enthalten alle Mietwagenverträge eine Klausel, die die Benutzung auf dem Strand untersagt. Fahrten mit Allradfahrzeugen und Beachbuggys werden von Kaitaia aus angeboten. Auf diese Weise kommt man nah an die **Sanddünen Te Paki** heran (siehe rechts). Zu den Dünen führt auch die Te Paki Stream Road, die kurz vor Cape Reinga von der SH1 abzweigt.

Die Hauptstraße im Landesinnern führt überwiegend durch Farmland, doch abseits der Straße liegen einige Sehenswürdigkeiten. Kommt man aus südlicher Richtung, dann bietet der breite, wilde **Waipapakauri Beach** am Anfang der Halbinsel den einfachsten Zugang zum Ninety Mile Beach. Fährt man über die SH1 etwa 16 Kilometer weiter gen Norden, führt eine ausgeschilderte Straße östlich zum **Gumdiggers Park** *(Heath Rd., Tel. 09/406-7166, $–$$)*, wo Wege rund um die alten, sumpfigen Kauriwälder verlaufen. *Gumdiggers* („Harzgräber") kamen einst in Scharen hierher, um nach fossilem Kauriharz zu suchen, das für die Herstellung von Lacken und Linoleum sehr begehrt war. Auf halber Strecke kann man hinter Ngataki Richtung **Rarawa Beach** abbiegen. Sein weißer Siliziumsand wird in der Glasherstellung verwendet. Die Strände hier an der Ostküste sind strahlend weiß und enden weiter nördlich an einer riesigen weißen Sandbank am Eingang zum entlegenen **Parengarenga Harbour**.

Sandrodeln auf den Te-Paki-Dünen

Über die SH1 gelangt man kurz vor der Halbinsel zum **Ancient Kauri Kingdom** *(229 SH1)*. Dieses große Souvenirgeschäft hat sich auf Nippes und Möbel aus altem Kauriholz spezialisiert, das aus den Sümpfen ausgegraben wurde und zum Teil 45 000 Jahre alt ist. Beachten Sie die aus einem großen Kauribaumstumpf geschnitzte Treppe.

INSIDERTIPP

Auch wenn Sie nicht am Ninety Mile Beach baden wollen, sollten Sie trotzdem einen kurzen Umweg über den Nordzugang (bei Te Paki) in Kauf nehmen, um den Anblick der Dünen zu genießen.

NICHOLAS BARTH
NATIONAL GEOGRAPHIC-Experte

Kaitaia

Ein *„Haere Mai, Dobro Dosli"* („Willkommen" auf Maori und Dalmatinisch) begrüßt die Besucher in Kaitaia. Kroaten aus Dalmatien siedelten sich hier im 19. Jahrhundert an, um Kauri-Bernstein auszugraben. Der Hauptort von Far North ist Ausgangsort für Ausflüge zum Cape Reinga. Das eindrucksvolle **Te Ahu Centre** (*www.teahu.org.nz*) verfügt über ein Kino, eine Bibliothek und das kleine **Far North Regional Museum** *(Tel. 09/408-9454, www.teahuheritage.co.nz)*.

Ahipara liegt zehn Autominuten westlich von Kaitaia, am südlichen Ende des Ninety Mile Beach, bietet aber nur Unterkünfte. Auf dem Weg nach Hokianga führt die Straße von Ahipara nach Rawene und verläuft durch den schönen **Herekino Forest** und anschließend durch verfallene Örtchen. ■

Kaitaia

Karte S. 79

Besucherinformation

Te Ahu Center, Chr. Church & South Rds.

09/408-9540

www.kaitaia.co.nz/Index.cfm

&

www.teahu.org.nz

Kauri Coast

Die riesigen Kauribäume bedeckten einst große Teile von Northland. Reste stehen im Waipoua Forest an der Westküste von Northland.

Das Kauri Museum in Matakohe ist mit dem wunderschönen goldfarbenen Holz ausgestattet.

Hokianga Harbour

Karte S. 79

Besucher-information

09/405-8869

www.hokianga-tourism.org.nz

Beginnend in der Hokianga Region am malerischen Hafen gleichen Namens, folgt die SH12 der Kauri Coast Richtung Süden zum Waipoua Forest und führt anschließend zum kleineren Trounson Kauri Park und dem Kauri Museum in Matakohe.

Hokianga Harbour

Der Hafen ist nach *Hokianga-nui-a-Kupe* – dem „Abfahrtsort von Kupe" – benannt, denn der Legende nach hat Kupe, nachdem er Neuseeland entdeckt und erforscht hatte, hier ein letztes Mal halt gemacht. Die Region war vom Handel mit Kauriholz abhängig, bis die Wälder im frühen 20. Jahrhundert zerstört waren.

Heute befindet sich Hokianga in einem malerischen Schlaf. Farmhäuser im Kolonialstil und Holzkirchen zieren seine Küstenorte, die man auf der rückseitigen Route zwischen der Kauri Coast und Far North sieht. Man sollte auf jeden Fall die Autofähre *(Tel. 09/405-2602)* nehmen, die stündlich zwischen Rawene und den Narrows pendelt. Diese herrlich entspannte Überfahrt erspart die lange Autofahrt um den Hafen.

Wenn die Fähre anlegt, erwacht das Städtchen **Rawene** kurzzeitig zum Leben. Ansonsten sind die Straßen ruhig und laden zum Spazieren ein. Dabei kann man die vielen alten Gebäude, wie das **Clendon House** *(Tel. 09/405-7874, Nov.–April, $)*, bewundern. Man kann auch in einem der Cafés im Ort, wie dem Boatshed direkt am Wasser, eine kleine Pause einlegen.

Delfinmanie

Die junge Tümmlerdame Opo hat durch Statuen, Bücher und Volkslieder (am bekanntesten war „Opo the Friendly Dolphin" von Crombie Murdoch, das 1956 die Charts anführte) unsterblichen Ruhm erlangt. Als sie – möglicherweise an den Folgen einer Explosion – starb, trauerte das ganze Land.

In **Opononi** erinnert eine Statue an Opo, das wilde Delfinweibchen, das 1955 nationale Berühmtheit erlangte, als es mit den Feriengästen spielte (siehe Kasten oben). Die Nachbarstadt **Omapere** besitzt ein Museum, in dem ein Film die „fröhliche Delfindame" zeigt, die viel zu früh starb. Westlich von Omapere kann man den Highway

INSIDERTIPP

Auf jeden Fall sollte man sich Tane Mahuta, den „Herrn des Waldes", ansehen, den größten Baum Neuseelands und gewiss einer der größten, die man weltweit zu sehen bekommt.

BRENT STEPHENSON
National Geographic-Experte

verlassen und den **Fußweg zum Aussichtspunkt** entlanggehen. Das Panorama ist umwerfend: weite Strände, die Brandung der Westküste, kahle Hügel und riesige Sanddünen.

Waipoua Forest

Der Waipoua Forest, gut 20 Kilometer von Hokianga entfernt, ist das bedeutendste Kaurischutzgebiet des Landes. Der Wald wurde 1876 den Maori abgekauft und entging den Holzfällern aufgrund seiner abgeschiedenen Lage.

Als der State Forest Service in den 1940er-Jahren begann, hier Bäume zu fällen, wurde eine groß angelegte Petition gestartet. 1952 wurde Waipoua zum Waldschutzgebiet erklärt.

Dieser Regenwald enthält außerdem riesige Baumfarne und Harthölzer, die mancherorts ebenso beeindruckend sind wie die Kauribäume. Doch nichts übertrifft den **Tane Mahuta**, den „Herrn des Waldes". Aus nördlicher

Dargaville
Karte S. 79
Besucher-information
4 Murdoch St.
09/439-8360
www.dargaville.co.nz

Richtung kommend, trifft man auf ihn zuerst: Dieser riesige Kauribaum ragt 51,5 Meter empor und hat einen Umfang von 14 Metern. Mit seinem geschätzten Alter von 2000 Jahren ist er der größte noch lebende Baum Neuseelands, wenn auch bei Weitem nicht der größte dokumentierte Kauribaum – ein Exemplar, der Kairaru, besaß einen dreimal so starken Umfang.

Einige Kilometer weiter südlich führt ein 20-minütiger Spaziergang vom Parkplatz zum **Te Matua Ngahere**, dem „Vater des Waldes" und zweitgrößten Baum in diesem Wald. In der Nähe des Wegs befinden sich die **Four Sisters**.

Weiter südlich führt der **Rickers Walk**, ein zehnminütiger Rundgang, durch einen Kaurihain zu einem Aussichtspunkt am Fluss. „Ricker" nannte Forster die jungen Kauribäume.

Die Waipoua River Road führt zum **Waipoua Forest Visitors Centre** *(Tel. 09/439-6455, www.teroroa.iwi.nz)* und dem auch mit einfachen Holzhäusern ausgestatteten Campingplatz. Nach ihrer Klage vor dem Waitangi-Tribunal erhielt das Volk Te Roroa aufgrund des Waitangi-Vertrags diesen seinen Wald zurück.

Von Waipoua nach Auckland

Es ist zwar wesentlich kleiner als Waipoua, aber das 450 Hektar große Aufforstungsschutzgebiet des **Trounson Kauri Park** besitzt einen beeindruckend dichten Bestand an Kauribäumen, der auf einem halbstündigen Rundgang erkundet werden kann. Im Schutzgebiet sind außerdem bedrohte Tierarten beheimatet, wie die *Kukupa* (Maori-Fruchttaube), die *Pekapeka* (Kleine Neuseelandfledermaus), Kaurischnecken

Der riesige Kauribaum Tane Mahuta im Waipoua Forest

und der Streifenkiwi. Der **Kauri Coast Holiday Park** *(Trounson Park Rd., Tel. 09/439-0621, www.kauricoasttop10.co.nz)* organisiert Nachtwanderungen *($$$)*, bei denen man gute Chancen hat, einen Kiwi zu sehen.

Die nördliche Abzweigung von der SH12 nach Trounson liegt 16 Kilometer südlich von Waipoua, aber dieser Weg ist größtenteils unbefestigt. Von der südlichen Abzweigung,

Kauribäume

Kauribäume haben für Neuseeländer symbolische Bedeutung – jetzt, da fast alle durch die Holzfällerei vernichtet worden sind. Der Mammutbaum mag höher und älter sein, aber im Hinblick auf die reine Masse ist der Kauribaum nicht zu überbieten. Bei einer Wachstumsdauer von fast 2000 Jahren kann der Stamm einen Durchmesser von fünf Metern erreichen, und der Baum kann über 49 Meter hoch werden. Außerdem wird der Stamm erst in Höhe der ersten Äste schmaler, was oft erst nach 20 Metern der Fall ist. Somit hat man riesige Holzzylinder mit gerader Maserung. Im 19. Jahrhundert schossen entlang der Westküste Sägewerke aus dem Boden, Hafenorte wie Dargaville am Kaipara Harbour boomten. Wegen des starken Handels existierten im Jahr 1900 nur noch zehn Prozent der Wälder. Heute sind es weniger als vier Prozent.

Der Kauribaum gehört zur Familie der Araukariengewächse *(Araucariaceae)* und enthält viel Harz, das ausläuft, wenn die Bäume beschädigt werden. Die Maori schätzten das Harz, um es in Fackeln zu verbrennen. Im 19. Jahrhundert wurde es für die Verwendung in Lacken und Linoleum geerntet. Hierzu wurden uralte versunkene Wälder ausgegraben, wo sich riesige Klumpen des halbfossilen Harzes fanden.

40 Kilometer nördlich von Dargaville, sind es nur etwa sieben Kilometer auf einer befestigten Straße.

Dargaville wurde durch den Kaurihandel reich. Auf einem Hügel mit Panoramablick steht das große **Dargaville Museum** *(Harding Park, Tel. 09/439-7555, www. dargaville museum.co.nz, $$)* mit guten Exponaten zur Kauriindustrie und einem riesigen Kanu aus der Zeit, bevor die Europäer kamen. **Baylys Beach**, 13 Kilometer westlich an der Baylys Coast Road gelegen, bietet einfache Unterkünfte sowie gute Cafés an einem 100 Kilometer langen Strand.

Das **Kauri Museum** *(Church Rd., Tel. 09/431-7417, www.kauri-museum.com, $$$)* in der kleinen Stadt **Matakohe** sollte man unbedingt besuchen, wenn man auf der Kauri-Coast-Route unterwegs ist. Hier erfährt man alles, was es zum Thema Kauribaum zu wissen gibt. Zusätzlich zu den detailreichen Exponaten beherbergt es den Nachbau eines Sägewerks, eine alte Pension aus Kauriholz, sowie alte Maschinen und Exponate aus der Pionierzeit. Im Mittelpunkt steht ein riesiges Stück Holz, das vertikal aus der Mitte eines gefällten Kauribaums herausgeschnitten wurde. Es verdeutlicht nicht nur die Größe der Bäume, sondern auch die Schönheit des Holzes.

Von Matakohe aus führt die SH12 nach Brynderwyn und stößt dann auf die SH1 in südlicher Richtung nach Auckland.

Auf einer alternativen Route nach Auckland biegt man bei Wellsford, 28 Kilometer südlich von Brynderwyn, ab und folgt dem Kaipara Harbour auf der SH16 nach Helensville und weiter zu den Waitakere Ranges (siehe S. 74f.). ■

Kultur der Maori, Geysire, Vulkane, Seen, Berge, Höhlen, Strände und historische Orte

Zentrale Nordinsel

Der Mount Taranaki überragt die zentrale Nordinsel.

Zentrale Nordinsel

Die zentrale Nordinsel, die sich von Auckland südwärts nach Wellington erstreckt, bietet Vulkane, Geysire, Seen, zerklüftete Küsten, weite Strände, das Kernland der Maori und grüne Weiden, die Nahrungsgrundlage einer ganzen Nation waren.

Wie eine feurige Schneise erstreckt sich die Vulkanzone von der Ostküste bis ins Zentrum der Nordinsel. Hier befinden sich alle aktiven Vulkane Neuseelands, von White Island vor der Küste bis zu den schneebedeckten Gipfeln des Tongariro National Park. In diesem Landstrich stößt man überall auf Geysire, Schlammtümpel, kochende Teiche und Dampferuptionen, vor allem rund um Rotorua, der größten Touristenattraktion des Landes.

Rotorua ist aber nicht nur für seine geothermische Aktivität berühmt, sondern auch für die Kultur der Maori. In der Region Waikato hatten sich die Stämme zum Maori King Movement zusammengeschlossen und um ihr Land gekämpft. Dasselbe geschah im Bezirk Taranaki an der Westküste und an der Bay of Plenty im Osten. Das abgelegene East Cape ist immer noch fest in der Hand der Maori.

Obwohl Rotorua eigentlich der ultimative Touristenmagnet ist, gibt es genügend andere interessante Ausflugsziele und Sehenswürdigkeiten. Von Auckland führt der Highway in das fruchtbare Farmland des Waikato und weiter Richtung Süden ins King Country und zu den Waitomo Caves, einer unterirdischen Höhlenlandschaft voller Glühwürmchen.

An der weniger besuchten Westküste wird die Taranaki-Region vom kegelförmigen Mount Taranaki beherrscht, der zu Neuseelands größten Naturschönheiten zählt. Die Strecke führt weiter nach Süden bis Wanganui, einem alten Flusshafen, in dem Schnellboote die alten Raddampfer abgelöst haben, die einst flussaufwärts in die Wildnis dampften.

Man kann auch von Auckland aus Richtung Osten zur Coromandel Peninsula weiterreisen, die nicht nur besonders schöne Strände, sondern auch historische Goldstädte zu bieten hat.

Von der Halbinsel Coromandel gelangt man zur Bay of Plenty mit ihren beeindruckenden Stränden. Von hier aus sind Ausflüge zum rauchenden Vulkan auf White Island möglich. Auf der Landseite der Bay of Plenty breitet sich eine malerische Seenlandschaft rund um Rotorua aus, wo sich

UNBEDINGT ANSEHEN:

- Die Glühwürmchen im Labyrinth der Waitomo Caves **109**
- Baden im warmen Wasser des Hot Water Beach in der malerischen Mercury Bay **116**
- White Island, Neuseelands aktivsten Vulkan **120–121**
- Rotorua: geothermische Aktivität, Kultur der Maori und die Touristeninformation **122–128**
- Den Lady Knox Geyser in Wai-O-Tapu – er zeigt, was er kann **128**
- Eine Bootsfahrt oder Angeln auf dem Lake Taupo **130**
- Vulkane und Wanderungen im Tongariro National Park **131–132**
- Art déco in Napier **136–138**

alte Vulkankrater mit Wasser gefüllt haben, in dem es von Forellen nur so wimmelt.

Der größte See des Landes, Taupo, liegt genau in der Mitte der Nordinsel und ist so groß, dass er an ein Binnenmeer erinnert. Südlich des Sees erheben sich die Vulkane Tongariro, Ngauruhoe und Ruapehu – die mächtigen Gipfel des Tongariro National Park –, die im Sommer zum Wandern, im Winter zum Skifahren einladen.

Napier an der Ostküste ist ein entzückendes Art-déco-Städtchen und ein beliebter Badeort. Im Gebiet der Hawke's Bay wird Wein angebaut, und Gisborne weiter nördlich ist ein guter Ausgangspunkt für Abenteuerausflüge zum East Cape oder zu den unberührten Wäldern und Seen des Te Urewera National Park. ■

Waikato

In der Region Waikato verbündeten sich einst die Maori, um sich gegen den Landhunger der Kolonisten zur Wehr zu setzen. Heute ist das Gebiet wegen seines fruchtbaren Bodens und der Pferdezucht bekannt, aber ebenso berühmt sind die Waitomo Caves und das Otorohanga Kiwi House.

Bei den Bridal Veil Falls (Waireinga) bei Raglan fällt das Wasser am Pakoka River 55 Meter tief.

Hamilton
Karte S. 105
Besucher-information
5 Garden Place
07/958-5960
www.visithamilton.co.nz

Hamilton

Hamilton (145 000 Einwohner), Neuseelands viertgrößte Stadt, liegt 130 Kilometer südlich von Auckland am Waikato. Hamilton ist die wichtigste Stadt der Waikato-Region.

Die Stadt wurde auf Land gegründet, das nach den Neuseelandkriegen beschlagnahmt worden war. 1864 baute die Besatzung des Kanonenboots *Rangiriri* im heutigen Memorial Park die erste Festung.

Bis zum Bau der Eisenbahn stellte der Fluss die wichtigste Verbindung der Stadt zur übrigen Welt dar. Wanderpfade führen am Fluss entlang durch den Wald, der zusammen mit dem Memorial Park das grüne Herz der Stadt bildet.

In der Nähe des Flusses liegt die Hauptattraktion der Stadt, das **Waikato Museum** *(1 Grantham St., Tel. 07/838-6606, www.waikatomuseum.co.nz)*, mit seiner großartigen

Sammlung von Schätzen der Tainui, zu denen auch ein Te-Winika-Kriegskanu gehört.

Etwa 1,6 Kilometer südlich des Stadtzentrums, an der SH1, können Gartenfreunde die **Hamilton Gardens** *(Cobham Dr., Tel. 07/838-6782, www.hamiltongardens.co.nz)* genießen, ein weitläufiges Areal mit verschiedenen Themengärten.

Rund um Hamilton

An der SH1, 19 Kilometer nördlich von Hamilton, liegt **Ngaruawahia**, der Ort, an dem das Kingitanga (Maori King Movement) gegründet wurde. Sie ernannten den Te Wherowhero (um 1800–1860) 1856 zu ihrem ersten König.

INSIDERTIPP

Bringen Sie Ihr eigenes Brett mit, oder nehmen Sie eine Surfstunde in Raglan an Neuseelands beliebtestem Surferstrand, der durch den Kultfilm „The Endless Summer" berühmt wurde.

CARRIE MILLER
NATIONAL GEOGRAPHIC-Autorin

Er nahm den Namen Potatau an, Ngaruawahia war sein Regierungssitz. Auch wenn diese Position vor dem Gesetz keine Gültigkeit hat, ist sie doch mit hohem Ansehen verbunden. Potataus Nachfahren regieren noch heute. Seit 2006 sitzt Tuheitia Paki (geb. 1955) auf dem Thron, den vor ihm seine Mutter Dame Te Atairangikaahu 40 Jahre lang innehatte.

Im **Turangawaewae Marae** am Nordende der Stadt befinden sich die königliche Residenz und ein mit Schnitzereien verziertes Versammlungshaus, das am Regatta Day im März Besuchern offen steht.

Über die SH23 ist **Raglan**, 48 Kilometer westlich von Hamilton gelegen, zu erreichen. Ein hübsches Küstenstädtchen an einer geschützten Bucht, die Neuseelands bestes Surfrevier zu bieten hat. Das historische Harbour View Hotel *(14 Bow St., Tel. 07/825-8010)* ist neben mehreren Cafés an der Main Street zu finden. Die Fußgängerbrücke verlockt zu einem Spaziergang zur Landzunge, aber die Surfgebiete von Raglan liegen ein Stück die Wainui Road hinunter.

Riff Raff

Wo früher in der Victoria Street in Hamilton das alte Embassy Theatre stand, befindet sich heute eine Bronzestatue von Riff Raff, dem Buckligen aus der „Rocky Horror Picture Show".

Richard O'Brien, der die Story erfunden hat, arbeitete als junger Mann in einem Friseursalon in Hamilton. Es geht das Gerücht, dass ihn das Haareschneiden und die abendlichen Doppelvorstellungen im Embassy zu diesem Kultfilm von 1975 inspirierten.

Turangawaewae Marae

✉ 29 River Road Ngaruawahia

☎ 07/824-8639

🕒 Nur während der alljährlichen Regatta im März für Besucher geöffnet

Der **Ngarunui Beach**, der fünf Kilometer südwestlich von Raglan liegt, hat einen grauen Sandstrand. Wer schon immer davon geträumt hat, eine Welle zu reiten, kann hier Surfstunden nehmen. Die **Manu Bay** weiter im Westen hat berühmte Left Hand Breaks, und **Indicators** ist ein Surfspot von Weltklasse.

Um zu den spektakulären **Bridal Veil Falls** zu kommen, nimmt man auf der SH23 Richtung Hamilton die Abfahrt 13 Kilometer außerhalb von Raglan. Hinter Te Mata biegt man links ab und fährt weitere vier Kilometer zu den Wasserfällen. Eine landschaftlich sehr reizvolle, aber unbefestigte, hügelige (und manchmal gesperrte) Straße führt ins verschlafene **Kawhia** und seinem Hafen.

INSIDERTIPP

Die Luftqualität in den Waitomo Caves wird von Wissenschaftlern überwacht. Sie entscheiden, wie viele Menschen die Höhlen pro Tag besuchen dürfen. Reservieren Sie rechtzeitig!

JORGE I. NÚÑEZ
NATIONAL GEOGRAPHIC-Experte

Der Tainui-Stamm verehrt Kawhia als den Landeplatz des Tainui-Kanus ihrer Urahnen.

Die 24 Kilometer südlich von Hamilton an der SH1 gelegene, prächtige grüne Stadt **Cambridge** ist eine Hochburg der Rennpferdezucht. Galopprennen sind bei Neuseeländern sehr beliebt, und die Vollblüter aus Waikato haben sich sowohl zu Hause als auch in Australien immer wieder bewährt. Viele von ihnen gewannen den begehrten Melbourne Cup. Historische Gebäude schmücken die Stadt, Antiquitätenläden laden zum Stöbern ein.

Hamiltons Pirongia Clydesdales

Die **Cambridge Thoroughbred Lodge** *(SH 1, Kara-piro, Tel. 07/827-8118, www.cambridgelodge.co.nz, $–$$)* bietet Führungen durch das Gestüt und zu den Reitturnieren an *(Voranmeldung erforderlich)*, bei denen nicht nur Vollblutchampions, sondern auch andere Pferderassen laufen.

Ein weiteres bekanntes Gestüt, das 53 Kilometer östlich von Cambridge an der SH27 gelegene **Matamata**, wurde durch das Dorf **Hobbiton** (Hobbingen, *Tel. 07/388-6838, 501 Backland Rd., Hivuera, www.hobbitontours.com, $$$$$*) berühmt, das hier für die Dreharbeiten zur „Herr der Ringe"-Trilogie errichtet wurde. Touren zu den Hobbithäusern, die für „Der Hobbit" neu aufgebaut

Der Kiwi

Neuseeländer nennen sich und alles, was typisch neuseeländisch ist, stolz „Kiwi", denn dieser einzigartige, flugunfähige Vogel ist ihr Nationalsymbol. Der scheue, nachtaktive Kiwi, der schon vor 70 Millionen Jahren auf der Erde lebte, hat etwa die Größe eines großen Huhns.

Kiwis sind nicht leicht zu entdecken – die meisten Neuseeländer haben noch nie einen in freier Wildbahn gesehen. Obwohl die Vögel gefährdet sind und ihr Lebensraum bedroht ist, liegt der Bestand bei 70 000 Tieren. Die häufigsten Arten sind der Nördliche Streifenkiwi auf der Nordinsel und der Große Fleckenkiwi auf der Südinsel. Weitere Arten sind der Rowi (Okarito-Streifenkiwi), Tokoeka (Südlicher Streifenkiwi) und Zwergkiwi (Kleiner Fleckenkiwi).

Kiwis haben einen hoch entwickelten Geruchssinn und stochern schnüffelnd mit ihrem langen Schnabel im Waldboden nach Würmern, Insekten und Spinnen.

Gemessen an ihrer Größe, legen Kiwis gigantische Eier, die etwa ein Fünftel ihres eigenen Körpergewichts erreichen. Die Brutzeit beträgt rund 80 Tage. Kiwis leben monogam, und das Brutgeschäft übernehmen gewöhnlich die Männchen.

wurden, starten vom Café oder von Matamata.

Die Kleinstadt **Otorohanga**, 50 Kilometer südlich von Hamilton über die SH3 zu erreichen, ist wegen ihres **Otorohanga Kiwi House** (*Alex Telfer Dr., Tel. 07/873-7391, www.kiwihouse.org.nz, $$$*) seit langer Zeit ein beliebtes Ausflugsziel.

Waitomo Caves

Die von Höhlen durchzogene Kalksteinlandschaft Waitomo liegt im Herzen des King Country, eines Gebiets, das nach dem Maori King Movement benannt ist.

Die Maori kampierten in den Waitomo Caves, lebten aber nie dauerhaft dort, zweifellos wegen der Gefahr der Überflutung (*waitomo* bedeutet Wasserhöhle). Einige frühe Entdeckungsreisende besuchten die Höhlen, doch erst in den 1880er-Jahren wurden sie genauer erforscht und ihr Ausmaß deutlich. Mit ihren mehr als 300 Höhlen, den Verbindungsgängen und den unterirdischen Quellen und Flüssen, die weitere Höhlen aus dem Gestein waschen, ist diese Region tatsächlich einzigartig.

Von den 1890er-Jahren an wuchs der Touristenstrom. 1908 wurde das Waitomo Caves Hotel (siehe S. 291) erbaut, um den Bedürfnissen des wachsenden Besucherandrangs

Waitomo Caves

Karte S. 105

Besucherinformation

21 Waitomo Caves Rd., Waitomo

07/878-7640

www.waitomocaves.co.nz

„Die HMS North Star zerstört Pomare's pa, Otiuhu, Bay of Islands", Aquarell (1845) von John Williams

Die Zeit der Kriege

Mit dem Aufkommen der Musketen eskalierten die Stammesfehden der Maori. Als sich dann immer mehr Europäer in Neuseeland ansiedelten, waren Konflikte über den Landbesitz unvermeidlich. Auf der Nordinsel kam es zu einer ganzen Reihe von Landkriegen, die Neuseelandkriege oder Maorikriege genannt werden.

Musketenkriege

Schon vor dem Ausbruch der Landkriege besaßen Maorihäuptlinge wie Hongi Hika und Te Rauparaha die ersten Musketen und setzten diese mit verheerender Wirkung gegen ihre traditionellen Feinde ein. Die sogenannten Musketenkriege dauerten von den frühen 1820er- bis in die 1830er-Jahre und kosteten 20000 Maori das Leben – die neuen europäischen Waffen verwandelten Stammeskriege in Völkermord. In einer Rüstung, die ihm König Georg IV. geschenkt hatte, führte Hongi Hika seine Krieger nach Süden. Auf seinem Feldzug löschte er ganze Dörfer aus und nahm Sklaven, wo er sie bekommen konnte. Weitverbreitet war auch Kannibalismus, um das *mana* (die spirituelle Kraft) des Besiegten in sich aufzunehmen.

Andere Stämme, die von der Auslöschung bedroht waren, versuchten alles, um ebenfalls die neuen Waffen in die Hände zu bekommen. Im Tausch gegen Musketen gaben sie Schweine, landwirtschaftliche Erzeugnisse und sogar die geräucherten Köpfe ihrer getöteten Feinde – makabre Trophäen für europäische Vitrinen.

Auf der Nordinsel eskalierten die Kriege. Der aus dem Süden stammende Krieger Te Rauparaha richtete an der Westküste Verheerungen an. Daraufhin überquerte er die Cook Strait und bekämpfte die Stämme der Südinsel.

Um 1836 ließen die Feindseligkeiten nach, weil das Verhältnis von Musketen und Macht ausgeglichen war. Jetzt begannen auch Missionare, ins Landesinnere vorzudringen, aber die Kämpfe und die von den Europäern eingeschleppten Krankheiten hatten rund ein Drittel der Maoribevölkerung dahingerafft. Die Krieger, die überlebt hatten, konzentrierten sich nun auf die Briten. Manchmal verbündeten sie sich gegen die Siedler, aber es kam auch vor, dass sie sich den Kolonialtruppen anschlossen, um gegen ihre traditionellen Feinde vorzugehen.

Maori King Movement

Zu den ersten Scharmützeln gehörte das Massaker bei Wairau (siehe Kasten S. 176) auf der Südinsel, wo Te Rauparaha 1843 eine britische Miliztruppe abschlachtete. 1845 brachen ernsthaftere Gefechte aus, als sich Hone Heke, der Häuptling der Bay of Islands, gegen die britische Herrschaft auflehnte.

In den 1850er-Jahren, als immer mehr Siedler ins Land strömten, vereinigten sich die Maori zum ersten Mal über alle Stammesgrenzen hinweg und gründeten das Maori King Movement (Kingitanga), um die Landverkäufe zu stoppen und ihren eigenen König zu wählen.

Der Waikato-Häuptling Te Wherowhero wurde 1856 der erste König und regierte von Ngaruawahia aus. 1860 bot ein Häuptling den Briten bei Waitara, in der Nähe von New Plymouth, Land zum Kauf an, doch der Oberhäuptling der Region war dagegen und besetzte das Gebiet. Daraufhin wurden britische Truppen entsandt, was den Taranaki-Krieg auslöste. Es folgte eine Reihe blutiger Schlachten, in denen die britischen Truppen hohe Verluste hinnehmen mussten. 1861 handelten beide Seiten einen Waffenstillstand aus. Als die Kämpfe 1863 wieder ausbrachen, schickte Gouverneur George Grey 20 000 Soldaten aus, um das King Movement endgültig zu zerschlagen. Es kam zum Krieg in den Regionen Waikato und Taranaki, der sich bis zur Bay of Plenty ausbreitete, bis 1864 endlich die letzten Schlachten geschlagen wurden. Dutzenden von Gefechten fielen 1000 Maori und 700 britische Soldaten zum Opfer.

Die Geschichte von Te Kooti

Nach Beendigung der Waikato-Kriege entstand in Taranaki die messianische Bewegung Pai Marire. Die biblische Lehre und der traditionelle Maoriglaube vermischten sich in der Vorstellung der Hauhau-Krieger, die überzeugt waren, dass Gott sie unsichtbar gemacht hatte. Sie kämpften darum, Land und *mana* der Maori zurückzuerobern. Der harte Kern der Bewegung wurde 1866 mithilfe gegnerischer Maoristämme zerschlagen, doch zuvor hatte sie sich bis an die Ostküste der Nordinsel ausbreiten können. 1865 eskalierte der Krieg, bis die Anhänger des Pai Marire zusammengetrieben und auf die Chatham Islands verbannt wurden.

Einer der Verbannten, Te Kooti, hatte für die Regierung gekämpft und beteuerte seine Unschuld, doch ihm wurde ein Gerichtsverfahren verwehrt. Auf den Chatham Islands hatte er eine Reihe von Visionen und gründete die Religion des Ringatu („Erhobene Hand"). Mit seinen Anhängern brach er 1868 aus dem Gefängnis aus, stahl ein Boot und segelte zur Nordinsel.

Te Kooti rächte sich, indem er 54 Pakeha (Europäer) und Maori tötete. Von britischen und Maoritruppen verfolgt, verübte er eine Reihe von Überfällen rund um die Poverty Bay und in den Urewera Mountains, bevor er zum Lake Taupo weiterzog. Seine Truppe wurde zerschlagen. So zog er sich 1872 in die Wildnis des King Country zurück, wo er seine Religion weiterentwickelte, die noch heute ausgeübt wird. Te Kooti, der letzte Krieger der Neuseelandkriege, wurde 1883 begnadigt. ■

Glowworm Cave
✉ 39 Waitomo Caves Rd., Waitomo
☎ 07/878-8228
$ $$$$ (Ticket für 2 Höhlen)
www.waitomo.com

gerecht zu werden. Seit mehr als einem Jahrhundert sind die Höhlen nun schon eine bedeutende Sehenswürdigkeit. Auch die Busse, die zwischen Auckland und Rotorua verkehren, halten hier. Und da dies Neuseeland ist, haben Abenteurer die Möglichkeit, einen Ausflug in die Unterwelt des Höhlensystems zu unternehmen.

Die Hauptattraktion ist die **Glowworm Cave** („Glühwürmchenhöhle") mit ihren Stalagmiten und Stalaktiten. Auf einem schwarzen Fluss gleiten die Tourboote in die Glühwürmchengrotte, in der die Decke wie der Sternenhimmel glitzert. Führungen in diese und andere Höhlen bucht man im neuen **Caves Visitor Center**.

Über die Hauptstraße gelangt man drei Kilometer westlich der Glühwürmchenhöhle zur **Aranui Cave**, die 1910 von dem Maori Ruruku Aranui entdeckt wurde. In den hohen Kammern dieser Höhle wachsen faszinierende Stalaktiten in Rosa, Weiß und Hellbraun.

Führungen durch die **Ruakari Cave** beginnen bei der Legendary Black Water Rafting Co. (ein Kilometer vor der Ortschaft). Der 1,6 Kilometer lange Weg führt an unterirdischen Flüssen zwischen Stalaktiten und Stalagmiten hindurch. Beim Schwarzwasserrafting saust man durch die unterirdischen Stromschnellen, ebenso gibt es Angebote wie Felsklettern oder Expeditionen in die Höhlen.

Waitomo (*www.waitomo.org.nz*) bietet ein Museum/Informationszentrum, einen Laden und eine Gaststätte. Einige Unterkünfte sind ebenfalls in der Umgebung vorhanden, darunter auch das Waitomo Caves Hotel. Das **Waitomo Caves Discovery Center** (*$*) im Besucherzentrum informiert über die Höhlen.

19 Kilometer südlich von Waitomo liegt **Te Kuiti**, wo der Maorikämpfer Te Kooti im 19. Jahrhundert Zuflucht fand. Im Ort steht eine Statue des „Großen Scherers" – ein Hinweis auf die Schafzucht und das Volksfest **Te Kuiti Muster**, das im April gefeiert wird. ■

Glühwürmchen

Die neuseeländischen Glühwürmchen *(Arachnocampa luminosa)* sind nicht mit den gleichnamigen Käfern in Europa und Nord- und Südamerika verwandt. Bei den Glühwürmchen von Waitomo handelt es sich um die Larven bestimmter Mückenarten, die dünne Netze spinnen, in denen sich Insekten verfangen. Mit ihrem grünen Schimmer locken die Larven die Insekten an – je hungriger sie sind, desto stärker leuchten sie. Bis zur Verpuppung dauert es sechs bis zwölf Monate. Danach hängen sie weitere ein bis zwei Wochen an der Höhlendecke. Schließlich schlüpfen die Mücken, die aber nur leben, um sich zu vermehren – nach der Eiablage stirbt das Weibchen.

Coromandel Peninsula

Eine großartige Küstenlandschaft, Traumstrände, zerklüftete Berge und alte Goldgräberstädte machen die Halbinsel Coromandel zu einem der beliebtesten Urlaubsorte der Kiwis. Von Thames führt eine malerische Küstenstraße auf der geschützten Westseite in den hübschen Ort Coromandel und weiter über die Hügel zu den Surfstränden und Badeorten an der Ostküste. Man plant am besten mindestens zwei Tage für die Erkundung der Halbinsel ein.

Kinder beim Spielen mit Muscheln; Whitianga, Coromandel Peninsula

Die Westküste

Die ersten Europäer siedelten sich auf der Halbinsel an, als 1852 in der Nähe von Coromandel Gold gefunden wurde. Der Hauptansturm setzte jedoch erst ein, als 1867 Berichte von einem Fund bei Thames die Runde machten. Tausende strebten zu den Goldfeldern, doch im Laufe von nur zehn Jahren wurde Kauriholz zum wichtigsten Erwerbszweig.

Heute lebt die Coromandel Peninsula überwiegend vom Tourismus und Immobilienhandel. Die gelassene Atmosphäre lockt wohlhabende Rentner und junge Leute auf der Suche nach einem alternativen Lebensstil an.

Thames: Am Fuße des Firth of Thames liegt das Städtchen Thames. Auf seiner Hauptstraße reihen sich Holzhäuser aus

Thames

Karte S. 105

Besucherinformation

206 Pollen St.

07/868-7284

www.thamesinfo.co.nz

Miniatureisenbahn von Driving Creek Railway & Pottery

der Zeit des Goldrausches um 1865. In der Blütezeit gab es hier über 100 Hotels, darunter das **Brian Boru Hotel** *(700 Pollen St., 07/868-6008)*.

Im **Thames School of Mines and Mineralogical Museum** *(101 Cochrane St., Tel. 07/868-6227, $)* ist eine große gesteinskundliche Sammlung untergebracht. Interessante Fotos und Relikte aus der Pionierzeit zeigt das **Thames Historical Museum** *(Pollen & Cochrane Sts., Tel. 07/868-8509, $)*.

Nicht versäumen sollte man einen Besuch der **Goldmine Experience** *(Tel. 07/868-8514, www.goldmine-experience.co.nz, $$)* an der SH25. Führungen durch die ehemalige Goldmine finden im Sommer täglich und im Herbst und Frühling an den Wochenenden statt.

Im **Kauaeranga Valley** im **Coromandel Forest Park** östlich von Thames gibt es Wasserfälle, dichte Wälder, Kauridämme und Wanderwege, vom 20-minütigen Spaziergang bis zu mehrtägigen Ausflügen zu den Vorsprüngen der Pinnacles. Das **Kauaeranga Visitor Centre** *(Tel. 07/867-9080)*, zwölf Kilometer von Thames entfernt an der Kauaeranga Valley Road gelegen, informiert dazu.

Coromandel: Die landschaftlich reizvolle SH25 führt von Thames aus 55 Kilometer in Richtung Norden nach Coromandel, das seit Langem ein Wohnort für Künstler, Töpfer und andere Aussteiger ist. Die Hauptstraße des Ortes, die **Pollen Street**, wird von historischen Gebäuden gesäumt – auch hier hat der Goldrausch in der Viktorianischen Zeit zu einem Bauboom geführt.

Der Ort und die Halbinsel wurden nach der „HMS Coromandel" benannt, einem Schiff der britischen Marine, das 1820 hier anlegte. Der Goldfund von Charles Ring brachte Coromandel 1852 auf die Landkarten.

Die drei Kilometer nördlich der Stadt gelegene **Coromandel Goldfield Centre & Stamper Battery** *(410 Buffalo Rd., Tel. 0210/232-8262, $)* wird von einem riesigen Wasserrad angetrieben und zerkleinert für die Goldgewinnung Gestein. Sie können hier an einer sehr informativen Führung teilnehmen und sogar Gold waschen.

Die Attraktion der Stadt ist die **Driving Creek Railway & Pottery** *(380 Driving Creek Rd., Tel. 07/866-8703, $$$–$$$$)* am nördlichen Stadtrand, eine Töpferwarenfabrik mit Miniaturbahn durch den Wald.

INSIDERTIPP

Leihen Sie sich eine Schaufel aus , und graben Sie sich bei Ebbe am Hot Water Beach Ihren eigenen Whirlpool am Meer. Die beste Zeit dafür liegt zwischen Dezember und März.

CARRIE MILLER
National Geographic-Autorin

Coromandel ist für viele Besucher Ausgangspunkt für die Weiterreise. Die meisten streben nach Whitianga und nehmen entweder die 309 Road oder die SH25.

Die unbefestigte 309 Road nach Whitianga durchquert wunderschöne Wälder. Unterwegs führen Spaziergänge zu den **Waiau Falls**. Die Strecke über den Highway SH25 ist zwar länger, dafür entschädigen der Blick auf die Küste und Abstecher an einsame Strände wie den an der **Opito Bay**.

Nördlich von Coromandel: Die Straße nach Colville führt nach Norden ins verschlafene **Colville**. Die unbefestigte Port Jackson Road führt am **Mount Moehau** vorbei nach Port Jackson und endet an der **Fletchers Bay**, einer Bucht mit Traumstränden. Über die Port Charles Road, der alternativen Strecke nördlich von Colville, gelangt man erst nach **Port Charles** mit seinem märchenhaften Strand und schließlich zur **Stony Bay**, wo der **Coromandel Walkway** *(einfache Strecke drei Stunden)* zu einer Wanderung zur Fletchers Bay einlädt.

Die Ostküste

Wie viele Urlauber bevorzugte auch Captain Cook die Ostküste der Halbinsel und verbrachte nahezu den ganzen November 1769 an der Mercury Bay. Hier beobachtete er den Transit des Planeten Merkur und handelte mit den Maori. Noch heute ist die **Mercury Bay** das Juwel der Ostküste von Coromandel.

Auf der anderen Seite des bergigen Rückens der Halbinsel, gegenüber dem Ort Coromandel, liegt **Whitianga**, der größte Ferienort an der Mercury Bay. Hier locken der

Coromandel
Karte S. 105
Besucherinformation
355 Kapanga Rd.
07/866-8598
www.coromandeltown.co.nz

Mercury Bay & Whitianga
Karte S. 105
Besucherinformation
Albert St., Whitianga
07/866-5555
www.whitianga.co.nz

sichelförmige **Buffalo Beach**, ein hübscher Hafen voller Boote und mit zahlreichen Unterkünften und Restaurants. In Whitianga gibt es auch ein kleines **Museum** *(11A The Esplanade, $)*, aber im Grunde dreht sich hier alles um die Strände und den Wassersport.

Eine preiswerte Fahrt bietet die Fähre nach **Ferry Landing**. Von dort ist ein Spaziergang zum schönen Strand der **Flaxmill Bay** und weiter zum **Aussichtspunkt Shakespeare Cliff** oberhalb des **Lonely Beach** möglich. Die Aussicht über den weißen Sand des **Cook's Beach** ist fantastisch.

Der Haarige Moehau

Gerüchten zufolge verbirgt sich hinter den Kauribäumen auf Coromandel der sagenhafte Haarige Moehau. Wie sein nie gesehener amerikanischer Cousin Bigfoot wird der Haarige Moehau als Kreuzung aus Mensch und Affe beschrieben. Während die Maori behaupten, er wäre ein Nachfahre des mythischen Maero-Volkes, gehen andere davon aus, dass es sich nur um einen entkommenen Gorilla handelt.

Von Ferry Landing zum Cook's Beach sind es zu Fuß etwa drei Kilometer. Mit dem Auto ist die Strecke deutlich länger, weil man auf der SH25 um Whitianga Harbour herumfahren muss. Allerdings gelangt man auf dieser Straße auch zum schönen **Hahei Beach**. Dieser Strand ist ein absolutes Muss und liegt 40 Kilometer von Whitianga entfernt. Neben dem Traumstrand beginnt in Hahei auch der Wanderweg zum **Cathedral Cove**, einem gigantischen Felsüberhang.

Das Highlight der Wanderung ist ein Bad im Sand von **Hot Water Beach**, neun Kilometer südlich von Hahei. Bei Ebbe dringt heißes Quellwasser durch den Sand.

Südlich von Whitianga führt die SH25 wieder landeinwärts und trifft im alten Bergwerksstädtchen **Tairua** auf die Küste. Für eine großartige Aussicht sollte man Richtung Strand fahren, in den Paku Drive abbiegen und zu Fuß zum **Paku Summit** hochsteigen.

Eine kurze Fahrt mit der Fähre führt von Tairua ins Örtchen **Pauanui**. Einer der schönsten Strände von Coromandel liegt wenige Gehminuten vom Fähranleger entfernt.

Das 40 Kilometer südlich von Tairua gelegene **Whangamata** lockt mit seinem langen Strand. Dieser Badeort bietet eine gute touristische Infrastruktur. Die südlich von Whangamata gelegene Hinterlandstadt **Waihi** erlebte 1878 einen Goldrausch. Die **Martha Mine** war die ergiebigste Miene Neuseelands und kann besichtigt werden *(Tel. 07/863-9015, $$$$)*. Das **Waihi Arts Centre & Museum** *(54 Kenny St., Tel. 07/863-8386, Do–Mo, www.waihimuseum.co.nz, $)* verfügt ebenfalls über eine interessante Bergbauausstellung. ■

Bay of Plenty

Die Bay of Plenty ist eine sanft gewellte Küstenlinie mit viel Sonne, Stränden, Kiwifrüchten und einem Immobilienboom. Sie ist eine der am schnellsten wachsenden Regionen des Landes. Weiter östlich liegt White Island, der aktivste Vulkan Neuseelands.

Der Küstenbadeort Mount Maunganui

Die westliche Bay of Plenty

Die Bay of Plenty erhielt ihren Namen 1769 von Captain Cook aufgrund der Fülle an Nahrungsmitteln, die die Maori für Tauschgeschäfte anboten. Das war ein erfreulicher Kontrast zu dem feindseligen Empfang in der Poverty Bay.

Das Zentrum der Region, die Stadt **Tauranga** (122 000 Einwohner), wächst rapide an. Ihr schöner Hafen ist für die landwirtschaftlichen Betriebe der Umgebung besonders wichtig.

Die wundervollen Strände und die vielen Sonnenstunden ziehen Rentner an – doch so friedlich war Tauranga nicht immer. Das Gebiet blickt auf eine weit in die Vergangenheit reichende Geschichte der Maori zurück. Doch als sich in den 1830er-Jahren Europäer dort ansiedelten, hatten die Musketenkriege die einheimische Bevölkerung bereits auf etwa 2000 Maori dezimiert. In den

Tauranga

Karte S. 105

Besucher-information

95 Willow St.

07/577-6234

www.bayofplentynz.com

1860er-Jahren breiteten sich die Neuseelandkriege von Waikato zur Bay of Plenty aus, wo erbitterte Kämpfe stattfanden, die während religiöser Bewegungen zur Zeit der Hauhau-Krieger und Te Kootis (siehe S. 111) fortdauerten.

In Tauranga fand eine der Schlachten bei Gate Pa statt. Die Briten erbauten in Tauranga die Festung Monmouth und griffen 1864 mit 1700 Soldaten die 230 Maori in Gate Pa an. Nach dem Beschuss der Mauern mit Kanonen stürmten 300 Soldaten das *pa*. 100 Soldaten fielen bereits in den ersten zehn Minuten, die übrigen ergriffen daraufhin die Flucht. Es war die größte Niederlage der Briten in den Neuseelandkriegen.

Die Überreste des **Monmouth Redoubt** sind im Robbins Park an der Cliff Road zu finden, in der Nähe des beeindruckenden Kriegskanus „Te Awanui". Eine der Hauptattraktionen, **Elms Mission House** (*Tel. 07/577-9772, Mi, Sa–So 14–16 Uhr, $*), nahe der Harbour Bridge in der Mission Street gelegen, wurde 1847 von Pfarrer A. N. Brown erbaut. Tauranga mag ein beliebter Ort zum Leben sein, aber Be-

INSIDERTIPP

Im April wird in Tauranga das Easter National Jazz Festival gefeiert, bei dem überall in der Stadt die besten Jazzmusiker des Landes auftreten.

MARY HERMANSON
Beraterin, Whakatane-Bezirksverwaltung

Surfer, bereit, in die Bay of Plenty hinauszupaddeln

ERLEBNIS: Der Vulkan aus der Nähe

Die am leichtesten zugänglichen Vulkane Neuseelands liegen im Tongariro National Park, in der Nähe von Taupo (siehe S. 13 f.). Doch wer wirklich etwas geboten bekommen möchte, kommt um White Island (Whaakari) nicht herum.

Die 48 Kilometer vor der Küste gelegene White Island zu besuchen ist nicht billig, aber die Fahrten garantieren einen Blick in den aktiven Vulkan, aus dessen jüngstem Krater Dampf und kochendes Wasser quellen. Die Fahrten finden immer statt – es sei denn, der Vulkan bricht gerade aus oder die See ist zu rau (Hubschrauber können eventuell dennoch landen).

Den Ausflug bucht man am besten in Whakatane. **White Island Tours** *(15 The Strand E., Whakatane, Tel. 07/308-9588, www.whiteisland.co.nz, $$$$$)* bietet sechsstündige Bootsfahrten an, inklusive 1,5 bis 2 Stunden Aufenthalt, einem Besuch am Krater und in einer alten Schwefelmine. Vom Flugplatz in Whakatane aus fliegt **Vulcan Helicopters** *(Tel. 07/308-4188, www.vulcanheli.co.nz, $$$$$)*. Der Aufenthalt auf der Insel dauert etwas über eine Stunde und der gesamte Ausflug rund 2,5 Stunden, dafür kostet er allerdings auch zweieinhalbmal so viel.

Für Kurztrips bietet **Volcanic Air Safaris** *(Rotorua City Lakefront, Memorial Dr., Tel. 07/348-9984, www.volcanicair.co.nz, $$$$$)* Hubschrauberflüge von der Seeseite in Rotorua und von Tauranga aus an. Ein weiterer Veranstalter in Rotorua, **Helipro** *(Tel. 07/357-2512, www.helipro.co.nz, $$$$$)*, fliegt ab Te Puia, Agrodome Park und Skyline Skyrides.

suchern kann nur empfohlen werden, in **Mount Maunganui**, fünf Kilometer jenseits der Harbour Bridge, unterzukommen. Dieser Badeort, in dem sich ein riesiger vulkanischer Kegel aus dem Nichts zu erheben scheint, gleicht einem Waikiki im Miniaturformat.

Mount Maunganui hat auf einer Seite einen Strand an einer geschützten Bucht zu bieten, auf der anderen den 22 Kilometer langen **Ocean Beach**. Er lässt sich von einem Apartment am Strand aus genießen, aber auch der Campingplatz liegt direkt am Wasser und am Fuß des Vulkans. Außerdem gibt es in der Gegend schöne Wanderwege und **heiße Salzwasserpools** am Fuß von The Mount.

Te Puke, 28 Kilometer südöstlich von Tauranga an der SH2 gelegen, ist die „Kiwifrucht-Hauptstadt der Welt". Der Anbau der Früchte machte in den 1980er-Jahren selbst Kleinbauern zu Millionären.

Die größte Attraktion von Te Puke ist **Kiwi360** *(Tel. 07/573-6340, www.kiwi360.com, $$)*, ein Mix aus Plantage und Themenpark, der unter der riesigen Kiwifrucht am Stadtrand zu finden ist.

Die östliche Bay of Plenty

Von der Wasserseite aus betrachtet, sieht der entzückende Küstenort **Whakatane** genauso aus, wie man sich den typischen südpazifischen Hafen vorstellt. Yachten ankern im Flusshafen, von fast senkrecht ansteigenden, bewaldeten Hügeln umringt.

Doch abseits dieser malerischen Szenerie donnern die

Whakatane

Karte S. 105

Besucherinformation

Quay St.

07/306-2030

www.whakatane.com

Presslufthämmer, von einem Bauboom angetrieben, der durch den stetig wachsenden Zustrom neuer Einwohner und Besucher ausgelöst wurde. Der Ort breitet sich rapide landeinwärts aus, auch bis ins sechs Kilometer entfernte, exklusive Badeörtchen **Ohope Beach**, an dessen schönem, langem Strand Ohiwa Harbour liegt.

Die Entstehung von Whakatane

Einst waren die Hügel rund um Whakatane mit *pa* übersät, denn diese Region besitzt ein reiches Kulturerbe der Maori, beginnend mit der Ankunft des frühen Seefahrers Toi in seinem Kanu. Das alte Kanu „Mataatua", das möglicherweise in der Poverty Bay in See stach, landete hier erst Jahrhunderte später an. Der Legende zufolge gingen die Männer an Land, und das Kanu begann abzutreiben. Allen Traditionen zum Trotz sprangen die Frauen in das Kanu, paddelten es zurück und riefen dabei *«Ka whakatane au i ahau»* («Ich werde ein Mann sein»). Seitdem heißt die Siedlung Whakatane („männlich sein").

Der **Pohaturoa**, der sich über The Strand erhebt, ist ein riesiger Felsen und schon lange das Wahrzeichen des Ortes. Direkt dahinter, im Canning Place, führt der **Kohi Point Walkway** zur Hillcrest Road hinauf und weiter zum Aussichtspunkt an der Seaview Road. Für eine noch bessere Aussicht sollte man zum **Puketapu** emporsteigen, einem weiteren gewaltigen Felsen, auf dem sich einst das *pa* der Ngati Awa befand.

Wassersport in jeder Form ist in Whakatane sehr beliebt, darunter auch das Schwimmen mit Delfinen, aber für viele Besucher ist der Ort nur der Ausgangspunkt für einen Flug oder eine Bootsfahrt zur White Island.

INSIDERTIPP

Die landschaftlich einmalige Fahrt auf dem Pacific Coast Highway von Manukau nach Napier sollte man sich auf keinen Fall entgehen lassen. Höhepunkte sind die Wandmalereien in Katikati und der längste Pier Neuseelands in der Tolaga Bay.

MARY HERMANSON
Beraterin, Whakatane-Bezirksverwaltung

White Island: Eine der spektakulärsten Sehenswürdigkeiten Neuseelands ist White Island oder Whaakari („dramatisch"). Die Vulkaninsel liegt 48 Kilometer vor der Küste und erhielt ihren Namen von Captain Cook, der sie in Dampf gehüllt vorfand.

Der letzte große Ausbruch im Jahr 2000 bedeckte die Insel mit Schlamm und Schlacke und schuf einen neuen Krater mit einem See. Der Vulkan ist noch aktiv, und Fontänen aus Dampf schießen aus den Fumarolen.

Kiwis sind in Te Puke ganz groß.

Von Whakatane aus können Ausflüge zur Insel gebucht werden. Am Kraterrand kann man umherspazieren. Mit dem Boot ist es ein Tagesausflug, denn schon die Anfahrt dauert etwa anderthalb Stunden. Für Eilige werden Helikopterflüge organisiert. So kreisen über dem Vulkan oftmals Sightseeingflugzeuge (siehe Kasten S. 119).

Opotiki: Dieses altmodische Landstädtchen an der SH2 ist mit dem 54 Kilometer entfernten Whakatane nicht zu vergleichen – hier werden keine Wohnblocks gebaut, obwohl die Strände ebenso schön sind. Opotiki ist das Tor zur Ostküste, eine Maorihochburg mit wechselvoller Geschichte, vor allem bekannt durch den Mord an Pastor Carl Volkner durch die Hauhau-Krieger 1865. Sie hatten ihn gehängt, geköpft, seine Augen ausgestochen und verspeist. In der **St. Stephens Church** *(112 Ford St.)* erinnert ein Grabstein an den Märtyrertod des Geistlichen. Das Museum von Opotiki *(Tel. 07/315-5193, 123 Church Street, $)* erläutert die Geschichte der Region. Die Eintrittskarte gilt auch für den nahe gelegenen General Store.

Hukutaia Domain, etwa acht Kilometer südlich des Ortes am Ende der Woodlands Road gelegen, bietet schöne Wanderwege durch zwei Hektar Landschaft mit vom Aussterben bedrohten Pflanzen aus Neuseeland. Dort steht der 2000 Jahre alte Taketakerau, ein Baum, der den Maori als Begräbnisstätte diente. ■

Opotiki

Karte S. 105

Besucherinformation

70 Bridge St.

07/315-3031

www.opotikinz.com

Rotorua

Die klassischen Bilder von Neuseeland – Geysire, Schlammtümpel und der furchterregende Kriegstanz *haka* – sind in Rotorua Realität. Hier trifft vulkanische Aktivität auf die Kultur der Maori. Abgerundet wird das Paket durch heiße Quellen, Haka und *hangi* (Erdöfen). Aber auch Wasser hat die Region Rotorua zu bieten, denn hier gibt es überall Bergseen und Flüsse voller Forellen.

Rotorua ist bekannt für seine Kulturveranstaltungen der Maori.

Rotorua

Karte S. 105

Besucher-information

1167 Fenton St.

07/348-5179

www.rotoruanz.com

Geschichte

Die Region Rotorua liegt in einem vulkanischen Graben, der sich von der White Island bis zum Tongariro National Park erstreckt. Eine lange Geschichte heftiger Ausbrüche hat die Region geformt und Kraterseen hinterlassen.

Im Jahr 1886 explodierte der nicht weit entfernte Mount Tarawera und spie Feuer und Schlamm, was nicht nur ganze Dörfer vernichtete, sondern auch die Pink and White Terraces. Diese Terrassen aus Kieselerde galten als Weltwunder.

Die einheimischen Maori heißen Te Arawa nach dem Kanu ihrer Vorfahren, das wahrscheinlich im 14. Jahrhundert hier anlandete. Als der Stamm wuchs und sich in *hapu* (Unterstämme) aufspaltete, waren Konflikte unvermeidbar. Diese Stammesfehden waren jedoch nicht mit den Verheerungen zu vergleichen, die der rivalisierende Ngapuhi-Häuptling Hongi Hika 1823 anrichtete. Mit Musketen bewaffnet, töteten seine Krieger alle und jeden, und als die Arawa Zuflucht auf der Mokoia-Insel im Rotoruasee suchten, ließ er seine Männer Kanus über die Berge ziehen, um damit auf den See hinauszufahren und kurzen Prozess zu machen. Hika ist in dieser Gegend immer noch verhasst.

INSIDERTIPP

Wenn Sie Rotorua in südlicher Richtung verlassen, sollten Sie am Rainbow Mountain Reserve Walk eine Pause einlegen. Gehen Sie zur Ranger's Hut und dem benachbarten Heißwasserfluss.

DANIELA VERGARA
NATIONAL GEOGRAPHIC-Expertin

Weiteres Leid erfuhren die Arawa von den Waikato-Maori. Als in den 1860er-Jahren der Krieg ausbrach, verbündeten sie sich mit den Briten gegen ihre alten Feinde und halfen, den Nachschub von der Ostküste zu unterbinden.

Nach dem Ende des Krieges kamen die ersten Touristen. Der Ausbruch des Tarawera 1886 unterbrach für kurze Zeit den Touristenstrom, doch die Sehenswürdigkeiten locken heute mehr als zwei Millionen Besucher im Jahr an.

Die Liebenden von Rotorua

Die Insel Mokoia mitten im Lake Rotorua ist Schauplatz der bekanntesten Liebesgeschichte dieser Gegend. Sie handelt von Hinemoa, die am Ufer lebte, und ihrem Geliebten Tutanekai, der auf der Insel zu Hause war. Die Familien waren gegen diese Beziehung, doch als der verliebte Tutanekai auf seiner Flöte spielte, drangen die klagenden Laute über den See zu Hinemoa. Kurz entschlossen sprang sie in das eisige Wasser und schwamm zu ihm hinüber. Danach musste sie sich erst einmal in der heißen Quelle der Insel aufwärmen, die seitdem Hinemoa's Pool heißt. Sie lebten glücklich bis an ihr Ende.

Stadtzentrum von Rotorua

Die 66 000-Einwohner-Stadt Rotorua liegt an einem großen See und hat einiges zu bieten.

Die meisten Attraktionen liegen am Rand oder außerhalb der Stadt, aber auch im Zentrum gibt es Dinge, die man sehen sollte. Was sofort auffällt, ist der Geruch. Schwefelwolken verbreiten den typischen Geruch nach faulen Eiern.

Um sich die Stadt anzusehen, startet man am besten an den **Government Gardens** in der Fenton Street, einen Block östlich der Hauptstraße,

Rotorua Museum
- Queens Dr., Government Gardens
- 07/350-1814
- $$

www.rotoruamuseum.co.nz

die zum See hinunterführt. In den Gärten ist das innovative **Rotorua Museum** in einem Badehaus von 1908 eingerichtet. Sehenswert sind die alten Bäder und die Pumpenanlage. Zu den Hauptattraktionen zählen die Pink and White Terraces, der Ausbruch des Tarawera und ein neuer, den Te Arawa gewidmeter Flügel.

Die **Blue Baths** *(Tel. 07/350-2119, www.historic-venues.co.nz, $$)* im Art-déco-Stil bieten ebenfalls ein Museum, das sich mit den Freuden des gemischten Badens befasst, doch die eigentlichen Attraktionen sind das Thermalbad und die Entspannungspools.

Am Südende der Gärten liegt das **Polynesian Spa** *(am Ende der Hinemoa St., Tel. 07/348-1328, www.polynesianspa.co.nz, $$–$$$)*, ein Badehaus, das 1882 über einer heißen Quelle errichtet wurde.

Am Lakefront Drive, am Ende der Fenton Street, ist der Uferbereich ein schöner Ort, um den Sonnenuntergang zu genießen. An den Kiosken gibt es Tickets für Jetbootfahrten, Hubschrauberflüge und die **„Lakeland Queen"** *(Tel. 07/348-0265, $$$–$$$$)*, einen Raddampfer, der auf dem Lake Rotorua verkehrt.

Das historische Maoridorf **Ohinemutu** weiter westlich am See war einst die Hauptsiedlung. Rund um den Dorfplatz stehen Gemeinschaftsgebäude wie das traditionelle **Versammlungshaus Tamatekapua** und die **St. Faith's Anglican Church** mit schönen Maorischnitzereien und einem Buntglasfenster, das Christus in einem Maoriumhang zeigt, wie er auf dem Wasser des Lake Rotorua wandelt.

Whakarewarewa Valley

Nach dem Ausbruch des Tarawera zogen viele Dorfbewohner ins zwei Kilometer südlich der Stadt, am Ende der Fenton

Die Government Gardens von Rotorua

ERLEBNIS: Heiße Quellen

Heiße Quellen gibt es überall in Neuseeland, wovon viele kommerziell genutzt werdem. Hier können sich die Besucher sowohl entspannen als auch schwimmen, sich massieren lassen und einige weitere Wellnessangebote wahrnehmen.

Natürliche heiße Quellen am Hot Water Beach

Die geothermische Aktivität unter der Erdoberfläche tritt vor allem auf dem Zentralplateau in der Umgebung von Rotorua und Taupo zutage, aber man sollte immer Badesachen dabeihaben, denn heiße Quellen locken fast überall in Neuseeland.

Besucher strömen schon seit mehr als 100 Jahren nach Rotorua, um zu „kuren", vor allem im eindrucksvollen **Government Bath House**, das heute das Stadtmuseum beherbergt. Genüsslich einweichen kann man sich aber auch in einer wahren Flut von Ferienanlagen, Motels und Campingplätzen (siehe S. 124).

Die bekanntesten Bäder im Zentrum von Rotorua sind das **Polynesian Spa** mit Swimmingpools, Massage und Wellnessanwendungen sowie die nahe gelegenen **Blue Baths** mit dem großen beheizten Schwimmbad und den „Einweich"-Pools. Außerhalb der Stadt befindet sich die geothermisch aktive Region Hell's Gate mit Schlammbädern und heißen Quellen zum Entspannen und Baden.

Auch in Taupo gibt es einige heiße Quellen, darunter das große **DeBretts Spa Resort** *(SH5, Tel. 07/378-8559)*, eine gepflegte Anlage mit heißen Becken, Swimmingpools, einer Rutsche und Wellnessanwendungen. Das vergleichbare **Waiwera Thermal Resort** (siehe S. 80) in Waiwera, nördlich von Auckland, bietet Thermalpools, eine Sauna, ein Fitnesscenter und Wasserrutschen für die ganze Familie.

Weitere Anlagen finden sich überall auf der Nordinsel *(www.nzhotpools.co.nz)*, daneben aber auch viele natürliche heiße Quellen, für die kein Eintritt bezahlt werden muss. Vor dem Hineinsteigen ist immer zuerst die Wassertemperatur zu überprüfen! Zwei bekannte heiße Quellen liegen am **Hot Water Beach** (siehe S. 116) auf der Coromandel Peninsula, wo die Quelle bei Ebbe durch den Sand hochblubbert, und am **Hot Water Stream** in Taupo, am Wanderweg Huka Falls (siehe S. 131).

Auf der Südinsel ist die geothermische Aktivität geringer, so gibt es dort weniger heiße Quellen, doch zwei schöne Plätze sind **Hanmer Springs** (siehe S. 203) und **Maruia Springs** (siehe S. 203) am Lewis Pass. Das japanische Badehaus von Maruia Springs mit seinen Freibädern ist vor allem im Winter faszinierend: Ringsumher schneit es, während man im dampfend heißen Wasser sitzt. Unter den natürlichen Quellen gelten die **Welcome Flat Hot Pools** am Copland Wanderweg im Westland Tai Poutini National Park als Geheimtipp, allerdings dauert die Wanderung von der Straße südlich des Fox Glacier aus sieben Stunden. ■

Whakarewarewa
✉ 17 Tryon St.
☎ 07/349-3463
$ $$$
www.whakarewarewa.com

Te Puia
✉ Hemo Rd.
☎ 07/348-9047
$ $$$
www.tepuia.com

Street gelegene Thermal-Tal Te Whakarewarewa um. Ehemalige Führer der Pink and White Terraces halfen beim Bau des Dorfes. Das Dorf, kurz Whaka (gesprochen fak-ka) genannt, war eine Enklave der Maorikultur in einer Landschaft der Geysire. 1997 trennte sich das Dorf vom Maori Arts & Crafts Institute, das zu Te Puia wurde und die Westhälfte des Tals einnimmt.

Die Festung von Te Puia

Ehe Te Puia zur Touristenattraktion wurde, war es jahrhundertelang ein Zentrum der Kriegsführung. Die 1325 erbaute Festung ist ein eindrucksvolles Zeugnis der Kriegskunst der Maori und wurde im Laufe der Zeit von einem *hapu* (Unterstamm) an den nächsten weitergegeben. Ihre Lage auf einem komplizierten Gewirr aus Terrassen und natürliche Hindernisse wie Geysire und Schlammtümpel machten die Festung nahezu uneinnehmbar.

Whakarewarewa ist heute nicht mehr so überlaufen, obwohl die alten Dörfer mit ihren Holzhäusern und dem Versammlungshaus mit den Schnitzereien absolut authentisch sind. Im Eintrittspreis sind eine Führung, eine Vorführung und Unterricht im Hot-Pool-Kochen enthalten.

Te Puia (siehe Kasten oben) hat etwa dasselbe zu bieten, spielt aber in einer anderen Liga. Hier gibt es eine Kulturausstellung, Schnitz- und Webschulen, ein nachgebautes Maoridorf und kulturelle Vorführungen. Auch die geothermischen Aktivitäten sind sehenswert, vor allem der berühmte Geysir **Pohutu** (Big Splash), der jede Stunde etwa 20 Meter emporschießt.

INSIDERTIPP

Erforschen Sie die Ruinen von Te Wairoa, einem Dorf, das 1886 beim Ausbruch des Tarawera verschüttet wurde: ein südpazifisches Pompeji, in dem die Zeit stehen geblieben ist.

LARRY PORGES
National Geographic Travel Books-Redakteur

Der Norden von Rotorua

Nördlich der Stadt, an der SH5, gibt es einige Themenparks und andere Attraktionen. In den Gewässern von **Rainbow Springs** *(Tel. 07/350-0440, $$$)*, fünf Kilometer außerhalb des Ortes, wimmelt es von Forellen. In den Quellen tummeln sich die Fische, aber dieser Minizoo hat auch Tuataras (Brückenechsen) sowie Gehege mit einheimischen Vögeln und Kiwi-Häuser zu bieten.

In der Nähe kann man sich von **Skyline Skyrides** *(Tel. 07/347-0027, $$–$$$$)* auf den Gipfel des Mount Ngongotaha befördern lassen und von dort die Aussicht genießen. Oben warten Rodelschlitten und andere Freizeitaktivitäten.

Etwa zehn Kilometer Richtung Norden entlang der SH5 bietet das **Agrodome** *(Western Rd., Tel. 07/357-1050, www.agrodome.co.nz, $$$–$$$$)* einen Einblick in die heimische Landwirtschaft. Hauptattraktionen sind die Präsentation der Schafe, die Schur und die perfekt ausgebildeten Hütehunde. Angeboten werden auch Bungee-Springen sowie andere einzigartige Erlebnisse wie das Herunterrollen eines Hangs in großen Plastikbällen.

Zu den weiteren Attraktionen an der Paradise Valley Road zählen der **Paradise Valley Springs Wildlife Park** *(Tel. 07/348-9667, www.paradisev.co.nz, $$$)*, mit einheimischen und exotischen Tieren, und der runde Irrgarten von **aMAZEme** *(Tel. 07/357-5759, $$)*.

Besucher betrachten den Geysir Pohutu in Te Puia.

Östlich von Rotorua

Hell's Gate *(Tel. 07/345-3151, $$$, Spa $$$$$)* ist eine kleine Thermalregion, 16 Kilometer nordöstlich von Rotorua, an der Straße nach Whakatane (SH30) gelegen. Ihren Namen verdankt sie George Bernard Shaw, der die Region 1934 besuchte. Eine Wanderung führt zum **Devil's Cauldron**, in dem der Schlamm schwappt, und zu den heißen **Kakahi Falls**. Die SH30 führt weiter zu den Waldseen Rotoiti und Rotoma.

Um die Schönheit der Landschaft zu genießen, sollte man südöstlich von Rotorua die Tarawera Road nehmen, die von der SH30 abzweigt. Die Straße führt an dem mit Mammutbäumen bepflanzten **Redwoods Whakarewarewa Forest Park** *(www.redwoods.co.nz)* entlang, in dem man wandern und Rad fahren oder das Café besuchen kann, zu den Blue and Green Lakes. Ein schöner Wanderweg führt um den **Blue Lake** *(Rundweg 1,5 Stunden)*. Der Blue Lake ist ein tiefer Vulkankrater, der Green Lake ist seichter.

Etwa 16 Kilometer nach den Seen steht das **Buried Village**

(Tarawera Rd., Tel. 07/362-8287, www.buriedvillage.co.nz, $$$) an der Stelle von Te Wairoa, das vor dem Ausbruch des Mount Tarawera das Touristendorf für die Pink and White Terraces war. Der Ausbruch 1886 kostete mehr als 120 Menschen das Leben und begrub das Dorf unter Stein, Asche und Schlamm.

Lady Knox

Damit er zeigt, was er kann, muss man den Lady-Knox-Geysir mit Seife locken. Der Geysir hat zwei Kammern, von denen die eine heißer ist als die andere. Wenn Seife in die obere Kammer gelangt, sinkt die Oberflächenspannung, das Wasser beider Kammern vermischt sich, und der Geysir bricht aus. Dieses Phänomen entdeckten 1901 zu Tode erschrockene Strafgefangene, als sie ihre Wäsche waschen wollten.

Der **Lake Tarawera** hinter dem Buried Village wird vom Mount Tarawera flankiert. Einst beförderten Boote die Touristen über den See, damit sie zu den Pink and White Terraces spazieren konnten. Heute werden diese Fahrten wieder angeboten.

Die Thermalregion im Süden

Wer wirklich Beeindruckendes erleben möchte, steuert die Region südlich von Rotorua an, zu der man an bei Taupo die SH5 verlassen muss.

Das **Waimangu Volcanic Valley** *(Tel. 07/366-6137, www.waimangu.com, $$$, Bootsfahrt $$$)*, 19 Kilometer von Rotorua entfernt, verbindet geothermische Aktivität mit schönen Wanderwegen und der Möglichkeit einer Bootsfahrt auf dem **Lake Rotomahana**. Hier ist es ruhiger und lange Spaziergänge sind möglich *(dafür sollte man mindestens zwei Stunden und weitere 45 Minuten für die Bootsfahrt einplanen)*. Waimangu („schwarzes Wasser") hat zwar keine Geysire, dennoch schießt hier Dampf hoch und brodeln die Tümpel. Die Höhepunkte sind der blassblaue **Inferno Crater Lake** und die mehrfarbige **Warbrick Terrace**.

Die spektakulärste Thermalregion, **Wai-O-Tapu** *(Tel. 07/366-6333, www.waiotapu.co.nz, $$$)*, liegt 28 Kilometer von Rotorua entfernt: eine faszinierende Mondlandschaft aus Kratern, Schlammtümpeln, Kieselerdeterrassen, Teichen und Dampf. Hauptattraktion ist der **Lady Knox Geyser**, der jeden Tag um 10.15 Uhr eine über 20 Meter hohe Fontäne ausstößt. Sehenswert sind aber auch die **Artist's Palette**, ein Teich, der die Farbe wechselt, der angrenzende **Champagne Pool**, der bei 74 Grad Celsius vor sich hinblubbert, und das **Devil's Bath**, das je nach Lichteinfall grün oder gelb ist.

Weiter im Süden liegt die Thermalregion **Orakei Korako** (siehe S. 130 f.), 21 Kilometer abseits der SH5 und 66 Kilometer von Rotorua gelegen. ■

Naturgewalten

Im September 2010 verursachte ein schweres Erdbeben in Christchurch beträchtliche Schäden. Doch es sollte noch schlimmer kommen: Fünf Monate später verwüstete ein Nachbeben die Stadt und forderte 158 Menschenleben.

Im Jahr 186 n. Chr. verzeichneten römische Historiker Sonnenuntergänge „wie lodernde Flammen"; man vermutet heute, dass die Ursache dieses Phänomens der Ausbruch des neuseeländischen Vulkans Taupo war, der innerhalb von 5000 Jahren weltweit heftigste Vulkanausbruch. Der Vulkan spie Aschewolken und 300 Kubikkilometer Gesteinsbrocken aus. Dabei entstand der Krater, in dem sich der Lake Taupo bildete. 1886 flog der Gipfel des Mount Tarawera buchstäblich in die Luft, und 120 Menschen verloren dadurch ihr Leben.

Zwischen Rotorua, Lake Taupo und dem Tongariro National Park erstreckt sich die Taupo Volcanic Zone. In 48 km Entfernung vor der Küste spuckt der White Island Volcano immer wieder Asche aus. Im südlichen Bereich dieser Zone liegen die gefährlichsten Vulkane Neuseelands: Tongariro, Ngauruhoe und Ruapehu. Mount Ngauruhoe ist der jüngste von ihnen. Im 20. Jahrhundert brach er 45-mal aus, das letzte Mal 1975. Mount Tongariro „schlief" seit 1926, bevor er 2012 erneut ausbrach.

Ruapehus letzte Eruption erfolgte 2008, dennoch bleibt der mit 2796 Meter Höhe höchste der drei auch der gefährlichste: Innerhalb der letzten 70 Jahre brach er mindestens 60-mal aus. Am Heiligabend 1953 starben 151 Menschen, als die Kraterwand des Ruapehu einbrach. Wasser, Schlamm und Felsbrocken krachten in den Whangaehu River und rissen die Eisenbahnbrücke mit sich. Kurz darauf stürzte der Wellington-Auckland-Express ins Wasser.

Verantwortlich für all diese Naturkatastrophen ist die Pazifische Platte, die sich auf der Höhe der Nordinsel unter die Indo-Australische Platte schiebt, auf der Neuseeland liegt. Durch die Reibung der tektonischen Platten entsteht aus Gestein Magma, das durch Risse in der Erdkruste austritt. Weiter im Süden bewegen sich die

Ausbruch des Mount Ruapehu, Tongariro National Park

Platten ebenfalls – dort, wo der Hikurangi-Graben in den Alpine Fault übergeht. Plattenkollisionen unter der Südinsel schieben die Südlichen Alpen nach oben.

Der über einer Verwerfung liegende Großraum Wellington erlebt häufig Erdbeben: 1855 hob ein mächtiges Beben den Boden des Hafenbeckens an. Jedes Jahr kommt es in ganz Neuseeland zu Hunderten leichterer Beben. Das bisher zerstörerischste machte 1931 die Stadt Napier dem Erdboden gleich und forderte 258 Menschenleben. Mount Taranaki im Westen der Nordinsel brach letztmals 1755 aus, doch Wissenschaftler warnen, dass ein erneuter Ausbruch fällig sei. Die dicht besiedelte vulkanische Zone um Auckland ist seit 600 Jahren ruhig geblieben, doch das könnte sich jederzeit ändern. ■

Central Plateau

Auf dem Central Plateau liegen die Vulkane des Tongariro National Park, einer alpinen Wüstenregion mit schönen Wanderwegen und atemberaubender Landschaft. Der in der Nähe des Parks gelegene Lake Taupo ist berühmt für seine Forellen, und die Stadt Taupo ist die perfekte Basis für Ausflüge in die Umgebung.

Die Huka Falls in der Nähe von Taupo

Taupo
Karte S. 105
Besucher-information
Tongariro St.
07/376-0027
www.greatlaketaupo.com

Taupo

Der Ferienort Taupo liegt an der Nordostecke von Neuseelands größtem See, **Lake Taupo**. Der See, der durch einen Vulkanausbruch entstanden ist (siehe S. 129), ähnelt einem Binnenmeer, hinter dem die Tongariro-Vulkane aufragen.

Mit seiner großartigen Landschaft und den vielen Attraktionen ist Taupo ein beliebtes Urlaubsziel.

Orakei Korako *(Tel. 07/378-3131, $$$)* ist zwar nicht die größte vulkanische Region, doch dafür liegt sie in einer wunderschönen Seenlandschaft, 37 Kilometer nördlich von Taupo, an der SH1. Vom erfrischend bodenständigen Café/Andenkenladen fährt eine Fähre über den Lake Ohakuri zu zahlreichen Zielen im Park. Eine einstündige Wanderung führt zu den großen

Kieselerdeterrassen, zum unregelmäßig „spuckenden" **Diamond Geyser**, zu Schlammtümpeln, kochenden Teichen und zur **Ruatapu Cave**, einer großen Höhle mit einem smaragdgrünen, heißen Teich.

Sieben Kilometer nördlich von Taupo liegt das geothermische Kraftwerk *(SH5, Tel. 07/378-0913)* von **Wairakei**, das besichtigt werden kann. Wairakei war früher eine Region mit besonders starker thermischer Aktivität, bis das 1958 erbaute Kraftwerk den Großteil davon absorbierte. Zwischen den Dampffontänen und Tümpeln liegen die **Wairakei Terraces** *(Tel. 07/378-0913, www.wairakeiterraces.co.nz, $$)*, die von Menschen geschaffen wurden und den natürlichen Kieselerdeterrassen als Fundament dienen.

Etwas näher an der Stadt liegt an der Karapiti Road der dampfende **Craters of the Moon Walk** *($)* mit zahlreichen Dampffontänen und kochenden Teichen.

Taupo liegt an der Quelle des längsten Flusses Neuseelands, des Waikato, der aus dem See zu den beeindruckenden **Huka Falls** an der Huka Falls Road, vier Kilometer nördlich der Stadt, fließt. An dieser Straße gibt es noch mehr Sehenswürdigkeiten – ein Honigcenter, eine Garnelenfarm, Jetboote, Hubschrauberflüge und das informative **Volcanic Activity Center** *(Tel. 07/374-8375, $)*. Der **Huka Falls Walkway** ist ein sehr schöner einstündiger Wanderweg, der von den Wasserfällen aus am Fluss Waikato entlangführt. Er endet an der Spa Road, in der Nähe des Taupo Bungy *(Tel. 07/377-1135, $$$$$)*, auf einer Klippe über dem Fluss.

Tongariro National Park

Im Tongariro National Park erheben sich die landesweit höchsten Vulkane Tongariro, Ngauruhoe und Ruapehu. Vor einer kleineren Eruption 2012 brach Tongariro letztmals 1926 aus, während Ngauruhoe im 20. Jahrhundert der aktivste der drei war. Die 1954 aus dem Ngauruhoe quellenden Lavaströme waren die größten jemals aufgezeichneten, seine letzte bedeutende Eruption ereignete sich 1975.

In jüngerer Zeit brach Ruapehu mehrmals aus, das letzte Mal 2008, aber nie so wie 1995 bis 1996, als der Vulkan die

Taniko-Webarbeit

Taniko ist eine besondere Art der *raranga* (Weberei) der Maori, für die kein Webstuhl benötigt wird. Die Technik ist auch als Fingerweberei oder Flechten bekannt und eine der am besten bewahrten Maoritraditionen. Der Ausdruck *taniko* bezeichnet aber auch das Muster, das typisch neuseeländisch ist. Die auffällige Wiederholung von Dreiecken ist überall auf den Inseln zu entdecken.

Tongariro National Park

Karte S. 105

Besucherinformation

Whakapapa Village, Mount Ruapehu

07/892-3729

www.doc.govt.nz/parks-and-recreation/national-parks/tongariro

ganze Region in Alarmbereitschaft versetzte. 1969 überschwemmte ein nächtlicher Lahar (vulkanischer Schlammstrom) ein Gebiet, in dem tagsüber 2000 Menschen Ski gefahren waren. 2007 konnten Warnsysteme verhindern, dass ein weiterer Lahar Menschenleben forderte.

Dieses zum Weltnaturerbe ernannte Gebiet ist das ganze Jahr über gut besucht: im Sommer von Wanderern und Vulkanfans, im Winter von Ski- und Snowboardfahrern.

Whakapapa Village am Fuß des Ruapehu ist das Verwaltungszentrum des Parks. Hier befinden sich auch das Hotel Chateau Tongariro (siehe S. 296) sowie das Besucherzentrum.

Ambitionierte Wanderer entscheiden sich oft für den dreitägigen **Tongariro Northern Circuit**, beliebt ist aber eine eintägige Wanderung auf einer Teilstrecke dieser Nordrunde: dem **Tongariro Alpine Crossing** (siehe S. 134 f.), der die Gipfel des Tongariro und Ngauruhoe einbezieht.

Der höher gelegene Skiort Whakapapa ist im Sommer menschenleer. Von hier aus können erfahrene Bergwanderer den Ruapehu besteigen.

Rund um den Park

Von Taupo aus verläuft der Highway Richtung Süden (SH1) bis nach **Turangi**, der größten Stadt in Parknähe. Im Besucherzentrum von Turangi *(Tel. 07/386-8999)* erfährt man

ERLEBNIS: Forellenangeln

Hinsichtlich des Forellenangelns ist Neuseeland nicht zu überbieten, denn in den wunderschönen Seen und kristallklaren Flüssen wimmelt es nur so von großen Exemplaren. In den 1880er-Jahren wurden Regenbogenforellen aus Kalifornien eingeführt, die durchschnittlich 1,5 bis 2 Kilogramm wiegen, aber auch bis zu sieben Kilogramm schwer werden können. Die europäischen Bachforellen kamen schon 20 Jahre zuvor ins Land.

Gute Angelplätze gibt es überall im Land, besonders beliebt sind aber Rotorua und das Gebiet um den Lake Brunner auf der Südinsel. Am berühmtesten sind der Lake Taupo und seine Zuflüsse (vor allem der Tongariro).

Für das Angeln in Binnengewässern ist ein Angelschein erforderlich (und eine spezielle Lizenz für die Region Taupo). Die Scheine und alle nötigen Informationen erhält man in den Büros der Fischerei- und Jagdbehörde *(www.fishandgame.org.nz)*. Informationen zu den besten Plätzen bekommt man aber auch in den Sportgeschäften, in denen man die Ausrüstung kaufen oder mieten kann.

Obwohl es nicht unbedingt notwendig ist, heuern viele Angler Führer an, die natürlich alles über die örtlichen Gegebenheiten wissen und auch so manchen nützlichen Tipp geben können. Die meisten Angelführer findet man in Taupo, sie sind aber auch in Touristenzentren wie Rotorua, Wanaka und Queenstown vertreten. Am besten fragt man in der Touristeninformation nach.

Falls das Forellenangeln langweilig werden sollte: Vor 100 Jahren wurden in den Flüssen an der Ostküste der Südinsel Königslachse eingeführt, und von November bis März kann man sie in Rakaia, Waimakariri, Rangitata und Waitaki fangen.

Das New Zealand Army Museum in Waiouru

alles über Unterkünfte und Transportmöglichkeiten für Wanderer. Darüber hinaus ist der Ort ein Zentrum des Forellenangelns (siehe Kasten links). Das **Tongariro National Trout Center** *(Tel. 07/386-8085, $)* liegt drei Kilometer südlich der Stadt, an der SH1. Die von der Naturschutzbehörde geleitete Forellenzucht bietet eine informative Ausstellung.

Südlich von Turangi führt die SH1 zum Wüstenplateau östlich des Parks. Die Desert Road, die über die Ebene führt, ist im Winter oft gesperrt. Sie trifft bei **Waiouru**, wo auch das **National Army Museum** *(SH1 & Hassett Dr., Tel. 06/387-6911, www.armymuseum.co.nz, $$)* beheimatet ist, wieder auf die Zivilisation.

Die Straße von Turangi nach Whakapapa (SH47) führt an der Ostseite des Parks entlang und zum Ort **National Park** an der SH4. Dieses schlichte Städtchen bietet Einkaufmöglichkeiten und Unterkünfte für Besucher des Parks.

Ohakune an der Südflanke des Ruapehu ist eine gute Basis für Ausflüge in den Whanganui National Park (siehe S. 147). Im Sommer ist im Zentrum viel los, während sich die Action während der Skisaison überwiegend im nördlichen Bereich in der Umgebung des alten Bahnhofs abspielt. Über Wanderrouten und andere Freizeitaktivitäten informiert die Ohakune Ranger Station. ■

INSIDERTIPP

Wer ein *bach* (Ferienhaus) direkt am See in Acacia Bay in Taupo mietet, kann morgens aufstehen, seine Angel schnappen und sich zum Mittagessen eine Forelle fangen.

CMDR. MARK WORSFOLD
Stellv. Marine-Attaché, Botschaft von Neuseeland, Washington, D.C.

Tongariro Alpine Crossing

Eine Wanderung über den Tongariro Alpine Crossing Track wird nicht umsonst als schönste Tageswanderung der Welt bezeichnet, denn in sieben bis acht Stunden sind hier Vulkane, Kraterseen, alpine Wüsten, Wald, Wasserfälle und heiße Quellen zu sehen. Die 17 Kilometer lange Strecke hat wirklich jeden Superlativ verdient – angemessene Kleidung, Ausrüstung, Fitness und das richtige Wetter vorausgesetzt.

Die tatsächlich smaragdfarbenen Emerald Lakes („Smaragdseen"), Mount Tongariro

Gewöhnlich wird die Wanderung im Sommer unternommen, auch wenn sich dann eine endlose Reihe Wanderer bis zum Horizont erstreckt.

Busse setzen die Wanderer am Anfang der Strecke ab und sammeln sie am Ende wieder ein. Dieser Service kann in den Besucherzentren oder in der jeweiligen Unterkunft gebucht werden.

Start ist am **Parkplatz Mangatepopo** ❶, von dort aus geht es über eine spärlich bewachsene Ebene zur Hütte Mangatepopo. Dem Mangatepopo Stream folgend, führt der Weg über alte Lavaströme allmählich aufwärts. Nach etwa einer Stunde erreicht man den Seitenpfad nach **Soda Springs** ❷ *(10 Minuten für den Abstecher).*

Von Soda Springs geht es über Vulkangestein mühsam bergauf, aber nach einer Stunde gelangt man oben an und wird mit einem fantastischen Blick über das Tal belohnt. Von hier aus führt ein markierter Pfad auf den **Mount Ngauruhoe** *(ein kräftezehrender, zwei- bis dreistündiger Rundwanderweg)*, aber die meisten Wanderer gehen über den flachen **South Crater** ❸ weiter. Diese Hochwüste wird von der roten Kegelspitze des Ngauruhoe und vom zerklüfteten Kamm des Tongariro flankiert.

Nach der Durchquerung des South Crater wird der Pfad steiler. Der vorherrschende Westwind ist in dieser Höhe oft bitterkalt und der Boden selbst im Sommer vereist. An der Abzweigung zum **Mount**

Tongariro *(1,5 bis 2 Stunden für den Abstecher)* wird der Pfad wieder eben, und rechts liegt der großartige **Red Crater** ❹.

Der Pfad führt am Kraterrand entlang, mit 1886 Metern der höchste Punkt der Wanderung, von dem sich eine umwerfende Aussicht eröffnet. Danach geht es zu den funkelnden und dampfenden **Emerald Lakes** ❺ hinab. Der schwierige Teil der Wanderung ist jetzt geschafft, das Ziel noch etwa 3,5 Stunden entfernt.

Weiter geht es über den Boden des **Central Crater**, anschließend zum **Blue Lake** ❻. Hinter dem See führt der Pfad auf der geschützten Seite bergab, und jetzt tauchen auch Moose, Sträucher und die ersten verkrüppelten Pflanzen auf. Der Pfad windet sich weiter bergab – das Panorama des Lake Rotoaira und des Tieflands ist dabei ein ständiger Begleiter.

Der Weg führt zur **Hütte Ketetahi** ❼, einem Treffpunkt mitten in den Wolken, der nach dem Ausbruch von 2012 neu erbaut wurde. Nach 20 Minuten sieht man schon den Wasserdampf der Ketetahi Hot Spring aufsteigen, allerdings liegt sie auf Privatgrund, der Zugang ist verboten.

Je tiefer man kommt, desto mehr Pflanzen erscheinen, bis man sich plötzlich in einem Wald wiederfindet. Von dort führt der Pfad an einem plätschernden Bach entlang und an Wasserfällen vorbei, bis er schließlich auf dem **Parkplatz Ketetahi** ❽ endet, wo bereits andere Wanderer auf ihre Rückfahrt warten. ■

NICHT VERSÄUMEN:

Soda Springs • Red Crater • Emerald Lakes • Blue Lake • Ketetahi Hot Springs

Siehe Umgebungskarte S. 105
➤ Parkplatz Mangatepopo
17 km
7–8 Std.
➤ Parkplatz Ketetahi

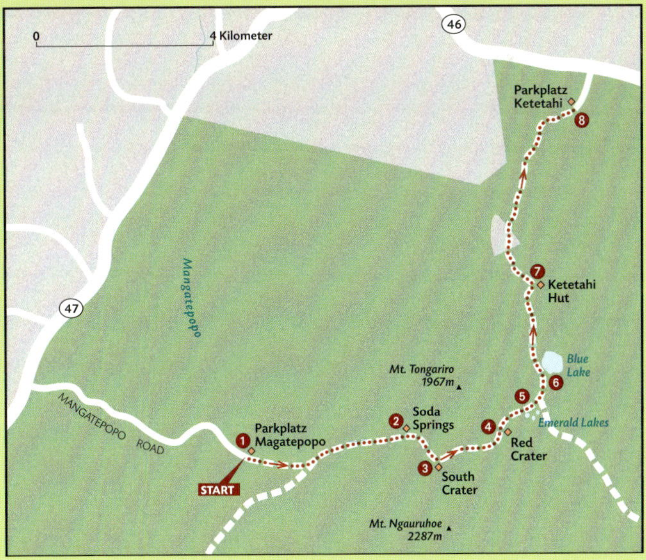

Die Ostküste

Zur Ostküste gehören die sonnige Hawke's Bay, die Art-déco-Stadt Napier, die Maoriregion Gisborne und das East Cape. Hauptanziehungspunkt ist zwar Napier, aber eine Fahrt um das East Cape ist eine willkommene Abwechslung, und der Te Urewera National Park im Hinterland ist ein Paradies für Wanderer.

Das Art-déco-Gebäude der National Tobacco Company in Napier

Napier

Karte S. 105

Besucherinformation

100 Marine Parade

06/834-1911

www.napierinthecity.co.nz

Napier

Für seine Architektur berühmt ist das am Pazifik gelegene Napier (55 000 Einwohner). Allerdings verdanken die Bauten im Art-déco-Stil ihre Existenz einer Katastrophe.

Am 3. Februar 1931 machte ein Erdbeben der Stärke 7,9 Napier und das benachbarte Hastings dem Erdboden gleich. Die meisten gemauerten Bauwerke wurden zerstört und viele Holzhäuser stark beschädigt. Ein Teil des Meeresbodens wurde um mehr als zwei Meter angehoben.

Als überall Brände ausbrachen, musste Napier evakuiert werden. Das ganze Land beteiligte sich am Wiederaufbau. Deshalb ist die Innenstadt von Napier ein Musterbeispiel für den Art-déco-Stil. Führungen und Spaziergänge gehören zu den Hauptattraktionen der Stadt. Die schönsten Häuser stehen an der **Emerson Street** und der **Tennyson Street** (siehe Kasten rechts).

In Napier gibt es aber auch die typischen Attraktionen eines Badeortes und Weinberge an der Hawke's Bay.

Unterwegs in der Stadt: Große Norfolktannen säumen die Strandpromenade **Marine Parade**. Die Gebäude sind im Art-déco-Stil erbaut. Eine Besonderheit ist die **Veronica Sun Bay** in der Nähe der Touristeninformation, ein Denkmal für das Schiff, das den Bewohnern nach dem Erdbeben zu Hilfe kam. Die Seeseite erinnert an einen englischen Badeort, komplett mit Kiesstrand, einer Freiluftkonzertbühne und Angeboten für Familien.

Am Nordende der Marine Parade liegt das **Ocean Spa** *(42 Marine Parade, Tel. 06/835-8553, $–$$)*, ein Schwimmbad mit heißen Pools, Massage- und Wellnessangeboten. Die **Statue der Pania vom Riff** ist eine Art Ikone der Stadt. Sie beruht auf der alten Maorilegende von Pania, die, vom Gesang der Sirenen angelockt, zu ihnen ins Meer hinausschwamm, jedoch in ein Riff verwandelt wurde.

Das **Hawke's Bay Museum and Art Gallery** *(9 Herschell Street., Tel. 06/835-7781, www.hbmag.co.nz, $)* wird gerade umgebaut, um mehr Ausstellungsfläche zu gewinnen. Am interessantesten aber sind die Erdbeben-Darstellungen.

Vorbei am Besucherzentrum, den versunkenen Gärten und einigen schönen viktorianischen Villen, gelangen Sie zum stillgelegten Marineland. Allerdings führen hier keine Delfine mehr Tricks vor. Meeresbewohner finden Sie heute im **National Aquarium of New Zealand** *(546 Marine Parade., Tel. 06/834-1404, www.nationalaquarium.co.nz, $$)*. Hier leben Haie, Schildkröten, Krokodile, Kiwis und Tuataras (Brückenechsen), und es besteht die Möglichkeit mit Haien zu schwimmen.

Um auch etwas von der ursprünglichen Architektur der Stadt zu sehen, sollte man zum **Bluff Hill** hinaufsteigen, der den Norden der Stadt

ERLEBNIS:

Art déco in Napier

Um Napiers Art-déco-Architektur zu entdecken, startet man am besten auf der **Emerson Street** an der Ecke Marine Parade. Dort steht das **A&B Building** mit seinem Kuppelturm, das 1936 für eine Versicherung erbaut wurde. Weiter unten auf der Emerson Street ist das Innere der **ASB Bank** mit Maorischnitzereien verziert. Das **Criterion Hotel** hat wunderschöne Buntglasscheiben, und auch in der **Napier Mall** sind Meisterwerke des Art déco zu sehen.

Biegen Sie bei dem im spanischen Missionsstil gehaltenen Provincial Hotel an der Ecke Clive Square rechts ab, und gehen Sie weiter zur **Tennyson Street**: Nr. 163 ist die alte Feuerwache im Art-déco-Stil. Wenn Sie auf der Tennyson Street in Richtung Meer weitergehen, kommen Sie am Municipal Theatre und dem Gebäude des Daily Telegraph vorbei und erreichen schließlich das **Art Deco Centre** *(Nr. 7; Tel. 06/835-0022, www.artdeconapier.com)*. Der Museumsshop bietet eine Auswahl von Art-déco Objekten, Führungen und Prospekte an.

überragt. Auch hier sind viele Villen der Viktorianischen Zeit erhalten, und der Blick über die Bucht ist fantastisch.

Rund um die Hawke's Bay

Art-déco-Fans werden auch **Hastings** (66 000 Einwohner) mögen, Napiers ärmeren Nachbarn. Während Napier vom Tourismus gut leben kann, ist Hastings ein bescheidenes Städtchen, 21 Kilometer weiter südlich an der SH2 gelegen.

INSIDERTIPP

Wenn Sie auf dem abgelegenen East Cape unterwegs sind, können Sie Ihre Vorräte im Hicks Bay General Store aufstocken. Hier finden Sie auch Postamt und Tankstelle (19 Wharf Rd.).

BRENT OPELL
National Geographic-Experte

Das Erdbeben von 1931 hat Hastings hart getroffen und auch hier einen Art-déco-Boom ausgelöst. Ein guter Ausgangspunkt für eine Stadtbesichtigung ist das **Westermans Building** *(Heretaunga & Russell Sts.)*, in dem heute die Touristeninformation *(Tel. 06/873-0080)* untergebracht ist. Ein Prachtstück ist das 1915 im spanischen Missionsstil erbaute und wieder instandgesetzte **Hawke's Bay Opernhaus** *(101 Hastings St. S.)*, das sich durch reichen Schmuck und viele Türme auszeichnet.

An der Südspitze der Hawke's Bay liegt **Cape Kidnappers**. Es erhielt seinen Namen von Captain Cook, nachdem der Diener seines tahitianischen Übersetzers von Maori ergriffen worden war. «Gezwungen, ... das Feuer zu eröffnen», tötete Cook zwei oder drei Maori, bis der junge Diener entkommen konnte.

Cape Kidnappers ist bekannt für seine Australtölpelkolonien, in denen bis zu 20 000 dieser Vögel nisten. Sie können von September bis Anfang Mai beobachtet werden. In dieser Zeit finden Fahrten zur Kolonie statt *(Infos erhält man in den Besucherzentren in Napier und Hastings)*.

Die zweite große Attraktion der Hawke's Bay ist der Weinbau. Die Region ist berühmt für ihren Chardonnay, aber auch die Rotweine sind qualitätsvoll. Informativ ist die Broschüre „Hawke's Bay Winery Guide". Besuchenswert sind die **Church Road Winery** *(150 Church Rd., Tel 06/844-2053, www.churchroad.co.nz)* in Taradale, die Kellereitouren anbietet, sowie die **Mission Estate** *(198 Church Rd., Tel. 06/845-9350)* mit eigenem Restaurant (siehe S. 296).

Te Urewera National Park

Dieser Nationalpark schützt das größte unberührte Waldgebiet der Nordinsel. Der Großteil der Wälder, Seen und Berge ist nur zu Fuß zu erreichen. Das **Besucherzentrum**

Apirana Ngata

Der in dem East-Cape-Dorf Te Araroa geborene Sir Apirana Turupa Ngata (1874–1950) war einer der fähigsten Politiker Neuseelands und ein hervorragender Maoriführer. Der Rechtsanwalt und erste Maori-Hochschulabsolvent wurde 1905 für den Östlichen Bezirk ins Parlament gewählt. Er war ein gewandter Redner und politischer Taktierer, der bis 1943 Kabinettsminister blieb.

Er machte sich vor allem als Kämpfer für die Interessen der Maori – Ausbildung, Gesundheit und Landreform – einen Namen und arbeitete unermüdlich daran, Sprache und Traditionen seines Volkes zu erhalten. Er war die treibende Kraft hinter den Kunst- und Handwerkschulen wie der in Rotorua, und er trieb den Bau traditionell geschnitzter Versammlungshäuser voran. Er sammelte Maorilieder und -beschwörungen, studierte die Geschichte seines Stammes, der Ngati Porou, und arbeitete an Wörterbüchern und Übersetzungen der Bibel.

Ngata war eines der wichtigsten Mitglieder der Young Maori Party, die die Interessen der Maori innerhalb der Institutionen der Pakeha (Europäer) vertrat. Obwohl sie später von Maoriaktivisten kritisiert wurde, war die Partei die erste effektive moderne Organisation, die von Maori geführt wurde.

(SH 38, Tel. 06/837-3803) bei Aniwaniwa liegt am Seeufer. Das Kronjuwel des Parks ist der **Lake Waikaremoana**. Der beliebteste Wanderweg des Landes, der **Waikaremoana Track**, führt rund um den See. Die Wanderung dauert drei bis vier Tage, eine Voranmeldung ist erforderlich.

Auch die kürzeren Strecken beginnen am Besucherzentrum, darunter jene zu den nahe gelegenen **Aniwaniwa Falls** und **Papakorito Falls** oder zum **Lake Waikareiti** *(Hin- und Rückweg 2 Stunden)*.

Gisborne

Die östlichste Stadt Neuseelands, die der internationalen Datumsgrenze am nächsten liegt, genoss als erste Stadt, die 2000 das neue Jahr erleben durfte, ihren viertelstündiger Ruhm. Zudem war dies der erste Ort, an dem Cook neuseeländischen Boden betrat.

In einer Region, in der 45 Prozent der Bevölkerung Maori sind, scheint Cook kein hohes Ansehen zu genießen – zumindest, wenn man sich den Obelisken ansieht, der auf The Esplanade seinen **Landeplatz** markiert. Eine Tafel zu Ehren der ersten Maori, die hier landeten, hat denselben Stellenwert.

Das kleine **Tairawhiti Museum** *(18 Stout St., Tel. 06/867-3832, www.tairawhitimuseum.org.nz)* punktet mit einer Ausstellung zum Krieger Te Kooti (siehe S. 111) und einer Surfbrett-Sammlung, denn der **Waikanae Beach** *(am Ende der Grey Street)* ist eines der Topsurfreviere des Landes.

Gisborne ist ein Weinzentrum. Besuchen Sie das **Gisborne Wine Centre** *(Tel. 06/867-4085, www.gisbornewine.co.nz/wine-centre)* bei The Esplanade in der Nähe von Cooks Landestelle. ■

Gisborne

Karte S. 105

Besucherinformation

209 Grey St.

06/868-6139

http://gisbournenz.com

Rundfahrt: East Cape

Die Region des East Cape ist noch heute eine Hochburg der Maori, in der der europäische Einfluss so gering ist wie nirgendwo sonst auf der Nordinsel. Das dünn besiedelte Gebiet bildet einen interessanten Kontrast zum modernen Neuseeland. Entlang der wunderschönen Küstenstrecke tauchen immer wieder kleine Maoridörfer auf.

Sonnenuntergang hinter der anglikanischen Ruakokore-Kirche

Von **Gisborne** aus fährt man auf der SH35 an schönen Surfstränden entlang. Nach 21 Kilometern biegt man nach **Whangara** ❶ ab, einem hübschen Maoristädtchen an der Bucht, in der der Film „Whale Rider" gedreht wurde.

Der Highway trifft bei der **Tolaga Bay** ❷ wieder auf die Küste. Kurz vor dem Ort biegt man zur langen Tolaga Bay Wharf ab. **Cook's Walkway** *(Hin- und Rückweg 2,5 Stunden)* beginnt am Pier, führt auf die Klippen hinauf und dann wieder zu Cooks Landeplatz Cook's Cove hinab.

Das etwas heruntergekommene **Tokomaru Bay** liegt an der nächsten Bucht. Die alten Kaianlagen und das Tiefkühlwerk sind Relikte aus besseren Zeiten.

Die größte Stadt des East Cape, **Ruatoria** ❸, liegt ein Stück landeinwärts, abseits der Hauptstraße. Das Zentrum des Stammes der Ngati Porou ist auch die Heimat von Maori-Rastafaris, den Ngati Dread, die Rasta-Lehren mit der Ringatu-Religion Te Kootis, des Freiheitskämpfers aus den Neuseelandkriegen (siehe S. 111), kombinieren. Neben Dreadlocks haben viele Ngati Dread auch volle *moko* (Gesichtstätowierungen).

Nach weiteren 20 Kilometer Richtung Norden gelangt man nach **Tikitiki** ❹, das für seine beeindruckende **St. Mary's Church** mit Maorischnitzereien bekannt ist. Etwa auf halber Strecke der Fahrt liegt der kleine Ort **Te Araroa** ❺. Der Pohutukawabaum Te-Waha-O-Rerekohu auf dem Schulhof soll mit 40 Meter Umfang der dickste des Landes sein.

Von Te Araroa aus geht es 20 Kilometer über eine unbefestigte Straße zum **East Cape** ❻, dem ersten Kap der Welt, das die Morgendämmerung zu sehen bekommt.

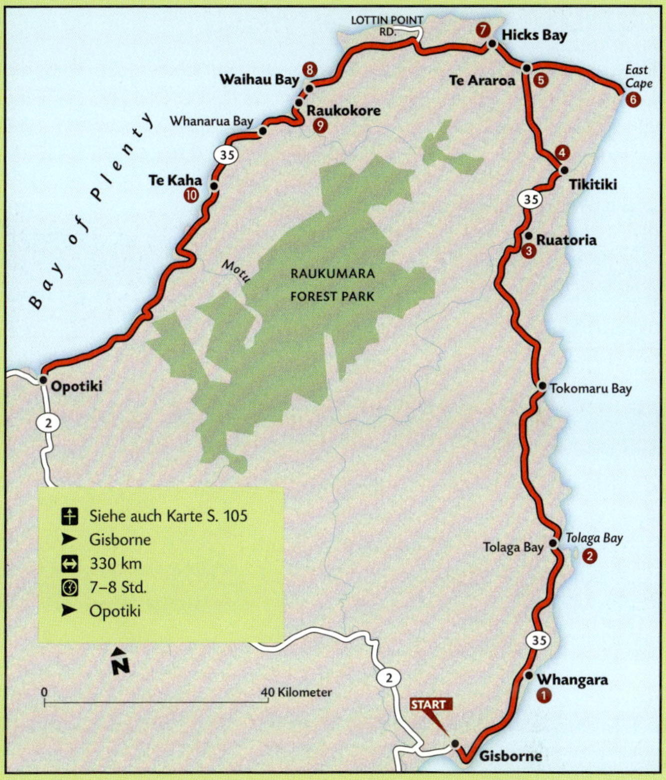

Der Aufstieg auf den Leuchtturm lohnt sich vor allem bei gutem Wetter.

Nach Te Araroa erreicht man die **Hicks Bay** 7 und anschließend **Lottin Point**, vier Kilometer abseits der SH35, zu dem eine steile, nur zum Teil asphaltierte Straße führt. Kurz vor der **Waihau Bay** 8 trifft die Straße wieder auf die Küste.

Von der Waihau Bay aus folgt die SH35 105 Kilometer weit der Küstenlinie, an Buchten und Stränden vorüber. Bei **Raukokore** 9 steht die anglikanische Kirche mit dem geschnitzten Eingang auf einer Landspitze. Die Straße schlängelt sich durch

NICHT VERSÄUMEN:

Tolaga Bay • Tikitiki • East Cape lighthouse • Raukokore

schöne Buchten, wie der **Whanarua Bay**, bis zum Ort **Te Kaha** 10.

Ein Stück weiter windet sich die Straße am **Motu River** entlang. Die SH35 führt noch durch einige kleine Dörfer und an Buchten entlang, bis sie in Opotiki endet (siehe S. 121). ■

Taranaki & Wanganui

Die Bezirke Taranaki und Wanganui liegen an der westlichen Ausbuchtung der Nordinsel, weit abseits der Touristenpfade. Diese ländlichen Gegenden erlauben einen Blick auf das ursprüngliche Neuseeland und bieten zwei Attraktionen: den Vulkankegel des Mount Taranaki und die Wildnis am Whanganui River.

Ein einsamer Camper im Egmont National Park genießt den Blick auf den Taranaki.

New Plymouth
Karte S. 104

Besucherinformation
Puke Ariki, St. Aubyn St.
06/759-6060
www.taranaki.co.nz

New Plymouth

New Plymouth (69 000 Einwohner) ist die wichtigste Stadt von Taranaki. Mit dem einzigen Tiefwasserhafen an der Westküste versorgt die Stadt das fruchtbare Hinterland und die vor der Küste liegenden Öl- und Gasbohrinseln.

Die Ati Awa siedelten in dieser Gegend, sie wurden jedoch in den 1820er- und 1830er-Jahren vom Waikato-Stamm vertrieben. 1839 kaufte die New Zealand Company den wenigen verbliebenen Maori Land ab, und bereits 1841 landete das erste Boot mit englischen Siedlern.

Als die ursprünglichen Besitzer zurückkamen, kam es zum Konflikt. Nachdem der Häuptling der Ati Awa, Wiremu Kingi, 1860 einen Landverkauf in Waitara untersagt hatte, wurden Truppen entsandt, was die Taranaki-Kriege (siehe S. 110 f.) auslöste. Die Siedler flüchteten in die Sicherheit des befestigten New Plymouth.

Ein Waffenstillstand wurde 1861 vereinbart, aber bald flammten die Kämpfe erneut auf. Mit Hauhau-Angriffen im Süden von Taranaki dauerten sie bis 1869 an. Anschließend eigneten sich die Siedler das Land der Maori an und machten es zum Milchbauernland.

Eine Stadtbesichtigung beginnt am besten am **Puke Ariki**, einem modernen Komplex, in dem eine Bibliothek, Galerien, Cafés und ein Museum untergebracht sind. Hier wird auch eine schöne Sammlung von *taonga* (Schätzen) der Maori gezeigt. An der Rückseite des Puke Ariki steht an der Ariki Street das 1853 erbaute **Richmond Cottage** *(Tel. 06/759-6060, Sa–So)*, in dem einst prominente frühe Siedlerfamilien wohnten.

INSIDERTIPP

Schnappen Sie sich Ihr Brett, und reiten Sie die Welle an einem der Strände am Surf Highway 45 in Taranaki.

ANGELA GORE
Neuseeländische Botschaft, Washington, D.C.

Die **Govett-Brewster Art Gallery** *(Queen St., Tel. 06/759-6060, www.govettbrewster.com)* wird mit Wechselausstellungen ihrem Ruf als bestes neuseeländisches Museum für zeitgenössische Kunst gerecht. Dauernd sind Arbeiten von Len Lye (1901–1980) zu sehen, einem der bekanntesten Künstler Neuseelands (siehe Kasten).

In New Plymouth gibt es schöne Parkanlagen. Auf jeden Fall sollte man den **Pukekura Park** besuchen, der im Osten der Stadt liegt.

Len Lye

Len Lye (1901–1980), als Bildhauer und Filmemacher bekannt, war davon fasziniert, Bewegung in Kunst umzusetzen. Er wollte die traditionellen Grenzen zwischen den Disziplinen und Kulturen durchbrechen und gestaltete seine Filme beispielsweise, indem er direkt auf die Emulsion malte oder Muster hineinkratzte. Seine Kunst, in der sich Maori- und europäische Einflüsse vermischen, lässt sich am besten durch sein Lebensmotto beschreiben: „Individuelles Glück Jetzt".

Egmont National Park

Einer der atemberaubendsten Anblicke Neuseelands, der Vulkan **Mount Taranaki**, liegt im Egmont National Park. Der Gipfel des 2518 Meter hohen Taranaki ist fast das ganze Jahr über schneebedeckt. Der letzte Ausbruch liegt über 250 Jahre zurück. Von Norden betrachtet, ist seine Spitze ein nahezu perfekter Kegel, der dem Fudschijama so ähnlich sieht, dass er in dem Film „Last Samurai" als Kulisse diente.

Der holländische Seefahrer Abel Tasman war der erste

Egmont National Park

Karte S. 104

Besucherinformation

Egmont National Park Visitor Centre, 2879 Egmont Rd.

06/756-0990

www.doc.govt.nz/parks-and-recreation/national-parks/egmont

Tätowierungen

Tätowierungen waren bei den Maori schon immer üblich. Die Gesichtstätowierungen, die Moko, die man heute überwiegend sieht, waren ursprünglich jedoch ranghohen Stammesmitgliedern vorbehalten. Die schmerzhaften Moko wurden oft über viele Jahre hinweg mit kleinen Knochenbeilen und einem Hämmerchen in die Haut eingeritzt und mit Kohle und anderen Pigmenten gefärbt. Hochrangige Frauen trugen ebenfalls Moko, allerdings meist nur auf dem Kinn.

Europäer, der den Taranaki 1642 zu Gesicht bekam. James Cook war 1770 vom Anblick des Berges überwältigt und benannte ihn nach dem Grafen von Egmont. Für die Maori hieß der Berg jedoch schon immer Taranaki („schimmernder Berg"), und in den 1980er-Jahren wurde er offiziell in Mount Taranaki (Egmont) umbenannt.

Es gibt drei Zugänge zum Park: North Egmont am Nordhang *(von der SH3 am Dorf Egmont abfahren),* East Egmont im Osten und Dawson Falls im Südosten *(beide über Stratford auf der SH3 zu erreichen).*

North Egmont erreicht man am besten von New Plymouth aus. Hier gibt es ein **Besucherzentrum** des Department of Conservation (DOC; *2879 Egmont Rd., Tel. 06/756-0990*) mit Ausstellungen, einem Café und Informationen zu Wanderungen: vom 20-minütigen Spaziergang bis zur drei bis fünf Tage dauernden Umrundung des Berges auf dem **Around the Mountain Circuit** (AMC).

Blumenbeete regeln in Wanganui den Verkehr.

ERLEBNIS: Mit dem Kanu auf dem Whanganui

Ein weiteres Neuseeland-Abenteuer ist eine Kanufahrt auf dem Whanganui River. Eine Möglichkeit ist die 145 Kilometer lange, fünftägige Fahrt von Taumarunui nach Pipiriki durch den **Whanganui National Park**. Möglich sind aber auch drei Tage (von Whakahoro nach Pipiriki) oder ein Tag (von Taumarunui nach Ohinepane oder andere Variationen).

Vom 1. Oktober bis zum 30. April müssen die Hütten und Campingplätze entlang der Strecke beim Department of Conservation *(www.doc.govt.nz – Suchbegriff: Whanganui Journey)* im Voraus gebucht werden, das für den Trip einen Great Walk Pass herausgibt.

Der Fluss hat kleinere Stromschnellen, die jedoch leicht zu befahren sind. Es werden aber auch geführte Touren angeboten. Die Fahrt wird gewöhnlich in Taumarunui im Norden des Parks arrangiert, und die Veranstalter stellen nicht nur die Kanus und die gesamte Ausrüstung, sondern übernehmen auch die Fahrt und den Gerätetransport vom und zum Fluss. Zu den Anbietern gehören **Taumarunui Canoe Hire** *(Tel. 07/895-7483, www.taumarunuicanoehire.co.nz)* und **Whanganui River Canoes** *(Tel. 07/385-4176, www.whanganuirivercanoes.co.nz)* in Raetihi. In Whakahoro bietet **Wades Landing Outdoors** *(Tel. 07/895-5995, www.whanganui.co.nz)*, in Ohakune **Canoe Safaris** *(Tel. 06/385-9237, www.canoesafaris.co.nz)* Kanufahrten auf dem Whanganui River und anderen Flüssen an.

Eine schöne, zweistündige Wanderung ist der **Veronica Loop Track**, über den es 30 Minuten lang steil bergauf geht, bis der Pfad den **Holly Track** kreuzt. Der zehnminütige Abstecher auf dem Holly Track zum Aussichtspunkt lohnt sich in jedem Fall. Der Veronica Loop Track führt anschließend sanft bergab durch den Wald und zurück zum Gebäude der Parkverwaltung.

Der Zugang über den **East Egmont** ist der höchstgelegene. Er führt zu den Manganui-Skipisten und zum beliebten Stratford Mountain House *(Tel. 06/765-5457, www.mountainhouse.co.nz)*. Der **Aussichtspunkt East Egmont** liegt nur zehn Gehminuten vom oberen Parkplatz entfernt und bietet einen grandiosen Panoramablick.

Auch in **Dawson Falls** gibt es eine Berghütte zum Übernachten und ein DOC-Besucherzentrum *(Tel. 06/756-0990)*. Zu den Wandermöglichkeiten gehört der einstündige **Kapuni Loop Track** zu den schäumenden Dawson Falls.

Wanganui

Der Whanganui River fließt durch einige der schönsten und vielfältigsten Landschaften Neuseelands, bis er schließlich in Wanganui („große Flussmündung") ins Meer mündet.

Die New Zealand Company besiedelte Wanganui 1840 nach umstrittenen Landkäufen. In den ersten Jahren der Besiedelung kam es immer wieder zu Scharmützeln. Ironischerweise waren es die Stämme vom unteren Flusslauf, die 1864 die Stadt vor marodierenden Hauhau-Kriegern schützten, die den Fluss herunterkamen. In den

Wanganui

Karte S. 105

Besucherinformation

31 Taupo Quay

06/349-0508

www.newzealand.com/int/whanganui

1880er-Jahren wurde der Fluss zur Lebensader für das abgeschiedene Landesinnere.

Heute liegt das Herz der Stadt an der Ecke der baumbestandenen Hauptstraße **Victoria Avenue** und Ridgeway Street, wo schöne alte Gebäude die **Watt Fountain** mit ihren Gaslaternen umgeben.

Kaninchenplage

Die ersten Kaninchen, die Mitte des 19. Jahrhunderts nach Neuseeland gebracht wurden, lieferten Fleisch und Fell und vermittelten den heimwehkranken britischen Kolonisten ein Gefühl von Heimat. Doch als die Kaninchenpopulation explosionsartig anwuchs, war der Schaden am Ökosystem nicht mehr zu übersehen. Importierte natürliche Feinde wie Frettchen und Wiesel erwiesen sich als ebenso katastrophale Fehlgriffe. 1947 entschied die Regierung schließlich, den Verkauf von Kaninchenfleisch und -fell zu verbieten und die Tiere das ganze Jahr über gezielt zu vernichten. Seitdem sind die Bestände unter Kontrolle.

Das **Whanganui Regional Museum** *(Watt St., Tel. 06/349-1110, www.wrm.org.nz, $)*, zwei Blocks nördlich im Queens Park gelegen, lohnt einen Besuch. Seine Maoriporträts von Gottfried Lindauer sind nationale Schätze. Ausgestellte Maoriartefakte sind Schnitzereien, Kriegskanus und Jadekeulen. Im angrenzenden, schönen klassizistischen Gebäude ist die **Sarjeant Gallery** *(Tel. 06/349-0506, www.sarjeant.org.nz)* eingerichtet.

Auf dem Fluss versetzt der Raddampfer „Waimarie" *(Taupo Quay, Tel. 06/347-1863, Nov.–April tgl. 11.30 Uhr, $$$)* seine Fahrgäste zurück in die gute alte Zeit. Das **Whanganui Riverboat Centre** am Ufer *(www.riverboat.co.nz)* berichtet über die Restaurierung des Dampfers und die Flussgeschichte. Der modernisierte **Taupo Quay** wurde zu einem Künstlerparadies. Dort gibt es Glasateliers und ein Zentrum, das lokale Künstler fördert.

Vom **Drurie Hill** auf der anderen Uferseite genießt man einen herrlichen Blick auf Stadt und Fluss. Dorthin zu kommen ist schon spannend: Man geht durch einen gefliesten Tunnel in den Berg und steigt in einen Fahrstuhl aus dem Jahr 1918 *($)*. Oben auf dem Hügel steht der **Memorial Tower**, der den Gefallenen des Ersten Weltkriegs gewidmet ist.

Am besten lässt sich der Fluss mit einem Kanu erforschen, das bei **Top 10 Holiday Park** *(460 Somme Parade, Tel. 06/343-8402, $$$$$)*, am Ufer sieben Kilometer nordöstlich der Stadt, gemietet werden kann.

Whanganui River

Die 80 Kilometer lange Fahrt von Wanganui nach Pipiriki auf

der **Whanganui River Road** ist etwas Besonderes. Die winzigen Orte entlang der Strecke waren bis zum Bau der Straße 1934 auf den Fluss als Transportweg angewiesen, aber die Gegend ist noch immer sehr abgeschieden.

Die Straße führt an hoch über dem Fluss erbauten, alten Maorifestungen und an Missionsstationen mit klassischen Namen wie Atene (Athen) und Koriniti (Korinth) vorüber, bis man **Jerusalem** erreicht. Hier gründete die französische Nonne Mary Joseph Aubert 1883 die katholische Mission und arbeitete für die Armen und Kranken. Jerusalem war auch die Heimat des Dichters James K. Baxter, der hier in den 1960er-Jahren eine Kommune gründete, die bis zu seinem Tod 1972 bestand.

Pipiriki liegt am Südrand des **Whanganui National Park**, einer Wildnis, die nur über den Fluss oder zu Fuß zu erreichen ist. **Bridge to Nowhere Jetboat Tours** *(Tel. 06/348-7122, $$$$$)* bietet Flussfahrten an, die von Pipiriki zur **Bridge to Nowhere** führen, einer Brücke, die für eine Siedlung für Heimkehrer aus dem Ersten Weltkrieg erbaut wurde. Im Park gibt es Angebote für Abenteurer, von dreitägigen Fußwanderungen bis zu drei- bis fünftägigen Kanuwanderungen (siehe Kasten S. 145) mit Übernachtungen in Zelten und Hütten. Von Pipiriki aus sind es 24 Kilometer bis Raetihi und

Mit dem Kanu auf dem Whanganui River

zur SH4, falls man den Norden in Richtung Tongariro National Park und Ohakune (siehe S. 131 f.) ansteuern möchte.

Kajakfahrten organisiert man am besten in **Taumarunui**, westlich des Lake Taupo an der SH4 gelegen. Hier kann die Besucherinformation *(Hakiaha St., Tel. 07/895-7494)* weiterhelfen. Eisenbahnfans wird die **Raurimu Spiral**, 37 Kilometer südlich der Stadt zu finden, gefallen. Die Strecke führt in Kehrschleifen und durch Tunnel einen Steilhang hinauf. ■

Directory
The Civic Centre

Die Hauptstadt des Landes ist zugleich seine attraktivste Stadt, in der sich Geschichte und Moderne verbinden.

Wellington & der Süden

Die schwebende Farnskulptur hängt über dem Civic Square in Wellington.

Wellington & der Süden

Als der Gott Maui die Nordinsel aus dem Meer fischte, legte sich ihr Schwanz im Norden und ihr Kopf im Süden rund um Wellington nieder. Bis heute der „Kopf" des Landes, ist die Hauptstadt eine malerische Metropole, die sich über Hügel und steile Schluchten rund um einen tiefblauen Hafen ausbreitet.

Viele Besucher kommen nur nach Wellington, um von dort aus mit der Fähre zur Südinsel zu fahren, obwohl die Stadt selbst ebenso einen Aufenthalt wert ist. Im Stadtzentrum stößt man auf zahlreiche historische Bauwerke, während im verjüngten Hafenviertel das Leben brodelt. Auf keinen Fall sollte man dort das Nationalmuseum Te Papa auslassen.

Wenn man die Hügel erklimmt, versteht man, weshalb Wellington häufig mit San Francisco verglichen wird. Von dort oben hat man einen herrlichen Blick auf den blau schimmernden Naturhafen, die Hochhäuser und Türme sowie die mit viktorianischen Häusern übersäten Hügel.

Die erste Stadtgründung der New Zealand Company, Wellington, begann 1840 mit William Wakefield (1801–1848). Landstreitigkeiten und Überschwemmungen kennzeichneten die frühen Jahre der Kolonie, aber Wellington wuchs und wuchs, indem es den Landmangel ab 1852 durch Landgewinnung im Küstenbereich kompensierte.

Da die Stadt an einer geologischen Störungszone liegt, kommt es oft zu Erdbeben. Am schlimmsten war jenes im Jahr 1855 mit einer Stärke von 8,2 auf der Richterskala. Das Beben barg allerdings auch einen Nutzen, weil dadurch im Küstenbereich Neuland aufgeworfen wurde.

1865 wurde die Hauptstadt des Landes von Auckland nach Wellington verlegt: wegen dessen zentraler Lage und Nähe zur Südinsel. Die Stadt dehnte sich aus, etwa in Vororte wie Thorndon mit seinen erdbebensicheren Holzgebäuden, darunter die Old Government Buildings (1876), wo die neuseeländischen Gesetze geschmiedet werden.

Für eine Hauptstadt ist Wellington mit seinen 200 000 Einwohnern recht klein, aber im Großraum Wellington leben einschließlich der Trabantenstädte Lower Hutt, Upper Hutt und Porirua 393 000 Menschen. Die Stadt rühmt sich ihrer Kunstszene, ihres Nachtlebens, ihrer Einkaufsmöglichkeiten, Festlichkeiten, Konzerte und Ausstellungen. Außerdem ist sie die Filmmetropole des Landes, nicht zuletzt dank dem in Wellington gebürtigen Peter Jackson, dem Regisseur von „Der Herr der Ringe".

UNBEDINGT ANSEHEN:

Gut sichtbar von Wellington aus, kann man die Südinsel jenseits der Cook Strait erkennen. Wellington ist bekannt für seine heftigen Winde, sturmgeschüttelten Landeanflüge und die wild schäumende See.

Die Kapiti Coast nördlich von Wellington ist ein beliebtes Ausflugsziel. Schöne Strände und Sehenswürdigkeiten liegen am Rande der SH1, der wichtigsten Straße in Richtung Norden. Eine alternative Fahrtroute ist die SH2 nach Napier entlang den Hügelketten im Osten, quer durch Wairarapa – eine Region, die für ihre Weingüter, historischen Orte und das Pukaha Mount Bruce National Wildlife Centre bekannt ist. Am Ende des „Fischkopfs" liegt, an der Kreuzung der beiden Routen, die Universitätsstadt Palmerston North. ■

Wellington

In Wellingtons Innenstadt gibt es viel zu entdecken. Hier wird das geschichtliche Erbe der Stadt sichtbar und hier erstreckt sich das Hafenviertel, in dem das Nationalmuseum Te Papa liegt. Die Fahrt mit dem Cablecar zum Botanischen Garten eröffnet herrliche Blicke auf den Naturhafen und die Hügel der Vororte.

Die moderne Innenstadt Wellingtons

Civic Square
Karte S. 151
Besucherinformation
Victoria & Wakefield Sts.
04/802-4860
www.wellingtonnz.com

Civic Square

Als Ausgangspunkt für einen Stadtrundgang empfiehlt sich der Civic Square gleich hinter der Besucherinformation. Er bildet das Zentrum des kulturellen Bezirks der Stadt. In den 1990er-Jahren wurde er gepflastert und mit Kunstwerken ausgestattet, darunter die „Ferns", einem 175 Kilogramm schwerer Globus, der, an Drähten aufgehängt, fünf verschiedene Farnarten zeigt.

Sehenswerte Bauwerke am Platz sind die **Old Town Hall** (1904), Sitz des New Zealand Symphony Orchestra. Nebenan steht das **Michael Fowler Centre** mit seiner Konzerthalle. In beiden Gebäuden findet alle zwei Jahre das **New Zealand Festival** statt, das die Rolle Wellingtons als Theater-Hauptstadt unterstreicht.

Ebenfalls am Civic Square liegt das Kindertheater- und Veranstaltungscenter **Capital E** und die **City Gallery** in einem Art-déco-Gebäude.

Hafenviertel

Vom Civic Square aus gelangt man entlang eines mit Straßenkunst gesäumten Weges zur Sea Bridge. Hinter der Brücke wendet man sich nach rechts und geht am **Circa Theatre** *(1 Taranaki St., Tel. 04/801-7992)* vorbei, wo eines der aufregendsten Theaterensembles der Stadt residiert.

Dominiert wird das Hafenviertel vom Stolz der Stadt: **Te Papa**, dem Nationalmuseum Neuseelands (siehe S. 154). Für einen Besuch der Sammlung sollte man sich in jedem Fall einige Stunden Zeit nehmen.

INSIDERTIPP

Die beste Zeit für einen Besuch im Te Papa ist der Donnerstagabend bis 21 Uhr, denn dann hat man das Museum beinahe für sich allein.

PETER TURNER
NATIONAL GEOGRAPHIC-Autor

Vom Te Papa aus geht man am Kai entlang Richtung Norden, in eine Gegend, in der immer etwas los ist. Fast überall stößt man auf Straßenkunstwerke, zum Beispiel im **Frank Kitts Park**, einer der wenigen Grünflächen in der Innenstadt.

Hinter dem Park liegt der **Queens Wharf**, wo sich die **TSB Bank Arena** befindet, in der Konzerte und andere Events stattfinden. Einzelheiten über das Erdbeben von 1855 und die Anfänge der Stadt erfährt man in der **Plimmers Ark Gallery** an der Südseite des Queens Wharf. Hier sind Reste der „Inconstant", eines Einwandererschiffs, das 1849 vor der Küste zerschellte, zu besichtigen. Während des Erdbebens 1855 kam das Wrack wieder zum Vorschein.

Kolosskalmar

Am 22. Februar 2007 zog ein neuseeländisches Fischerboot aus dem Rossmeer den größten bisher bekannten Kalmar aus dem Wasser: zehn Meter lang und 495 Kilogramm schwer, die Augen mit einem Durchmesser von jeweils 28 Zentimetern. Der Kalmar wurde im Te Papa eingefroren, ehe er ein Jahr später von Wissenschaftlern untersucht wurde. Inzwischen liegt er in einer Formaldehydlösung im Museum.

Die Galerie ist Teil des nahe gelegenen **Museum of Wellington City & Sea** mit Sitz im Harbour Trust (1892). Es zeigt Exponate aus der Frühzeit Wellingtons, von Fotos historischer Rugbyspiele bis hin zu Fotos des Wahine-Unglücks, als die gleichnamige Fähre 1968 während eines Sturms in der Cook Strait versank und 51 Menschen dabei ums Leben kamen.

Weiter nördlich beherbergen die historischen Hafen-

City Gallery
Karte S. 151
Civic Square
04/801-3021
www.citygallery.org.nz

Museum of Wellington City & Sea
Karte S. 151
Queens Wharf
04/472-8904
www.museumofwellington.co.nz

Te Papa
Karte S. 151
Cable St.
04/381-7000
www.tepapa.govt.nz

gebäude mittlerweile Apartments, Restaurants und vieles mehr, wie **Ferg's Kayaks** *(Tel. 04/499-8898)* in Shed 6. Dort kann man Kajaks mieten, um die Stadt vom Wasser aus zu bewundern. Betrieben wird der Laden von Ian Ferguson, der vier olympische Goldmedaillen im Kanusport gewonnen hat.

Te Papa

Das Museum of New Zealand Te Papa Tongarewa beherbergt die bedeutendste Sammlung neuseeländischer Kunst. Eröffnet wurde der 300 Millionen NZ-$ teure Bau 1998. Die Mauer, die das Gebäude durchschneidet, ist ein Symbol für die geologische Störungszone, in der Wellington liegt. Das Gebäude steht in dessen Mitte, daher wurden zum Schutz vor Erdbeben Bauelemente aus Gummi und Stahl eingefügt.

Auf sechs Ausstellungsebenen werden Neuseelands Natur und das Kulturerbe der Maori dokumentiert, besonders eindringlich im **Te Marae**, einem rekonstruierten Versammlungshaus der Maori. **„Toi Te Papa: Art of the Nation"** beherbergt eine bedeutende Sammlung von Artefakten.

Der einzige Kritikpunkt am Te Papa ist der, dass viel mehr Exponate ausgestellt werden könnten, was jedoch wegen ständiger Wanderausstellungen und moderner Installationen nicht möglich ist. Alljährlich zählt man mehr als eine Million Besucher. Geöffnet ist jeden Tag, der Eintritt ist frei.

Lambton Quay

Die bekannteste Einkaufsmeile Wellingtons, der Lambton Quay, verläuft entlang der Küstenlinie, wie sie seit der europäischen Besiedlung im Jahr 1840 entstanden ist. Im westlichen Abschnitt geht es steil aufwärts, im östlichen Abschnitt sanft hinab zum Hafenkai auf zurückgewonnenem Land. Der Boulevard wird von historischen Bauwerken gesäumt, darunter die 1884 entstandene **Old Bank Arcade**. Früher war es Sitz der Bank of New Zealand, heute residieren hier Modeläden.

Zu den weiteren Sehenswürdigkeiten zählt die **Plimmer Steps** hinauf zur Boulcott Street, benannt nach dem Kaufmann John Plimmer, dem „Gründungsvater von Wellington". Am Anfang dieser Treppe steht eine Statue Plimmers und seines Hundes Fritz.

Nördlich des Lambton Quay, gegenüber der Grey Street, liegt der Eingang zur **Wellington Cable Car** *(Tel. 04/472-2199)*. Die Standseilbahn wurde 1902 als Verbindung zum Vorort Kelburn oben in den Hügeln fertiggestellt, nachdem die Stadt aus ihren Grenzen herausgewachsen war. Jeden Tag transportiert sie Tausende von Einwohnern und Touristen an der Victoria University vorbei bis zum Botanischen Garten.

Wer mit dem Cablecar zum Lambton Quay zurückfahren möchte, muss in Richtung Norden fahren und gelangt so in den Parliament District (siehe S. 157).

TE PAPA

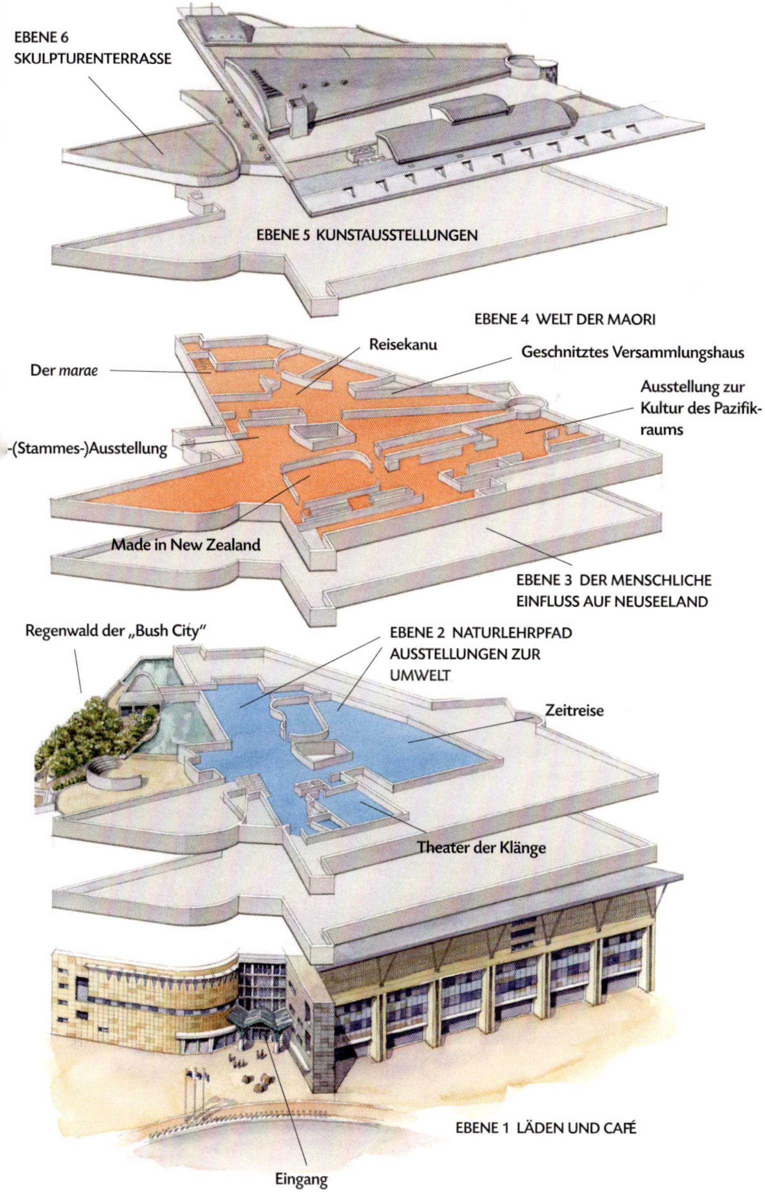
EBENE 6
SKULPTURENTERRASSE
EBENE 5 KUNSTAUSSTELLUNGEN
EBENE 4 WELT DER MAORI
Reisekanu
Geschnitztes Versammlungshaus
Der *marae*
Ausstellung zur Kultur des Pazifikraums
-(Stammes-)Ausstellung
Made in New Zealand
EBENE 3 DER MENSCHLICHE EINFLUSS AUF NEUSEELAND
Regenwald der „Bush City"
EBENE 2 NATURLEHRPFAD AUSSTELLUNGEN ZUR UMWELT
Zeitreise
Theater der Klänge
EBENE 1 LÄDEN UND CAFÉ
Eingang

Botanischer Garten und Thorndon

Am oberen Punkt der Cablecar-Route erstreckt sich auf 26 Hektar Wellingtons schönste Parklandschaft mit gepflegten Grünanlagen, exotischen Baumbeständen und endemischen Wäldern. Von der Station aus läuft man, am Carter Observatory and Planetarium vorüber, bis zum **Treehouse Visitor Centre** *(Tel. 04/499-1400)* und von dort zum **Begonia House** hinunter, wo man gegenüber von Rosengärten im Café sitzen kann.

ERLEBNIS: Öko-Engagement

An den Naturschutzprojekten in Neuseeland beteiligen sich immer mehr Freiwillige, die sich für die Flora und Fauna interessieren und die herrliche Natur schützen wollen.

Conservation Volunteers *(www.conservationvolunteers.co.nz)* organisieren ein- bis sechswöchige Umweltschutzprogramme. Teilnehmer zahlen ab US$ 1000, um an Aufforstungen, Wildtierbeobachtungen, Pflege von Parks o. Ä. teilzunehmen. Unterkunft und Verpflegung sind im Preis eingeschlossen. Informationen bei **The New Zealand Department of Conservation** *(www.doc.govt.nz/getting-involved)*. Es werden auch Volontariate vergeben, die aber hauptsächlich für Einheimische gedacht sind. Daneben gibt es Kurzzeit-Praktika.

Vom Begonia House aus gelangt man durch den **Bolton Street Memorial Park**, wo viele der Gründungsväter der Stadt beigesetzt wurden, zurück in die Stadt. Wenn man dabei den Robertson Way durch den jüdischen Teil des Friedhofs entlanggeht, blickt man auf die schönen Villen von Thorndon. Der Robertson Way führt zu The Terrace und von dort zurück in den Parliament District und zur Bahnstation der Seilbahn.

Man kann aber auch nördlich des Begonia House die Anlage in Richtung der Tinakori Road im historischen **Thorndon** verlassen. Dann bewegt man sich an einigen der schönsten Häuser der Stadt vorbei.

An der Tinakori Road, kurz hinter Upton Terrace, steht das **Premier House**, die offizielle Residenz des neuseeländischen Premierministers. Das ursprünglich hölzerne Gebäude wurde 1843 errichtet und erlebte im Lauf der Zeit viele bauliche Veränderungen, bis 1935 der damalige sozialliberale Premierminister Michael Joseph Savage entschied, es sei zu groß, um als Privatperson darin zu wohnen. Deshalb wurde das Gebäude zu einer Kinderzahnklinik, *Murder House* genannt, umgewandelt. 1990 wurde das Gebäude komplett restauriert und dient nun wieder als Residenz des neuseeländischen Premierministers.

Auf Höhe der Tinakori Road Nummer 25 steht **Katherine Mansfield Birthplace** *(Tel. 04/473-7268, geschl. Mo, $)*, das restaurierte Geburtshaus der neuseeländischen Schriftstellerin, in dem man sich auch ein Videoporträt von Katherine Mansfield ansehen kann.

Katherine Mansfield

Katherine Mansfield, unbestritten Neuseelands berühmteste Schriftstellerin, wurde 1888 als Kathleen Mansfield Beauchamp in einem kleinen Haus in der Tinakori Road Nummer 25 geboren. Ihr Vater, Harold Beauchamp, war Bankier, was es der Familie später ermöglichte, in ein größeres Haus in der Tinakori Road Nummer 75 umzuziehen.

Ihre Ausbildung genoss Katherine an der Wellington Girls High School, später am Queens College in London. Ab 1908 lebte sie als bisexuelle Bohemienne dauerhaft in Europa, bis sie den Literaturkritiker John Middleton Murry heiratete.

Obwohl sie nur Bände mit Kurzgeschichten veröffentlichte, wurde sie von der Literaturkritik hochgelobt und verkehrte mit englischen Literaturgrößen, darunter D. H. Lawrence und Autoren der Bloomsbury Group wie T. S. Eliot, Aldous Huxley und Virginia Woolf. Sie starb 1923 mit 34 Jahren an Tuberkulose, kurz nach Erscheinen ihres Erzählbands „The Garden Party", der als Höhepunkt ihres Schaffens gilt. Ihr zu Ehren wird ein Literaturpreis vergeben.

Teestunde in Katherine Mansfields Esszimmer

Parliament District

Am oberen Ende des Lambton Quay stehen die **Government Buildings**, die 1876 errichtet wurden, um Regierungsangestellte und Minister aufzunehmen. Das zweitgrößte Holzgebäude der Welt hat eine mit Holzplatten verkleidete Fassade, um es wie ein Steinbauwerk aussehen zu lassen. Heute beherbergt es die juristische Fakultät der Victoria University.

Ein modernes Kontrastprogramm bildet dazu das oft geschmähte **Beehive** („Bienenkorb") schräg gegenüber. Das kreisförmige Gebäude (von 1981) ist Sitz des Premierministers, diverser Ministerien und weiterer bienenfleißiger Regierungsbeamter. Das neuseeländische Parlament trifft sich gleich nebenan in den neoklassizistischen **Parliament Buildings** von 1922 *(Eintritt frei)*. In der Nähe steht die sehenswerte **Parliamentary Library** (1899), ein aus rosafarbenem Stein errichtetes Bauwerk, das nach dem verheerenden Brand von 1907 an die Stelle der ursprünglichen, hölzernen Parliament Buildings trat.

Der **Backbencher Pub** *(34 Molesworth Street, http://backbencher.co.nz)*, gegenüber den Parliament Buildings gelegen, lockt seit Jahrzehnten die Politiker an. Man kann dort als Tourist ein Bier genießen und trifft dabei mit Sicherheit viele neuseeländische Politiker – oder zumindest ihre lebensgroßen Bilder an den Wänden.

Parliament Buildings

- Karte S. 151
- Am besten benutzt man den Eingang Molesworth St.
- 04/471-9503

www.parliament.nz/en-NZ

Courtenay & Cuba

Südlich des Te Papa und des Hafenviertels erstreckt sich entlang dem Courtenay Place und der davon abzweigenden Cuba Street Wellingtons belebtester Restaurant- und Nachtlebenbezirk. Vor allem freitag- und samstagnachts geht hier die Post ab, wenn die Bars bis in die frühen Morgenstunden geöffnet haben.

Bildnisse von Politikern zieren die Wände des Backbencher Pub and Cafe.

Auch tagsüber lohnt sich ein Ausflug dorthin. Denn in der Cuba Street stehen reihenweise viktorianische Kaufmannshäuser, während man am Courtenay Place auf alte Theater und Merkwürdigkeiten wie das **Taj Mahal** stößt, eine neobarocke öffentliche Toilette aus dem Jahr 1928, die so groß ist, dass sie heute ein Restaurant beherbergt.

Von dort gelangt man zum Hafenkai, wo sich die Oriental Parade bis zur **Oriental Bay** zieht, einem schicken Areal rund um einen hübschen Badestrand. Dort tummeln sich scharenweise Strandläufer, Radfahrer und Sonnenanbeter.

Wellingtons Vororte

Viele Vororte Wellingtons sind mit hölzernen Villen an grünen Hügeln gespickt. Im südlich des Zentrums gelegenen Gebiet des Aro Valley blieben viele schöne alte Häuser erhalten.

Ebenfalls vor der Abrissbirne gerettet wurde das älteste Gebäude des Aro Valley, das **Colonial Cottage** von 1858 *(68 Nairn Street, Tel. 04/384-9122, Jan.–Feb. tgl., März–Dez. Sa–So, $)*. Heute dient es mit seiner Inneneinrichtung im Stil des 19. Jahrhunderts und einem Garten als Museum.

Einen Kilometer östlich liegt das **Basin Reserve**, einer der größten Kricketplätze des Landes. Ursprünglich war das Gelände ein See, dessen Grund durch das Erdbeben von 1855 angehoben wurde. Das **New Zealand Cricket Museum** *(Tel. 04/385-6602, $)* im Old Grandstand zeigt Erinnerungsstücke zum Kricketsport.

Das beeindruckendste Panorama der Stadt, das von der Cook Strait über den Flughafen im Süden und den gesamten Hafen bis zum Hutt Valley im Norden reicht, bietet sich vom Gipfel des **Mount Victoria**. Man kann ihn zwar auch zu Fuß vom Courtenay Place aus erreichen, aber wesentlich einfacher ist es mit dem Auto – ab dem Embassy Theatre die Majoribanks Street entlang, dann an

INSIDERTIPP

„September's World of WearableArt" ist weit mehr als eine Modenschau – es ist eine kaleidoskopartige Performance von Farbe, Licht, Musik und halbverrückten Modekreationen.

CARRIE MILLER
NATIONAL GEOGRAPHIC-Autorin

der Hawker links und an der Palliser wieder rechts.

Der **Wellington Zoo** *(200 Daniell St., Tel. 04/381-6755, www.wellingtonzoo.com, $$–$$$)*, vier Kilometer südlich des Stadtzentrums gelegen, beherbergt ein Kiwi-Haus, Tiger, Schimpansen und andere Tiere.

Zealandia *(Tel. 04/920-9200, Waiapu Road, Karori, $$–$$$$$)*, drei Kilometer westlich der Stadt gelegen, ist ein einzigartiges Naturschutzgebiet. Kiwi, Takahes, Kakas, andere seltene Vögel sowie Tuataras bewegen sich frei in einem bewaldeten Tal. Bei Abendführungen bekommt man Vögel aus nächster Nähe zu sehen.

Wer eine Küstenrundfahrt durch die östlichen Vororte Wellingtons unternehmen möchte, fährt die Oriental Parade entlang und folgt 30 Kilometer dem Küstenverlauf. Er führt vorbei an Buchten und Stränden wie der Evans Bay, der pinienbestandenen Mahanga Bay, der Braker Bay, wo Zwergpinguine nisten, und an den Surfstränden Worser Bay und Lyall Bay. Der Straßenname ändert sich häufig, doch man folgt einfach der Küste bis zur Island Bay, von der aus man über The Parade/Adelaide Road nach Wellington zurückfährt.

Unterwegs in der Stadt

Zu den beliebtesten Nachtclubs in Wellington gehören:

Concrete Bar *(Cable Car l.n., Lambton Quay, www.concretebar.co.nz)*. **Hier können Sie Tapas, Cocktails und eine große Weinauswahl direkt unter einer Gondelbahn genießen.**

Matterhorn *(106 Cuba St., www.matterhorn.co.nz)*. **In dieser Bar treffen sich gern Yuppies auf einen Cocktail.**

Molly Malone's *(Courtenay Pl. & Taranaki St.)*. **Dieser Pub-Klassiker ist immer gut für einige Gläser Guinness zu den Klängen einer irischen Band.**

Auf dem Weg nach Miramar passiert man die **Weta Cave** *(Tel. 04/380-9361, 1 Weka St.)*, ein Mini-Museum, das einen Blick hinter die Kulissen von Weta bietet, dem Produzenten von der „Herr der Ringe".

Für eine Hafenrundfahrt besteigt man die Fähre *(Tel. 04/494-3339, www.eastbywest.co.nz, $–$$)* von Queens Wharf zur **Days Bay**, wo man den Strand bis zu den **Läden in der Rimu Street** in Eastbourne entlangwandern kann. ■

Der Süden

Der südliche „Fischkopf" der Nordinsel umfasst zwei an Wellington grenzende Regionen – nördlich des Küstenstreifens die Kapiti Coast, östlich das Farmland, die Weingüter und die abgeschiedene Küstenlinie von Wairarapa. Das Bindeglied zwischen beiden Regionen ist die Universitätsstadt Palmerston.

Die Parks und der Hauptplatz in Palmerston North

Martinborough

Karte Umschlaginnenseite hinten

Besucherinformation

18 Kitchener St.

06/306-5010

www.wairarapanz.com

Wairarapa

Der dünn besiedelte Distrikt Wairarapa erstreckt sich nordöstlich von Wellington entlang der zerklüfteten Rimutaka Range. Die Wildnis der Tararua Ranges hat eine sanft hügelige Farmlandschaft, Weinanbau und historische Städtchen.

Um aus der Stadt herauszugelangen, nimmt man am besten die SH2 durch die sich ausdehnenden Vororte Lower und Upper Hutt.

Wairarapa verdankt seinen Namen dem Lake Wairarapa („glänzender See") außerhalb von Featherston, wo man die SH2 in Richtung **Martinborough** verlässt. Das verschlafene Martinborough erwacht an den Wochenenden zum Leben, wenn Tagesausflügler aus Wellington die Stadt bevölkern. Den Rang eines Wahrzeichens nimmt das **Martinborough Hotel** *(The Square, siehe S. 298)* ein, in dem man hervorragend speisen und übernachten kann. Das **Martinborough Wine Centre** *(6 Kitchener St., Tel. 06/306-9040, www.martinboroughwinecentre.co.nz)* ist für seine vorzüglichen Tropfen bekannt. Informationen zu Unterkünften und Weingütern erhält man in der Besucherinformation.

INSIDERTIPP

Lernen Sie in der Cape Palliser Seal Colony Robbenbabys aus nächster Nähe kennen, und bewundern Sie hier am Abend den herrlichen neuseeländischen Sternenhimmel.

CHARLOTTE BUEB
Bloggerin für National Geographic Intelligent Travel-Blog

Von Martinborough aus können sich Liebhaber der Einsamkeit in Richtung Süden zur windgepeitschten Küste des **Cape Palliser** orientieren. Dort, wo die Straße auf die Küste trifft, beginnt ein zweistündiger Rundkurs um die spektakulären Felsformationen der **Putangirua Pinnacles**. Hinter dem Fischerort Ngawi räkelt sich eine Kolonie von Seebären auf den Felsen vor dem **Leuchtturm**, dem südlichsten Punkt der Nordinsel.

Weiter nördlich an der SH2 liegt mit **Greytown** ein weiterer bekannter Touristenort, der zahlreiche historische Holzgebäude, darunter die schöne **St. Andrews Church**, sowie Antiquitäten- und Kunsthandwerkläden zu bieten hat. Hält man sich weiter Richtung Norden, erreicht man Masterton, die wichtigste Stadt von Wairarapa. Dennoch sollte man von dort aus weitere 30 Kilometer über die SH2 fahren: bis zum **Pukaha Mount Bruce National Wildlife Centre** *(Tel. 06/375-8004, www.mtbruce.org.nz, $$)*, dem bedeutendsten Wildreservat des Landes. Hier kann man die Vielfalt der Tierwelt Neuseelands bestaunen.

Kapiti Coast

Die Kapiti Coast ist ein Badeort und Wachstumskorridor für Wellington. Er verläuft in nordwestlicher Richtung über die Ohariu-Störungszone. Die zerklüfteten Tararua Ranges säumen die SH1 landeinwärts, Kapiti Island beherrscht das Blickfeld in Richtung Westen.

Goldene Schere

Kein anderes Land ist stolz darauf, beinah ausschließlich durch seine Schafzucht bekannt zu sein – Neuseeland schon. Deshalb finden alljährlich – meist Anfang März – in Masterton die Golden Shears Shearing & Wool Handling Championships statt. Die Wettkämpfe erfreuen sich von Jahr zu Jahr immer größerer Beliebtheit. Informationen und Tickets erhält man im Shear Discovery Centre *(12 Dixon St., Masterton, www.sheardiscovery.co.nz)*.

Auf der Jagd nach den Ringen

Eines der größten Ereignisse für Neuseeland in den letzten Jahren war die Verfilmung der „Herr der Ringe"-Trilogie sowie des „Hobbit" durch den neuseeländischen Regisseur Peter Jackson, natürlich an neuseeländischen Schauplätzen.

Die Landschaften Neuseelands waren die ideale Kulisse für die Verfilmung des Fantasyklassikers.

Während der Dreharbeiten zu „Herr der Ringe" wurde ganz Neuseeland zu „Mittelerde". Die Filmemacher beschäftigten eine Heer von Spezialisten für Computeranimation und Make-up, für Waffen und Kostüme, von Schmieden, Steinmetzen, Schreinern und 20 000 weiteren Mitarbeitern. Fast jeder Neuseeländer kennt jemanden, der an den Filmen beteiligt war.

Die Auswirkungen auf die Wirtschaft und den Nationalstolz waren gewaltig. Die Regierung ernannte einen *Minister for the Rings*. In Wellington (seither Wellywood genannt) fanden die Welturaufführungen statt, und der Regisseur Peter Jackson wurde zum Motor einer schlagartig boomenden neuseeländischen Filmindustrie.

Seine Verfilmung der Romantrilogie („Die Gefährten", 2001 – „Die zwei Türme", 2002 – „Die Rückkehr des Königs", 2003) heimste insgesamt 17 Oscars ein.

Durch die Spezialeffekte von Weta Workshop, Jacksons in Wellington ansässiges Studio, wurde die ohnehin schon magische Landschaft des Landes noch magischer gestaltet, mehr als 150 Landstriche Neuseelands wurden dabei als Kulisse eingebunden und kamen auch beim „Hobbit" wieder zum Einsatz.

Drehorte – Nordinsel

Obwohl sich die Hektik rund um den „Herrn der Ringe" etwas gelegt hat, wird noch immer eine ganze Reihe von Touren für Tolkien-Fans angeboten. Selbst Hotels und Restaurants verkaufen Memorabilien.

Der am leichtesten wiederzuerkennende Drehort ist Hobbiton (in der deutschen

INSIDERTIPP

Die Bar Matterhorn in der Cuba Street in Wellington war ein Lieblingstreff der beteiligten Schauspieler, vor allem von Elijah.

TRACY PELT
National Geographic-Manager

Übersetzung Hobbingen; siehe S. 108), das außerhalb von Matamata in der Region Waikato auf der Nordinsel liegt. Die Hobbit-Häuser wurden in die grünen Hügel einer dortigen Farm hineingebaut und für den „Hobbit" wieder aufgebaut. Heute sind sie ein beliebtes Ziel für Fans der Filme.

Wellington und seine Umgebung war Schauplatz für eine Reihe von Drehorten, darunter für die Mittelerdestadt Bree, die auf der Halbinsel Miramar und einer alten Militärbasis im Vorort Seatoun gefilmt wurde. Hintergrund für Helm's Deep (Helms Klamm) war eine aufgelassene Mine an der Western Hutt Road. Der Kaitoke Regional Park einige Kilometer weiter war Schauplatz für Rivendell (Bruchtal) und die Fords of Isen (Furten des Isen). Der Waitarere Forest nahe Foxton, an der Kapiti Coast nördlich von Wellington, lieferte den Hintergrund für den Trollshaw Forest (die Trollhöhen) und den Wald von Osgiliath.

In den Filmen beeindrucken die aktiven Vulkane des Tongariro National Park. Das Skigebiet Whakapapa wurde mithilfe der Computeranimation zum düsteren Land Mordor, der Mount Tongariro zum Mount Doom (Schicksalsberg) umgestaltet. Und entlang der Desert Road östlich des Parks entstanden im Film die Plains of Gorgoroth (Hochebene von Gorgoroth).

Drehorte – Südinsel

Auch die Landschaften auf der Südinsel wurden als Drehorte einbezogen, zum Beispiel das Gebiet rund um Queenstown für die großen Kampfszenen. Die Szene am Amon Hen (Berg des Auges), wo die Freundschaft der Gefährten beinah zerbricht, wurde am Ufer des Lake Wakatipu aufgenommen. Die Berge im Mount Aspiring National Park am nördlichen Rand des Sees bei Glenorchy lieferten die Vorlage für die Misty Mountains (Nebelgebirge), der Kawerau River war der Hintergrund für die Filmszenen, in denen die Freunde zwischen den Pillars of the Kings (Säulen der Könige) hindurchpaddeln.

Weitere Drehorte auf der Südinsel waren der Arrowtown River, der die Kulisse für den Ford of Bruinen (die Bruinenfurt) gab, Takaka Hill nahe Nelson (Chetwood Forest), Ida Valley nahe Alexandra (Rohan) und Te Anau, wo aus dem Mararoa River der Silverlode River (Silberlauf) wurde. ■

ERLEBNIS:

„Herr der Ringe"-Touren

Mehrere Veranstalter bieten „Herr der Ringe"- und „Hobbit"-Touren an:
Hobbiton *(Tel. 07/888-6838, 501 Buckland Rd., Hinuera, www.hobbitontours.com)* **bei Matamata, hier kommen die Hobbit-Häuser her.**
Pure Glenorchy *(Tel. 03/441-1079, www.pureglenorchy.com)* **bringt Interessierte von Queenstown aus zu spektakulären Drehorten.**
Heliworks *(Queenstown International Airport, Tex Smith Ln., Queenstown, Tel. 03/441-4011, www.heliworks.co.nz)* **war an den Filmarbeiten beteiligt und bietet Ring-Touren aus der Luft an.**
Die Wellington Movie Tours *(Tel. 027/419-3077, www.adventuresafari.co.nz)* **in Wellington offeriert eine Auswahl von „Herr der Ringe"-Touren.**
Fans der Filme lieben die Weta Cave *(1 Weka St., Miramar, Tel. 04/380-9361, www.wetanz.com)*. **Hier werden Requisiten und Aufbauten gezeigt und Drehgeheimnisse verraten.**

Paekakariki, 40 Kilometer nördlich von Wellington zu finden, ist ein ruhiger Badeort mit einem schwarzen Sandstrand. Im **Queen Elizabeth Park** am nördlichen Stadtrand erstrecken sich die letzten natürlichen Dünen der Küste, wo man auch baden, angeln, am

Ein junger Zwergkiwi (*Apteryx owenii*) mit seinem Vater im Karori Sanctuary nahe Wellington

Strand ausreiten, wandern und radeln kann. Fünf Kilometer nördlich von Paekakariki befindet sich am MacKays Crossing, dicht an der SH1, das **Tramway Museum** *(Tel. 04/292-8361, wellingtontrams.org.nz, 26. Dez. bis 31. Jan. tgl., Feb. bis 24. Dez. Sa–So, $)* wo man Wellington-Trambahnen bestaunen kann, die zwei Kilometer weit bis zum Strand verkehren.

Die größte Stadt an der Küste, **Paraparaumu**, erstreckt sich vom Highway hinunter zu einem schönen Strand. In der Besucherinformation *(Coastlands Shopping Center, Tel. 04/298-8195)* kann man sich über Unterkünfte und Aktivitäten informieren. Automobilfreunde zieht es ins **Southward Car Museum** *(Otaihanga Rd., Tel. 04/297-1221 www.southwardcarmuseum.co.nz, $)*. Doch die größte Attraktion nahe der Stadt ist **Kapiti Island**. Die fünf Kilometer vor der Küste gelegene Insel war einst das Hauptquartier des Maorihäuptlings Te Rauparaha, dessen bewaffnete Banden die Westküste terrorisierten. Das Department of Conservation hat im Lauf der Zeit die Insel so sicher gemacht, dass gefährdete Vogelarten hier leben können, darunter viele Kiwis. Für einen Besuch der Insel benötigt man eine Erlaubnis des DOC in Wellington *(Tel. 04/384-7770, www.doc.govt.nz)*. Auf Kapiti Island gibt es auch eine Übernachtungsmöglichkeit *(Tel. 03/363-6606, www.kapitiislandnaturetours.co.nz)*. Die Überfahrt ist von Paraparaumu Beach aus möglich.

In **Otaki** unterstützte Te Rauparaha den Bau der Rangiatea Church, einer der schönsten Maorikirchen des Landes. Ansonsten ist Otaki ein Ausgangspunkt für Wanderungen durch die Tararua Ranges. Startpunkt ist **Otaki Forks**, 19 Kilometer östlich der Stadt an der Otaki Gorge Road.

Palmerston North

Mitten im fruchtbaren, flachen Ackerland liegt Palmerston North, eine 82 000 Einwohner zählende Provinzstadt an den Ufern des Manawatu River. Der Komiker John Cleese nannte sie «Selbstmordhauptstadt Neuseelands» – denn wem anderswo der Mut fehle, dem gelinge es bestimmt in „Palmy", sich das Leben zu nehmen. Cleese muss die Stadt besucht haben, als an der **Massey University**, der zweitgrößten Universität des Landes, gerade Semesterferien waren, denn dann ist in der Stadt kaum etwas los.

INSIDERTIPP

Ausflüge zur Kapiti Island, einem Vogelparadies, sind auf 50 Teilnehmer und zugleich auf 16 Übernachtungsmöglichkeiten begrenzt. Deshalb sollte man einen solchen Ausflug rechtzeitig buchen.

PETER TURNER
NATIONAL GEOGRAPHIC-Autor

1866 gründeten europäische Siedler die Stadt und fügten das North an den Namen Palmerston an, um sie von Palmerston auf der Südinsel unterscheiden zu können. Ihre Stadt legten sie rund um **The Square** an, einen Platz mit Grünflächen, Gärten und Seen. Westlich des Platzes steht **Te Manawa**, eine Mischung aus Museum, Kunstgalerie und Wissenschaftsgeschichte. Einige Straßenblocks weiter in Richtung Nordwesten stößt man auf Palmys größte Attraktion: das **New Zealand Rugby Museum**. Die **Victoria Esplanade Gardens**, 1,6 Kilometer südlich des Square gelegen, sind eine grüne Oase mit Rosengärten, Wanderwegen, Spielplätzen und einer Voliere. Jenseits des Flusses liegt die Universität, zu der man über die Brücke an der Fitzherbert Avenue gelangt.

In Richtung Osten, nach Napier und Wairarapa, verläuft die SH3 durch die **Manawatu Gorge**. Für die Wanderung durch die Schlucht benötigt man drei bis vier Stunden. ■

ERLEBNIS:

The Green Hub

Als Universitätsstadt eines umweltbewussten Landes verhält sich Palmerston North ökologisch tadellos. The Green Hub *(235 Main St., Tel. 06/355-8105, www.greenhub.co.nz)* **recycelt gratis oder gegen eine kleine Gebühr Computer, Handys und anderes Elektronisches und verkauft recycelte Fahrräder, denn es gehört zum Palmerston North Green Bike Trust, der seit 1998 Fahrräder recycelt und dadurch an die Gemeinschaft zurückgibt. Sie können hier Fahrräder sowohl mieten als auch kaufen.**

Palmerston North

Karte Umschlaginnenseite hinten

Besucherinformation

The Square
06/350-1922

www.manawatunz.co.nz

Te Manawa

326 Main St.
06/355-5000

www.temanawa.co.nz

New Zealand Rugby Museum

326 Main St.
06/358-6947
$

www.rugbymuseum.co.nz

Sonne, Meer, Berge, Wein und Tierwelt – reizvolle Einführungen in die majestätische Landschaft der Südinsel

Marlborough & Nelson

Kajakfahrt auf dem Meer am Arch Point, Abel Tasman National Park

Marlborough & Nelson

Die nördlichste Spitze der Südinsel hat alle Attraktionen des Landes zu bieten: felsige Küste, Berge, Strände, Tierwelt und wunderbare Wandermöglichkeiten.

Neuseelands sonnigste Region (bis zu 2400 Sonnenstunden pro Jahr) zieht im Sommer scharenweise einheimische Touristen an. Ausländische Besucher übersehen in ihrem Bestreben, rasch die bekannten Attraktionen weiter südlich zu erreichen, oft ihre Vorzüge.

Der Marlborough-Distrikt bildet das Tor zur Südinsel für die Touristen, die mit der Fähre aus Wellington ankommen. Nach der Fahrt über die zuweilen etwas raue Cook Strait bieten die Marlborough Sounds ein ruhigeres Hafengewässer in Blau und Grün.

Eine wunderbare Landschaft mit bewaldeten Buchten und Inseln erwartet Seefahrer auf ihrer Fahrt durch die verschlängelten Passagen der Sunde. Dieser Küstenabschnitt ist ein idealer Zufluchtsort. Auf jeden Fall dachte das schon Captain Cook, der hier auf seinen Pazifikerkundungen monatelang Schutz fand.

Vom Fährhafen Picton aus können die Sunde auf der beeindruckenden Autostrecke nach Nelson, dem Hauptort des Nelson-Distrikts, ausgiebig erkundet werden. Wer zügig nach Süden fährt, den zieht es zur Stadt Blenheim weiter.

UNBEDINGT ANSEHEN:

Den hübschen Hafen Picton 170–171

Buchten und Meeresarme der atemberaubenden Marlborough Sounds 172–173, 176

Weintour durch das Wairau Valley bei Blenheim 174–175

Walbeobachtung in Kaikoura 177, 181

Das Städtchen Nelson 178–187

Die tollen Strände des Abel Tasman National Park 182, 183–184

Die lässige Golden Bay und das flippige Takaka 185–186

Seen und Gebirgspanorama des Nelson Lakes National Park 186–187

Blenheim liegt nur 30 Minuten mit dem Auto von Picton entfernt. Hier beginnt Neuseelands beste Weinregion. Rebstöcke durchziehen das sonnige Wairau Valley, und hinter zahlreichen reizvollen Weinkellertüren werden gehobene Küche und Weinproben geboten.

Von Blenheim aus schmiegen sich Straße und Schiene in Richtung Kaikoura fast die ganze Zeit dicht an die zerklüftete Küste. Diese landschaftlich herrliche Strecke kombiniert Meer und Schnee, denn die Kaikoura Ranges liegen gleich hinter der Küste und sind oft schneebedeckt. Die Stadt Kaikoura ist Neuseelands Topadresse, um Meeressäuger zu beobachten. Besucher, die von Picton aus nicht nach Kaikoura fahren, reisen oft nach Nelson weiter, einen der ältesten besiedelten Orte Neuseelands und zugleich eine sehr lebenswerte Stadt. Viktorianische Villen überziehen die hügeligen Vororte, die einen schönen Hafen umgeben.

Nelson heißt auch der nordwestliche Distrikt mit seiner Hauptattraktion, dem Abel Tasman National Park. Smaragdfarbene Buchten und goldgelbe Strände umgeben die zwiebelförmige Halbinsel des Parks, eine wunderschöne Verbindung von Wald und Meer.

Die Golden Bay liegt nicht einmal 200 Kilometer von der Landeshauptstadt entfernt, doch liegen Welten von moderner Betriebsamkeit dazwischen. Der hoch emporragende Berg Takaka trennt sie vom restlichen Nelson-Distrikt ab, wodurch sie etwas beschwerlich zu erreichen ist.

Im Städtchen Takaka gehen die Uhren anders. Von hier aus kommt man zu den ruhigen nördlichen Abschnitten des Abel Tasman National Park. Etwas weiter entfernt befinden sich Farewell Spit („Landzunge des Abschieds") und der Kahurangi National Park. Von Nelson aus kann man auch über Murchison zur Westküste fahren oder einen Abstecher zum Nelson Lakes National Park mit den Zwillingsseen Rotoiti und Rotoroa unternehmen. ■

Gefallenendenkmal (Erster Weltkrieg), Blenheim

Marlborough

Wer mit der Fähre aus Wellington ankommt, dem bieten sich mit den Marlborough Sounds einige der schönsten Wasserstraßen der Welt. Die Gewässer können vom Hafenstädtchen Picton aus erkundet werden. Südlich davon liegt Blenheim, der Hauptort der produktivsten Weinregion des Landes. Weiter südlich ist Kaikoura eines der bedeutendsten Reiseziele, um Wale zu beobachten.

Boote, vor Anker liegend im Yachthafen Havelock, Marlborough Sounds

Picton

Karte S. 168

Besucherinformation

The Foreshore, Picton (einschließlich DOC-Büro)

03/520-3113

www.picton co.nz

Picton

Picton, für viele Besucher die erste Station auf der Südinsel, gibt einen ersten Vorgeschmack auf die landschaftlichen Wunder des Südens. Von bewaldeten Anhöhen umgeben, bildet Picton den Auftakt zu den Marlborough Sounds. Ursprünglich war Picton die Maorisiedlung Waitohi. Von der frühen Besiedlung, ehe Captain James Cook die Ship Cove („Schiffsbucht") an der Spitze des Sunds zu seinem zweiten Zuhause machte, ist wenig überliefert. Cook verbrachte hier zwischen 1770 und 1777 vier Monate. Von hier aus beanspruchte er Neuseeland für den britischen König Georg III. und benannte den Sund nach dessen Gemahlin Charlotte.

Die Idylle zerbrach, als der Stammeshäuptling Te

Rauparaha die Cook Strait überquerte und die Marlborough Sounds angriff. Viele der örtlichen Stämme wurden ausgelöscht. Als die New Zealand Company 1849 die Eignung des Orts als Hafen prüfte, war die Gegend nur spärlich besiedelt.

Nach vielen Namenswechseln wurde die Stadt 1859 nach dem walisischen General Sir Thomas Picton (1758–1815) benannt. Picton wurde zur Provinzhauptstadt erklärt, musste diese Ehre jedoch 1865 an Blenheim abgeben, das als Zentrum der Landwirtschaft florierte. Doch Picton ist noch heute der Haupthafen von Marlborough, wo Fähre und Zug ankommen.

INSIDERTIPP

In Picton sollte man im Kenepuru Sound Kajak fahren – man teilt sich das Wasser mit einer Handvoll Booten und Millionen wunderschöner Quallen.

DAVID LUNDQUIST
National Geographic-Experte

Das **Picton Museum** am London Quay informiert detailliert über Pictons frühe Maori- und europäische Geschichte. Belesene Mitarbeiter geben gerne Auskunft. Auf jeden Fall solle man sich die Exponate zum Walfang und den Aufenthalten Cooks ansehen.

Neuseeland-Topfbauchpferdchen

In den neuseeländischen Gewässern wimmelt es nur so von exotischen Tieren. Hierzu gehören auch einige Seepferdchenarten. Mit einem (relativ gesehen) riesigen Brutbeutel und einer Länge von 33 Zentimetern ist das Neuseeland-Topfbauchpferdchen eines der größten der Welt. Wie bei anderen Seepferdchen ist es das Männchen, das die befruchteten Eier trägt. Die Brut umfasst 300 Exemplare, aber manche Männchen können sogar bis zu 700 Pferdchen im Beutel tragen. Sie haben nur wenige natürliche Feinde; dennoch schrumpft ihr Bestand, da sie als Trockensubstanz Hauptbestandteil in vielen traditionellen chinesischen und koreanischen Arzneien sind.

Das **Edwin Fox Maritime Museum** in der Nähe des Fähranlegers beherbergt die „Edwin Fox". Sie wurde 1853 in Kalkutta gebaut und soll das neuntälteste Schiff der Welt sein. Die „Edwin Fox" hat Truppen zum Krimkrieg, Sträflinge nach Australien, Fracht nach Asien und Einwanderer nach Neuseeland befördert.

Das **EcoWorld Aquarium** im angrenzenden Gebäude ist auf Seepferdchen spezialisiert, hat aber auch Haie und Stachelrochen sowie spezielle Becken, in denen Kinder einige Meeresbewohner anfassen können.

Picton Museum
✉ 9 London Quay
☎ 03/573-8283
$ $
www.pictonmuseum-newzealand.com

Edwin Fox Maritime Museum
✉ Dunbar Wharf
☎ 03/573-6868
$ $
www.edwinfoxsociety.com

EcoWorld Aquarium & Terrarium
✉ Picton Foreshore
☎ 03/573-6030
$ $$
www.ecoworldnz.co.nz

Marlborough Sounds

Das Labyrinth von Wasserwegen, Buchten und Inseln der Marlborough Sounds ist entstanden, indem sich die beiden Hauptinseln über Millionen von Jahren hinweg aufeinander zu bewegt haben. Die Südinsel, die auf der Pazifischen Platte ruht, schiebt sich

Die Governor's Bay im Queen Charlotte Sound

allmählich unter die Australische Platte, die die Nordinsel trägt. Dabei werden die Täler der Sounds geflutet.

Die Maori erzählen eine andere, aber nicht unähnliche Geschichte zur Entstehung der Sunde: Als der Gott Aoraki mit seinem Kanu, der Südinsel, in die Nordinsel hineinfuhr, formten sich aus den Splittern des zerstörten Bugs die Sunde.

Wie sie auch entstanden sein mögen – das Ergebnis ist göttlich. Captain Cook sah das ebenso, und seine Beschreibungen dieses Zufluchtsorts zogen spätere Seefahrer magisch an.

Heute sind die Sunde ein Refugium für Menschen, die dem Alltagsstress entfliehen möchten. In der gesamten Region finden sich ruhige Unterkünfte. Es gibt ein paar gewundene, malerische Straßen, über die einige Buchten zu erreichen sind, aber das Boot ist das romantischste Transportmittel. In den Sounds wird die Post per Boot gebracht, und mit einem Wassertaxi erreicht man das B&B oder Hotel.

Queen Charlotte Drive: Wer die Sunde per Auto erleben möchte, sollte den Queen Charlotte Drive von Picton nach Havelock nehmen, eine spektakuläre, 40 Kilometer lange Straße, die sich durch Wald schlängelt. Sie führt die Küste des Queen Charlotte Sound entlang und überquert anschließend eine Küstenebene bis zu den unteren Ausläufern des Pelorus Sound. Unter den vielen reizenden Buchten entlang der Strecke lohnt besonders die **Governors Bay**; der zehnminütige Spaziergang zum **Cullen Point** bietet eine schöne Aussicht. Entlang der Straße stehen Kunsthandwerkläden und B&Bs.

ERLEBNIS: Weintouren

Man kann zwar eine eigene Tour zu den Weingütern des Wairau Valley zusammenstellen, aber viele Reiseveranstalter bieten Ausflüge an, mit denen man sich die Organisation erspart. Die meisten sind flexibel, nicht so teuer und finden in kleinen Gruppen statt. Auf Wunsch kann der Ausflug ein Mittagessen im Restaurant eines Weinguts oder auch ein Frühstück einschließen.

Bubbly Grape Weintouren

5 Landau Pl., Blenheim, Tel. 0800/228-2253, www.bubblygrape.co.nz.
Kleine Touren, die zumeist auf den hochgeschätzten Sauvignon blanc der Region ausgerichtet sind.

Highlight Tours

15a Murphys Rd., Springlands, Blenheim, Tel. 03/577-9046, www.highlightwinetours.co.nz.
Individuell zugeschnittene Touren, die fünf bis acht Weingüter umfassen und drei bis fünf Stunden dauern.

Marlborough Tours

16a Admiralty Pl., Waikawa Bay, Picton, Tel. 03/573-7122, www.marlborough tours.co.nz.
Wein, Essen und individuell zugeschnittene Touren. Start ist in Picton oder Blenheim.

Molesworth Tours

29 Taylors Pass Rd., Blenheim, Tel. 03/577-9897, www.molesworthtours.co.nz.
Ein vielfältiges Angebot an Touren, darunter die wichtigsten Weingüter des Wairau Valley und das nahe gelegene Awatere Valley.

Sounds Connection

10 London Quay, Picton Tel. 03/573-8843, www.soundsconnection.co.nz.
Bietet Touren rund um das Thema Wein, aber auch Touren über die Region an.

Wine Tours by Bike

191 Bells Rd., Blenheim, Tel. 03/577-6954, www.winetoursbybike.co.nz.
Holt die Teilnehmer ab und stellt die Ausrüstung und eine Karte der Weingüter für eine Tour auf eigene Faust zur Verfügung.

Auf halber Strecke entlang dem Queen Charlotte Drive führt eine Abzweigung zur Siedlung Anakiwa und zum Beginn des **Queen Charlotte Track**, einem Wanderweg durch die Marlborough Sounds zur historischen Ship Cove. Der Weg ist 71 Kilometer lang und kann in drei bis fünf Tagen erwandert werden. Mit dem Mountainbike benötigt man 13 Stunden, allerdings ist ein Teil der Strecke von Dezember bis Ende Februar gesperrt.

Der **Kenepuru Sound** kann auch über eine asphaltierte Straße erkundet werden, die vom Queen Charlotte Drive abzweigt. Die malerische Strecke führt an Farmland, Wald und Bucht vorbei zum Dörfchen Portage und endet am Ferienort Kenepuru Head am Ende des Sunds. Anschließend ist die Straße nicht mehr befestigt, führt jedoch an mehreren Buchten vorbei bis zum Pelorus Sound.

Das Hafenstädtchen **Havelock** bildet gemeinsam mit Picton ein Tor zu den Sunden und ist voller Ausflugsschiffe und Fischerboote. Es ist Neuseelands Haupthafen für Grünlippmuscheln, wie an den Speisekarten der Restaurants unschwer abzulesen ist. Hier kann man gut zu Mittag essen, oder man speist im Hafen direkt am Wasser, wo neben

Pelorus Mailboat

✉ Jetty 1, Havelock Marina
☎ 03/574-1088
$ $$$$$, Kinder frei
🕒 Di, Do und Fr

www.mail-boat.co.nz

Fahrt durch das Wairau Valley

Marlborough ist Neuseelands führendes Weinanbaugebiet. In den sonnendurchfluteten Ebenen des Wairau Valley mit seinem langen Herbst und den frostigen Wintern wächst eine einzigartige Traube und liefert 70 Prozent des neuseeländischen Weins. Die Region ist für ihren frischen Sauvignon blanc mit intensivem Fruchtgeschmack berühmt, aber hier werden auch Riesling, Chardonnay und Pinot noir angebaut.

Heranreifende Trauben auf einem Weingut bei Blenheim

Die kleine Stadt Renwick ist das Zentrum dieser produktiven Weinregion. Hier kann man auch übernachten, die wichtigste Ausgangsbasis für eine Erkundung der feinen Weine von Marlboroughs Wairau Valley ist jedoch das benachbarte Blenheim.

Dutzende von Weingütern befinden sich nur eine kurze Autofahrt von Blenheim oder Renwick entfernt, so dass man ein oder zwei sonnige Tage mit Weinproben verbringen kann. Um die Kombination von Weinprobe und Autofahren zu vermeiden, werden auch Touren per Bus oder Fahrrad angeboten (siehe Kasten S. 173).

Wither Hills ❶ *(211 New Renwick Rd., Tel. 03/520-8270, www.witherhills.co.nz)* ist auf Sauvignon blanc, Chardonnay und Pinot noir spezialisiert.

NICHT VERSÄUMEN

Wither Hills • Matua • Cloudy Bay • Alan Scott

Villa Maria ❷ *(Paynters & New Renwick Rds., Fairhall, Tel. 03/520-8470, villamaria.co.nz)* bietet eine breite Palette: von Sauvignon blanc bis hin zu Pinot noir.

Brancott Estate ❸ *(New Renwick Rd., Tel. 03/520-6975, www.brancottestate.com)*, einer der bekanntesten Namen im Tal, empfängt Sie in einem in eine Hügelkuppe hineingebauten Restaurantkomplex

Mahi ❹ *(9 Terrace Rd., Renwick, Tel. 03/572-8859)* hat sich auf Weine von einzelnen Weinbergen spezialisiert und bietet Sauvignon blanc, Chardonnay, Gewürztraminer, Pinot noir und Pinot gris an.

Wairau River ❺ *(Rapaura Rd., Tel. 03/572-7950, www.wairauriverwines.com)* bietet einen einladenden Weinkeller und ein nicht zu teures Mittagsrestaurant.

Vavasour ❻ *(26 Rapaura Rd., Tel. 03/572-7148)*. Hier können Sie mehrere Weine aus dem Awatere Valley verkosten.

Georges Michel ❼ *(Vintage Ln., Tel. 03/572-7230, www.georgesmichel.com)* hat die französische Tricouleur geflaggt, und sein sympathisches Café La Veranda kredenzt erschwingliche Lunch-Teller.

Herzog ❽ *(81 Jeffries Rd., Tel. 03/572-8770, www.herzog.co.nz)* ist ein renommiertes Lokal mit einem hübschen Weinkeller. Essen Sie in dem eleganten Restaurant oder im preisgünstigeren Bistro zu Abend.

Das nahe gelegene **Alan Scott** ❾ *(Jacksons Rd., Tel. 03/572-9054, www.allanscott.com)*, bietet ebenfalls Kellereiführungen an.

Cloudy Bay ❿ *(Jacksons Rd., Tel. 03/520-9140, www.cloudybay.co.nz)* hat mehr als alle anderen Weingüter dazu beigetragen, dass Marlboroughs Sauvignon blanc berühmt geworden ist. Es hat einen neuen Weinkeller, in dem es eng werden kann.

Wenn Sie nach so viel Wein mal etwas anderes trinken wollen, finden Sie in der gemütlichen **Moa Brewery** ⓫ *(Jacksons Rd., Tel. 03/572-5146, www.moabeer.com)* in einer Seitenstraße der Jacksons Road Pale Ale, ein Boutique-Stout und Cider.

Hunters ⓬ *(Rapaura Rd., Tel. 03/572-8439, www.hunters.co.nz)* mit attraktivem Keller ist eine der Topadressen im Tal.

Rock Ferry ⓬ *(80 Hammerichs Rd., Tel. 03/579-6431, www.rockferry.co.nz)* keltert eine Auswahl von Öko-Weinen. In seinem Café können Sie auch zu Mittag essen. ■

Siehe auch Karte S. 168
Blenheim
42 Kilometer
1–2 Tage
Rock Ferry

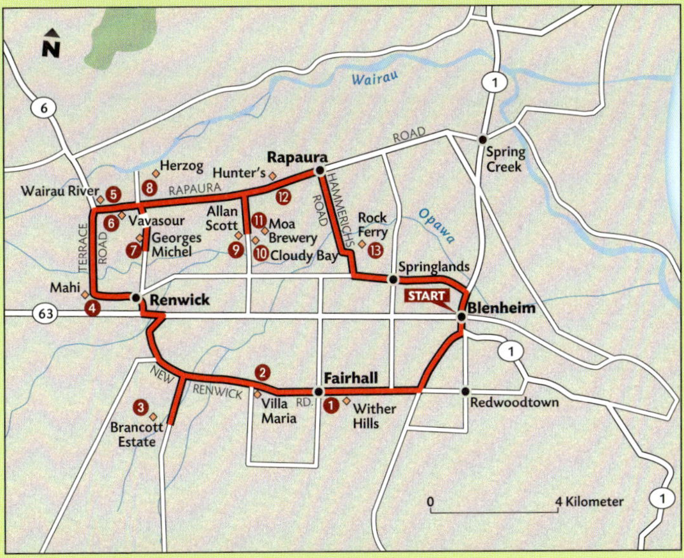

Kaikoura
Karte S. 168
Besucher-information
Westend, Kaikoura
03/319-5641
www.kaikoura.co.nz

Der Wairau-Tumult

Die koloniale Besiedelung rings um Blenheim war keineswegs einfach, und das Wairau Valley erlebte den berüchtigten Wairau-Tumult. Als die Kolonie 1842 bei Nelson gegründet wurde, benötigte man weiteren anbaufähigen Boden. Die New Zealand Company begann das Wairau Valley zu vermessen, da es einen umstrittenen Landvertrag zwischen dem Walfänger John Blenkinsop und dem Maorihäuptling Te Rauparaha erworben hatte.

Als die Hütte der Gutachter niedergebrannt wurde, beschloss die Regierung in Nelson, einzugreifen. Eine bewaffnete Mannschaft, die vom Kolonieleiter Captain Arthur Wakefield angeführt wurde, begab sich 1843 nach Wairau, um Te Rauparaha in Gewahrsam zu nehmen. Die Maori waren mit Musketen bewaffnet und sahen die Sache anders – in dem Gefecht, das daraufhin entbrannte, wurden 22 Europäer, darunter auch Wakefield, getötet.

Ausflugsschiffen und Wassertaxen auch das **Pelorus-Postboot** ablegt, das Touristen auf die Tagestour mitnimmt.

Wen Schotterpisten nicht abschrecken, sollte die Straße zum Küstenort **French Pass** und der nahe gelegenen **D'Urville Island** nehmen. Man kann angeln und Tiere beobachten und auch übernachten. Die Straße nach French Pass beginnt bei Rai Valley, auf der Straße nach Nelson, etwa 25 Kilometer von Havelock entfernt.

Eine weitere wenig befahrene Strecke ist die Straße von Picton nach Blenheim. Sie führt über den Berg von Picton nach Waikawa, das sich an einer schönen Bucht erstreckt, und dann die **Port Underwood Road** entlang. Die Straße folgt zunächst dem Queen Charlotte Sound und führt ab der Opihi Bay zur Ostküste.

Blenheim

Marlboroughs größte Stadt mit 27 000 Einwohnern war ein ländlicher Ort, bis in den 1970er-Jahren Weintrauben eingeführt wurden. In der zweiten Februarwoche füllt sich Blenheim beim **Wine Marlborough Festival** *(www.marlboroughwinefestival.co.nz)*, bei dem Essen, Wein und Unterhaltung geboten werden.

Hier sind vor allem die Weingüter die Hauptattraktion, aber auch das **Omaka Aviation Heritage Centre** *(79 Aerodrome Rd., Tel. 03/579-1305, $$$)* ist sehr sehenswert. Das **Marlborough Provincial Museum** *(New Renwick Rd., Tel. 03/578-1712, www.marlboroughmuseum.org.nz)* am südlichen Stadtrand gewährt Einblicke in das Leben der Kolonialzeit.

Das Weinanbaugebiet **Awatere Valley** liegt etwas

südlich der Stadt. Dort führt eine holprige Straße zur Inland Kaikoura Range und zur **Molesworth Station** *(Tel. 03/575-7043)*, mit 180 500 Hektar die größte Farm des Landes.

INSIDERTIPP

Wer mit Delfinen schwimmen möchte, sollte das Schiff um 17.30 Uhr nehmen. Nach dem Abendessen spielen die Tiere; beim Versuch, mit ihnen mitzuhalten, wird einem wunderbar schwindelig.

CHRISTY RIZZO
Expertin für Erlebnisreisen

Kaikoura

Seine Existenz verdankt dieser Ort dem Reichtum des Meeres. Er ragt auf einer Halbinsel in den Ozean hinein: an der Stelle, wo Maui seinen Fuß abstützte, als er die Nordinsel emporfischte – so die Maorilegende. Die Lage mit dem Gebirgszug der Kaikoura Ranges im Hintergrund ist überwältigend. 1843 gründete Kapitän Robert Fyffe eine Walfangstation und erbaute auf einem Fundament aus Walknochen das **Fyffe House**, das heute ein Museum beherbergt.

Die Touren von **Whale Watch Kaikoura** (siehe Kasten S. 181) sind Kaikouras Hauptattraktion. Zu den weiteren Aktivitäten gehören Rundflüge, Schwimmen mit Delfinen und Robben, Tauchen, Kajakfahrten und die Beobachtung von Albatrossen. Nach diesen eher kostspieligen Aktivitäten kann sich der strapazierte Geldbeutel beim Besuch im **Kaikoura District Museum** erholen. Hier finden sich Exponate zum Meer, den Maori und der Walfangindustrie des Orts. Ein noch preiswerteres Erlebnis bietet ein Spaziergang am Fyffe House vorbei zur Robbenkolonie. Der Rundgang dauert zweieinhalb Stunden. ■

Fyffe House
✉ 62 Avoca St.
☎ 03/319-5835
🕒 Im Winter Di & Mi geschl.

Kaikoura District Museum
✉ 14 Ludstone Rd.
☎ 03/319-7440
$ $

Wandgemälde eines Wals am Adelphi Café in Kaikoura

Nelson

Nelson umfasst die nordwestliche Spitze der Südinsel und ist eine Region, die von Bergen umgeben und von ruhigen Gewässern umschmeichelt wird. Von der hübschen Stadt Nelson aus begeben sich die meisten Besucher direkt zum Abel Tasman National Park. Entlang der gesamten Küste finden sich schöne Strände.

Antiquitätengeschäft in Nelson

Nelson
Karte S. 168
Besucher-information
77 Trafalgar St.
03/548-2304
www.nelsonnz.com

Nelson

Von grünen Hügeln umgeben und direkt am Meer gelegen, gilt Nelson (46 000 Einwohner) als eine der lebenswertesten Städte des Landes.

Die New Zealand Company legte im Jahr 1839 den Grundstein für die Stadt. Sie kaufte billig Land von den Maori und verkaufte es an die Siedler, die ab 1842 kamen. Nelson wurde 1858 zur zweiten Stadt Neuseelands erklärt, obwohl es nur 3000 Einwohner zählte. In der Stadt stehen noch einige schöne viktorianische Villen.

Mittlerweile zieht es eine Welle sonnenhungriger Migranten nach Nelson. Die Wirtschaft der Region gründet auf Land- und Forstwirtschaft, Fischerei und nicht zuletzt auf Tourismus.

Die Hauptstraße **Church Hill** blickt auf die Trafalgar Street und wird von den Maori *Pikimai* („kletter hier hoch") genannt. Einst befand sich hier ein *pa* (befestigtes Dorf) sowie die Siedlung der New Zealand Company. Der Festungswall von Fort Arthur, das nach dem Wairau-Tumult 1843 (siehe Kasten S. 176) erbaut wurde, ist noch in Resten erhalten. Von der Anhöhe aus dominiert die **Christ Church Cathedral** (*Tel. 03/548-1008*) die Stadt. Im Sommer werden Führungen veranstaltet.

In der Nähe befindet sich das **Nelson Provincial Museum**. Dieser schöne, moderne Museumsraum erzählt die Geschichte der Maoristämme und der Siedler aus Europa.

INSIDERTIPP

Am Mittwochnachmittag und Samstagvormittag ist in Nelson Markt. Hier finden Sie besondere Leckerbissen und handgefertigte Geschenke (www.marketground.co.nz/fmnznelson & www.nelsonmarket.co.nz).

NICOLAS BARTH
NATIONAL-GEOGRAPHIC-Experte

Die **Suter Art Gallery** in den historischen Queens Gardens beherbergt eine Ausstellung kolonialer Künstler wie etwa John Gully (1819–1888), Gottfried Lindauer und Petrus Van der Velden. Sie ist dem frühen Sammler Andrew Suter zu verdanken. Zeitgenössische Kunst ist ebenfalls gut repräsentiert, und die Galerie hat ein schönes Café.

Kunsthandwerk

Die neuseeländischen Künstler produzieren ein breites Spektrum an attraktivem Kunsthandwerk. Regionen wie Nelson und Waiheke Island sind für ihr Kunsthandwerk bekannt, aber überall im Land finden sich Studios und Galerien voller Töpferware, Glas und Webereien. Drechsler stellen interessante Werke aus einheimischen Hölzern wie Kauri und Rimu her. Glasbläser in Nelson ziehen kleine Teile aus einheimischem Metall in Glas ein und erzeugen so handgearbeitete Glasperlen, die sowohl europäische als auch einheimische Ästhetik widerspiegeln. Die Touristeninformationen halten Broschüren über örtliche Künstler und Ateliers bereit.

Das **World of WearableArt & Classic Cars Museum** am südwestlichen Stadtrand zeigt Entwürfe (von bizarr bis wunderbar) des jährlichen Modewettbewerbs WOW. Die Ausstellung mit mechanischem Laufsteg ist klein, aber sehr beeindruckend. Das benachbarte Automuseum bietet eine Auswahl an Detroiter Modellen.

Der **Founders Heritage Park**, eine Art Freilichtmuseum, liegt etwa 1,6 Kilometer nordöstlich der Stadtmitte und

Nelson Provincial Museum
✉ Hardy & Trafalgar Sts.
☎ 03/548-9588
$ $
www.museumnp.org.nz

Suter Art Gallery
✉ 208 Bridge St.
☎ 03/548-4699
$ $
www.thesuter.org.nz

World of WearableArt & Classic Cars Museum
✉ 95 Quarantine Rd., Annesbrook
☎ 03/547-4573
$ $$
www.wowcars.co.nz

Founders Heritage Park
✉ 87 Atawhai Dr.
☎ 03/548-2649
$ $
www.founderspark.co.nz

Wunderland der Tiere

Neuseeland hat eine Fülle an Meerestieren und einzigartigen Vögeln zu bieten, die an zahlreichen Orten in ihrem natürlichen Lebensraum beobachtet werden können. Es gibt daher viele Unternehmen, die Ausflüge zur Tierbeobachtung anbieten. Das Department of Conservation beaufsichtigt auch spezielle Fortpflanzungsgebiete, oftmals mit Verstecken, von denen aus man die Tiere beobachten kann, ohne sie zu stören.

Großer Tümmler mit begleitender Taucherin

Wale

Neuseelands nährstoffreiche Gewässer ziehen 22 Walarten an. Am häufigsten sieht man Pott- und Buckelwale, Bryde- und Glattwale. Gemäß einer Legende der Maori waren es Wale, die die ersten Menschen nach Aotearoa führten. Waljäger folgten ebenfalls den Walen und jagten sie unbarmherzig. Heute werden die Meeressäuger von Touristen gesucht. Walbeobachtung ist eine große Touristenattraktion, vor allem in Kaikoura auf der Südinsel, wo man oft Pottwale sehen kann (siehe Kasten S. 181). Orcas (Killerwale) findet man ebenfalls in neuseeländischen Gewässern. Die kleine Population ist am häufigsten vor der Ostküste der Nordinsel zu beobachten.

Delfine

Am zahlreichsten kommen unter den zehn Delfinarten, die man in Neuseeland zu sehen bekommt, der Schwarzdelfin und der Gemeine Delfin vor. Man sieht auch Große Tümmler. Die kleineren Hector- und Maui-Delfine sind sogar ausschließlich in neuseeländischen Gewässern anzutreffen, da sie hier endemisch sind.

Mit Delfinen zu schwimmen ist äußerst beliebt, vor allem in der Bay of Islands und in Kaikoura. Neuzeitliche neuseeländische Volksgeschichten haben zwei Delfine unsterblich gemacht: Opo (siehe Kasten S. 99), ein Weibchen, das sich am Ferienort Opononi aufhielt und mit Kindern spielte, und Pelorus Jack, ein Risso-Delfin, der angeblich Schiffe über die Cook Strait begleitete und ihnen half, gefährliche Felsen und Strömungen zu umschiffen.

Robben

Nachdem Captain Cook die große Zahl an Seebären in Neuseeland angemerkt hatte, schlugen prompt Robbenjäger ihre Lager auf und jagten die Robben wegen ihres Pelzes, bis sie nahezu ausgerottet waren.

Mittlerweile unter Schutz gestellt, können Pelzrobbenkolonien an mehreren Stellen entlang der Küste beobachtet werden. Auch hier ist die Südinsel für die Robbenbeobachtung am besten geeignet, vor allem in Kaikoura, auf der Otago Peninsula, in den Catlins und am Cape Foulwind in der Nähe von Westport. Überwiegend leben hier Seebären, aber es gibt auch die größeren Neuseeland-Seelöwen und die Südlichen See-Elefanten und Seeleoparden. Die Seelöwen kommen auf der Otago Peninsula und in den Catlins auch an Land.

Der seltene Gelbaugenpinguin brütet in Neuseeland.

ERLEBNIS: Whale Watch Kaikoura

Da man fast immer Pottwale zu sehen bekommt, ist Whale Watch Kaikoura *(Tel. 03/319-6767, www.whalewatch.co.nz)* mittlerweile die wichtigste Wildtierattraktion des Landes. Jedes Jahr nehmen 100 000 Besucher an den Walausflügen teil. Das Unternehmen gibt an, eine Erfolgsquote von 95 Prozent zu erzielen. Wenn keine Wale zu sehen sind, werden 80 Prozent des Preises zurückgezahlt. Neben Pottwalen sieht man häufig Delfine, seltener Buckel- und Blauwale.

Whale Watch Kaikoura wird von Maori betrieben. Das Kuri-Volk, das zum Stamm der Ngai Tahu gehört, gründete das Unternehmen 1987, als die Fischerei im Ort zurückging. Seit seinen Anfängen mit Schlauchboottouren ist das Unternehmen stark gewachsen und verfügt über eine Flotte von Katamaranen, denen Flugzeuge den Weg zu den Walen weisen.

Vögel

Weltweit gibt es 16 Pinguinarten – neun findet man in neuseeländischen Gewässern. Die drei Hauptarten sind der Zwergpinguin, der Gelbaugenpinguin und der Dickschnabelpinguin. Die anderen Arten bewohnen Neuseelands antarktische Gebiete und subantarktische Inseln.

Die Otago Peninsula ist auch für ihre Kolonie von Königsalbatrossen berühmt. Am Muriwai Beach westlich von Auckland und am Cape Kidnappers bei Hastings leben riesige Kolonien von Australtölpeln.

Viele heimische Landvögel sind inzwischen bedroht, aber es gibt noch einzigartige Spezies wie die farbenfrohe Takahe oder das Nationaltier Neuseelands, den flugunfähigen Kiwi. Den besten Überblick über die Vogelarten des Landes erhält man im Pukaha Mount Bruce National Wildlife Centre bei Masterton auf der Nordinsel. Den scheuen, nachtaktiven Kiwi sieht man in der freien Natur aber nur selten. ■

ERLEBNIS:

Kajak fahren im Abel Tasman National Park

Die imposante Küste des Abel Tasman National Park kann zu Fuß oder mit dem Boot erkundet werden, aber in einem Kajak durch die wunderschönen Buchten zu entlegenen Stränden zu gleiten überbietet alles. Man kann entweder ein Kajak mieten und sich allein auf den Weg machen oder an einer geführten Kajaktour teilnehmen, von der Halbtages- bis zur Dreitagestour. Als Unterkunft stehen dabei Hütten, Zeltplätze oder luxuriöse Lodges zur Auswahl. Außerdem kann man die Kajakfahrten mit einer Wanderung oder einer Rückfahrt per Wassertaxi kombinieren.

Die meisten Betreiber befinden sich in Marahau am Rand des Parks, im zehn Kilometer entfernten Kaiteriteri und in Motueka. Geführte Touren sind beliebt, während Kajaks für Individualtouren meist nur an Gruppen von mindestens zwei Personen mit Kajak- und Wildniserfahrung vermietet werden. Zelt- und Kajakausrüstung können gestellt werden.

In Marahau sind unter anderem die Betreiber **Abel Tasman Kayaks** *(Tel. 03/527-8022, www.abeltasmankayaks.co.nz)*, **Kahu Kayaks** *(Tel. 03/527-8300, www.kahukayaks.co.nz)* und **Marahau Sea Kayaks** *(Tel. 03/527-8551, msk.net.nz)* ansässig. Im kleinen Urlaubsort Kaiteriteri bietet sich **Kaiteriteri Kayaks** *(Tel. 03/527-8383, www.seakayak.co.nz)* an.

besteht aus einer Ansammlung von historischen Gebäuden und Fahrzeugen. Der **Miyazu Japanese Garden** liegt in derselben Straße.

Der **Botanic Hill**, der sich über den Gärten entlang der Milton Street erstreckt, bietet zahlreiche schöne Panoramablicke. Ein Schild weist den geographischen Mittelpunkt Neuseelands aus.

Tasman Bay

Die sonnige Tasman Bay wird von den Attraktionen Nelsons und dem Abel Tasman National Park dominiert. Dazwischen finden sich weitere Sehenswürdigkeiten. Bei Tahunanui hat Nelson einen schönen Stadtstrand zu bieten. Wer einen leeren Sandstrand sucht, sollte sich zur **Rabbit Island** aufmachen. Die Insel erreicht man über eine Brücke auf halber Strecke zwischen Richmond und dem Küstenort Mapua.

In der gesamten Umgebung der Tasman Bay finden sich sehr viele Kunsthandwerkläden: Töpfer, Goldschmiede, Maler, Drechsler und Glasbläser. Weingüter florieren hier ebenso, vor allem in **Richmond** und **Upper Moutere**, das früher Sarau hieß, wo die deutschen Siedler, die die Stadt gründeten, eine beeindruckende lutherische Kirche erbauten.

In **Lower Moutere**, in der Nähe von Motueka, befindet sich die **Riverside Community**, die während des Zweiten Weltkriegs von Pazifisten gegründet wurde.

Zentrum dieser recht fruchtbaren Obstregion, in der Äpfel, Birnen, Beeren, Hopfen und Kiwis angebaut werden, ist **Motueka** (7000 Einwohner). Es hat eine gute Infrastruktur und ist als Ausgangspunkt für einen Besuch im Abel Tasman National Park beliebt. Der beliebte kleine Ferienort **Kaiteriteri**, der 14 Kilometer nördlich liegt, hat goldene Strände zu bieten und ist ebenfalls ein guter Ausgangspunkt für Ausflüge zum Nationalpark.

Abel Tasman National Park

Mit seinen 225 Quadratkilometern ist er zwar Neuseelands kleinster Nationalpark, dafür aber einer der berühmtesten. Buchten, Lagunen, Strände und klare Gewässer ziehen jährlich 180 000 Besucher an. Die meisten sind Tagestouristen, aber ein längerer Aufenthalt lässt sich durchaus vertreten, wenn man den Abel Tasman Coast Track erwandert oder mit dem Kajak an einem der schönsten Küstenabschnitte der Welt entlangfährt.

INSIDERTIPP

Besuchen Sie die Arts Unique Gallery (www.artsunique.co.nz) in Marahau. Die riesigen Holzskulpturen, die von den Mythen der Maori künden, zählen zu den schönsten Neuseelands.

CHARLOTTE BUEB
Bloggerin für NATIONAL GEOGRAPHIC Intelligent Travel-Blog

Der Park umfasst auch Marmorschluchten, Granit- und Kalksteinfelsen, ausgedehnte Südbuchenwälder und Regenwald, der dicht ans Meer heranwächst. Benannt ist der Park nach dem niederländischen Entdecker Abel Tasman, der mit seinen Schiffen am 16. Dezember 1642 in der Nähe der Wainui Bay im Norden des Parks vor Anker ging.

Der Haupteingang des Nationalparks im Süden ist **Marahau**, das 20 Kilometer von Motueka entfernt liegt. Von Marahau und weiter südlich von Kaiteriteri aus fahren Ausflugsboote, Wassertaxen und Shuttleboote zu moderaten Preisen in den Park hinein. Wer mit dem Boot fährt, kann sich irgendwo an dem Küstenabschnitt bis Totaranui absetzen und später wieder abholen lassen. Für eine Tagestour lässt man sich mit dem Boot zur

Abel Tasman National Park
Karte S. 168
Besucherinformation
☎ 03/546-9339
www.doc-govt.nz/parks-and-recreation/national-parks/abel-tasman

Meereskajaker und junge Robbe im Abel Tasman National Park

Torrent Bay oder Bark Bay bringen und wandert auf dem **Abel Tasman Coastal Track** nach Marahau zurück.

Höhlenerkundung

Die Karstlandschaft rund um Marlborough und Nelson besteht aus zerfurchten Klippen und einem Höhlengeflecht. Heute trifft man in vielen Höhlen, die einst Grabstätten der Maori waren, auf zahlreiche Abenteuerreisende. Die berühmteste Höhle, Harwood Hole, wurde 1957 entdeckt. Ihr 176 Meter tiefer Einstiegsschacht wurde erstmals erkundet, indem Leute aus dem Ort einen Schuljungen an einem Geschirr hinunterließen. Der Bekanntheitsgrad der Höhle zieht zwar Abenteurer aus der ganzen Welt an, gefährlich bleibt sie aber weiterhin. 1960 wurde der Gründer des neuseeländischen Vereins für Höhlenforschung von einem losen Felsbrocken erschlagen, als er die Höhle erkundete.

Der Wanderweg zwischen Marahau und der Wainui Bay, einer der *Great Walks* („Großen Wanderwegen"), ist eine Strecke von 51 Kilometern, die sich in drei bis fünf Tagen zurücklegen lässt. In Torrent Bay und Awaroa können neben Hütten Privatunterkünfte gemietet werden. Das Mündungsgebiet bei Awaroa und der Fluss beim Onetahuti Beach lassen sich nur bei Ebbe überqueren, daher sollte man sich vorher über die Gezeiten informieren.

Eine andere Dreitagestour, der **Inland Track**, führt von der Wainui Bay nach Marahau zurück, allerdings ist dieser Weg durch das Innere des Parks deutlich schwieriger.

Eine sehr gute Möglichkeit, um Buchten und entlegene Strände zu erkunden, sind Kajakfahrten auf dem Meer.

Im Norden gelangt man bei **Totaranui** in den Park. Hier befinden sich ein Büro des Department of Conservation und ein Zeltplatz mit einem Strand. Viele Wanderer beginnen oder beenden hier den Küstenweg und fahren eine Strecke nach Marahau mit dem Boot.

Die Straße von Takaka in der Golden Bay nach Totaranui führt durch das verschlafene Örtchen **Pohara**, das über einen sicheren Strand verfügt. Kurz hinter dem Hafen von Tarakohe liegen die **Ligar Bay** und der **Tata Beach** mit ihren schönen goldenen Sandstränden, die zum Schwimmen einladen. Bald darauf ist die Straße nicht mehr befestigt, aber dafür landschaftlich sehr reizvoll. Auf dem Weg zum Park lohnt ein Abstecher für den 45-minütigen Spaziergang zum Wasserfall **Wainui Falls**.

Der andere Parkeingang ist ein wenig genutzter Hintereingang. Die unbefestigte Cannan Road führt vom Takaka Hill ins Innere des Parks. Diese Gegend, von Marmorschluchten, Kalksteinfelsnasen und unterirdischen Wasserläufen durchzogen, unterscheidet sich deutlich vom übrigen Park.

Die meisten Besucher fahren zunächst zwölf Kilometer weit und wandern dann 45 Minuten zum **Harwood Hole**, einem 176 Meter tiefen Marmorschacht, der direkt in die **Starlight Cave** führt.

Golden Bay

Takaka Hill beschützt die Golden Bay. Die Fahrt von Motueka nach Westen ist etwas beschwerlich, aber man wird durch schöne Ausblicke belohnt. Kurz vor der Spitze des Takaka Hill – dem einzigen Ort Neuseelands, wo Marmor abgebaut wird – liegen die **Ngarua Caves** *(Tel. 03/528-8093, $$)*. Führungen durch die Höhlen finden zwischen 10 und 16 Uhr zur vollen Stunde, von Juni bis August jedoch nur am Wochenende statt. Hier sind auch Moa-Knochen zu sehen. Nördlich der Ngarua Caves liegt Harwood Hole (siehe Kasten S. 184).

Das entspannte **Takaka**, der Hauptort der Golden Bay, liegt auf der anderen Seite des fruchtbaren Takaka Valley. Das **Golden Bay Museum** *(Commercial St., Tel. 03/525-6268, www.virtualbay.co.nz/gbmuseum)* beherbergt historische Exponate und ein Diorama von Abel Tasmans Begegnung mit den Maori. Ein Besuch lohnt im **Wholemeal Café** *(60 Commercial St., Tel. 03/525-9426)*, einem Lokal im Hippie-Stil mit vielen Köstlichkeiten.

Etwas nordwestlich von Takaka und abseits der SH60 liegen die **Te Waikoropupu Springs** (bekannter als Pupu Springs), deren Wasser eine Sicht von bis zu 63 Metern ermöglicht. Wanderwege

Bunte Kajaks am Kaiteriteri Beach in Nelson

Golden Bay

Karte S. 168

Besucher-information

DOC Golden Bay Area Office, 62 Commercial St., Takaka

03/525-8026

Takaka

Karte S. 168

Besucher-information

Willow St.

03/525-9136

Ein Wasserfall strömt über einen Felsvorsprung am Cupola Creek, Nelson Lakes National Park.

Nelson Lakes National Park

Karte S. 168

Besucherinformation

Visistor Information Center, View Rd., St. Arnaud

03/521-1806

www.doc-govt.nz/parks-and-recreation/national-parks/nelson-lakes

verlaufen durch den Wald und entlang einer Wasserbahn, die zu Goldgräberzeiten genutzt wurde. Die Quellen liegen vier Kilometer nördlich der Stadt, nach der Abzweigung fährt man noch drei Kilometer weit.

Von Takaka aus führt die malerische Abel Tasman Road nach Totaranui (siehe S. 184). Ehe man die Stadt erreicht, liegt etwas abseits der Straße die tropfsteinreiche **Rawhiti Cave**. Die Höhle kann mit Führungen besichtigt werden.

Das verschlafene Städtchen Collingwood ist der letzte Ort vor der Golden Bay. Es ist der Ausgangspunkt für Ausflüge zum Farewell Spit, zum **Kahurangi National Park** und zum **Heaphy Track** (siehe S. 219), der im Aorere Valley, 28 Kilometer von Collingwood entfernt, beginnt.

Farewell Spit ist eine 35 Kilometer lange, sichelförmige Sandbank, die die Golden Bay schützt und am Cape Farewell, dem nördlichsten Punkt der Südinsel, endet. Der Zugang zu diesem wichtigen Lebensraum für Watvögel ist beschränkt.

Nelson Lakes National Park

Die Gletscherseen Rotoiti und Rotoroa bilden den Rahmen für die Landschaft des Nelson Lakes National Park.

St. Arnaud, an den Ufern des Lake Rotoiti gelegen, ist im Sommer für Bootsfahrten, Forellenangeln und Schwimmen beliebt. Im Winter ist es eine gute Ausgangsbasis für das **Skigebiet Rainbow**. Es liegt 87 Kilometer südwestlich von Nelson, an der SH63 zwischen Blenheim und der Westküste.

Der **Lake Rotoiti** („kurzer See"), in der Nähe von St. Arnaud gelegen, zieht die meisten Besucher an, die oft nur ein Foto machen und dann weiterfahren. In den Seen und Wasserläufen wimmelt es von Bachforellen, vor allem im **Lake Rotoroa** („langer See"), der eine 40-minütige Autofahrt entfernt liegt.

Das Wunderland hinter den Seen erreicht man nur zu Fuß, etwa auf dem fünftägigen

INSIDERTIPP

Wenn die Sandfliegen Sie plagen, flüchten Sie sich zu den Bäumen! Die kleinen Monster mögen offenes Wasser und Lichtungen, aber keine dichte Vegetation. Ein weiteres Schutzmittel: Essen Sie Marmite oder Vegemite, die viel Vitamin B enthalten.

KIM FRANCIS
Gründerin von Black Sheep Touring Co.

Travers-Sabine Circuit, der an imposanten Bergen und abgelegenen Seen vorbeiführt, oder auf dem dreitägigen **Lake Angelus Track**.

Am einfachsten erfährt man die Pracht des Parks auf einem der kurzen Seenwanderwege.

Murchison

Murchison ist der letzte Ort von Bedeutung in der Umgebung von Nelson und liegt, von Bergen umgeben, am spektakulären Buller Gorge Heritage Highway (SH6), dem Tor zur Westküste der Insel.

Murchison wurde 1929 durch ein Erdbeben zerstört. Das **Murchison Museum** *(60 Fairfax St., Tel. 03/523-9392)* zeigt Fotos davon.

Der **Buller River** sorgt für die meisten Attraktionen der Stadt, wie Jetboot- und Kajakfahrten oder Wildwasserrafting. 14 Kilometer außerhalb von Murchison in Richtung Westport schwebt die **Buller Gorge Swingbridge** (Hängebrücke; *Tel. 03/523-9809, $*) über dem Fluss und eröffnet eine atemberaubende Aussicht. Außerdem werden eine Seilrutsche, Wanderungen und Jetbootfahrten angeboten. ■

ERLEBNIS: WWOOFen

In einem Land, das von der Landwirtschaft geprägt ist, bietet die Möglichkeit, längere Zeit auf einem Bauernhof als Helfer zu verbringen, einen einzigartigen Einblick in das Leben in Neuseeland. WWOOF (*Willing Workers On Organic Farms* – „Freiwillige Arbeitskräfte auf Biobauernhöfen") ist ein internationales Netzwerk, das Freiwilligen (WWOOFern) die Gelegenheit eröffnet, genau dies zu tun.

In Großbritannien begründet, hat sich WWOOF seit 1974 auch in Neuseeland etabliert. Die Arbeit wird nicht bezahlt, dafür werden kostenlose Unterkunft und Verpflegung als Gegenleistung für die Hilfe bei Gartenarbeiten und ähnlichen Tätigkeiten geboten. Dazu gehören beispielsweise spezielle Farmarbeiten auf dem Biobauernhof, Jäten und Mulchen, Wein- und Käseherstellung oder die Errichtung von Häusern aus Strohballen. WWOOFen ist besonders bei Studenten beliebt, grundsätzlich gibt es aber Freiwillige jeden Alters.

Um ein WWOOFer zu werden, muss man sich anmelden und eine geringe Gebühr bezahlen, um die Liste der rund 1000 teilnehmenden Biobauernhöfe zu erhalten. Man kann sich online, per Post oder per Fax anmelden *(WWOOF NZ, P. O. Box 1172, Nelson 7040, NZ, Tel. & Fax 03/544-9890, www.wwoof.co.nz)*.

Da Essen und Unterkunft gestellt werden, betrachtet die neuseeländische Einwanderungsbehörde WWOOFen als bezahlte Tätigkeit und verlangt ein Arbeits- oder Studentenvisum. Einjährige Working-Holiday-Visa sind für 18- bis 30-Jährige aus 26 Ländern, darunter auch Deutschland, in der Regel leicht zu bekommen.

QUALITY COFFEE
Gregg's
SINCE 1861
No 11

Von der seit ihren Anfängen englisch geprägten Stadt Christchurch quer über die Schafweiden der Ebenen zu den höchsten Gipfeln der Southern Alps

Christchurch & Canterbury

Straßenbahn und Stechkahn fahren auf dem Avon River: zeitlose Fortbewegungsmöglichkeiten, um Christchurch zu erkunden

Christchurch & Canterbury

Für viele Besucher ist Christchurch die erste Station auf der Südinsel. Es ist die größte Stadt im Süden und wirkt wie ein Stück England im Pazifik. Von den schweren, zerstörerischen Erdbeben 2010 und 2011 erholt sich die Stadt langsam wieder.

Gotische Architektur, der Fluss und einige schöne Gärten blieben übrig, doch die meisten Viertel von Christchurch werden den Plänen zufolge sehr modern. In den kommenden Jahren soll das Stadtzentrum wiederaufgebaut werden.

Christchurch ist das Tor zur Region Canterbury, in der die höchsten Gipfel der Southern Alps in den Himmel ragen. Die Stadt selbst erstreckt sich am Rand der Canterbury Plains. Im Osten wird sie von der Banks Peninsula begrenzt, einer geologischen Kuriosität, die steil aus dem angrenzenden Flachland ragt. Auf diesem großen Aufschluss von Vulkangestein mit ländlichen Hügeln und Buchten lebten einst französische Siedler, die eine französisch geprägte Stadt hinterlassen haben, Akaroa, das zu den herausragenden Sehenswürdigkeiten der Südinsel zählt.

Landeinwärts erstreckt sich das riesige, fruchtbare Farmland der Canterbury Plains bis zu den Ausläufern der Alpen. Im Norden liegt das hübsche Städtchen Hanmer Springs, der beliebteste Kurort der Südinsel mit heißen Quellen. Jenseits davon verlaufen die Passstraßen durch die Alpen bis an die Westküste.

Der höchste Pass ist Arthur's Pass, der sich durch den gleichnamigen Nationalpark zieht. In dieser alpinen Landschaft trifft man auf verschneite Berggipfel und schöne Wanderwege. Im Nationalpark kann man gut Ski fahren.

Der meistbesuchte Abschnitt der Alpen erstreckt sich weiter südlich: dort, wo der Aoraki/Mount Cook, der höchste Berg des Landes, in den Himmel ragt. Die Fahrt von Christchurch dorthin auf der Inland Scenic Route ist eine der schönsten Strecken Neuseelands. Sie verläuft zunächst in südlicher Richtung durch die Canterbury Plains und windet sich dann landeinwärts, an Geraldine vorbei und durch hügeliges Farmland, ehe sie wüstenähnliche Landschaften und schöne Seen erreicht, wie den türkisfarbenen Lake Tekapo. Dahinter lauern die Gipfel im Mount Cook National Park, wo Edmund Hillary für seine Erstbesteigung des Mount Everest trainierte.

Der Aoraki/Mount Cook ist zweifellos das Juwel der Alpen, aber auch die gesamte umgebende Landschaft ist faszinierend. Ein Höhepunkt ist für viele ein

UNBEDINGT ANSEHEN:

Die gotische Architektur und Gärten in Christchurch 193–195, 197–198

Staken auf dem Avon River in Christchurch 197

Die Seilbahn auf die Port Hills hinauf 198

Die einstige französische Siedlung von Akaroa 200

In die heißen Quellen von Hanmer Springs eintauchen 203

Die alpine Landschaft im Arthur's Pass National Park 204–205

Die türkisfarbenen Gletscherseen von Tekapo und Pukaki 210

Aoraki/Mount Cook, Neuseelands höchsten Berg 210–212

Drink in der Lounge des Hermitage Hotel mit ihren vom Fußboden bis zur Decke reichenden Fenstern. Schon eine kurze Wanderung durch den Nationalpark wird mit herrlichen Panoramablicken belohnt, noch eindrucksvoller ist aber ein Rundflug. Vom Aoraki/Mount Cook aus führt die Route weiter bis Queenstown in Otago. Entlang der SH1 kommt man auf dem Weg nach Dunedin durch Timaru. ■

Christchurch

Christchurch, Neuseelands zweitgrößte Stadt, erholt sich rasch von den Erdbeben der Jahre 2010 und 2011. Trotz des Verlusts vieler historischer Gebäude konnte sich die Stadt ihren sehr „englischen" Charakter erhalten. Ihren Besuchern hat sie viel zu bieten: Museen, Kunstgalerien, große Rasenflächen und die Stechkähne auf dem Avon. Von hier aus kann man viele Ausflüge unternehmen, so etwa in die frühere französische Siedlung Akaroa.

Der Peacock Fountain am Canterbury Museum

Christchurch

Karte S. 191

Besucherinformation

Botanic Gardens, Rolleston Ave.

03/379-9629

www.christchurchnz.com

Geschichte

Die Lage und die Geschichte der Stadt sind von den weiten Canterbury Plains geprägt. Flach und gitterförmig erstreckt sich Christchurch von den Port Hills landeinwärts. Hier haben sich die ersten Siedler nach ihrer Ankunft im Hafen von Lyttelton ausgebreitet.

Christchurch war im Gegensatz zu vielen anderen eine geplante Siedlung der Church of England. Ab 1848 begann die Canterbury Association, von Edward Gibbon Wakefield (1796–1862) und John Robert Godley (1814–1861) gegründet, Siedler in die Canterbury Plains zu locken. Sie orientierten sich dabei an der englischen Klassengesellschaft, was bedeutete: Die Arbeiter und Handwerker, die 1850 auf den ersten vier Schiffen ankamen, sollten dem Landadel dienen.

Und so war es auch: Durch die Schaffarmen in den Plains entwickelte sich schnell eine reiche Oberschicht, und schon bald verwandelte sich die erste Siedlung in ein Städtchen.

Auf den Schaffarmen in den Ebenen entstand eine wohlhabende Elite. Die einst so schäbigen Siedlungen wurden luxuriöse Villenviertel. Die Wollbarone bauten sich im Vorort Fendalton noble Herrenhäuser und unterstützten den Bau von Privatschulen für ihre Kinder. Parks und neoklassischen Gebäude schmückten die Stadt. Die neue Aristokratie schuf im Südpazifik ein zweites England, und die Stadt erwarb sich den Ruf, versnobt zu sein. Erst in neuerer Zeit lockerte sich die soziale Hierarchie durch den Zuzug von Einwanderern.

Die größten Veränderungen aber brachten die Erdbeben von 2010 und 2011 (siehe S. 196) mit sich.

INSIDERTIPP

Im Januar treffen sich in Christchurch die weltbesten Straßenkünstler zum World Buskers Festival. Der Eintritt kostet nicht viel mehr als das Wechselgeld in der Hosentasche.

DAVID LUNDQUIST
NATIONAL GEOGRAPHIC-*Experte*

Cathedral Square

Cathedral Square bildete das Herz der Altstadt und war von historischen Gebäuden gesäumt. Wie viele davon wiederhergestellt werden

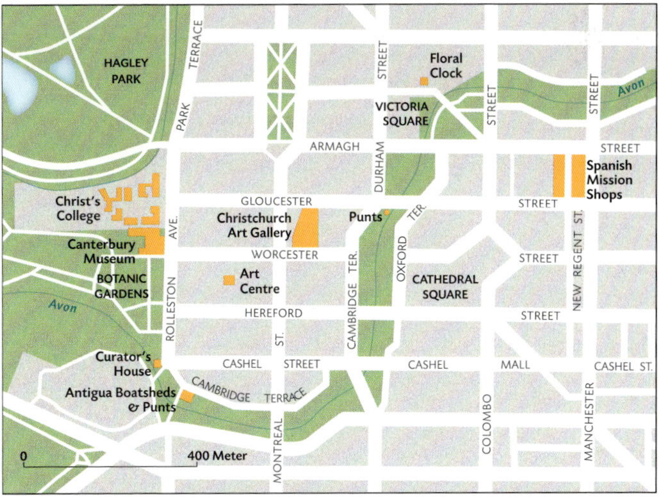

können, ist noch nicht abzusehen. Der Platz liegt im Mittelpunkt der „roten Zone", die nicht betreten werden darf. Erst nach und nach werden Gebäude und Straßen wieder zugänglich gemacht.

Christchurch bei Nacht

Auch das Nachtleben wurde durch die Erdbeben schwer beeinträchtigt. Die Bars und Pubs der westlichen Vorstädte profitierten vom plötzlich entstandenen Mangel an Lokalen.

Im **Christchurch Casino** *(30 Victoria St., www.chchcasino.co.nz)* in der Innenstadt treten Bands mit Coverversionen von Achtzigerhits auf.

Dux Live *(363 Lincoln Rd., Addington, www.duxlive.co.nz).* Ein beliebter Pub, der Biere aus eigener Brauerei, Bands und vegetarisches Essen zu bieten hat.

Pomeroy's Old Brewery Inn *(292 Kilmore St., www.pomeroysonkilmore.co.nz).* Biere von kleinen Brauereien, Themenabende und Livemusik nordöstlich vom Stadtzentrum.

Der schwerste Verlust war die von 1864 bis 1904 erbaute und nach der Universitätskirche von Oxford benannte **Christchurch-Kathedrale**, das Wahrzeichen der Stadt. Beim Erdbeben von 2010 kam sie noch glimpflich davon, 2011 aber stürzten erst der Turm und dann die Westseite ein. Immer wieder wurde versucht, ihre Rettung in die Wege zu leiten, doch wären die Kosten insgesamt so hoch gewesen, dass die anglikanische Kirche schließlich den Abriss in Auftrag geben musste. Die Befürworter des Erhalts der Kathedrale prozessieren noch. Als Zwischenlösung wurde weiter westlich, an der Hereford Street und Madras Street, eine von dem japanischen Architekten Shigeru Ban entworfene Kathedrale aus Karton errichtet. Auch **The Press Building** fiel dem Erdbeben zum Opfer, während das **Old Governement Building** von 1911 der Abrissbirne entging.

Gegenüber der Kathedrale erinnerte die **Statue von John Robert Godley** (1814–1861) an den Gründervater der Stadt und erstes Oberhaupt der Kolonie. Der in Irland geborene, in Oxford ausgebildete anglikanische Tory beklagte den schwindenden Einfluss der Kirche und die Gleichmacherei im England des 19. Jahrhunderts und sah Christchurch als Chance, die englischen Werte lebendig zu erhalten. Nachdem die Statue bei dem Erdbeben von ihrem Sockel gefallen war, entdeckte man Zeitkapseln, die möglicherweise aus dem Jahr 1867 stammten, in dem sie aufgestellt worden war.

Christchurch ist stolz auf den Gemeinschaftssinn seiner Bürger, der sich jetzt nach den überstandenen Katastrophen im Wiederaufbau bewährt. Die **Earthquake Recovery Authority** beauftragte Busunternehmen, Touren durch die rote Zone durchzuführen, die einen Eindruck vom Ausmaß der Katastrophe vermitteln.

Cultural Precinct

Weil sich zwischen dem westlichen Abschnitt des Worcester Boulevard und den Botanic Gardens mehrere kulturelle Einrichtungen befinden, nennt man diese Gegend

Frühling im Hagley Park, Christchurch

auch **Cultural Precinct**. Viele der niedrigen Gebäude überstanden die Erdbeben.

Die Ufer des sich durch die Stadt schlängelnden **Avon** bilden die grüne Lunge der Stadt. Der im Norden an der Ecke der Colombo Street liegende **Victoria Square** wird diagonal vom Fluss durchschnitten. Dieser Block war einst das „Market Square" genannte Geschäftsviertel der Stadt. Heute ist es ein hübscher Park, den Statuen von Königin Victoria und Kapitän Cook zieren. Eine Fußgängerbrücke führt über den Fluss zur Blumenuhr und zum modernen Rathaus.

Die mitten im Precinct gelegene, 2003 eröffnete **Christchurch Art Gallery** ist ein beeindruckendes modernes Gebäude, in dem eine umfassende Sammlung von Werken aus Canterbury und eine Auswahl von Gemälden europäischer, vor allem aber britischer Künstler des 18. und 19. Jahrhunderts untergebracht sind. Dort sieht man die bekannten Maoriporträts des böhmischen Malers Gottfried Lindauer (1839–1926) und „Cass" (1936) von Rita Angus (1908–1970) an. Letzteres Bild, das eine einsame neuseeländische Bahnstation darstellt, wurde von den Neuseeländern bei einer Abstimmung zu ihrem Lieblingsbild gekürt. Zwar überlebte die Art Gallery dank moderner Bauweise die Erdbeben, doch wurden Glasfassade, Deckenkonstruktionen und Installationen beschädigt.

Die ab 1877 errichteten, gotischen Gebäude des **Arts Centre** *(www.artscentre.org.nz)* am Worcester Boulevard beherbergten bis 1974 die University of Canterbury. Danach zogen hier Werkstätten, Galerien und Ateliers ein. Die Erdbeben beschädigten die Gebäude derart, dass sie als gefährdet gelten. Restaurationsarbeiten sind bereits im Gange, doch wird es noch

Christchurch Art Gallery

Karte S. 197
Worcester Blvd. & Montreal St.
03/941-7300

www.christchurchartgallery.org.nz

Canterbury Museum

Karte S. 197
Rolleston Ave.
03/366-5000

www.canterburymuseum.com

Die Erdbeben von Christchurch

Am 4. September 2010 trat um 4.25 Uhr 40 Kilometer westlich der Stadt ein Erdbeben der Stärke 7,1 auf. Gebäude stürzten ein, Straßen brachen und wurden angehoben, Wasserrohre barsten, aber weil die Menschen noch zu Hause schliefen und die Straßen leer waren, gab es keine Todesopfer. Niemand ahnte, dass dies nur Vorläufer der Katastrophe des 22. Februars 2011 waren.

Die Cathedral of the Blessed Sacrament nach dem Erdbeben im Februar 2011 (Stärke 6,3)

Das Erdbeben von 2011

Das in nur fünf Kilometer Tiefe unterhalb des südöstlichen Stadtrands mitten am Tag aufgetretene Erdbeben der Stärke 6,3 löste eine Welle der Zerstörung aus. Häuser wurden auseinandergerissen, Menschen in die Luft geschleudert. Mehr als 185 Tote waren zu beklagen, über die Hälfte davon hatten sich in dem sechsstöckigen Canterbury Television Building aufgehalten.

Das von den „vier Avenues" (Bealey, Fitzgerald, Moorhouse und Deans) eingerahmte Stadtzentrum war am stärksten betroffen. Die in sich zusammenfallenden Hochhäuser forderten die meisten Todesopfer. Ein Viertel aller Gebäude erlitten irreparable Schäden und musste abgerissen werden. Durch die Verflüssigung des Bodens in den östlichen Vorstädten entstanden 400 000 Tonnen Schlamm, die viele Häuser überfluteten. Einige Gebiete können nicht wieder bebaut werden. Insgesamt wurden an die 100 000 Häuser beschädigt und 10 000 zerstört. Wer in seinem Haus bleiben konnte, hatte weder Strom noch Wasser, Kanalisation und Straßen waren nicht mehr nutzbar. Im Juni und Dezember 2011 erschütterten starke Nachbeben die Stadt, und manche Einheimische zogen fort, weil sie zu traumatisiert waren, um in Christchurch zu bleiben.

Die Mehrheit der Einwohner taten sich aber zusammen, um die Stadt zusammen mit anderen Neuseeländern wiederaufzubauen. Tausende von Freiwilligen halfen bei den Aufräumungsarbeiten und kümmerten sich um diejenigen, die ihr Zuhause verloren hatten, viele schickten Spenden.

Die Red Zone

Das Herz der Altstadt rings um die Kathedrale wurde zur „roten Zone" erklärt (aktuelle Informationen stehen bei *www.cera.govt.nz*, der Website der **Canterbury Earthquake Recovery Authority**).

Christchurch sieht sich heute einer enormen Herausforderung gegenüber. Die Regierung enthüllte vor Kurzem Pläne für eine ökologische Hightech-Stadt mit an die Erdbebengefahr angepassten Bauvorschriften. Diese Vorschriften gibt es allerdings schon länger. Bis alle Spuren beseitigt sind, wird es Jahrzehnte dauern, doch die Stadt fand inzwischen in ihren normalen Alltag zurück. Man erwartet, dass die Wiederaufbaumaßnahmen die Wirtschaft und damit auch die Stadt stärken werden. ■

Jahre dauern, bis wieder alle Bereiche und Räume genutzt werden können.

Worcester Boulevard mündet in die Rolleston Avenue. Hier trotzte das **Canterbury Museum** sowohl dem Zahn der Zeit als auch den Beben. Es zeigt Ausstellungen zu In- und Ausland. Das Moa-Diorama vermittelt einen Eindruck dieser gefiederten Riesen, und in den Ausstellungen sind so gut wie alle neuseeländischen Vogelarten vertreten. Die Antarktis-Ausstellung ist wesentlich altmodischer als die moderne am Flughafen (siehe S. 199), veranschaulicht aber die Probleme der ersten Expeditionen und kostet keinen Eintritt.

Unmittelbarer Nachbar des Museums ist das **Christ's College**. Die 1850 als Knabenschule gegründete Lehranstalt verkörpert englische Traditionen, wie schon die schwarz-weißen Krawatten und Blazer der Schüler ahnen lassen. Zu den Gebäuden zählt die 1863 erbaute, heute als Bibliothek genutzte **Big School**.

Die **Christchurch Tramway** *(Tel. 03/366-7830, www.tram.co.nz, $)* stellte 1954 den Dienst ein, doch 1995 begannen die Straßenbahnen wieder auf einer Touristenlinie durch die Stadt zu ruckeln. Ein Großteil des Schienenstrangs fiel dem Erdbeben zum Opfer, doch bis 2014 sollen die Schäden behoben sein.

Wenn Sie vom Canterbury Museum auf der Rolleston Avenue nach Süden gehen, kommen Sie am Eingang der **Gardens** vorbei und erreichen das **Curator's House** *(Tel. 03/379-2252)*, eine kleine Neo-Tudor-Villa von 1920. Die ehemalige Dienstwohnung des Gartenkurators ist heute ein Restaurant.

Südlich des Flusses stehen die 1882 erbauten Bootshäuser **Antigua Boatsheds** *(2 Cambridge Terrace, Tel. 03/366-6768)*. In ihrer Blütezeit gab es hier einen Aufenthaltsraum für Damen und sonntags Livemusik: Heute können Sie hier Räder und Boote mieten und im Café sitzen.

Die Bootshäuser sind heute auch das Hauptquartier von **Punting on the Avon** *(Tel. 03/366-0337, www.punting.co.nz, 30 Min., $$$)*. Die mit englischem Strohhut ausgestatteten Stechkahnführer nehmen ihre Passagiere auf eine Fahrt auf dem Fluss mit. Sie können die Kahnfahrt auch an der **Gloucester Street Bridge** beginnen.

Der „Zauberer" von Neuseeland

Eine ganz besondere Attraktion in Christchurch ist der *Wizard* – der „Zauberer". Alljährlich erscheint er im Sommer auf dem Cathedral Square, um sich dort über so gut wie alles lustig zu machen und über alles Erdenkliche – von der englischen Monarchie bis zur Globalisation und der steigenden Macht Chinas – lautstark zu sinnieren.

Gekleidet ist er dabei in traditionelles Schwarz mit einem kegelförmigen Hut. Er versteht sich selbst als „lebendiges Kunstwerk", das 1974 nach Christchurch einwanderte. Anfangs wollten die Stadtherren ihn vertreiben, aber irgendwie hat er sie „verzaubert" und gilt seither als der größte Exzentriker Neuseelands.

Geboren wurde er 1932 als Ian Brackenbury Channell in England, wo er als wissenschaftlicher Assistent für Soziologie arbeitete, ehe er sich der Kosmologie und Esoterik zuwandte. Gelegentlich scheint er immer noch über die Welt nachzudenken. Er besitzt inzwischen sogar eine Website: *www.wizard.gen.nz.*

Nach der Sperrung des Cathedral Square irrte er eine Weile durch den Kosmos, kehrte schließlich aber zurück, um lautstark gegen den Abriss des Stadtwahrzeichens zu wettern.

Folgen Sie von den Boatsheds aus **Cambridge Terrace** und gehen Sie über den Fluss zur **Oxford Terrace**, deren Restaurants und Bars das Flussufer säumen. Weiter geht es die **Cashel Mall** entlang, eine Fußgängerstraße und vor dem Erdbeben beliebte Einkaufsmeile. Nach der Katastrophe erwies sich, wie

Christchurch Gondola
✉ 10 Bridle Path Rd.
☏ 03/384-0310
$ $$$$
www.gondola.co.nz

nützlich Pop-up-Shops sind: in der **Re:START-Zone** wurden Schiffscontainer zu Geschäften umfunktioniert, damit die Cantabrians ihrer Leidenschaft fürs Shopping frönen können.

City Gardens

Die frühen Siedler fanden die natürliche Vegetation von Christchurchs Sumpfebene ziemlich trist und machten sich bald daran, das zu ändern. Im 160 Hektar großen **Hagley Park** am Rand der Innenstadt gibt es viel Grün, künstliche Seen, einen Golfplatz, Wander- und Radwege und die Botanic Gardens.

Die **Botanic Gardens** wurden 1863 mit der Pflanzung einer englischen Eiche zur Feier der Hochzeit von Königin Victorias ältestem Sohn mit Prinzessin Alexandra von Dänemark eingeweiht. In den 30 Hektar großen Gardens gedeihen über 10 000 exotische und einheimische Pflanzen.

Das westlich des Hagley Park gelegene **Mona Vale Estate** *(63 Fendalton Rd, Riccarton)* erstreckt sich ebenfalls über beide Ufer des Avon. Einst gehörte das 1899 gegründete Anwesen den Deans, die sich als eine der ersten Siedlerfamilien hier niederließen. Anders als die Gebäude ist der Garten öffentlich zugänglich.

Das berühmte Geschäft Johnson's wurde nach dem Erdbeben wiedereröffnet.

Die Vororte von Christchurch

Die **Port Hills** bilden einen Kontrast zu den flachen Canterbury Plains und rahmen die Stadt ein. Die Einwohner von Christchurch nutzen sie als Naherholungsgebiet. Die ersten Siedler kamen über den **Bridle Path**, der bis zur Fertigstellung des Eisenbahntunnels 1867 die einzige Verbindung zwischen Christchurch und Lyttelton war.

Ein weitsichtiger Abgeordneter namens Harry Ell (1862–1934) betrieb eine erfolgreiche Lobbyarbeit zugunsten eines Netzes von Naturreservaten in der Hügellandschaft entlang der **Summit Road**, das man heute mit dem Auto erkunden kann. 1918 begann Ell mit dem Bau des **Sign of the Takahe**, einem Rasthaus, das einer mittelalterlichen Burg ähnelt. Es ist heute ein Restaurant an der Dyers Pass Road, auf halbem Weg zur Summit Road, das bald wiedereröffnet werden soll.

Von der **Christchurch Gondola** aus eröffnen sich an einem klaren Tag herrliche Ausblicke. Vom Parkplatz an der Tunnel Road fährt die Seilbahn jeden Tag bis 21 Uhr zum Gipfelkomplex mit einem Restaurant und einem Museum hinauf.

Christchurch hat sich schon immer an England orientiert, hat aber auch eine Affinität zum Südpol. Im **International Antarctic Centre** am Flughafen kann man interaktive Exponate und Filme über den eisigen Kontinent bewundern. Zu den Highlights gehören die Zwergpinguine und der Antarktisraum: Darin kann man, in arktistaugliche Montur gekleidet, einen Schneesturm erleben. Weil sich in Hagglund Fahrten und andere Extras summieren, empfiehlt es sich, den Xpress Pass zu kaufen.

Nordwestlich der Stadt, etwa acht Kilometer hinter dem Flughafen, liegt der **Orana Wildlife Park** *(Tel. 03/359-7109, www.oranawildlifepark.co.nz, $$$)*, ein großer Zoo mit Großtieren wie Giraffen, Löwen und Tigern, aber auch Kiwis und anderen einheimischen Vogelarten. Die Fütterung der Tiere ist hier ein absolutes Highlight. Wesentlich kleiner, aber landschaftlich schöner ist der **Willowbank Wildlife Park** *(60 Hussey Rd., Tel. 03/359-6226, www.willovbank.co.nz, $$$)* mit seiner Sammlung von Kleintieren aus aller Welt, einer Farm mit Haustieren und mit einem Kiwi-Gehege.

International Antarctic Centre
- Karte S. 191
- 38 Orchard Rd., Christchurch
- 03/357-0519
- $$$

www.iceberg.co.nz

Hector-Delfine

Im Jahr 2008 lebten nur noch 7270 Hector-Delfine im offenen Meer rund um die Südinsel – weltweit die einzigen Gewässer, in denen sie vorkommen. Man erkennt sie sofort an ihren runden schwarzen Rückenflossen, von den Einheimischen scherzhaft „Mickymausohren" genannt. Da die Tiere im seichten Wasser leben, werden sie häufig von Booten und Schiffen verletzt ,oder sie verfangen sich in Fischernetzen, in denen sie qualvoll verenden. Neuseeland hat zwar Maßnahmen zum Schutz ergriffen – bisher jedoch mit geringem Erfolg. Denn die Population wächst nur langsam, da die Weibchen nur alle zwei oder drei Jahre ein Junges gebären.

Banks Peninsula

Gleichsam an der Türschwelle zu Christchurch liegt die **Banks Peninsula**. Entstanden ist die Halbinsel durch gewaltige Vulkanausbrüche. Captain Cook benannte die Halbinsel nach seinem Botaniker Joseph Banks. Die Maori bevorzugten die Halbinsel mit ihren Wäldern und Fischgründen ebenso wie die frühen Siedler. Sie war auch Schauplatz der historischen Kapriole in Akaroa, als Frankreich versuchte, dort Fuß zu fassen.

Lyttelton mit seinem Meeresblick und hübschen Cottages, ist gleichsam eine 12 Kilometer westlich gelegene Satellitenstadt von Christchurch. Die durch den Tunnel unter

Akaroa
Karte S. 191
Besucher-information
80 Rue Lavaud
03/304-8600
www.akaroa.com

Akaroa Museum
71 Rue Lavaud
03/304-1013
$
www.akaroamuseum.org.nz

The Giant's House
68 Rue Balguerie
03/304-7501
www.thegiantshouse.co.nz

den Port Hills erreichbare Stadt bietet stimmungsvolle Hafenkneipen und eine lebendige Bar- und Cafészene.

Lyttleton hat unter den Erdbeben sehr gelitten und verlor viele historische Gebäude, darunter auch die gotische **Timeball Station**. Von 1876 bis 1934 wurde hier täglich eine Kanonenkugel in die Höhe gezogen und fallen gelassen, um den Schiffen im Hafen die Greenwich-Zeit zu übermitteln.

80 Kilometer von Christchurch entfernt liegt **Akaroa**, das Juwel der Halbinsel. Die Stadt wurde von dem Walfänger-Kapitän Jean Langlois gegründet, der im Jahr 1840 60 französische Siedler um die halbe Welt dorthin lockte. Als die Siedler ankamen, war der Vertrag von Waitangi (siehe S. 90–91) jedoch bereits unterzeichnet, und sie wurden von der britischen Flagge begrüßt. Obwohl später englische und deutsche Siedler auf die Südinsel kamen, war die neue Siedlung längst französisch „zivilisiert" – die Straßen trugen französische Namen, und die Cottages waren im französischen Provinzstil erbaut.

Im Interesse des Tourismus hat man einen großen Teil des französischen Erbes reaktiviert: Die Cafés servieren französische Gerichte, Straßen wie Lavaud und Cross wurden 1968 wieder umbenannt in Rue Lavaud und Rue Croix. All das hat den französischen Kolonialcharme der Stadt aber nicht gemindert, deren Geschichte man im **Langlois-Eteveneaux House** verfolgen kann, heute Teil des **Akaroa Museum**, zu dem auch das alte **Court House** und das **Customs House** gehören.

Am besten flaniert man durch das Hafenviertel und die von hübschen Cottages und alten Kirchen gesäumten Straßen. Sehr sehenswert ist auch **The Giant's House**, die Wirkungsstätte der Künstlerin Josie Martin.

Über das Informationszentrum kann man viele Aktivitäten buchen. Auch als *Wildlife Tours* deklarierte Hafenrundfahrten sind möglich, da sich hier Delfine und Pinguine tummeln (siehe Kasten S. 199). ■

Die „Nimrod"-Expedition

Am 1. Januar 1908 setzten Ernest Shackleton und seine Mannschaft in Lyttelton die Segel der „Nimrod" gen Südpol. In der Antarktis angekommen, wollten sie Hunde, Ponys und ein Automobil einsetzen, um den Südpol zu erreichen. Die vorzeitige Rückkehr zur antarktischen Küste dauerte länger als erwartet. Als sie die Küste erreichten, mussten sie feststellen, dass die „Nimrod" bereits auf dem Heimweg war. Als letzten Rettungsversuch setzte Shackleton das Wohnzelt in Brand, in der Hoffnung, von der „Nimrod" aus könne man Feuer und Rauch noch sehen. Und glücklicherweise geschah es: Das Schiff kehrte zurück und holte die Männer an Bord.

ERLEBNIS: Surfkurse

Mit seiner extrem langen Küstenlinie ist Neuseeland ein wahres Surferparadies. Surfen ist bei Kiwis und Besuchern gleichermaßen beliebt, doch abseits der ausgetretenen Pfade gibt es auch außerhalb der Sommersaison relativ ruhige Surfstrände.

Anfängern werden an zahllosen Orten des Landes Surfkurse angeboten – im Unterschied zu entsprechenden Kursen auf Hawaii und in Australien auch für kleinere Gruppen.

Die Surfschulen stellen Boards und Anzüge zur Verfügung, ein Muss in den oft kühlen Gewässern Neuseelands. Ein kurzer Neoprenanzug reicht sommers im Norden, aber im Süden braucht man einen langen Neoprenanzug.

Der 1966 gedrehte Surf-Filmklassiker „The Endless Summer" hat Raglan (auf der Nordinsel) auf die Surf-Weltkarte gesetzt, und noch immer ist es der berühmteste Surfstrand Neuseelands. Raglan bietet 3,5-Stunden-Kurse an.

In Auckland konzentrieren sich die Surfstrände und Surfschulen überwiegend an den Stränden an der Westküste, wie Muriwai bei Waimauku.

Auch die Ostküste der Nordinsel kann mit guten Surfstränden und -schulen aufwarten, vor allem bei Gisborne und Mount Maunganui.

Die meisten Surfschulen der Südinsel liegen an der Ostküste bei Kaikoura, Christchurch und Dunedin, wo man an den Stadtstränden gut surfen kann.

Ein Surfer unterwegs am Wainui Beach bei Gisborne auf der Nordinsel

New Zealand Surfing
(www.surfingnz.co.nz) verfügt über eine Liste der einzelnen Surfschulen. Eine Auswahl wird in den folgenden Beispielen angegeben. Weitere Infos erhält man in den Touristeninformationen.

Aotearoa Surf
Auckland, Tel. 09/431-5760
www.aotearoasur.co.nz

Caitlins Surf
601 Curio Bay Rd., Caitlins,
Tel. 03/2468-552
www.caitlins-surf.co.nz

Muriwai Surf School
48 Motutara Rd.,
Muriwai Beach,
Tel. 021/478-734
www.muriwaisurfschool.co.nz

New Zealand Surf School
Marine Parade, Mount Maunganui,
Tel. 021/477-873
www.nzsurfschool.com

New Zealand Surf 'n' Snow Tours
P. O. Box 17509,
Greenlane, Auckland,
Tel. 09/828-0426
www.newzealandsurftours.com

Raglan Surfing School
5 Whaanga Rd.,
Whale Bay,
Raglan, Tel. 07/825-7873
www.raglansurfingschool.co.nz

WOW Surf School
Wainui Beach, Gisborne,
Tel. 022/313-0213
www.wowsurfschool.com ■

North Canterbury

North Canterbury ist für Besucher in den meisten Fällen nur eine Durchreisestation auf dem Weg ins nördliche Marlborough oder an die Westküste. Doch in Hanmer Springs kann man in den schönsten heißen Quellen der Südinsel baden, und der Arthur's Pass National Park ist für seine herrliche Landschaft bekannt.

Ein Bad in den heißen Quellen von Hanmer Springs

Lewis Pass

Karte S. 191

Besucher-information

40 Amuri Ave., Hanmer Springs

03/315-0020

Von Christchurch zum Lewis Pass

Der Lewis Pass ist eine der drei Hauptrouten durch die Southern Alps zur Westküste der Südinsel. Man nimmt die SH1 nördlich von Christchurch und biegt bei Waipara auf die SH7 ab.

Der Highway ist wenig befahren und zieht sich durch Farmland und Wälder und hat zusätzlich den Vorteil, dass er an Hanmer Springs vorüberführt.

Nur wenige Orte an der SH1 lohnen sich für einen Aufenthalt – so wie Hanmer Springs und Kaikoura (siehe S. 176 f.). Für Weinliebhaber bildet Waipara ebenfalls eine Ausnahme. Dieses aufblühende Weinbaugebiet existiert als solches noch nicht allzu lange, hat sich aber schnell einen Ruf erworben.

Schon seit Langem rangiert **Pegasus Bay** *(Tel. 03/314-6869)* unter Neuseelands besten Weingütern, vor allem wegen seiner Riesling-, Chardonnay- und Pinot-noir-Weine. Das Restaurant serviert Gerichte aus einheimischen Produkten. Die **Mud House Winery** *(Tel. 03/314-6900)* ist mittlerweile eines der größten Weingüter des Landes und bietet eine große Produktpalette. Sein Restaurant ist sehr empfehlenswert. Auch **Waipara Springs** *(Tel. 03/314-6777)* liegt an der Hauptverkehrsstraße und lockt mit einer rustikalen Weinbar, einem Café und Köstlichkeiten aus lokaler Produktion.

Hanmer Springs schmiegt sich 81 Kilometer nördlich von Waipara an ein hoch gelegenes Talbecken und zieht schon seit Langem mit seinen heißen Heilbädern die Besucher an. Das Städtchen hat einen Heilquellen-Komplex direkt an der Hauptstraße, mit einer Reihe von Felsenpools, die mit 35 Grad Celsius heißem Quellwasser gefüllt sind. Hinzu kommen noch Swimmingpools, eine Wasserrutsche, ein Restaurant und Geschenkläden.

Die Stadt hat ein breit gefächertes Angebot an Unterkünften und Freizeitangeboten. Im **Hanmer Forest** kann man ausgedehnte Wanderungen unternehmen. Im Winter wird Hanmer zum Skiort mit zwei kleinen Skigebieten. Auf dem Waiau River kann man sich beim Jetbootfahren und Wildwasserrafting vergnügen. Bungee-Jumping wird an der malerischen Brücke außerhalb der Stadt geboten.

Der **Lewis Pass** war einst eine Handelsroute der Maori und ist die nördlichste der drei Hauptpassstraßen durch die Southern Alps. Mit nur 864 Meter Höhe ist er niedriger und leichter zu bewältigen als der Arthur's Pass (siehe S. 204f.), außerdem ist er nicht so belebt, so dass man hier die Camperkolonnen vermeiden kann, die im Sommer die Straßen der Südinsel verstopfen.

Nördlich des Passes

Nordwestlich des Lewis Pass liegt **Maruia Springs** *(Tel. 03/523-8840, www.maruiasprings.co.nz)*, ein kleines Heilbad, das sich in ein dicht bewaldetes Tal einschmiegt.

Japanische Bäder

Das japanische Bad *(onsen)* basiert mehr auf Geselligkeit als auf Schrubben und wird weltweit immer populärer. Bevor man es betritt, muss man sich gründlich waschen. Das Bad selbst ist tiefer und heißer als sein westliches Gegenstück – es ist eine Art Zen-Badewanne. Traditionell waren die *onsen* gemischte Bäder – heute wird meist nach Geschlechtern getrennt.

In jüngster Zeit haben japanische Investoren japanische Badekultur (siehe oben) in diesen entlegenen Ort gebracht, mit nach Geschlechtern getrennten Badehäusern und individuellen Bademöglichkeiten. Am besten kann man

Hanmer Springs
Karte S. 191

Hanmer Springs Thermal Pools & Spa
38 Amuri Ave.
03/315-0000
$$
www.hanmersprings.co.nz

ERLEBNIS: Auf Bergtour

Lange Zeit waren die schnee- und eisbedeckten Hänge der Southern Alps Trainingsstätte für die weltbesten Bergsteiger, unter anderem für Sir Edmund Hillary, der gemeinsam mit dem Sherpa Tenzing Norgay im Jahr 1953 als Erster den Mount Everest bezwang. In den Southern Alps schuf Hillary die Voraussetzungen für diese exzellente Leistung, denn hier ragen 19 Gipfel mehr als 3000 Meter hoch in den Himmel, der höchste ist der Aoraki/Mount Cook mit seinen 3750 Metern.

Die Routen reichen von einfachen Bergwanderungen bis zum Eisklettern und Bergsteigen mit kompletter Ausrüstung. Auch Alpinwanderungen und Kletterausflüge sind im Angebot. Für professionelle Bergsteiger ist der **New Zealand Alpine Club** *(www.alpineclub.org.nz)* die beste Anlaufstelle, er verwaltet auch die meisten Berghütten. Für die Kurse benötigt man keine Vorkenntnisse, eine gute Kondition ist jedoch natürlich erforderlich, und Grundwissen im Klettern und im Umgang mit Seilen sind durchaus vorteilhaft.

die Felsenpools an einem Wintertag genießen, wenn die fallenden Schneeflocken das dampfende Wasser abkühlen.

Arthur's Pass

Der kürzeste Weg von Christchurch zur Westküste führt auf der SH73 über den Arthur's Pass, mit 920 Metern der höchste unter den drei Hauptpässen über die Southern Alps. Viele Jahre lang war er einer der gefährlichsten und kurvenreichsten Pässe, besonders in den Serpentinen außerhalb von Otira. Durch entsprechende Straßenarbeiten, vor allem den eindrucksvollen Otira-Viadukt, hat sich die Situation in letzter Zeit erheblich verbessert.

Die Strecke wird von gleißenden Berggipfeln flankiert und ist ausgesprochen spektakulär. Verkehrsgünstiger ist allerdings die Bahnverbindung zwischen Christchurch und Greymouth, Neuseelands wohl schönster Bahnstrecke. Der TranzAlpine verkehrt täglich in beide Richtungen und passiert dabei den acht Kilometer langen **Otira-Tunnel**, bei seiner Eröffnung 1923 einer der längsten Eisenbahntunnel der Welt.

Der Tunnel beginnt bei **Arthur's Pass Village**, dem größten Ort in dieser Gegend, fünf Kilometer südlich des Passes gelegen. Dieser alpine Weiler hat zwar nur 50 Einwohner, wird aber pro Jahr von etwa 25 000 Touristen frequentiert. Es gibt dort ein Restaurant, an dem auch Keas (siehe Kasten S. 216) gehalten werden, sowie Unterkünfte für all die Wanderer, Bergsteiger und Skifahrer, die es in den **Arthur's Pass National Park** zieht.

Der 114 500 Hektar große Nationalpark erstreckt sich mit insgesamt 16 Berggipfeln, die höher als 2000 Meter aufragen, über die Southern Alps. Die Flora im Park reicht von Südbuchenwäldern im Osten bis zum Regenwald an den westlichen Berghängen. Man kann hier hervorragend wandern, sei es nur einige Stunden oder auf dem zweitägigen **Goat Pass Track**, dem fünftägigen **Harper Pass Track** oder auf der schwierigeren Route des **Harman Pass**. Selbst auf kürzeren Routen sollte man stets gute Ausrüstung mit sich führen und auf wechselhaftes Wetter gefasst sein. Die jährliche Niederschlagsmenge im Park liegt bei immerhin 450 Zentimetern, und es kann jederzeit schneien.

Um einen ersten Eindruck von der Schönheit des Parks zu gewinnen, genügt bereits eine einstündige Wanderung zum **Devil's Punchbowl Waterfall** vom Parkplatz an der Punchbowl Road aus, nördlich des Weilers. Den Wasserfall kann man schon von der Straße aus sehen, aber so richtig erlebt man ihn erst während der Wanderung durch die schönen Südbuchenwälder. Vom selben Parkplatz aus führt eine 90-minütige Wanderung zu den **Bridal Veil Falls**.

Der **Dobson Nature Walk** führt vom Pass aus bergab – eine etwa 30-minütige, herrliche Wanderung durch eine alpine Landschaft. Auch der 3,5 Stunden lange **Bealey Valley Walk** bis an den Fuß des Mount Rolleston ist jede Anstrengung wert. Der herrliche Wanderweg beginnt zwei Kilometer nördlich des Weilers und führt durch Südbuchenwälder und Graslichtungen, ehe er bei The Chasm den Bealey River überquert.

Wesentlich anspruchsvoller ist die Wanderung zum **Temple Basin**, dem nahe gelegenen Skigebiet. Sie beginnt am Pass und dauert insgesamt drei Stunden. Dabei kann man wundervolle Ausblicke auf die Bergwelt und im Sommer die Wildblumenblüte genießen.

Skigebiete: Vor dem Arthur's Pass überquert die Straße von Christchurch den **Porters Pass**. Dort in der Nähe, in der Craigieburn Range, liegt – nur 89 Kilometer von Christchurch entfernt – ein Skigebiet. Weitere Skipisten dieser Gebirgszüge sind Craigieburn und Mount Cheeseman, die für Tagesausflüge sehr gut geeignet sind.

INSIDERTIPP

Hobbyköche können einen Kochkurs bei Seagars in Oxford buchen und dabei natürlich im Café einen Kaffee und einen Muffin genießen.

ROY FERGUSON
Ehemaliger neuseeländischer Botschafter in den USA

Am **Mount Hutt**, dem Christchurch nächstgelegenen Skigebiet, dauert die Skisaison von Juni bis Oktober, und das Skigebiet gilt als eines der besten des Landes.

Das nahe gelegene **Methven** ist im Sommer ein verschlafenes Städtchen, aber im Winter geht es beim Après-Ski heiß her. Ganzjährig hat der Ort zahlreiche Aktivitäten zu bieten – wie Angeln, Golf, Jetbootfahren, Wandern und Mountainbiking. ■

Arthur's Pass National Park

Karte S. 191

Besucher-information

SH73, Arthur's Pass Village

03/318-9211

Oxford

Karte S. 191

Seagars at Oxford

78 Main St., Oxford

03/312-1435

www.joseagar.com

Ski fahren in Neuseeland

In Neuseeland liegen einige der besten Skigebiete der Südhalbkugel, und die Skisaison dauert von Juni bis Oktober. Zu den wichtigsten Skigebieten gehören jene an den Hängen des Vulkans Ruapehu auf der Nordinsel. Mehr Skibetrieb herrscht jedoch auf der Südinsel, vor allem nahe Queenstown und Wanaka sowie nahe Christchurch.

Touristen und Kiwis zieht es gleichermaßen an die Hänge des Mount Hutt.

Im Unterschied zu anderen Ländern verfolgt Neuseeland die Politik des *nature first*: Die Entwicklung von Pisten und Unterkünften ist zugunsten einer intakten Umwelt begrenzt. Zusätzlich zu den großen Skiorten gibt es auch eine Reihe kleinerer, die über das ganze Land verteilt sind.

Mount Ruapehu

Der Mount Ruapehu bietet die einzigartige Gelegenheit, die Hänge eines aktiven Vulkans hinunterzufahren. Meistens verhält sich der Ruapehu zwar ruhig, aber er ist mit seinem dampfenden Kratersee einer der drei aktiven Vulkane im Tongariro National Park.

Vor allem zwei Skigebiete am Berg sind zu empfehlen. Vom beliebten Skigebiet **Whakapapa** (siehe S. 132) am Nordhang genießt man einen herrlichen Ausblick; hier gibt es 14 Lifte und 30 Abfahrten.

Im kleineren **Turoa** (siehe S. 133) an der Südflanke des Berges zieht sich die längste Abfahrt den Berg (722 Meter) hinunter, es gibt neun Lifte und mehr als 20 präparierte Pisten.

Man kann in Whakapapa Village übernachten, sechs Kilometer vom Skigebiet entfernt, aber die meisten Unterkünfte liegen im Nationalpark und in Ohakune (siehe S. 133), wo sich der beste Après-Ski abspielt.

Canterbury

Das zweifellos beste Skigebiet Neuseelands liegt am **Mount Hutt** (siehe S. 205). Es bietet eine ausgesprochen lange Skisaison. Breite Hänge erlauben erstklassiges Skifahren im Pulverschnee sowie Snowboarding und Langlauf. Von Christchurch aus kommt man in zwei Stunden dorthin.

Weitere Skigebiete erstrecken sich in der Region Arthur's Pass/Craigieburn Range. Das **Porters Ski Area** ist das wichtigste unter ihnen und liegt Christchurch am nächsten (89 Kilometer).

In North Canterbury versorgt das Heilbad Hanmer (siehe S. 203) zwei weitere Skigebiete: die Pisten bei Hanmer selbst und das familienfreundliche Mount Lyford.

Mackenzie Country

Das etwas abgelegene Mackenzie Country liegt im Schatten des Aoraki/Mount Cook und verfügt über nicht überfüllte Skigebiete.

Der Skiort **Roundhill** nahe dem Lake Tekapo bietet sanft hügelige Pisten für Anfänger und Fortgeschrittene. Das Skigebiet am **Mount Dobson** hat die landesweit größte Piste für Anfänger/Fortgeschrittene. Das nahe Twizel gelegene **Ohau** (siehe S. 213) hat hervorragende Schneeverhältnisse, unterschiedliches Gelände und nicht übervölkerte Pisten für Fortgeschrittene und Spitzenfahrer.

Wanaka

Der malerische Ort liegt an einem recht hübschen See, eine Stunde nordöstlich von Queenstown auf der Südinsel. In seiner Umgebung gibt es hervorragende Skimöglichkeiten für alle Schwierigkeitsgrade.

In **Treble Cone** beträgt der Höhenunterschied 705 Meter über drei Talbecken hinweg, wobei man herrliche Ausblicke über die Berggipfel genießt. Fortgeschrittene und Anfänger schätzen dieses Skigebiet gleichermaßen.

Das hoch gelegene **Cardrona** (siehe S. 251 & 253) an der Straße nach Queenstown ist ein familienfreundlicher Skiort. Das Pistenangebot reicht von sanften Hängen für Anfänger bis zu anspruchsvollen Abfahrten für Fortgeschrittene.

Von Cardrona aus gelangt man zur **Snow Farm New Zealand**, einem Skilanglaufgebiet mit insgesamt 50 Kilometern Loipen und Möglichkeiten für Skitouren.

ERLEBNIS:

Auf ins Skiabenteuer

Hier folgt eine Auswahl von Organisationen zum Skivergnügen auf der Südinsel:

Quest Snow Centre
Duke St., Queenstown
03/450-1970

Mount Hutt Snow Centren
94 Main St., Methven
03/302-8811
www.nzski.com

Lake Wanaka
Vier Skiorte
www.lakewanaka.com

Queenstown

Eingebettet in eine herrliche Landschaft am Lake Wakatipu, ist Queenstown die Nummer eins unter den Skiorten der Südinsel.

Am **Coronet Peak**, der nicht mal eine halbe Stunde von Queenstown entfernt ist, findet man erstklassige Skipisten und herrliche Ausblicke auf den Lake Wakatipu vor. Am Geburtsort des neuseeländischen Skifahrens hat man die Auswahl unter allen Schwierigkeitsgraden.

The Remarkables, ein spektakulärer Gebirgszug nahe Queenstown, ist ebenfalls ein beliebter Skiort mit drei Talbecken und Pisten für Anfänger und Fortgeschrittene. ■

South Canterbury

Wenn man in Richtung Süden durch das flache Farmland der Canterbury Plains fährt, erreicht man auf der SH1 in Richtung Dunedin die Stadt Timaru. Die meisten Touristen biegen vor Canterburys zweitgrößter Stadt ab, um die Fahrt zu den Southern Alps und vor allem den Aoraki/Mount Cook zu genießen.

Schafe in einem Pferch, von den Arrowsmith Mountains überragt

Timaru

Karte S. 191

Besucherinformation

2 George St. (gegenüber der Bahnstation)

03/687-9999

Timaru

Timaru, die mit 27 000 Einwohnern größte Stadt im südlichen Canterbury, war ab 1838 eine Walfängerstation. Richtig besiedelt wurde sie jedoch erst im Zuge der 1859 einsetzenden europäischen Einwanderung, als 120 englische Einwanderer mit dem Schiff „Strathallan" hier ankamen. Der Name der Stadt geht auf den Maorinamen Te Maru („Platz des Friedens") zurück, weil hier die Kanus der Maori Schutz fanden. 1877 wurde mit dem Bau eines Hafens begonnen.

Weil es auf halbem Weg zwischen Christchurch und Dunedin liegt, ist Timaru ideal für einen Zwischenaufenthalt an der SH1, verliert aber an Attraktivität gegenüber Oamaru im Süden, das durch die Sanierung seiner historischen Altstadt im Kommen ist.

Viele der sehenswerten Bauwerke und Straßenzüge

haben seit der Blütezeit der Stadt überlebt, vor allem entlang der Beswick Street, Cains Street und Barnard Street. Dazu zählt die altmodische **Royal Arcade**, die sich abseits der Stafford Street erstreckt. Die **St. Mary's Anglican Church** *(24 Church St.)* wurde 1880 im Stil englischer Neugotik errichtet. Ihren Turm kann man besteigen. Die 1911 erbaute **Sacred Heart Basilica** *(7 Craigie Ave.)*, südlich an der Hauptstraße gelegen, ist mit ihrem Kupferdach eines der bemerkenswertesten Bauwerke in der Stadt.

Einen Bummel wert ist **The Bay Hill**, eine sanierte Straße mit Café-Bars und Restaurants, die einen schönen Blick über die terrassierte Piazza oberhalb der Caroline Bay freigibt.

Das **South Canterbury Museum** *(Tel. 03/687-7212, www. timarugovt.nz/home, geschl. Mo)* in der Perth Street zeigt die üblichen historischen Exponate, aber auch eine Replik des Flugzeugs des hier geborenen Richard Pearse (1877–1953) von 1902, eine Konstruktion aus Bambus, Stahl, Draht und Leinwand. Beharrlich behaupten die Kiwis, dass Pearse schon ein Jahr vor den Gebrüdern Wright damit geflogen sei.

Ein Gehöft von 1908 ist heute Sitz der **Aigantighe Art Gallery** *(49 Waiiti Rd., Tel. 03/688-4424, geschl. Mo)* mit einer umfangreichen Sammlung von Kunstwerken aus Neuseeland, dem pazifischen Raum, Asien und Europa. Nicht versäumen sollte man den **Goldie Room** mit den berühmten Maoriporträts von C. F. Goldie.

Von Christchurch zum Aoraki/Mount Cook

Die kürzeste Strecke in südwestlicher Richtung von Christchurch nach Queenstown führt über den Aoraki/Mount Cook. Auf dieser Strecke erlebt man eine spektakuläre, ländlich geprägte Landschaft vor dem Hintergrund von Gletscherseen und der Southern Alps.

ERLEBNIS:

Ballonfahrten

Die flachen Canterbury Plains sind ideal für Ballonfahrten, denn das sich bis zu den schneebedeckten Southern Alps erstreckende Gitterwerk von Ackerland bietet von oben ein herrliches Panorama. Gestartet wird bei Morgengrauen, in dem vierstündigen Flug ist ein Champagnerfrühstück enthalten.

Aoraki Balloon Safaris *(Tel. 03/302-8172, www.nzballooning.co.nz)* operiert außerhalb von Methven, 94 Kilometer südwestlich von Christchurch am Fuß der Alpen, und bietet mit seinen Ballonen atemberaubende Ausblicke auf den Aoraki/Mount Cook und andere Berggipfel. **Balloon Adventures Up Up and Away** *(Unit 6, 31 Stevens St., Christchurch, Tel. 03/381-4600)* startet von Christchurch aus, wobei man herrliche Blicke über die Stadt genießen kann.

Etwa eine Autostunde südlich von Christchurch auf der SH1 kommt man nach **Ashburton**, das sich trotz fehlender Attraktionen eifrig darum bemüht, für Touristen noch anziehender zu werden.

Sobald man 36 Kilometer südlich von Ashburton den

Aoraki/ Mount Cook National Park

Karte S. 191

Besucher-information

1 Larch Grove, Aoraki/Mount Cook Village

03/435-1186

www.mtcooknz.com

Rangitata River überquert hat, biegt man von der Hauptstraße auf die SH79 ab und gelangt so in das hübsche Städtchen **Geraldine**. Hier kann man in Straßen, die von schattigen Bäumen und historischen Bauwerken gesäumt werden, einen Kaffee trinken und die Beine ausstrecken. Im Besucherzentrum *(Tel. 03/693-1006)* erhält man Informationen über das örtliche Kunsthandwerk und Ausflüge in die Umgebung.

Sir Edmund Hillary

Der bekannteste Bergsteiger der Welt wurde in Auckland geboren und arbeitete zunächst als Imker. Im Lauf der Zeit wurde er jedoch zum begeisterten Bergsteiger. Nach seiner Zeit als neuseeländischer Soldat im Zweiten Weltkrieg bei der Luftwaffe erwachte in ihm der Ehrgeiz, den Mount Everest zu bezwingen. Als erstem Menschen gelang ihm dies 1953 gemeinsam mit dem nepalesischen Sherpa Tenzing Norgay. Nach einem 15-minütigen Gipfelpicknick mit Kuchen stiegen sie wieder ab, von Hillary mit dem bärbeißigen Satz kommentiert: «Tja, wir haben den Bastard besiegt!» 1958 führte er die erste Fahrzeugexpedition zum Südpol.

Anschließend geht es auf der SH8 bis Fairlie weiter, danach über den Burkes Pass und durch das **Mackenzie Country**. Es ist nach einem Schafzüchter benannt, der zum Volkshelden wurde, weil er eine gestohlene Schafherde in den damals unerforschten Canterbury Highlands wiederfand.

Der erste See, an den man gelangt, ist der **Lake Tekapo**, ein türkisfarbener See, der von den schneebedeckten Southern Alps eingerahmt wird. Im gleichnamigen Dorf liegen zahlreiche Souvenirshops. Die größte Attraktion sind die **Tekapo Springs** *(Tel. 03/680-6550, www.tekaposprings.co.nz)* mit Heißwasserbecken, Saunas und dem angeschlossenen Winterpark mit ganzjähriger Eislaufbahn und dem im Winter eingerichteten Schlittenhang.

Nach weiteren 40 Kilometern glitzert der **Lake Pukaki** mit einem herrlichen Ausblick auf den Aoraki/Mount Cook in der Sonne. Sein türkisfarbenes Wasser verdankt er dem feinkörnigen Felsuntergrund und dem Schmelzwasser der Gletscher. Hinter dem Damm an der SH80 kommt die Abzweigung zum Aoraki/Mount Cook. Von dort führt der Weg nach Twizel (siehe S. 213), wo ein Besucherzentrum *(SH8, Tel. 03/4353280)* am See weiterhelfen kann.

Aoraki/Mount Cook National Park

Mit seinen 19 Gipfeln über 3000 Meter ist der Aoraki/Mount Cook National Park der Höhepunkt der Southern Alps. Der Park selbst ist eine eher abweisende Landschaft aus Fels und Eis, 40 Prozent sind von

Eine Bronzestatue von Sir Edmund Hillary, zu Hause in den Southern Alps

INSIDERTIPP

Der Aoraki/Mount Cook, unser höchster und heiligster Berggipfel, ragt hoch über den grasbestandenen Mackenzie Plains empor und ist ebenso eindrucksvoll wie der Himalaja.

COLIN MONTEATH
National Geographic-Fotograf

Gletschern bedeckt. In den Park gelangt man durch eine Fahrt entlang dem Lake Pukaki bis zum Aoraki Mount Cook Village hinauf.

In dem Ort steht seit 1884 die Grande Dame unter den neuseeländischen Hotels, **The Hermitage** (siehe S. 302 ff.w). Neben dem The Hermitage gibt es in dem winzigen Dorf auch noch weitere Übernachtungsmöglichkeiten, wenn man länger bleiben möchte.

Ebenfalls bei The Hermitage befindet sich das **Sir Edmund Hillary Alpine Centre** mit einer interessanten Ausstellung über den Park und die Geschichte seines Bergsports.

Der „König" unter all den Gipfeln ist der Aoraki, der „Wolkenkratzer". Bis vor Kurzem hieß er noch Mount Cook, erhielt aber 1998 im Zuge eines Abkommens zwischen der Regierung und dem Stamm der Ngai Tahu seinen heutigen Doppelnamen **Aoraki/Mount Cook**. Mit 3754 Metern ist er der höchste Berg in Neuseeland, obwohl er 1991 durch einen Felsabbruch zehn Meter an Höhe verlor. Der Berg bietet einen majestätischen Anblick, ist jedoch oft in Wolken gehüllt.

Der Aoraki/Mount Cook hat Bergsteiger aus aller Welt angezogen, um dort zu trainieren – unter anderem Edmund Hillary, den Bezwinger des Mount Everest (siehe Kasten S. 210). Er ist zwar nicht allzu hoch, doch der Aufstieg ist ziemlich schwierig. Seit der Erstbesteigung 1894 verloren mehr als 200 Menschen ihr Leben.

Godley und der Murchison. Den **Tasman Glacier** kann man schon vom Parkeingang aus sehen. Mit einer Länge von 29 und einer Breite von drei Kilometern ist er der größte Gletscher Neuseelands. Obwohl er in den tieferen Lagen mittlerweile nackten Fels zeigt, ist die Eisdecke teilweise noch bis zu 600 Meter dick. Im Winter

Lupinen blühen an den Ufern des Lake Tekapo.

Es gibt weitere majestätische Berge wie den Tasman, Sefton, Eli de Beaumont, Haast, Dampier und die Minarets. Man kann die Gipfel auch von der Westküste aus anpeilen, denn der Aoraki/Mount Cook begrenzt den Westland Tai Poutini National Park (siehe S. 226ff.).

Gletscher: Im Park erstrecken sich auch Dutzende von Gletschern, die fünf größten sind der Tasman, Hooker, Mueller,

kann man auf dem Gletscher Ski fahren, indem man sich mit dem Hubschrauber nach oben fliegen lässt.

Wanderungen: Der leichteste Weg, um in den Park zu gelangen, ist auf einem der vielen Wanderwege vom Dorf aus. Der **Governors Bush Walk** ist eine einstündige Wegschleife hinter dem Dorf und führt durch Südbuchenwälder mit herrlichen Ausblicken auf die

Bergwelt. Der **Kea Point Walk**, eine zweistündige Wanderung, beginnt am The Hermitage und führt durch Grasland bis zur Moräne des Mueller Glacier. Er endet an einer Aussichtsplattform mit einer faszinierenden Aussicht auf das Hooker Valley und den Mueller Glacier.

Der **Hooker Valley Track** ist etwas schwieriger, aber für seine Bergpanoramen, Gletscher und Seen bekannt. Er verläuft über zwei Hängebrücken und führt am Mueller Lake vorbei, ehe er den Hooker Lake erreicht. Vom Parkplatz am Ende der Hooker Valley Road aus benötigt man dafür etwa drei Stunden. Aktuelle Informationen zu Wegzustand und Wetter sollte man sich rechtzeitig im Besucherzentrum des Department of Conservation holen.

Ein bescheidener Felsrutsch

Am 14. Dezember begann gegen Mitternacht am Gipfel des Aoraki/Mount Cook ein Felsrutsch. Zunächst hörte man nur ein dumpfes Rumpeln, doch dann wurde es zu einer riesigen Felslawine, die eine Stärke von 3,9 auf der Richterskala erreichte. Bergsteiger in der Nähe beobachteten, wie der Berg förmlich in sich selbst zusammenzustürzen schien. Am nächsten Morgen war er dann von seinen stolzen 3764 Metern auf 3754 Meter geschrumpft – doch noch immer ist er der höchste Berg Neuseelands.

Twizel

Die dem Park am nächsten gelegene Stadt **Twizel** wurde 1968 gegründet, um 6000 Arbeitern eine Bleibe zu schaffen, die am Bau des Wasserkraftwerks Upper Waitaki beteiligt waren. Es war das bisher größte Projekt dieser Art in Neuseeland. Als es nach 18 Jahren vollendet war, war die Arbeiterstadt reif für den Abbruch. Doch ihre Einwohner kämpften für ihren Erhalt, und heute lebt sie weitgehend vom Tourismus.

Twizel ist ein guter Ausgangspunkt zum Aoraki/Mount Cook und verfügt über etliche Unterkunftsmöglichkeiten. Informationen erhält man im Besucherzentrum *(Market Pl., Tel. 03/435-0066)*. Rund um Twizel finden sich zahlreiche Freizeitmöglichkeiten, aber die hiesige Hauptattraktion sind zweifellos die Schwarzen Stelzenläufer, die zu den seltensten Watvögeln der Erde gehören. Bestaunen kann man sie im **Ahuriri Conservation Park** südlich der Stadt, in dem lohnenswerte Touren angeboten werden.

Der **Lake Ruataniwha** am Südrand der Stadt ist für seine Bootstouren bekannt, ebenso wie der **Lake Benmore**, ein Stausee im Osten. Der **Lake Ohau**, der sich 30 Kilometer westlich von Twizel ausbreitet, bietet gute Möglichkeiten zum Bootfahren, Schwimmen und Angeln. Außerdem liegt westlich des Sees das **Skigebiet Ohau**. ■

Überwältigende Landschaft, Gletscher, alte Bergbaustädte und Wildnis zwischen den Southern Alps und einer zerfurchten Küste

Westküste

Ein gut gesicherter Bergsteiger an der eisigen Wand einer abenteuerlichen Gletscherspalte am Fox Glacier, Westland Tai Poutini National Park

Westküste

Die Westküste, durch die Southern Alps vom Rest der Südinsel abgeschnitten und von den Regengüssen gepeitscht, die von der Tasmansee her kommen, zeigt eine raue Landschaft mit Schnee und Eis, dichten Wäldern, Seen und wilden Stränden.

Die *Coast*, wie sie kurz genannt wird, erstreckt sich über 600 Kilometer, erreicht aber nur selten mehr als 30 Kilometer in der Breite. Es ist ein Grenzland, in dem die Bergleute zu den Goldfeldern strömten und Siedlungen bauten.

Wilde Städte, von raubeinigen, hart arbeitenden Pionieren bevölkert, entstanden an der Westküste in den 1860er-Jahren fast über Nacht. Damals war das *Westland*, wie die Westküste ebenfalls genannt wird, kurzzeitig die am schnellsten wachsende Region Neuseelands. Als die Goldminen versiegten, verwandelten sich blühende Städte in Geisterstädte, doch eine neue Generation von Steinkohle-Bergleute folgte und baute die Kohlenflöze ab. Heute zählt die Küste zu den am dünnsten besiedelten Gebieten Neuseelands, und die wichtigen Städte kämpfen darum, dass die jungen Leute bleiben.

Die Kulisse lockt jährlich Hunderttausende von Besuchern an, von denen die meisten den kürzesten Weg zum Fox Glacier und Franz Josef Glacier nehmen. Sie zählen zu den am leichtesten zugänglichen Gletschern der Welt, weil sie nahe der Küste liegen. Noch erstaunlicher ist, dass sie in Regenwäldern der gemäßigten Breiten liegen.

Die Westküste ist sowohl dicht bewaldet als auch öde. Captain Cook stellte 1770 fest: „Kein Land auf der Erde kann öder und kahler erscheinen." Nur wenige Maori lebten an der Westküste, doch es gab dort einen großen Schatz: *pounamu* (*greenstone* oder Jade, von den Geologen als Nephrit bezeichnet). Fast 300 Jahre lang, ab etwa 1400, kontrollierten die Ngati Wairangi den Handel mit diesem kostbaren Stein, der auf der gesamten Nordinsel geschätzt wurde. Dann drangen die Ngai Tahu in das Gebiet ein und nahmen die Lagerstätten in Besitz. Sie schleppten die Steine über hohe Pässe durch die Southern Alps.

Diese Pässe sind heute Tore zur Westküste. Die nördlichen Routen über den Arthur's Pass und den Lewis Pass waren die einzigen Zugänge zur Küste, bis 1965 die Straße über den Haast Pass im Süden eröffnet wurde.

Kea

Der neugierige, spitzbübische Kea *(Nestor notabilis)* ist ein Bergpapagei der Southern Alps. Die Vögel sind unberechenbar, lautstark, furchtlos und gewöhnen sich schnell an Menschen. Manchmal kommen sie zu den Picknickplätzen oder Caféterrassen, wie im Arthur's Pass Village. Die Papageien fressen Insekten, Beeren und andere Pflanzenteile, manchmal auch Aas, etwa tote Schafe. Letzteres trug ihnen den Ruf als Schafmörder ein. Deshalb schossen Farmer sie reihenweise ab, bis sie 1986 unter Schutz gestellt wurden. Sie haben sich angewöhnt, Futter von Besuchern anzunehmen, die entzückt sind über die Späße der frechen grünen Papageien und ihre lauten „Keeeaaa"-Rufe. Doch Keas machen auch vieles kaputt, mit Vorliebe die Gummidichtung von Windschutzscheiben, aber ebenso Zelte, Taschen und einfach alles, was sie in ihren Schnabel bekommen können. Keas können auch aggressiv sein, deshalb sollte man besser ein wenig Vorsicht walten lassen.

UNBEDINGT ANSEHEN:

- Die Kalksteinformationen im Oparara Basin bei Karamea **219–220**
- Punakaikis Pancake Rocks, die ins Meer hinausragen **220**
- Shantytown, das in Greymouth die historische Westküste wieder lebendig werden lässt **223**
- Hokitika wegen seiner Jadeschnitzereien und des Kunsthandwerks **223–225**
- Die historischen Bergbaustädte im Grey Valley **223**
- Das abgelegene Okarito wegen der Kajakfahrten und der Spaziergänge am windumtosten Strand **225**
- Franz Josef Glacier und Fox Glacier, schimmernde Flüsse aus Eis **227–228**
- Jackson Bay – das Ende der Straße, doch nicht der Welt **229**

An der Küste können Sie historische Städte, alte Bergwerke und einsame Strände besuchen. Jade ist noch immer in Hokitika vorhanden, wo sowohl Stein als auch Knochen, Muscheln und Holz geschnitzt werden. Es lohnt sich, hier Kunsthandwerkerzeugnisse zu kaufen. Die wichtigste Stadt Greymouth ist der Ausgangspunkt für den Besuch alter Bergbausiedlungen. Weiter nördlich führt eine Küstenstraße zu den *Pancake Rocks* („Pfannkuchen-Felsen") von Punakaiki.

Die nördlichste Region rund um Karamea führt zum Kahurangi National Park, der zu den entlegensten Wildnissen Neuseelands zählt. Hier liegt der Heaphy Track, einer von Neuseelands *Great Walks* („Großen Wanderwegen"). ■

Westport & Umgebung

Die Bergbaustadt Westport ist das Tor zum westlichen Bereich des vielgestaltigen Kahurangi National Park. Im Süden finden sich im Paparoa National Park auch die berühmten Pancake Rocks von Punakaiki.

Zwei Wanderer kommen auf dem Heaphy Track an Pampasgras vorbei.

Westport
Karte S. 217

Besucherinformation
113 Palmerston St.
03/789-6658
www.westport.nz.com

Coaltown Museum
165 Queen St.
03/789-8204
$

Westport

Wo der Buller River ins Meer mündet, liegt Westport, der wichtigste Hafen der Westküste. Es verdankt seine Existenz der Kohle. Goldsucher ließen sich 1861 als Erste in Westport nieder, doch die Ausbeute war mager, und bald führten die Kohlenminen die Entwicklung der Stadt an. Noch heute wird hier der größte Teil der neuseeländischen Kohle abgebaut.

Westport ist eine eher unwirtliche Stadt, doch es gibt hier einige Sehenswürdigkeiten. In der Stadt ist das **Coaltown Museum** dem wichtigsten Industriezweig gewidmet.

Westport ist ein Kreuzungspunkt zum Norden und Osten der Südinsel. In Richtung Norden nach Nelson folgt die SH6 dem Buller River durch die Buller Gorge. Die SH6 bleibt bis Murchison (siehe S. 187) am Fluss. Sie können auch bei Inangahua, 45 Kilometer von Westport entfernt, von der SH6 nach Reefton, zum Haupthighway zur Ostküste abbiegen, der über den Lewis Pass führt.

Nördlich von Westport

Die SH67 führt von Westport aus nach Norden und endet hinter Karamea am Beginn des Heaphy Track, des Hauptanziehungspunkts der Region.

Für einen Abstecher nach **Denniston**, neun Kilometer vom Highway entfernt, biegen Sie in Waimangaroa ab. Denniston, einst ein Zentrum des Kohlebergbaus, ist heute fast eine Geisterstadt, doch es verfügt über gute Wege, wie den **Denniston Walkway** (siehe rechts). Dieser Saumpfad führt zur Denniston Incline, einer alten Anlage des Lorentransports.

INSIDERTIPP

Zu wenig Zeit? Sie können auch nur einen Teil des Heaphy Track gehen oder vom Oparara Basin aus zu kurzen Wanderungen zu spektakulären Kalksteinformationen aufbrechen.

JORGE I. NÚÑEZ
National Geographic-Experte

Die Straße nach Norden verläuft anschließend durch einstige Bergbaustädte, ehe sie ins Landesinnere zum bewaldeten **Karamea Bluff** ansteigt und wieder zur Stadt **Karamea** hinabführt, dem Ausgangspunkt zum **Kahurangi National Park**. Seine üppige Vegetation variiert deutlich von den dichten Steineibenwäldern und tropisch aussehenden Nauki-Palmen *(Rhopalostylis sapida)* an der Westküste zu den Südbuchenwäldern im Osten.

Denniston Incline

Die Einheimischen bezeichnen die Denniston Incline als „achtes Weltwunder": eine Konstruktion, die im Jahr 1879 entstand, um Kohle vom Denniston-Plateau herunterzutransportieren. Die Loren mit jeweils zwölf Tonnen Kohle über die extrem steilen Gleise fahren zu lassen war ein schwieriges Unterfangen und erforderte starke Bremsen – die manchmal auch versagten. Manch Unglücklicher kam tragisch zu Tode, als infolge eines technischen Defekts Tonnen von Kohle auf ihn stürzten.

Der **Heaphy Track** ist der berühmteste Wanderweg des Parks, eine 78 Kilometer lang oder Fünf-Tage-Wanderung vom Aorere Valley (bei Collingwood in Nelson) bis Kohaihai, das 16 Kilometer nördlich von Karamea liegt. Dieser *Great Walk* (siehe S. 19) bietet Übernachtung in Hütten und muss über das Department of Conservation gebucht werden.

Sie können nur ein Teilstück des Heaphy zurücklegen, um einen Eindruck zu gewinnen, oder kurze Wanderungen im **Oparara Basin** unternehmen.

Kahurangi National Park

Karte S. 217

Besucherinformation

Millers Acre/
Taha o te Awa,
79 Trafalgar St.,
Nelson

03/546-9339

www.doc.govt.nz/parks-and-recreation/national-parks/kahurangi

Paparoa National Park

Karte S. 217

Besucher-information

Main Rd., Punakaiki

03/731-1895

www.doc.govt.nz/parks-and-recreation/national-parks/paparoa

Blowholes

Blowholes entstehen als ein Nebenprodukt der Erosion. Wellen, die gegen die Küste schlagen, tragen den weicheren Stein allmählich ab und lassen so schließlich unter Wasser Höhlen entstehen. Mit der Zeit verursacht die Erosion kleine Löcher in der Höhlendecke – die Blowholes. Wenn eine Welle durch den Eingang der Höhle strömt, wird sie durch diese Löcher abgeleitet. Der Druck der anstürmenden Wellen führt zu sehr eindrucksvollen Ausbrüchen mit Spritzfontänen.

Biegen Sie von der Straße zum Heaphy Track an der McCallums Mill Road ab, und fahren Sie etwa 16 Kilometer auf einer gut gepflegten Kiesstraße. Dort finden Sie den Beginn der einfachen 20-Minuten-Wanderung zum beeindruckenden **Oparara Arch**, der über einen Fluss führt. Der **Moria Arch** *(Rundtour von einer Stunde)* ist ähnlich. Die **Crazy Paving Cave** und **Box Canyon Cave** liegen dicht an der Straße.

Südlich von Westport

Elf Kilometer von Westport entfernt, führt eine anderthalbstündige Rundtour vom **Cape Foulwind** an der Küste entlang zu einer Robbenkolonie. Sie können auch zur **Tauranga Bay** fahren und fünf Minuten zu den Robben laufen.

In der einst blühenden Stadt **Charleston** am Nile River, 27 Kilometer südlich von Westport, hat sich nicht viel getan, seit die Goldfunde zu Ende gingen, doch Norwest Adventures *(182 Queen St., Westport, Tel. 03/788-8168, www.caverafting.com, $$$$$; keine Kinder unter zehn Jahren)* bietet beliebte Raftingtouren in den Höhlen oder Glühwürmchen-Höhlentouren *($$$$$)* am Nile River.

Punakaiki *(www.punakaiki.co.nz)*, etwa 60 Kilometer südlich von Westport an der SH6 gelegen, ist berühmt für seine Felsformationen aus Kalkstein. Vom Ort aus führt eine 20-minütige Wanderung zu den **Pancake Rocks und Blowholes**, den großartigsten Felsformationen an diesem Küstenstreifen, der zum **Paparoa National Park** gehört. Punakaiki hat einige Unterkunftsmöglichkeiten, eine Kneipe und mehrere Cafés zu bieten. Sie liegen neben dem Besucherzentrum, das über Park und Wanderwege informiert. Einer davon führt an einer dramatischen Kalksteinschlucht entlang *(Pororari River Track, 2,5 Stunden)*. ■

INSIDERTIPP

Unbedingt sehenswert ist Punakaiki mit seinen an aufgeschichtete Pfannkuchen erinnernden Steinformationen und Blowholes.

JORGE I. NÚÑEZ
NATIONAL GEOGRAPHIC-Experte

Pioniere

Viele Neuseeländer europäischer Abstammung schreiben manche Eigenheit des Nationalcharakters den ersten Siedlern und deren Einfallsreichtum, deren Willensstärke und deren Bereitschaft zu harter Arbeit zu.

Im späten 18. Jahrhundert galt Neuseeland als unzivilisierter Außenposten der Welt. Obwohl die Besiedlung Australiens 1788 begonnen hatte, hatten sich nur wenige Europäer weiter nach Osten vorgewagt.

Robbenfänger errichteten 1792 die erste Siedlung, ein Camp am entlegenen Dusky Sound, wo sie Schutz vor den Regengüssen suchten. Weitere Menschen folgten, von den hohen Preisen für Robbenfelle und Tran angelockt. Manche heirateten Maorifrauen und blieben. Ein Siedler, der 16-jährige James Caddell, überlebte 1810 als Einziger einen Maoriangriff und nahm später die Tochter eines Häuptlings zur Frau. Als ihn Europäer 13 Jahre später entdeckten, war sein Gesicht tätowiert, und er konnte kaum noch Englisch sprechen.

Im Norden waren es meist Walfänger, die ab 1792 Kontakt zu den Maori hatten. Die englischen oder amerikanischen Walfänger jagten im Südpazifik Pottwale. Schutz suchten sie in der Bay of Islands. Das Dorf Kororareka erwarb sich bald den Ruf lockerer Sitten. Ab 1809 siedelten Händler in dem Hafenort, Missionare folgten 1814.

Besiedlung durch die Briten

Wenige Siedler wagten sich über die Bay of Islands hinaus, und als die Briten 1840 Neuseeland annektierten, gab es dort erst ein paar Hundert Europäer. Doch die New Zealand Company hatte von den Maori Land erworben und verkaufte es an Siedler aus England und Schottland, von denen viele zum ersten Mal ihr Glück als Bauern versuchten. Viele führten ein raues, einsames Leben. Oftmals gab es Probleme mit den örtlichen Maori wegen zweifelhafter Geschäfte mit dem Land.

Denkmal für die Siedler von 1842, Wakefield Quay, Nelson

Zu Massenansiedlungen kam es erst in den 1860er-Jahren, als in Otago Gold gefunden wurde. Über Nacht entstanden Städte, als Tausende nach Otago, dann an die Westküste und schließlich auf die Halbinsel Coromandel auf der Nordinsel strömten. Als die Goldfelder, auf denen meist Engländer arbeiteten, erschöpft waren, boten andere Minen Arbeit. Zu den Kohlebergwerken der Westküste kamen überwiegend walisische Bergleute.

Im Norden der Nordinsel lockten die mächtigen Kauriwälder in den 1870er-Jahren Siedler an. Deren Holz war eines der Hauptexportgüter Neuseelands. Die rauen Holzfäller lebten in einsamen Camps. Zusätzlich streiften bis zu 20 000 Menschen durch die Sümpfe, die Kopal, das Harz der Kauribäume, gewinnen wollten. ■

Greymouth & Hokitika

Die meisten Küstenbewohner leben im mittleren Teil der Westküste, vor allem in Greymouth und Hokitika. Greymouth zeigt heute seine Vergangenheit in Shantytown und bietet sich als Ausgangspunkt für interessante Ausflüge zu alten Bergbaustädten an, während Hokitika die Jadehauptstadt Neuseelands ist.

Ein Treffen des Black Powder Musket Club, eines Schützenvereins aus der Umgebung von Greymouth

Greymouth

Karte S. 217

Besucherinformation

Railway Station, 164 Mackay St.

03/768-5101

www.greydistrict.co.nz

Greymouth

Greymouth, die größte Stadt und inoffizielle Hauptstadt der Küste, war der Ort der großen Maorisiedlung Mawhera, als 1846 der erste Europäer, Thomas Brunner, eintraf. Die Kleinstadt wurde 1865, zur Zeit des großen Goldrauschs, angelegt.

Die Stadt ist der westliche Endpunkt der berühmten TranzAlpine-Strecke, der aufregendsten Eisenbahnfahrt des Landes: von Christchurch aus über die Southern Alps.

Das **History House Museum** zeigt Exponate zum Bergbau. **Monteith's Brewing** braut das beliebteste Bier der Westküste und kann besichtigt werden. Halten Sie am Morgen die Augen offen, um die gespenstischen Wolken zu beobachten, die The Barber vor sich hertreibt: ein eisiger Wind, der scharf wie das Rasiermesser eines Barbiers durch das Grey Valley bläst.

Die größte Sehenswürdigkeit in der Umgebung von

INSIDERTIPP

Wer in der Umgebung von Greymouth unterwegs ist, sollte unbedingt im Pub Formerly the Blackball Hilton einen Stopp einlegen, um die köstlichen, vor Ort gemachten Würste zu genießen.

BRENT OPELL
NATIONAL GEOGRAPHIC-Experte

Greymouth ist **Shantytown**, elf Kilometer südlich der Stadt an der SH6 gelegen. Diese Rekonstruktion einer Goldgräberstadt vermittelt den Besuchern ein gutes Bild jener Zeit.

Östlich von Greymouth glänzt der **Lake Brunner**, der größte und schönste See der Westküste. Man erreicht ihn über eine Abzweigung von der SH7, die nordöstlich durch das Grey Valley führt. In diesem Tal, etwa 25 Kilometer von Greymouth entfernt, liegt **Blackball**, eine alte Kohle- und Goldbergbaustadt, die 1908 durch einen Bergarbeiterstreik Berühmtheit erlangte, der zur Gründung der Gewerkschaften des Landes führte. Spazieren Sie durch die Straßen, oder trinken Sie ein Bier im historischen **Formerly the Blackball Hilton** *(26 Hart St.)*, das seinen Namen nach einer Auseinandersetzung mit der Hotelkette ändern musste. Es ist der einzige Pub von einst Dutzenden in der Stadt.

Weiter nördlich wendet sich im hübschen **Reefton** der Highway ins Landesinnere. Der historische Weiler, der nach seinen Goldadern *(reefs)* benannt ist, besitzt östlich des Ortes am Highway ein **Museum** mit Erinnerungsstücken an die Goldfelder. Reeftons Besucherinformation *(Tel. 03/732-8391)* liefert Einzelheiten zu guten, kurzen Wanderungen zu den Gold- und Kohlebergwerken.

Jade

Neuseeländischer *greenstone* ist ein dunkelgrüner Nephrit, eine Art der Jade, die sich aber von der hellergrünen, selteneren, in China beliebten Jade unterscheidet. Jadesteine werden meist in Flüssen gefunden, vor allem im Arahura und Taramakau bei Hokitika, aber auch an den Stränden der Westküste. Der harte Stein war das wichtigste Handelsgut zwischen den Maori der Nord- und der Südinsel. Sie verwendeten ihn für Äxte, Keulen und Schmuckornamente. Der Maoriname für die Südinsel lautet Te Wai Pounamu oder „Grünsteinwasser". Gemäß dem Vertrag von Waitangi kontrolliert der Stamm der Ngai Tahu seit 1997 den Handel mit dem *pounamu* der Westküste.

Hokitika

Die Stadt Hokitika, etwa 40 Kilometer südlich von Greymouth, erlebte 1864 einen Boom. Tausende strömten von den australischen Goldfeldern

History House Museum

Besucherinformation

- ✉ Gresson St.
- ☎ 03/768-4028
- 🕒 Geschlossen Mo–Fr
- $ $

www.greydc.govt.nz/council-services/history-house

Monteith's Brewing

- ✉ Turumaha & Herbert Sts.
- ☎ 03/768-4149
- $ $$ (Tour)

www.monteiths.co.nz

Shantytown

- Karte S. 217
- ✉ Rutherglen Rd., Paroa
- ☎ 03/762-6634
- $ $$$

www.shantytown.co.nz

Hokitika

- Karte S. 217

Besucherinformation

- ✉ Weld St.
- ☎ 03/755-6166

www.hokitika.org

Hokitika Museum
✉ Hamilton & Tancred St.
☎ 03/755-6898
$ $
www.hokitikamuseum.co.nz

Ein Kunsthandwerker schnitzt in Hokitika Jade.

herbei. Ende 1866 war Hokitika eine der größten Städte Neuseelands, 1873 wurde es Hauptstadt der Provinz Westland.

Im 20. Jahrhundert ging es mit Hokitika bergab. Zurück blieben breite Straßen, gesäumt von großartigen Gebäuden. Ein schöner Spaziergang führt von der Besucherinformation nach Süden zum historischen Bezirk **Gibson Quay** am Fluss, weiter an der Mündung entlang zum **Aussichtspunkt Sunset Point** und zum wilden Strand.

Die vielen Souvenir-, Kunst- und Kunsthandwerkläden sind die Hauptanziehungspunkte des Ortes. Es gibt dort alles, von der Glasbläserei bis zu Schmuck aus *paua* (Muschelschalen), doch am berühmtesten ist Hokitika für seine Jadeschnitzer.

Im neoklassizistischen Carnegie Building, das heute das **Hokitika Museum** beherbergt, war einst die Stadtbücherei untergebracht, gestiftet vom amerikanischen Philanthropen Andrew Carnegie. Heute finden Sie dort Exponate zu Jade (besonders sehenswert für alle, die etwas in einem der Kunsthandwerkläden in der Stadt kaufen wollen), Gold und der Pioniervergangenheit.

INSIDERTIPP

Hokitika ist berühmt für seine Werkstätten der Jadeschnitzer. Es gibt kaum einen anderen Ort in Neuseeland, wo man besser Souvenirs kaufen kann.

PETER TURNER
National Geographic-Autor

Tausende kommen zu Hokitikas **Wildfoods Festival** (siehe S. 225, *www.wildfoods.co.nz; Karten erforderlich*) im März, um Bush-Food und Spezialitäten der Westküste zu versuchen, von Wildschwein bis zu

Bush-Food

Vielleicht locken gebratene Wespenlarven Sie nicht, doch wie wäre es stattdessen mit Erdwurm-Trüffeln? Falls Sie Lust darauf haben, sollten Sie das Wild Foods Festival besuchen, auf dem es diese Leckereien gibt, gleich neben den gebratenen Lammschwänzen. Sie können auch Kaninchenburger, Fischaugen, Eiscreme mit Wespengeschmack, die verschiedensten Hoden oder Pastete von Gleitbeutlern versuchen. Sie werden für diese Köstlichkeiten anstehen müssen. Das Festival im März bringt dem 3000-Einwohner-Ort rund 20 000 Besucher.

whitebait (kleine Fische), frittierten Heuschrecken und Käferlarven (eine Maoridelikatesse).

Südlich von Hokitika fand man in der Goldgräberstadt **Ross** den Honourable-Roddy-Nugget, mit 2,81 Kilogramm der schwerste Goldnugget, der je in Neuseeland gefunden wurde. Er wurde König Georg V. zu seiner Krönung im Jahr 1911 überreicht und später zu einem königlichen Teeset eingeschmolzen. Das Besucherzentrum *(Tel. 03/755-4077, www.ross.org.nz)* präsentiert ein Replikat des berühmten Goldnuggets und andere Stücke.

Biegen Sie etwa 35 Kilometer südlich von Ross von der SH6 nach **Okarito** an der Küste ab. In dieser abgelegenen Siedlung spielt Keri Hulmes preisgekrönter Roman „Unter dem Tagmond", der über das Leben der Maori erzählt. Die Okarito-Lagune ist ein wichtiges Schutzgebiet für Watvögel. **Okarito Nature Tours** *(Tel. 03/753-4014, $$$$–$$$$$)* bietet Öko-Kajaktouren und eine Kajakvermietung.

Wenn Sie eine schöne Zwei-Stunden-Tour unternehmen wollen, wenden Sie sich am Strand nach Süden, bis Sie zu einer Fußgängerbrücke kommen, und gehen dann über einen Pfad, der vom Strand fort auf **The Trig** führt. ■

Maorischnitzerei in Hokitika

Gletscher & Süden

Der Franz Josef Glacier und der Fox Glacier sind die Hauptattraktionen der Westküste. Sie liegen im Westland National Park und zählen zu den am besten zugänglichen Gletschern der Welt. Die Straße folgt schließlich der Küste gen Süden, an Haast vorbei bis zur einsamen Jackson Bay.

Sonnenuntergang über dem Lake Matheson und Mount Tasman

Westland Tai Poutini National Park

Karte S. 217

Besucherinformation

Main Rd., Franz Josef

03/752-0796

www.doc.govt.nz/parks-and-recreation/national-parks/westland-tai-poutini

Westland Tai Poutini National Park

Als größte Attraktion der Westküste erstreckt sich der Westland Tai Poutini National Park von den höchsten Bergen der Southern Alps bis zu den Stränden der Westküste. Bekannt ist dieser Park vor allem für seine Gletscher – Franz Josef und Fox –, die direkt von der Hauptstraße aus zugänglich sind und erstaunlich nah am Meer liegen.

Der Park an der Westseite der Southern Alps wird durch die Alpine Fault (Alpine Faltung) geteilt, die eine Kette von Gipfeln auf über 3000 Meter Höhe emporschiebt, darunter auch den Aoraki/Mount Cook. Ergiebige Niederschläge bringen den Bergen viel Schnee und speisen damit 140 Gletscher im Park. Die größten Gletscher, Franz Josef und Fox, beinhalten fast zwei Drittel des Gletschereises im Park.

Im Zentrum des Parks liegen die kleinen Orte Franz Josef und Fox, beide am Highway nahe dem jeweiligen Gletscher. Sie haben eine Reihe von Unterkünften, doch in der Hochsaison empfiehlt es sich trotzdem, zu reservieren. Spazierwege führen bis dicht an die Gletscher, doch wer auf das Eis gelangen möchte, muss sich einer geführten Tour anschließen oder per Hubschrauber in höher gelegene Bereiche fliegen.

Franz Josef Glacier

Der deutsche Geologe Julius Haast (1822–1887), der das Gebiet 1865 erforschte, benannte diesen zwölf Kilometer langen Gletscher nach dem österreichischen Kaiser Franz Josef I. Heute liegt dieser 7000 Jahre alte Gletscher 19 Kilometer vom Meer entfernt, doch er basiert auf einem älteren Gletscher, der bis ans Meer reichte.

Der Waiho River wird von Gletscherschmelzwasser gespeist. Ein 45-minütiger Spaziergang an seinem Ufer entlang führt bis auf ein paar Hundert Meter an den Gletscher heran. Der Bereich direkt am Gletscher ist abgesperrt, denn ohne Vorwarnung können Tonnen von Eis über die Oberfläche des Gletschers herabstürzen. Wenn Sie näher an den Gletscher herankommen möchten, schließen Sie sich einer geführten Tour an.

Das Dorf Franz Josef liegt fünf Kilometer vom Parkplatz entfernt. Das **National Park Visitor Centre** zeigt Exponate zum Park, und das **West Coast Wildlife Centre** züchtet und zeigt die selten Okarito-Streifenkiwis und andere Kiwis.

Fox Glacier

Zum Fox Glacier kommen nicht so viele Besucher wie zum Franz Josef Glacier, obwohl der Weg einfacher und der Ausblick nicht weniger beeindruckend ist. Dieser 13 Kilometer lange Gletscher überwindet auf seinem Weg über die Southern Alps 2600 Höhenmeter. Er trägt den Namen von Willliam Fox (1812–1893), einem früheren Premierminister Neuseelands. Vom Parkplatz aus führt ein etwa 30-minütiger Spaziergang das Tal entlang bis zum Ende des Wegs, wo die Gletscherfläche dann nur noch 40 Meter entfernt ist. Geführte Touren auf

West Coast Wildlife Centre

✉ Cowan & Cron Sts., Franz Josef

☎ 03/752-0600

$ $$$

www.wildkiwi.co.nz

ERLEBNIS: Heliskiing

Eine der aufregendsten Arten, die Majestät der Southern Alps zu erleben, ist das Skifahren auf den abgelegenen oberen Schneefeldern. Wenn Sie ein guter bis sehr guter Skiläufer sind, fliegt Sie ein Helikopter ans obere Ende einiger erstaunlicher Hänge, nimmt Sie an deren unterem Ende wieder auf und bringt Sie zur nächsten unberührten Piste.

Dieses ultimative Skierlebnis bieten unter anderen Harris Mountains Heli-Ski ***(Shotover & Camp Sts., Queenstown, Tel. 03/442-6722, 99 Ardmore St., Wanaka, nur im Winter, Tel. 03/443-7930, www.heliski.co.nz)*** **und Wilderness Heliskiing** ***(Alpine Guides, Mount Cook Village, Tel. 03/435-1834, www.wildernessheli.co.nz).***

den Eisfluss können im Dorf Fox Glacier, acht Kilometer vom Gletscherparkplatz entfernt, gebucht werden. Das **Doc Area Office** *(Tel. 03/751-0807)* liefert Informationen zum Park. Das ruhige Örtchen

Das rustikale Café Nevé am Fuß des Fox Glacier

Fox Glacier verfügt über gute Übernachtungsmöglichkeiten.

Westlich des Dorfes spiegeln sich der Aoraki/Mount Cook und der Mount Tasman im Wasser des **Lake Matheson**. Ein Weg am Seeufer führt durch den Wald, der Rundgang dauert eine Stunde. Ein Café beim Parkplatz serviert Frühstück, Lunch und Abendessen (nur im Sommer). Der See liegt sechs Kilometer vom Fox Glacier entfernt, gleich an der Straße zum **Gillespies Beach**, einem Strand mit schwarzem Sand und Quarzkieseln. Eine Robbenkolonie lebt eineinhalb Stunden Fußweg entfernt.

Richtung Süden nach Haast

Vom Fox Glacier führt der Highway nach Süden durch das **Copland Valley**, wo der **Copland Track** über einen Gebirgspass durch die Southern Alps nach Mount Cook Village verläuft. Diese Überquerung ist nur für erfahrene Bergsteiger geeignet, doch Wanderer können bis zur **Welcome Flat Hut** gehen, eine Wanderung von sieben Stunden.

Die Straße trifft in **Bruce Bay** wieder auf die Küste, wo ein Stamm der Ngai Tahu ihren *marae* hat. Weiter südlich serviert am Paringa River das

Salmon Farm Café *(Tel. 03/ 751-0837)* frischen Lachs. Angler können im einige Kilometer entfernten **Lake Paringa** Königslachs oder Forelle fangen.

Nach dem Abstecher landeinwärts wendet sich die Straße bei **Knights Point** wieder der Küste zu. Es gibt einen schönen Aussichtspunkt, und der Rest der Strecke bis Haast verläuft meist direkt am Meer entlang.

Haast, 118 Kilometer vom Fox Glacier entfernt, ist der südlichste Zugang zur Westküste und bietet preiswertere Unterkünfte als die oft überfüllten Gletscherorte. Es handelt sich bei Haast um drei Städte: Haast Junction, wo die SH6 auf die Straße nach Jackson Bay trifft, Haast Beach an jener Straße und der Hauptort, Haast Township, zwei Kilometer entfernt, an der SH6 nach Wanaka. Das ausgezeichnete **Haast Visitor Centre** *(Jackson Bay Rd., Tel. 03/750-0809)* gibt nützliche Informationen.

Das letzte einsame Stück der Küste zieht sich 50 Kilometer entlang der Straße (Sackgasse) nach **Jackson Bay**. Jackson Bay wurde von Walfängern gegründet. 1875 versuchte der Ort, Siedler anzulocken, doch die Hoffnungen scheiterten an seiner abgeschiedenen Lage und den anhaltenden Regengüssen. Heute ist Jackson Bay ein verschlafenes Fischerdorf.

Von Haast verläuft die SH6 entlang dem Haast River ins Landesinnere und über den **Haast Pass** nach Wanaka und Queenstown. Auf dem Weg durch den Mount Aspiring Park (siehe S. 254) bietet sich eine Reihe kurzer Wanderungen und schöne Aussichtspunkte. ■

INSIDERTIPP

Wer zwischen dem Fox Glacier und Haast unterwegs ist, den bringt ein 40-minütiger Spaziergang durch den Wald, am Lake Moeraki vorbei, zum Munro Beach, einem der besten kleinen Strände Neuseelands.

BRENT OPELL
NATIONAL GEOGRAPHIC-Experte

ERLEBNIS: Wie man Gletscher besucht

Eine geführte Tour zu den Gletschern ist ein Muss, wenn Sie in der Gegend sind.

Franz Josef Glacier Guides bietet Wanderungen auf den Gletscher, Eisklettern und Touren mit dem Hubschrauber.

SH6, Main Rd.,
Franz Josef Glacier,
Tel. 03/752-0763
www.franzjosefglacier.com
$$$$

Fox Glacier Guiding hat viele verschiedene Touren im Programm. Neben Gletscherwanderungen wird auch ein Ausflug mit dem Hubschrauber zum Chancellor Dome angeboten.

SH6,
Fox Glacier,
Tel. 03/751-0825
www.foxguides.co.nz
$$$$

Gletscher

Wie alle Gletscher der Welt sind auch der Fox Glacier und der Franz Josef Glacier auf dem Rückzug, obwohl sich genau genommen immer ein Teil eines Gletschers, getragen vom Schmelzwasser, auf Talfahrt befindet. Tatsächlich dehnte sich die Oberfläche der Gletscher in den 1980er-Jahren durch starke Schneefälle in den Southern Alps sogar ein Jahrzehnt lang aus, doch das lief dem allgemeinen Trend entgegen.

Gletscher entstehen aus Schnee, der sich in einem Becken ansammelt, immer wieder taut und erneut überfriert und sich dadurch verdichtet. Diese Schneemasse wird schließlich zu bläulich schimmerndem Gletschereis.

Beide Gletscher, Fox und Franz Josef, liegen auf einem Grund, der wärmer ist als in den meisten anderen Gletscherregionen. Dadurch entsteht im Basisbereich der Gletscher Schmelzwasser, das ihnen hilft, hangabwärts zu gleiten. Verglichen mit anderen Gletschern, bewegen sich die Gletscher der Westküste sehr schnell – mit bis zu vier Metern pro Tag.

Da Gletscher aus Eisschichten bestehen, bewegen sie sich auch im Innern – manche Schichten schneller als andere: Beim Fox Glacier und Franz Josef Glacier bewegt sich die oberste Schicht von etwa 20 Meter Dicke schneller, ist aber auch brüchiger und bekommt leichter Risse, aus denen

tiefe Gletscherspalten oder Bergschrunde entstehen. Es ist so gefährlich, Gletscher zu überqueren, weil starke Schneefälle die Spalten überdecken und Schneebrücken schaffen können, die unter dem Gewicht eines Kletterers manchmal zusammenbrechen.

Gletscher waschen den Fels aus, während sie darübergleiten. Sie sammeln dabei große Mengen an Gestein, von großen Felsbrocken bis hin zu feinem Pulver, das durch den ständigen Abrieb entsteht. Dieses Gesteinsmehl verursacht die milchig graue Farbe von Gletscherflüssen. Das Gestein, das Gletscher mit sich führen, wird an ihren Seiten als Hügel aus Steinen und Kies abgelegt, die Moränen genannt werden.

Mit der Zeit mahlen Gletscher tiefe, u-förmige Täler aus dem Untergrund, im Unterschied zu den v-förmigen Flusstälern. Viele der großen Seen auf der Südinsel wurden von einstigen Gletschern geschaffen, die längst geschmolzen sind. ■

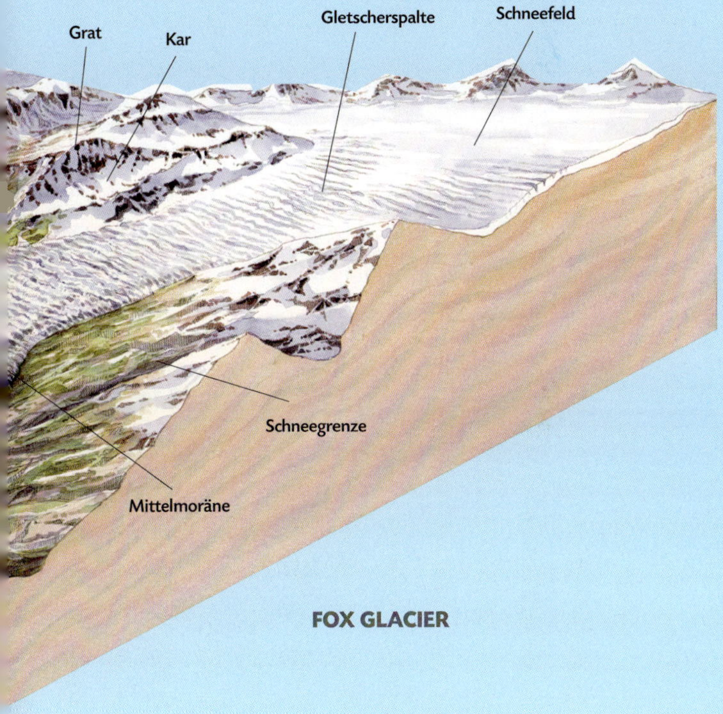

FOX GLACIER

Von Seen, majestätisch aufragenden Bergen und atemberaubenden Wüstenlandschaften in Otago bis hin zu würdevollen viktorianischen Städten entlang der Küste und einer faszinierenden Tierwelt in der Nähe von Siedlungen

Otago

Herbstimpression in Arrowtown, Central Otago

Otago

Otago – Land der Extreme: vom historischen Dunedin an einer fruchtbaren Küste, an der es von Meereslebewesen nur so wimmelt, bis hin zum surrealen wüstenähnlichen Landesinneren, das sich im Schatten der Southern Alps ausdehnt.

Das Juwel in der Krone Otagos ist Queenstown, der Urlaubsort Nummer eins, an einem fantastischen Gletschersee im Schutz der Alpen gelegen. Im Sommer wimmelt es in diesem Ort nur so von Touristen – vom Abenteurer bis zum einfachen Spaziergänger. Und der internationale Touristenstrom ebbt nicht einmal im Winter ab, weil sich dann die Skifahrer auf den umliegenden Bergen tummeln.

Queenstown ist der ideale Ausgangspunkt für Ausflüge in die Region Central Otago, aber für jene, die es etwas ruhiger mögen, ist auch Wanaka mit seinem wunderschönen See ideal.

Der größte Teil der Southern Alps liegt im Mount Aspiring National Park. Hier findet man die besten Wanderwege des Landes, wie den Route-burn Track. Im nördlichen Teil des Parks liegt der Haast Pass, das Tor zur Westküste. Der Weg führt über eine atemberaubende Hochgebirgsstraße.

Von Queenstown aus kann man sich ins Herz von Central Otago vorwagen, zur Hochplateauwüste mit ihrer zerklüfteten Schieferlandschaft. Hier ist man weiter als an jedem anderen Ort des Landes vom Meer entfernt. Deshalb herrschen hier auch die heißesten Sommer und die trockensten, kältesten Winter. Die raue Landschaft bot sich nicht unmittelbar zur Besiedlung an, aber alte Goldgräberstädte zeugen von einer Blütezeit im 19. Jahrhundert.

Die reichsten Goldvorkommen fand man zwischen 1860 und 1861 in Central Otago. Goldsucher aus der ganzen Welt kamen in Scharen, Städte schossen wie Pilze aus dem Boden, und obwohl der Goldrausch kaum länger als ein Jahrzehnt andauerte, verdoppelte sich in dieser Zeit die Bevölkerung Neuseelands.

Ein großer Teil des Reichtums floss nach Dunedin, das sich zur prachtvollsten Stadt des Landes entwickelte. Banken, Büros, Hotels und Kirchen aus Stein ersetzten schnell die Behausungen der frühen Siedler.

Ein Experte bearbeitet ein Stück Holz in Oamaru, der Heimat vieler Kunsthandwerker.

Dunedin hängt noch heute an seinen schottischen Wurzeln und bewahrt sein altes Erbe. Die liebenswürdige Stadt erstreckt sich zwischen Hafen und angrenzenden Hügeln. Sie bietet sich als interessanter Urlaubsort an, obwohl oder gerade weil sie abseits der Busroute Christchurch–Queenstown–Milford liegt.

Die größte Attraktion liegt für viele vor den Toren der Stadt auf der Otago Peninsula. Hier schaut man über Weideland auf herrliche Meereslandschaften und kann zudem eine Vielzahl heimischer Wildtiere – riesige Albatrosse, Robben und Pinguine sowie Seelöwen beobachten.

Wer die Küste entlangreist, sollte auch in Oamaru halten, einem verschlafenen Ort, der wie Dunedin zur Zeit des Goldrausches seine Blüte erlebte. In einem Teil des Ortes sind stattliche viktorianische Gebäude aus weißem Stein erhalten. Auch Pinguine haben Oamaru zu ihrer Heimat erkoren. ■

NICHT VERSÄUMEN:

Dunedins schöne Museen und viktorianische Architektur 236–242

Königsalbatrosse, Pinguine und mehr auf der Otago Peninsula 242–243

Larnach Castle, ein Zeugnis vergangenen Reichtums 243

Moeraki Boulders, halb am Strand vergraben 245

Alte Goldgräberstädte und Weingüter in Central Otago 246–255

Queenstown, einen der weltgrößten alpinen Ferienorte 248–250

Jetbootfahren, Bungee-Jumping und sonstigen Nervenkitzel 252

Wanaka, Stadt der Abenteurer und Skifahrer an einem hübschen See 253

Wandern im Mount Aspiring National Park 254

Dunedin & Otago Peninsula

Durch den Goldrausch der 1860er-Jahre wurde Dunedin zur größten und prachtvollsten Stadt Neuseelands. Auch heute noch ist die Stadt mit eleganter Architektur angefüllt. Vor den Toren der Stadt liegt die Otago Peninsula.

Standbild des Dichters Robert Burns am Octagon, Dunedin

Dunedin

Karte S. 234

Besucher-information

26 Princes St.

03/477-3300

www.dunedin.govt.nz

Dunedin

Dunedin, mit 126 000 Einwohnern die zweitgrößte Stadt der Südinsel, erstreckt sich an steilen Hügeln am Ende eines langen Hafens. Es besteht aus einer reizvollen Mischung von stattlichen viktorianischen Gebäuden, Museen und Kunstgalerien und ist recht übersichtlich. Durch die 20 000 Studenten der Universität Otago bedingt, ist Dunedin aber alles andere als ein verschlafenes Städtchen am Ende der Welt.

Seit der Zeit um 1100 wurden die Küstenregionen Otagos von den Maori besiedelt. Die ersten Wal- und Robbenfänger kamen in den 1820er-Jahren, doch so richtig blühte die Kolonie erst auf, als 1848 die Siedler der Free Church of Scotland an Land gingen.

Sie kamen unter der Führung von Captain William Cargill (1784–1860) und des Geistlichen Thomas Burns (1796–1871) und nannten die Siedlung zunächst New

Edinburgh, entschieden sich dann für Dunedin, den alten schottischen Namen für Edinburgh. Diese frommen Leute kamen mit der Vision eines neuen Heimatlandes, wurden aber vom Goldrausch des Jahres 1861 förmlich aufgesogen.

Der Reichtum des Goldes floss auch nach Dunedin. In den 1880er-Jahren entwickelte es sich zu Neuseelands Vorzeigestadt. Bank- und Firmengebäude, Kirchen und Hotels schossen wie Pilze aus dem Boden, und Cablecars erklommen die hügeligen Straßen.

Obwohl der Goldrausch schließlich wieder abebbte, nährte der Reichtum aus der Landwirtschaft die Stadt bis zur Mitte des 20. Jahrhunderts. Heute erlebt Dunedin dank der Universität, die seit den 1980er-Jahren um ein Dreifaches gewachsen ist, eine Art Wiederbelebung, an der auch der Tourismus seinen Anteil hat.

INSIDERTIPP

In der First Church und dem angrenzenden Museum am Moray Place finden freitagmittags oft klassische Konzerte statt, meist kostenlos.

MARCUS TURNER
National Geographic-Autor

Das **Otago Museum** beherbergt auf drei Etagen eine der größten Sammlungen des Landes. In der Tangata Whenua Gallery befinden sich eindrucksvolle Kunstwerke der Maori, darunter ein riesiges Kriegskanu und erstklassig geschnitzte Holzverkleidungen. Auch andere polynesische und malaiische Kulturen sind gut vertreten, europäische Siedlungs- und Seefahrtsgeschichte sowie Naturkunde sind bestens abgedeckt, andere Abteilungen konzentrieren sich auf Geologie und Vogelwelt der Südinsel.

Die steilste Straße der Welt

Es ist vielleicht nicht gerade der Mount Everest oder gar der Aoraki/Mount Cook, aber die stolzen Höhen der Baldwin Street zu erklimmen ist ein Muss für jeden Besucher von Dunedin.

Die Baldwin Street ist laut dem „Guinnessbuch der Rekorde" die steilste Straße der Welt. Ihre 19 Grad Steigung bedeuten, dass es alle 0,87 Meter, die man horizontal voranschreitet, 0,3 Meter in die Höhe geht. Einige Konkurrenten jedoch, wie die Canton Avenue in Pittsburgh, möchten der Straße den Titel abspenstig machen. Wie dem auch sei, es ist eine enorm steile Straße, die eine Herausforderung für die Lunge darstellt. In jedem Jahr laufen im Sommer bis zu 1000 Wettkämpfer beim Baldwin-Street-Gutbuster-Lauf die Straße rauf und wieder runter.

Otago Museum

✉ 419 Great King St.

☎ 03/474-7474

www.otagomuseum.govt.nz

Rundgang durch Dunedin

Wer durch die Straßen der Innenstadt schlendert, sieht prächtige Kirchen, Bank- und Bürogebäude aus dem 19. Jahrhundert, als Dunedin die größte Stadt und das wichtigste Finanzzentrum des Landes war.

Dunedin kann sich mit Neuseelands größter Dichte viktorianischer Architektur brüsten. Im Herzen der Stadt liegt der von Bäumen beschattete **Octagon** ❶, ein achteckiger Platz, der von historischen Gebäuden gesäumt wird. Der Rundgang beginnt an den nach italienischer Art erbauten **Municipal Chambers** (1880) und führt weiter zur nebenan gelegenen neogotischen **St. Paul's Cathedral** ❷, der anglikanischen Kathedrale von 1919.

Vor der Kirche steht das **Standbild von Robert Burns**, dem berühmtesten Sohn Schottlands. Der Dichter war der Onkel von Thomas Burns, Gründungsvater und religiöser Führer der frühen Siedlung.

Die First Church in Dunedin

INSIDERTIPP

Jade- und Paua-Schmuck können sehr teuer sein, aber der Bead Shop am Octagon ist der ideale Ort, um eigenen Schmuck zu vernünftigen Preisen zu basteln.

TRACY PELT
National Geographic-Manager

Vom Octagon wendet man sich südwärts vorbei an der Touristeninformation auf der Princess Street, dann biegt man nach einem Häuserblock links in die Moray Place ab. An der nächsten Ecke zur Burlington Street wurde die hoch aufragende **First Church** ❸ von den frühen Siedlern der Free Church of Scotland erbaut. Der Entwurf stammt von Robert Lawson, dem Architekten, der für viele neugotische Gebäude in Dunedin verantwortlich zeichnete. Vollendet wurde der Bau 1873.

Von der Kirche aus geht man die Burlington Street hinunter und biegt rechts in die Dowling Street ein. An interessanten Gebäuden findet man hier das keilförmige **Commerce Building** und das **Imperial Building** (1906), die **Garrison Hall** (1877) und das eindrucksvolle **Milford House** ❹ (1883), einst eine Bekleidungsfabrik, heute eine Kunstgalerie.

Am oberen Ende der Straße biegt man links in die Princess Street ein, Hauptdurchgangsstraße und Finanzbezirk der Altstadt. Zu den massiv gebauten Finanzgebäuden gehören die **National Bank of New Zealand** und der alte Hauptsitz der **Bank of**

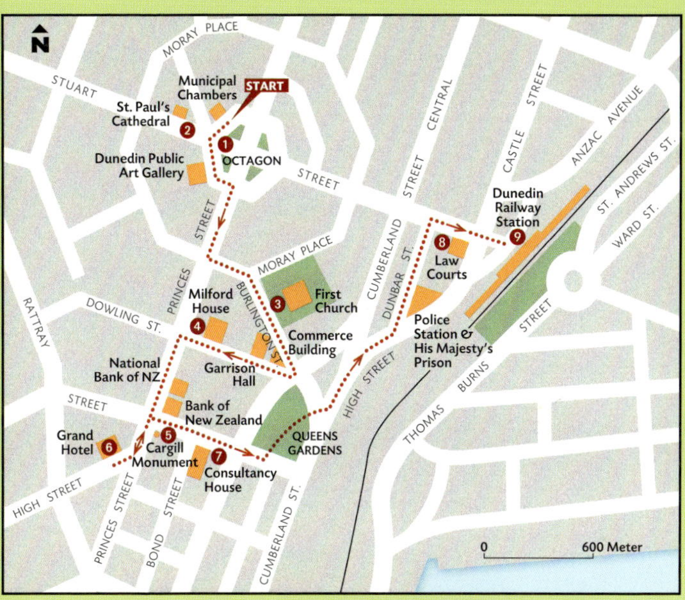

New Zealand (1883). Das **Cargill Monument** 5 (1863) auf der anderen Seite der Rattray Street ist dem Gründer der Stadt, Captain William Cargill, gewidmet. Auf der anderen Seite steht an der Princess Street das **Grand Hotel** 6, zur Zeit seiner Errichtung 1883 das schönste Hotel der Stadt. Es wird auch noch heute als Hotel und Kasino genutzt.

In östlicher Richtung die Rattray Street entlanggehend, kommt man an Gebäuden wie dem **Consultancy House** 7 (1908) an der Bond Street vorbei. Danach geht man links durch Queens Gardens und hält sich rechts in Richtung High Street. An der Ecke zur Dunbar Street liegen die **Police Station** (1896) und das **His Majesty's Prison** (1896), das dem Vollzug des Rechts an jenen dienten, die von den **Law Courts** 8 (1899) an der Castle Street hierhergeschickt worden waren.

Nach den Law Courts stößt man auf das meistfotografierte Gebäude der Stadt, die

Siehe Umgebungskarte S. 234
- The Octagon
- 2 Kilometer
- 2 Stunden
- Railway Station

NICHT VERSÄUMEN

Octagon • First Church • Law Courts • Dunedin Railway Station

Dunedin Railway Station 9. Sie wurde 1904 im flämischen Renaissancestil erbaut, und ihre Fassade brachte dem Architekten, George Troup, den Spitznamen *Gingerbread George* („Lebkuchen-George") ein. Im oberen Stockwerk präsentiert die **New Zealand Sports Hall of Fame** *(Tel. 03/ 477-7775, www.nzhalloffame.co.nz, $)* Objekte, die an Sporthelden erinnern. ■

Dunedin Public Art Gallery
Karte S. 239
30 The Octagon
03/477-4000
www.dunedin.art.museum

Otago Settlers Museum
31 Queens Gardens
03/477-5052
$
www.otago.settlers.museum

Olveston
42 Royal Tce.
03/477-3320
$$
www.olveston.co.nz

Gelbaugenpinguine

Der Gelbaugenpinguin ist der größte Pinguin, der im gemäßigten Klima leben kann. Es lebt nur in Neuseeland. Der Name rührt von dem gelben Streifen her, der von seinem Auge nach hinten verläuft. Die Maori nennen den Vogel *hoihoi* („Krachmacher"). Die Pinguine nisten in einem Gebiet von der Banks Peninsula nahe Christchurch bis zur Stewart Island. Die besten Gelegenheiten zur Beobachtung bieten sich auf der Otago Peninsula und bei den Catlins in Southland.

Sie gehören zu den seltensten Pinguinarten und suchen abgelegene Nistplätze in den küstennahen Wäldern. Doch die Zerstörung ihres Lebensraums sowie eingeführte Tiere gefährden ihre Überlebenschancen. Nach dem Schlüpfen im November gehen die Küken im Februar oder frühen März auf eine gefährliche, bis zu 500 Kilometer lange Reise in ihre Winterquartiere – eine Strecke, die nur 15 Prozent überleben.

Nur wenige Häuserblocks entfernt befindet sich in einem imposanten modernen Gebäude der „Eckpfeiler" der **Dunedin Public Art Gallery**: die europäische Kunstsammlung, die regelmäßig mit Ausstellungen bedeutender Meisterwerke auf sich aufmerksam macht. Die Gemälde decken die Kunststile von der Renaissance bis zum Impressionismus ab. Die Sammlung beinhaltet auch Exponate früher und zeitgenössischer neuseeländischer Kunst.

Nicht Kunst, sondern Geschichte steht im Mittelpunkt des **Otago Settlers Museum**. Neben der Abteilung über die Siedler gibt es auch eine für Verkehrsmittel. Hier sehen Sie Oldtimer, Hochräder, eine Straßenbahn sowie die Dampflok Josephine. Historisch am interessantesten sind die Fotos und Exponate aus den Anfängen von Dunedin. Infos gibt es auch zu den Otago-Goldfeldern, zur Seefahrtsgeschichte und zur Entwicklung der Stadt.

Von historischem Interesse ist auch das **Olveston**, ein Gebäude, das von 1904 bis 1906 für den Kaufmann David Theomin im Stil der Zeit Jakobs I. erbaut wurde. Mit seiner aufwendigen Möblierung und einer schönen Kunstsammlung gibt es ein Beispiel für den Luxus einer privilegierten Schicht zur Zeit Eduards VII. Die einstündige Führung muss im Voraus gebucht werden.

Weitere Sehenswürdigkeiten in Dunedin

Dunedin beansprucht laut dem „Guinnessbuch der Rekorde" für sich, die steilste Straße der Welt zu besitzen (siehe Kasten S. 237). Die Baldwin Street wurde einst von einem Cablecar befahren, aber heute gibt es nur einen Weg hinauf: zu Fuß. Sie liegt etwa drei Kilometer nordöstlich des Octagon, abseits der North Road.

Führungen durch die **Cadbury Chocolate Factory** *(280 Cumberland St., Tel. 03/467-7967, www.cadbury.co.nz/cadburyworld/visit.htm, $$)* haben lange Zeit die Schokoladenfans nach Dunedin gelockt. Zur Führung gehört ein Film und als Höhepunkt ein Schokoladenwasserfall. Für die 75-minütige Tour sind Reservierungen empfehlenswert. Sonn- und feiertags finden kürzere Führungen statt, dann ist jedoch die Fabrikationsabteilung geschlossen.

Hochschulabsolventen vor der University of Otago, Neuseelands ältester Universität (1869)

Speights Brewery *(200 Rattray St., Tel. 03/477-7697, $$)* bietet ebenfalls Führungen an. Die 90-minütigen Besuche beinhalten auch Trinkproben der Biersorten aus einer der ältesten Brauereien des Landes.

Die **University of Otago**, an der Cumberland Street, nahe dem Otago Museum gelegen, erwacht Ende Februar zum Leben, wenn die Orientierungswoche für die *scarfies* („Schalträger"), wie die Studenten hier genannt werden, stattfindet. An den Ufern des Leith liegt das **Registry Building** (1879).

Der **St. Kilda Beach**, der sich vier Kilometer südlich des Octagon erstreckt, ist ein Sandstrand, wie er schöner nicht sein kann, aber ein Neoprenanzug ist dennoch empfehlenswert. Der angrenzende Strand **St. Clair** bietet Salzwasserpools und ein schönes Café.

Der **Tunnel Beach Walkway** verläuft acht Kilometer südwestlich der Stadt, ein 40-minütiger Rundgang entlang den Klippen und durch einen Tunnel zum Strand.

Das 22 Kilometer nordöstlich von Dunedin gelegene **Orokonui Ecosanctuary** ist ein Vogelschutzgebiet in einem großen Wald mit Besucherlehrzentrum und Waldlehrpfaden.

Der Bahnhof von Dunedin ist Ausgangspunkt für die **Taieri Gorge Railway** *(Tel. 03/477-4449, www.taieri.co.nz, $$$$$)*, eine spektakuläre Fahrt entlang der Taieri River Gorge durch die Berge von Central Otago. Eine Diesellokomotive zieht die Waggons aus den 1920er-Jahren täglich nach Pukerangi *(4-stündige Rundfahrt)* und an Freitagen und Sonntagen im Sommer nach Middlemarch

Orokonui Ecosanctuary

✉ 600 Blueskin Rd., Waitati

☎ 03/482-1755

$ $$ (Tour $$$–$$$$$)

www.orokonui.org.nz

(6-stündige Rundfahrt). Middlemarch liegt am Anfang des 150 Kilometer langen **Central Otago Rail Trail** *(www.centralotagorailtrail.co.nz)* nach Clyde, der beliebtesten Fahrradstrecke des Landes. Tourenräder können gemietet werden.

Otago Peninsula

Diese einst vulkanische Halbinsel vor den Toren der Stadt Dunedin ragt wie eine gekrümmte Tierkralle mit vielen Einbuchtungen und steilen Hügeln und sogar mit einer Burg ins Meer hinein. Sie ist zu Dunedins Hauptattraktion geworden, da man hier mühelos die maritime Tierwelt beobachten kann.

Der Ausflug beginnt am Rand der Stadt auf der Portobello Road am östlichen Rand des Hafens. Der erste interessante Zwischenstopp sind die **Glenfalloch Woodland Gardens** *(430 Portobello Rd., Tel. 03/476-1775)*, eine wunderhübsche Gartenanlage rund um ein stattliches Haus von 1871. Die Wege führen durch Anpflanzungen von exotischen Bäumen, Rhododendren, Azaleen, Magnolien und Fuchsien.

Etwa auf halbem Weg auf der Portobello Road kommt die kleine Siedlung **Portobello** mit einigen Übernachtungs- und Einkehrmöglichkeiten in Sicht. Direkt vor der Stadt unterhält das **Marine Studies Centre** *(Hatchery Rd., Tel. 03/479-5826, www.marine.ac.nz, $)* eine Ausstellung zum Meeresleben der Halbinsel sowie ein Aquarium für einheimische Arten.

Am Eingang zum Hafen liegt die Felsenklippe Taiaroa Head, wo das **Royal Albatross Centre** *(Tel. 03/478 0499, www.albatross.org.nz, Touren $$$)*, eine der größten Attraktionen der Halbinsel, beheimatet ist. Die weltweit einzige Brutkolonie

Kinder lieben die interaktive Ausstellung im Royal Albatross Centre.

des Königsalbatrosses auf dem Festland besucht man am besten auf geführten Wanderungen. Die Beobachtungszeit reicht von Dezember bis Februar. Auch die Festung Taiaroa Head kann man nur im Rahmen einer Führung besichtigen.

Der **Pilots Beach**, direkt vor dem Albatros-Zentrum gelegen, ist der Lieblingsort der Robben. Nach Sonnenuntergang machen sich die Zwergpinguine auf den Weg zu den Nestern dort.

Auf dem Weg zum Taiaroa Head bieten sich noch mehr Naturabenteuer. Mit **Monarch Wildlife Cruises** *(Tel. 03/477-4276, www.wildlife.co.nz, $$$$$)* kann man eine einstündige Bootstour vom Bootsanleger am Wellers Rock aus unternehmen, um Albatrosse, Robben und andere Tiere zu beobachten. Sie bieten auch Halbtages- oder Tagesausflüge vom Hafen in Dunedin mit Busrückfahrt an.

Penguin Place *(Harrington Point Rd., Tel. 03/478-0286, $$$$)* nahe der Portobello Road ist ein privates Pinguin-Schutzgebiet, wo der bedrohte Gelbaugenpinguin Quartier bezogen hat (siehe Kasten S. 240). Für Führungen muss man vorher reservieren. Die Brutstätten der Pinguine kann man durch versteckte Tunnel, Gräben und Schutzhütten beobachten.

Robben, Pinguine und Seelöwen besuchen auch Ozeanstrände wie den **Allans Beach** und **Victory Beach** an der Ostküste der Halbinsel, doch auch hier ist der Zugang ohne Führung schwierig.

Auf dem Rückweg nach Dunedin sollte man die Highcliff Road nehmen, um die Aussicht genießen zu können. Wer auf die Sandymount Road abbiegt, kann hoch über den Klippen den 20-minütigen Weg nach **The Chasm** entlangwandern.

INSIDERTIPP

Man kann die Königsalbatrosse auch ohne Eintrittsgeld beobachten, wenn man am frühen Abend zum Taiaroa Head aufbricht: Dann kehren die Alten zu ihren Nestern zurück.

MARCUS TURNER
NATIONAL GEOGRAPHIC-Autor

Ein weiterer beliebter Weg *(einfache Strecke 40 Minuten)* führt vom Ende der Seal Point Road zur **Sandfly Bay**, in der Gelbaugenpinguine nisten.

Ein Stückchen weiter auf der Highcliff Road kommt die Abzweigung zum **Larnach Castle** *(145 Camp Rd., Tel. 03/476-1616, www.larnachcastle.co.nz, $$$)*, einst Wohnsitz von William Larnach (1833–1898). Larnach häufte ein Vermögen an und stellte es in seinem Kastell zur Schau. In dem Komplex gibt es ein Café, und Sie dürfen das Schloss selbstständig erkunden. Für Übernachtungen stehen eine neue Lodge und umgebaute Ställe zur Verfügung. ■

North Otago

Zwischen Dunedin und Christchurch ist Oamaru wohl die Hauptattraktion. Hier gibt es neben brütenden Pinguinen auch einen historischen Bezirk mit großartigen Gebäuden. Auf dem Weg dorthin sollte man sich die bizarren Moeraki Boulders ansehen, die – halb vergraben – über den Strand verstreut liegen.

Die Säulen an der Bank of New South Wales sind aus dem Kalkstein der Region gearbeitet.

Oamaru
Karte S. 234
Besucherinformation
1 Thames St.
03/434-1656
www.visitoamaru.co.nz

Oamaru

Oamaru, 114 Kilometer nördlich von Dunedin gelegen, blühte erst durch den Goldrausch, später durch den Handel mit gefrorenem Fleisch auf. Deshalb gibt es hier eine Fülle prächtiger Gebäude aus dem Kalkstein der Region: Banken, Kirchen, Warenhäuser und sogar ein Opernhaus sind Relikte eines unglaublichen Reichtums, der diese Stadt mit ihren 13 000 Einwohnern schon längst wieder verlassen hat.

Die Stadt liegt auf halbem Weg zwischen Dunedin und Christchurch an der SH1. Ihr Herz schlägt im alten Hafengebiet am südlichen Ende der Hauptstraße Thames Street. Der Hafen von Oamaru wurde in den 1970er-Jahren geschlossen. Zurück blieben viktorianische Straßenzüge, die als **Oamaru Historic Precinct** zwischen Tyne und Harbour Street überlebt haben. Cafés, Kunstgewerbe- und Antiquitätenläden und Märkte verzeichnen

INSIDERTIPP

Oamaru ist wie ein versteckte Juwel und eine Reise wert. Die Sanierung des historischen Stadtviertels führt zu einer wunderbaren Belebung des traditionellen Kunsthandwerks.

COLIN MONTEATH
National Geographic-Fotograf

einen wachsenden Besucherstrom. Neoklassizistische Bauweise und korinthische Säulen bestimmen das Bild. Der weiße Kalkstein bildet den Baustoff für Architekturdenkmäler.

Die Geschichte dieses Steins wird im **North Otago Museum** erzählt, das selbst in einem Steinbau untergebracht ist, der einst die Bibliothek Oamaru Athenaeum war. Fotos und Werkzeuge werfen ein Licht auf die Kolonialzeit. Zudem greift eine Ausstellung über Janet Frame, einer beliebten Schriftstellerin Neuseelands, ihre 14 Lebensjahre hier auf.

In der **Forrester Gallery** sind Wanderausstellungen und Werke einheimischer Künstler zu sehen. Das skurrile **Steampunk HQ** zelebriert viktorianische Science-Fiction. Draußen warten eine stilisierte Dampflok und ein Zeppelin.

Oamarus Zwergpinguine beweisen, dass Tourismus den Tierschutz fördern kann. Die Vögel brüteten einst unter den Häusern und wurden als Plage angesehen. Heute zählen sie zu den Wahrzeichen der Stadt. Jeden Abend sieht man sie am alten Steinbruch, heute die **Oamaru Blue Penguin Colony**, Richtung Meer watscheln, wo eine Aussichtsplattform und eine Möglichkeit zur Nestbeobachtung errichtet wurden.

Seltene Gelbaugenpinguine (siehe Kasten S. 240) brüten auch am Bushy Beach an den südlichen Randgebieten der Stadt. Mithilfe von Schutzwänden kann man die scheuen Pinguine dort beobachten. ■

North Otago Museum
60 Thames St.
03/434-0852
www.northotagomuseum.co.nz

Forrester Gallery
9 Thames St.
03/433-0853
www.forrestergallery.com

Steampunk HQ
1 Itchen St.
www.steampunkoamaru.co.nz

Oamaru Blue Penguin Colony
Karte S. 234
Waterfront Rd.
03/433-1195
$$–$$$
www.penguins.co.nz

Moeraki Boulders

Zu den geologischen Kuriositäten gehören die Moeraki Boulders, die 78 Kilometer von Dunedin, nicht weit vom Highway von Oamaru liegen. Graue, bis zu drei Meter hohe Blöcke liegen am Strand verstreut, teils halb im Sand versteckt.

Nach südmaorischer Überlieferung sind die Felsbrocken Vorratskörbe, die von dem Ahnenkanu Te Araiteuru, mit dem die Maori aus ihrer Heimat Hawaiki nach Neuseeland kamen, über Bord gespült worden sind. Geologen erklären ihren Ursprung als Ergebnis eines Festigungs- und Kristallisierungsprozesses von schlammigen Unterwassersedimenten. Sie formen sich gewöhnlich schneller als das umliegenden Sedimentgestein, werden dadurch immer härter und stabiler gegen Verwitterungsprozesse. Man kann noch immer Felsbrocken sehen, die aus den erodierenden Klippen empordringen.

Ein Café oberhalb des Strandes versorgt die Touristen. Entlang der Bucht erstreckt sich das hübsche Dorf Moeraki, das einst eine Walfangstation war.

Central Otago

Das zerklüftete Schieferplateau von Central Otago ist ein raues, gespenstisches Gebiet mit schroffen Bergen, dürrem Grasland und Seen – und doch gehört es zu den schönsten Regionen Neuseelands. Am Fuße der Alpen liegt Queenstown, der alpine Ferienort Nummer eins des Landes. Wanaka ist die kleinere Ausführung, und weitere alte Städte und Weingüter wollen erkundet werden.

Cafés und Souvenirläden in Queenstown

Von Cromwell nach Alexandra

Der größte Teil von Central Otago ist spärlich besiedelt. Das war nicht immer so, denn in den 1860er-Jahren fielen Tausende auf den Goldfeldern bei Cromwell ein. Deshalb gibt es eine Reihe sehenswerter Orte rund um Cromwell und Alexandra. Alte Goldminen und Geisterstädte liegen auf den Hügeln, und Weingüter florieren heute dort, wo einst Zeltstädte die Goldgräber aufnahmen.

Cromwell hat ein modernes Stadtzentrum mit Fußgängerzone. In den Randgebieten herrscht dagegen das Wildweststraßenbild des alten Cromwell vor: eine Ansammlung von einem Dutzend historischer Gebäude, die nach der Überflutung durch die Inbetriebnahme des Clyde Dam 1993 an neuer Stelle wiederaufgebaut wurden.

Cromwell bietet im Sommer viele Übernachtungsmöglichkeiten. Informationen über Weingüter und alte Goldgräbersiedlungen der Umgebung erhält man im **Cromwell Information Center** *(47 The Mall, Tel. 03/445-0212)*.

Nach fünfminütiger Autofahrt in südlicher Richtung erreicht man das Örtchen **Bannockburn**, das sich selbst als „Herz der Wüste" bezeichnet. Hier gibt es ein paar alte Gebäude aus der Goldgräberzeit. Im Norden der Stadt führt eine Straße an der Mt. Difficulty Winery vorbei zu den alten Schleusen, wo Goldsucher einst auf den ergiebigsten Goldfeldern Otagos gruben.

Abseits der SH8 führt 27 Kilometer nördlich von Cromwell eine steile Schotterstraße durch die Geisterstadt **Bendigo** bis zu den alten Goldgruben. Ein interessanter Wanderweg geht durch die alten Goldfelder, die drei Kilometer weiter oben an der steilen Straße liegen.

Richtung Alexandra bildet nicht weit hinter dem Clyde Dam das hübsche Dorf **Clyde** eine grüne Oase inmitten der Wüste. Historische Steinbauten, Cafés und Übernachtungsmöglichkeiten säumen die Hauptstraße. Ein schöner Wanderweg führt am smaragdgrünen Fluss der Stadt entlang. Man kann auch auf dem **Central Otago Rail Trail** (siehe rechts), der hier endet, Rad fahren.

Alexandra ist eine attraktive, gut ausgestattete Stadt und bester Ausgangspunkt für Erkundungsausflüge ins Umland. Überall sieht man Weingüter und Obstgärten. Die Stadt verfügt aber auch über gute Kunsthandwerksläden und das interessante Museum beim **Informationszentrum** *(21 Centennial Ave., Tel. 03/448-9515)*, das Ausstellungen zum Goldrausch und Otago beherbergt.

ERLEBNIS:
Central Otago Rail Trail

Radfahren ist eine erstaunlich beliebte Art, Neuseeland trotz all seiner Berge zu bereisen, doch auf dem weitgehend flachen Central Otago Rail Trail ist es einfach, die Goldfelder und das Wüstenland von Central Otago zu erkunden.

Die Bahnlinie von Dunedin nach Clyde hat wesentlich zur Erschließung der Region beigetragen, aber die Züge standen von 1963 an still. Die Gleise zwischen Middlemarch und Clyde wurden in den 1980er-Jahren aufgenommen, schließlich wurde aus der Strecke im Jahr 2000 der 150 Kilometer lange Central Otago Rail Trail.

Noch heute fährt eine dampfbetriebene Touristenbahn *(siehe S. 241)* von Dunedin nach Middlemarch, eine malerische Strecke zum östlichen Ende der berühmten Fahrradroute. Tourenräder können in Clyde, Alexandra, Middlemarch und Dunedin gemietet werden, oder man bucht eine Tour mit allem Drum und Dran. Umfassende Hinweise zu Radweg und Veranstaltern findet man auf der informativen Website *www.centralotagorailtrail.co.nz.*

Ein schöner Weg führt den Fluss entlang zur historischen **Shaky Bridge**. Hier liegt ein Weingut-Café direkt unter der **Alexandra-Uhr**, einem Symbolbild der Stadt, das in die zerklüfteten Hügel an der

Queenstown
Karte S. 234
Besucher-information
Shotover & Camp Sts.
03/442-4100
www.queenstown-vacation.com

Dept. of Conservation Visitor Centre
38 Shotover St.
03/442-7935

Skyline Gondola
Brecon St.
03/441-0101
$$$
www.skyline.co.nz

Nordseite der Stadt gesetzt wurde. Vom **Aussichtspunkt Tucker Hill** hat man den besten Blick über das ganze Tal.

INSIDERTIPP

Queenstown ist ideal zum Fallschirmspringen. Bewundern Sie die Südlichen Alpen aus der Vogelperspektive! Näheres unter www.nz.oneskydive.co.nz.

CHARLOTTE BUEB
Bloggerin für NATIONAL GEOGRAPHIC *Intelligent Travel-Blog*

Queenstown

An den Ufern des Lake Wakatipu unterhalb der zerklüfteten Berge, die so treffend *The Remarkables* („die Bemerkenswerten") genannt werden, liegt Queenstown, das beliebteste Touristenziel der Südinsel.

Wenn man durch The Mall und an einigen der vielen Restaurants und Bars der Stadt vorbei zum See hinunterläuft, hört man ein Dutzend verschiedener Sprachen. Mit gut über eine Million Gästen im Jahr gehört die Umgebung von Queenstown zu den am schnellsten expandierenden Regionen Neuseelands.

Dies ist ein Ort für jede Jahreszeit und jeden Geschmack – es wird alles geboten, vom genussvollen Luxus bis zur Bar für Rucksackreisende, vom Wandern im Sommer bis zum Skifahren im Winter, von großartiger Landschaft bis zu abenteuerlichen Aktivitäten.

Eine Besichtigungstour in Queenstown beginnt man am besten mit der **Skyline Gondola**, die zum Bob's Peak hinauf und durch eine Schneise in den Kiefernbeständen zu einem Aussichtsterminal mit einem Restaurant und Café pendelt. Die Landschaft ist zu jeder Jahreszeit überwältigend, denn von hier aus genießt man eine herrliche Aussicht auf The Remarkables und die gesamte Stadt. Abenteurer können mit einem

Der Goldrausch

Queenstown hatte schon die Maori angezogen, die hier Jadesteine *(greenstones)* für die Fertigung von Schmuck suchten, als William Gilbert Rees 1860 schließlich die erste Farm der Region erbaute. Die Schafzucht war jedoch schnell vergessen, als 1862 Schafscherer im Shotover River Gold entdeckten. Selbst Rees' Gehöft taugte offenbar als Goldfeld, doch er profitierte anderweitig vom Goldrausch.

Queenstown und das benachbarte Arrowtown wurden von Glücksrittern überflutet, doch die Gegend verarmte rasch wieder, als die Goldquellen versiegten. Bis 1900 war die Zahl der Einwohner von Queenstown auf 200 geschrumpft, und es dauerte bis in die 1970er-Jahre hinein, dass ein neuer Goldrausch ausbrach – der Tourismus.

Tandemgleitschirm hinunterfliegen, Tollkühne stürzen sich an einem Gummiseil in die Tiefe, und jene, die einfach nur etwas Spaß haben wollen, können mit dem Sessellift zurückfahren, während Durchtrainierte die Wege hinunterlaufen.

Den Nationalvogel, den Kiwi, kann man im **Kiwi & Bird Life Park** direkt bei der Gondelstation an der Brecon Street sehen. Zu den seltenen und weniger seltenen Vögeln gehören Keas, Wekarallen, Ziegensittiche und der Schwarze Stelzenläufer. Ausstellungsstücke der Maori runden das Erlebnis ab.

Eine weitere eindrucksvolle Möglichkeit, Queenstown zu erleben, findet man an Bord der **„TSS Earnslaw"**, die vom sanierten Dampfschiffanleger an der Beach Street abfährt. Sehr sehenswert sind der Maschinenraum und die historischen Ausstellungsstücke. Einige Rundfahrten steuern auch die **Walter Peak Farm** an, ein Gehöft in malerischer Uferumgebung.

Nur wenige Gehminuten von der Innenstadt entfernt liegen die **Queenstown Gardens**, in denen man ausgiebig umherspazieren und dabei die schöne Aussicht auf See und Berge genießen kann. Von April bis Oktober gibt es hier zudem eine öffentliche Eislaufbahn zum Schlittschuhfahren.

In Queenstown blieb nicht viel Historisches erhalten, doch das **William's Cottage** an der Ecke Marine Parade/Earl Street ist das älteste Gebäude der Stadt (1864). Es ist heute ein Geschäftshaus.

Underwater World *(Tel. 03/442-6142, $)*, Teil des Kawarau-Jetboot-Komplexes am Ende der Mall in Richtung Landungsbrücke, ist ein Unterwasser-Observatorium, in dem man riesige Forellen durch trübe Scheiben betrachtet.

Gleitschirmfliegen hoch über Queenstown und dem Lake Wakatipu

Kiwi & Birdlife Park

✉ Brecon St.
☎ 03/442-8059
$ $$$$$

www.kiwibird.co.nz

TSS Earnslaw

✉ Real Journeys Steamer Wharf, Beach St.
☎ 03/249-7416
$ $$$–$$$$

www.realjourneys.co.nz

Wer in Queenstown nach „Beschäftigung" sucht, hat die Wahl: Bungee-Jumping, Jetbootfahren, Wildwasserrafting, Flusssurfen, Kanufahren, Fallschirmspringen, Drachenfliegen, Fallschirmsegeln, Kajakfahren und Reiten – oder man unternimmt eine Angel-, Wander-, Weingut-, Jeep- oder Mountainbiketour.

ERLEBNIS:

Routeburn Track

Viele stufen diese vom Department of Conservation (DOC) ausgearbeitete Wanderung als die beste des Landes ein. Wegen des großen Andrangs muss von Oktober bis April im Voraus, vorzugsweise online gebucht werden *(www.doc.govt.nz, Suchbegriff: Routeburn)*. Die Wanderung führt durch die schönsten alpinen Landschaften im Mount Aspiring und Fiordland National Park. Normalerweise dauert sie drei Tage von Glenorchy nahe Queenstown nach The Divide im Fiordland Park. Der Transport zum Ausgangspunkt kann in Queenstown und auch in The Drive am anderen Ende der Tour organisiert werden. Die vier DOC-Hütten sowie die zwei Campingplätze müssen in der Hochsaison im Voraus gebucht werden.

Flugzeuge auf ihren Panoramarundflügen surren am Himmel, und im Winter wird Heliskiing angeboten. Von Queenstown aus kann man Ausflüge in andere Teile der Südinsel buchen, per Bus oder Flugzeug zum Milford Sound.

Informationen zu Stadtrundgängen und einigen der schönsten Bergwanderungen in den nahe gelegenen Southern Alps inklusive der Wanderwege Routeburn Track, Greenstone Track und Rees-Dart Track (siehe S. 253) erhält man im Department of Conservation (DOC) an der Shotover Street.

Rund um Queenstown

Während sich Queenstown im Entwicklungsrausch befindet, klammert sich das 21 Kilometer nordöstlich gelegene **Arrowtown** an sein Goldgräbererbe. Viele Originalbauten aus der Zeit des Goldrausches sind noch erhalten. Da Arrowtown ein beliebtes Ziel für Tagesausflügler von Queenstown ist, säumen viele Esslokale und Touristenläden die malerische Hauptstraße Buckingham Street. Es gibt auch einige Unterkünfte.

Die Stadt wurde quasi von dem im Arrow River gefundenen Gold im Jahre 1862 erbaut. In ihren besten Zeiten zählte sie bis zu 7000 Einwohner. Das **Lakes District Museum & Information Centre** *(49 Buckingham St., Tel. 03/ 442-1824)* beantwortet alle Fragen von Besuchern, stellt Exponate aus der Goldgräberzeit aus und vermietet Pfannen zum Goldwaschen im Fluss.

Nicht weit vom oberen Ende der Buckingham Street entfernt, sollte man sich die alten Goldgräberstätten ansehen. Man findet hier auch die **chinesische Siedlung** mit ihren Originalsteinbauten und Exponaten, die das harte Los der chinesischen Goldsucher zeigen.

Wanderwege führen über die Hügel rund um die Stadt, und eine nur mit Vierradantrieb befahrbare Straße führt hoch in die Berge nach **Macetown**, wo man Überreste einer Geisterstadt in einer malerischen Schlucht bewundern kann.

Der schnellste Weg von Queenstown nach Arrowtown führt über den Highway SH6, aber wer eine malerische Strecke bevorzugt, sollte über die Gorge Road aus Queenstown herausfahren. Die Strecke führt fünf Kilometer nördlich von Queenstown am Arthur's Point vorüber, wo Jetboote über den Shotover River rasen.

Ein weiterer Abstecher führt über eine Nebenstraße zum Skigebiet am **Coronet Peak**, wo im Sommer Lifte für Touristen und Mountainbiker laufen. In der Nähe liegt **Skippers Canyon**, ein altes Goldgräbergebiet mit Abenteuergelände für Bungeespringer und Wildwasserfahrer. Achtung, die meisten Autoverleihfirmen verbieten das Fahren auf der sehr abenteuerlichen Skippers Road. An dieser Nebenstraße liegt das **Millbrook Resort** *(Malaghans Rd., Tel. 03/441 7000)*, ein Weltklasse-Golfplatz mit teuren Übernachtsmöglichkeiten.

Gewissermaßen der Erfindungsort des kommerziellen Bungee-Jumping liegt in Queenstown, an der alten **Kawarau Bridge**, 23 Kilometer nordöstlich der Stadt an der SH6. **A. J. Hackett Bungy** (siehe S. 252; *Tel. 03/450-1300, $$$$$*) bietet ein abgerundetes Bungee-Erlebnis mit verschiedenen Sprüngen und ein Bungee-Museum.

Märchenland für Skifahrer

Coronet Peak liegt Queenstown am nächsten (18 Kilometer entfernt) und bietet Pisten aller Schwierigkeitsgrade. Am Wochenende gibt es auch die Möglichkeit zum Nachtskilufen.

The Remarkables sind für Anfänger wie für Gelegenheitsskifahrer gut geeignet. Dieses Skigebiet liegt etwa 50 Auto- oder Busminuten von Queenstown entfernt.

Cardrona, ein Hochgebirgsskigebiet am Weg nach Wanaka, ist für trockenen Schnee und breite Abfahrten bekannt.

Treble Cone, nahe Wanaka, ist das größte Skigebiet und besonders für Fortgeschrittene geeignet.

Drei Kilometer östlich der SH6 liegt die **Gibbston Valley Winery** *(Tel. 03/442-6910)*, das bekannteste Weingut der Gegend. Den ganzen Tag über werden halbstündige Führungen durch Weinberg und -keller *($$)* inklusive Verkostungen durchgeführt. Mithilfe der Broschüre „Central Otago Wine Map" kann man sich selbst eine Tour durch die Weingüter in dieser Region zusammenstellen.

Eine malerische Straße führt 40 Kilometer westlich von Queenstown nach **Glenorchy** am Lake Wakatipu. In herrlicher Umgebung geht es in diesem

Im Rausch des Adrenalins

Obwohl man mittlerweile rund um den Globus Extremsportarten betreibt, machte erst Neuseeland den Abenteuerurlaub populär und nennt sich selbst bis heute die „Land des Adrenalins".

Jetboot fahren auf dem Shotover River

Bungee-Jumping stammt ursprünglich aus Vanuatu, wo todesmutige Männer, Schlingpflanzen um ihre Fußgelenke gebunden, von einem hölzernen Turm hinuntersprangen. Die „moderne" Idee geht auf den Neuseeländer A. J. Hackett zurück, der in die Schlagzeilen geriet, als er sich 1987 vom Eiffelturm herunterstürzte. Ein Jahr später gründete Hackett an der Kawarau Bridge bei Queenstown (siehe S. 251) das erste Bungee-Unternehmen der Welt. Die Kawarau-Brücke ist noch immer beliebt, aber man kann sich auch aus der Queenstown-Gondel (siehe S. 248) oder in den 102 Meter tiefen Skippers Canyon (siehe S. 251) hinunterstürzen.

Wassersport

Der Techniker Bill Hamilton entwickelte ein Boot, das die wilden, seichten Gewässer der Südinsel passieren konnte. Es besaß ein Wassertriebwerk, das Wasser durch eine steuerbare Düse herausschießen lässt und so übers Wasser gleitet, dass der größte Teil des Rumpfs über der Wasseroberfläche bleibt. Queenstown gilt wegen der Fahrten auf dem Shotover River und Kawarau River als Heimat der Jetboote.

Beliebte Orte für Wildwasserrafting sind der Shotover River und Kawarau River sowie der Rangitata River und Buller River, allesamt auf der Südinsel. Auf der Nordinsel wird ebenfalls viel Rafting betrieben, wobei der Kaituna River in der Nähe von Rotorua mit den drei Meter hohen Okere Falls am spannendsten ist. Das Fahren durch Stromschnellen führte zum Schwarzwasserrafting, einer Tunnelfahrt durch eine Höhle bei Waitomo auf der Nordinsel (siehe S. 112).

Zorbing und mehr

Eine weitere Spezialität Neuseelands ist es, von Bergen herab- oder aus Flugzeugen hinunterzuspringen, wobei man an jemandem angegurtet ist, der weiß, was er tut. Fallschirmsegeln von Bob's Peak in Queenstown (siehe S. 248) ist eine spektakuläre Art, sich die Stadt anzusehen, und in Wanaka und Taupo findet man renommierte Zentren zum Tandem-Fallschirmspringen.

Andere Varianten sind Bungeeschaukeln, Rap-Jumping (eine Art des Abseilens), und River-Sledging (bäuchlings auf einem Styroporbrett durchs Wildwasser schießen). Einfallsreiche Neuseeländer erfanden außerdem das Zorbing (bei Rotorua rollt man in einem durchsichtigen Plastikball den Hang hinunter, siehe S. 127) und das Shweeb (wird ebenfalls in Rotorua angeboten, siehe S. 127.), eine pedalbetriebene Monorailbahn, die überraschend schnell werden kann.

winzigen Ort zu wie in einem Bienenstock, abenteuerliche Aktivitäten werden an jeder Ecke angeboten. Von Glenorchy aus kann auch gut eine Fahrt zu schönen Wanderwegen organisiert werden, unter anderem zum **Routeburn Track** (siehe Kasten S. 250). Viele Wanderer kehren über den **Greenstone Track** oder den **Caples Track** zurück. Diese beiden Wege können auch in einer Viertagesschleife kombiniert werden. Es geht durch bewaldete Täler, die am Lake Wakatipu enden. Eine Alternative ist der schwierigere, gebirgige **Rees-Dart Track**.

Wer weder wandern noch fliegen möchte, kann natürlich auch über die SH6 südlich von Queenstown durch atemberaubende Wüstenlandschaften über die Southern Alps nach Fiordland oder zum Milford Sound gelangen. Am unteren Ende des Lake Wakatipu liegt an der SH6 **Kingston**, einst Ausgangspunkt von Dampfzügen. Diese vergangene Pracht kann auf dem **Kingston Flyer** *(Tel. 03/248-8888, Okt.–April, \$\$\$\$–\$\$\$\$\$)*, einem restaurierten Dampfzug, nacherlebt werden, der zweimal am Tag nach Fairlight (14 Kilometer südlich) fährt. Von dort gibt es Busverbindungen nach Queenstown.

Wanaka

Wanaka gleicht einem „Klein Queenstown“. Es liegt an einem See mit Blick auf schneebedeckte Berge, aber die Kulisse scheint spektakulärer zu sein, da die Stadtentwicklung nicht so heftig mit der Natur kollidiert. Wanaka ist dennoch eine schnell wachsende Stadt (9700 Einwohner), die Besucher an den **Lake Wanaka** lockt.

Wanaka ist auch das Tor zu den Wanderwegen hinauf zu den Gipfeln des Mount Aspiring National Park und zu den 20 Kilometer beziehungsweise 34 Kilometer entfernt liegenden Skigebieten **Treble Cone** und **Cardrona**. Cardrona liegt in der Nähe des winzigen Ortes gleichen Namens und ist über die 117 Kilometer lange Cardrona Road zwischen Wanaka und Queenstown zu erreichen, eine schöne Alternative zur SH6.

Wanaka bietet unzählige Freizeitaktivitäten, von Seerund- und Jetbootfahrten bis hin zu Wildwasserrafting, Kajak- und Kanufahrten. Rundflüge sowie Fallschirmspringen und Gleitschirmfliegen werden am Flughafen von Wanaka angeboten. Dort befindet sich auch das

Cinema Paradiso

Wer ein einzigartiges Dinner- und Kinoerlebnis sucht, sollte es in Wanakas Cinema Paradiso ***(Ardmore St., Tel. 03/443-1505, www.paradiso.net.nz)*** **versuchen. Hier kann man vor dem Film, in einer Pause oder nach dem Film ein komplettes Menü genießen. Im Paradiso gibt es originelle Sitzplätze, darunter alte Sofas, ausgepolsterte Autos und Sitze aus einem chinesischen Flugzeug.**

Wanaka

Karte S. 234

Besucherinformation

Lakefront, Ardmore St.

03/443-1233

www.lakewanaka.co.nz

Warbirds & Wheels Museum *(Tel. 03/443-7010, www.warbirdsandwheels.co.nz, $$)*. Eingebettet in seine Sammlung von Kampfflugzeugen aus dem Zweiten Weltkrieg ist eine detaillierte Geschichte des Flugwesens. Alle zwei Jahre starten Exponate bei der Flugschau **Warbirds Over Wanaka**.

Auf dem Weg zum Flughafen Richtung Cromwell liegt an der SH6 die **Puzzling World** *(Tel. 03/443-7489, www.puzzlingworld.com, $$)* mit schrägen Gebäuden und kuriosen optischen Täuschungen.

INSIDERTIPP

Die Hütten in Neuseelands Nationalparks sind gemütlich und sauber und sollten auf mehrtägigen Wanderungen auf jeden Fall genutzt werden.

CHRISTY RIZZO
Expertin für Erlebnisreisen

Mount Aspiring National Park

Der Mount Aspiring National Park überspannt die Southern Alps und ist ein Eldorado für Wanderer und Bergsteiger.

Der Park gehört zur Weltnaturerbestätte Te Wahipounamu – South West New Zealand und konzentriert sich um den Gipfel des Mount Aspiring. Im Westen und Süden erstreckt sich der Park in die Wälder des Fiordland, im Norden reicht er bis zum Haast Pass.

Die südlichen Ausläufer, die näher an Queenstown liegen, sind Wanderern gut bekannt. Hier befinden sich der berühmte **Route-burn Track** (siehe Kasten S. 250) und andere beliebte Wanderrouten. Der meistbesuchte Teil des Parks ist jedoch der nördliche Zipfel, wo die SH6 von Wanaka zur Westküste den Park durchschneidet.

Gletschergeformte Täler wechseln mit schroffen Gipfeln ab, und der **Mount Aspiring**, wegen seiner Steilwände als „Neuseelands Matterhorn" bekannt, ist der einzige Berggipfel außerhalb des Aoraki/Mount Cook National Park, der über 3000 Meter aufragt.

Wanderungen im nahe gelegenen Matukituki Valley führen zu den zentralen Bereichen des Parks. Eine Autostunde von Wanaka entfernt führt der **West Matukituki Track** zur Aspiring Hut *(zwei Stunden einfach)*. Der beliebtere **Rob Roy Track** zweigt 15 Minuten, nachdem man vom Parkplatz aufgebrochen ist, vom West Matukituki Track ab und ermöglicht eine leichte, drei- bis vierstündige Wanderung, die über den Fluss führt, ehe sie in den Wald ansteigt. Von dort gelangt man in ein Tal mit Blick auf den Rob-Roy-Gletscher. Informationen geben das DOC-Büro in Wanaka oder Queenstown, das Haast Visitor Centre in Haast *(SH6 & Jackson Bay Rd., Tel. 03/750-0809)* und das Makaroa Visitor Centre *(Tel. 03/443-8372, www.makarora.co.nz)*, an der SH6 zwischen Wanaka und Haast.

Weinberg des Gutes Rippon am Lake Wanaka

Haast Highway

Die Straße von Wanaka zur Westküste ist eine der spektakulärsten Strecken des Landes. Sie führt über den Haast Pass, den südlichsten der drei Hauptpässe der Southern Alps.

Der Highway SH6 verläuft im Norden Wanakas in Richtung des **Lake Hawea** und seines winzigen Erholungsorts, dann am Seeufer entlang über den Neck, einen schmalen Streifen Land, der den Lake Hawea vom nördlichen Ende des Lake Wanaka trennt.

Die Straße folgt dem Makaroa River stromaufwärts zum **Makaroa Visitor Centre**, in dem Exponate Licht auf die Natur- und Menschengeschichte der Region werfen.

Zehn Kilometer vom Besucherzentrum entfernt, führt ein 30-minütiger Rundweg zu den malerischen **Blue Pools**. Etwas weiter, am **Cameron Creek**, belohnt ein 15-minütiger Rundweg zu einer Aussichtsplattform mit dem Blick auf das Tal und die umliegenden Berge.

Der **Haast Pass** auf 563 Metern ist der höchste Punkt und bietet den besten Ausblick. Ein kleiner Pfad führt zu einer Aussichtsplattform mit überwältigendem Rundblick. Die Wanderung dauert etwa eine Stunde.

Jenseits des Passes folgt der Highway dem Verlauf des Haast River, an einigen Wasserfällen vorbei, wie den **Thunder Creeks Falls**, die in nur fünf Minuten zu Fuß leicht zu erreichen sind. Einige Kilometer weiter liegt **Pleasant Flat**, ein hübscher Picknick- und Campingplatz.

Auf halbem Weg zwischen Haast Pass und dem Ort Haast liegt der **Roaring Billy Waterfall**, zu dem man auf einem 25-minütigen Rundweg durch üppige Wälder und grüne Baumfarne gelangt. ■

Atemberaubende Fjorde, Berggipfel und Seen gehen in saftiges Weideland über, das von einer malerischen Küste mit der vorgelagerten Stewart Island gesäumt wird.

Fiordland & Southland

Ein Wanderer auf dem Milford Track genießt den Anblick der MacKay Falls.

Fiordland & Southland

Südlich von Dunedin erstreckt sich der tiefe Süden: Näher kann man der Antarktis auf herkömmlichem Weg kaum kommen. Fjorde, Seen, Wanderwege und die vorgelagerte Stewart Island machen die Region zu einem lohnenswerten Reiseziel.

Der Mount Tutoko, Fiordlands höchster Berg

Gletscher formten einst das Landschaftsbild Fiordlands und hinterließen die Fjorde der Südwestküste, die sich hinter Berggipfeln und dichten Wäldern vor dem Meer verstecken. In östlicher Richtung, auf der windabgewandten Seite, weicht die Wildnis den Gletscherseen und Schafweiden.

Der Hauptanziehungspunkt der Region ist der Milford Sound, der täglich von Reisebussen aus Queenstown angesteuert wird – aus gutem Grund. Eine Schifffahrt durch den Fjord mit seinen hohen Felsgipfeln ist atemberaubend, und die Straße dorthin führt durch Neuseelands eindrucksvollste Wildnis überhaupt – den Fiordland National Park, Neuseelands größten Park (und Teil des Weltnaturerbes Te Wahipounamu). Tausende von Besuchern strömen jedes Jahr dorthin, die meisten bleiben über Nacht in dem kleinen Ort Te Anau am malerischen gleichnamigen See. Dies ist der letzte Ort vor dem Milford Sound.

Der noch kleinere Ort Manapouri an einem weiteren schönen, ebenfalls gleichnamigen See ist der Ausgangspunkt des einzigen anderen Fjords, den man befahren kann: des Doubtful Sound. Mit Ausnahme dieser beiden Fjorde ist der Rest des Parks unberührt. Es gibt dort jedoch einige schöne Wanderwege, wie den berühmten Milford Track und den Kepler Track.

NICHT VERSÄUMEN:

Während Fiordland ungezähmte Wildnis ist, wurde das benachbarte Southland von Menschenhand geformt. Schottische Siedler errichteten hier große Schaffarmen – ihr Erbe lebt bis heute fort. Die Namen der Städte und Flüsse erinnern an Schottland, und das schottische „r" gehört weiterhin zum Akzent der Südländer.

Die Hauptattraktion Southlands ist die Küstenstraße zwischen Invercargill und Dunedin. Das Landschaftsbild reicht von zerklüfteter Küste und schönen Stränden bis zu Wäldern und Wasserfällen. In dieser entlegenen Ecke der Südinsel wimmelt es nur so von Meerestieren, wie Seebären und Seelöwen, Delfinen und Pinguinen, darunter der seltene Gelbaugenpinguin.

Als letzte Station vor der Antarktis liegt unterhalb der Südinsel eine angenehme Überraschung: Stewart Island wird von warmen Strömungen umspült. Dort finden sich Buchten, teils mit weißem Sand, und Wälder mit riesigen Farnen. ■

Fiordland

Das Landschaftsbild kann kaum spektakulärer sein als im abgeschiedenen Fiordland mit seinen Bergen und Fjorden. Der Fiordland National Park umfasst beinahe die gesamte Region, inklusive den berühmten Milford und Doubtful Sound, eine der größten Touristenattraktionen des Landes. Am Rande des Parks nehmen die Ferienorte Te Anau und Manapouri Übernachtungsgäste auf.

Ein Mutter-Tochter-Team erkundet mit dem Kajak den Doubtful Sound im Fiordland National Park.

Fiordland National Park

Karte S. 259

Besucher-information

Lakefront Dr., Te Anau

03/249-7924

www.fiordland.org.nz/about-fiordland/Fiordland-National-Park.asp

Fiordland National Park

Der wildeste, feuchteste und entlegenste Teil Neuseelands ist zugleich der atemberaubendste. Die über dem Park thronenden Berge werden von den *Roaring Forties*, den Stürmen, die über den südlichen Ozean wehen, mit reichlich Regen versorgt.

Die meisten Parkbesucher möchten vor allem die Schönheit des Milford Sound erleben, den man über die Straße von Te Anau aus auf einer der landschaftlich reizvollsten Strecken der Welt erreichen kann. Das andere Hauptziel ist der Doubtful Sound.

Die Gneis-, Schiefer- und Granitfelsen des Parks wurden vor 500 Millionen Jahren durch tektonische Faltungen und Verwerfungen geformt. Gletscher haben die Landschaft in den letzten zwei Millionen Jahren glatt geschliffen und dabei u-förmige Täler geschaffen, von denen sich viele mit Wasser gefüllt und so die Fjorde und Binnenseen gebildet haben. Bäume klammern sich an steile Felswände und wachsen auf einer relativ dünnen Erdschicht, so dass Baumlawinen an der Tagesordnung sind. Oberhalb von 1000 Metern wachsen Bülten (Grashorste) und Alpenblumen. Der Park bietet einen Lebensraum für bedrohte Vogelarten, darunter die Takahe, die als ausgestorben galt, bis man 1948 lebende Exemplare in den Murchison Mountains über den Te Anau Caves entdeckte. Die letzten Kakapos wurden auf vorgelagerte Inseln umgesiedelt. Springsittiche, Langbeinschnäpper, Kakas, Glattnasen- und Neuseelandfledermäuse bevölkern das Eglinton Valley, und viele weitere Arten einschließlich des Streifenkiwis leben im Park.

Die Meeresfauna ist hier einzigartig. Die vielen Regenfälle bilden eine Schicht Süßwasser auf dem Meer. Diese Schicht bekommt durch Harze, die aus den Wäldern gewaschen werden, eine schwarze, glasartige Oberfläche, die das Sonnenlicht nur bis in 40 Meter Tiefe hineinlässt. Subtropische Fische, Kaltwasser- und Tiefseefische steigen hier weiter nach oben als anderswo.

Das Landschaftsbild von Fiordland wird von Bergen und Wasser bestimmt. Im Milford Sound regnet es mehr als 180 Tage im Jahr mit einer durchschnittlichen Niederschlagsmenge von 650 Zentimetern. Das viele Wetter schuf effektvolle Wasserfälle, die die nackten Berghänge und Felswände in weißen Strängen hinunterstürzen.

Te Anau und Manapouri

Der Ort Te Anau liegt nahe am Lake Te Anau, dem größten See der Südinsel, und ist ein guter Ausgangspunkt für Ausflüge zum Milford Sound. Dieser hübsche, blühende Ferienort am See mit Blick auf die Berge ist gut mit Restaurants, Unterkünften und Hotels ausgestattet.

Fiordland/ Te Anau

Karte S. 259

Besucherinformation

Lakefront Dr.
03/249-8900

www.fiordland.org.nz/about-fiordland/Te-Anau.asp

ERLEBNIS: Wandern in Fiordland

Im Fiordland National Park befinden sich drei der neun *Great Walks* des Landes (siehe S. 19) und weitere Wanderwege, die einfach großartig sind. Die *Great Walks* werden vom Department of Conservation (DOC) unterhalten. Im Sommer muss man sie lange im Voraus in den DOC-Büros oder, noch besser, online buchen unter: *www.doc.govt.nz*.

Der *Milford Track* ist am bekanntesten (siehe S. 264 f.), aber der *Routeburn Track* (siehe S. 250) hält als einer der schönsten Wanderwege Neuseelands gut mit. Man wandert normalerweise von Glenorchy nahe Queenstown nach The Divide im Park, aber auch die umgekehrte Richtung ist möglich. Ein weiterer *Great Walk* ist der *Kepler Track*, eine drei- oder viertägige, anstrengende Wanderschleife vom Lake Te Anau zum Mount Luxmore und Lake Manapouri.

Te Anau Caves

Karte S. 259

Real Journeys, Visitor Centre, Lakefront Dr., Te Anau

03/249-7416

$$$$$

www.realjourneys.co.nz

Te Anau selbst hat nicht besonders viel zu bieten, allerdings sind im **Te Anau Wildlife Centre** *(Tel. 03/249-7924)* an der Manapouri Road, zehn Minuten vom Besucherzentrum des Department of Conservation entfernt, viele einheimische Vogelarten zu sehen, darunter auch die seltene Takahe-Ralle.

Te Anaus Schwesterstadt ist das kleine Örtchen Manapouri, 21 Kilometer südlich in noch überwältigenderer Lage am Lake Manapouri. Dieser Ort nimmt viele Besucher aus dem überquellenden Te Anau auf und dient besonders als Ausgangspunkt für Ausflüge zum sehenswerten Doubtful Sound (siehe S. 267).

Der Einsiedler vom Milford

Einer der Höhepunkte des Milford Track sind die hohen Sutherland Falls, die nach Donald Sutherland (1843–1919), dem Einsiedler vom Milford Sound, benannt sind. Als Abenteurer war der junge Schotte Fischer, Soldat in Italien unter Garibaldi und Kaufmann zur See, ehe er nach Neuseeland reiste. Er kämpfte in den Maorikriegen, war Robbenfänger und Goldsucher und verließ Dunedin schließlich mit seinem Hund in einem kleinen Boot. Er landete am Milford Sound und blieb dort 40 Jahre lang. Viele Jahre lebt er als Einsiedler und erkundete die Region, bis er 1890 sein isoliertes Dasein aufgab und Elizabeth Samuels in Dunedin heiratete. Sie bauten gemeinsam eine Berghütte am Milford und nahmen seit der Eröffnung des Milford Track im Sommer Wanderer auf. Der wortkarge Gastgeber Sutherland war eine Autorität der Region, die er als sein ureigenes Reich betrachtete.

Der interessanteste Abstecher führt auf die andere Seite des Sees. Die atemberaubenden **Te Anau Caves** erreicht man per Boot und anschließend zu Fuß entlang dem rauschenden Wasser eines unterirdischen Baches. Die Maori nannten die Höhle Te Anau-au – „Höhle des strudelnden Wassers". Führungen enden mit einer Bootsfahrt durch eine dunkle Grotte, die von Hunderten blinkender, netzspinnender Glühwürmchen erleuchtet wird (siehe Kasten S. 112).

Von Te Anau zum Milford

Wenn der Milford Track der schönste Wanderweg der Welt ist, dann muss die 119 Kilometer lange Straße von Te Anau zum Milford Sound wohl die schönste Autostraße der Welt sein. Dort, wo sich die Straße den Bergen des Parks nähert, reckt man unwillkürlich den Hals aus dem Fenster, um den Anblick in sich aufzusaugen. Im Winter benötigen Sie hier jedoch Schneeketten.

Einige kurze Wanderungen und Aussichtspunkte am Straßenrand ermöglichen es, die

Pracht der Gegend vollständig zu würdigen. Ein hervorragender Zwischenstopp, 58 Kilometer außerhalb von Te Anau, sind die stillen **Mirror Lakes**, die man leicht zu Fuß erreicht.

INSIDERTIPP

Am besten kann man den Milford Sound auf einem nächtlichen Ausflug auf einem Schiff erkunden. So können Sie den ganzen Sound durchfahren und haben genügend Zeit, um die schöne Landschaft zu genießen (www.realjourneys.co.nz).

JORGE I. NÚÑEZ
NATIONAL GEOGRAPHIC-Experte

Das Eglinton Valley verbreitert sich an der Siedlung **Knobs Flat** (63 Kilometer von Te Anau) und dem Streckenabschnitt, der sich wegen des Eindrucks von verschwindenden Bergen **Avenue of the Disappearing Mountains** nennt. Etwas weiter führt der 45-minütige Rundwanderweg **Lake Gunn Nature Walk**.

Über die Passhöhe **The Divide** (an der 85-Kilometer-Marke) erreicht man einen der schönsten Wanderwege Neuseelands, den **Routeburn Track** (siehe S. 250). Wer lediglich einen Eindruck von den Reizen des Routeburn-Weges gewinnen möchte, kann auch nur einen Teil erwandern: bis zum **Key Summit** *(zwei- bis dreistündiger Rundweg)* mit einem grandiosen Ausblick.

Direkt hinter The Divide liegt die Abzweigung zum **Hollyford Valley**. Nach 1,6 Kilometern auf dieser Schotterstraße beginnt der Pfad zu den **Lake Marion Falls**. Eine 20-minütige Wanderung führt zu einem Gerüst, von dem man die Fälle sehen kann. Eine weitere einstündige Tour führt zum **Lake Marion**.

In **Gunns Camp**, 17 Kilometer von der Hauptstraße entfernt, gibt es einen Laden

Sonnenuntergang am Mitre Peak

Wanderung: Milford Track

In Neuseeland gilt der Milford Track als der „schönste Wanderweg der Welt". Vom Lake Te Anau bis zum Milford Sound zeigt er all die Reichtümer Fiordlands – Seen, Bergwiesen, Berge, Gletscher und Fjorde.

Von Ende Oktober bis Ende April kann man diesen beliebten Weg nur in eine Richtung gehen, als viertägige Wanderung mit drei Übernachtungen. Täglich werden nur 40 Einzelwanderer zugelassen. Deshalb sollte man Monate im Voraus reservieren *(ab 1. Juli unter www.doc.govt.nz)*.

Im Winter sind Reservierungen unnötig, allerdings ist der Weg dann nur für geübte Wanderer geeignet. Kleidung für jedes Wetter und ausreichend Proviant sind ein Muss. Man übernachtet in einfachen Hütten, die mit Kochgelegenheiten, Toiletten und Schlafkojen ausgestattet sind. Man kann auch geführte Touren buchen, bei denen man etwas luxuriöser übernachtet *(www.ultimatehikes.co.nz)*.

Die Tour beginnt mit einer Bootsfahrt auf dem Lake Te Anau von Te Anau Downs zum **Glade Wharf** ①. Der Weg führt auf einer Hängebrücke über den Clinton River, folgt dann etwa eine Stunde dem Fluss zur **Clinton Hut** ②, der ersten Übernachtungshütte nach einem kurzen ersten Tag.

Wanderer auf einer stählernen Fußbrücke an den Giant Gate Falls auf dem Milford Track

Der zweite Tag *(16 Kilometer, 6 Stunden)* führt zu den **Clinton Forks**, dem Zusammenfluss mit dem nördlichen Flussarm. Der Weg folgt für etwa 40 Minuten dem westlichen Flussarm bis zu einem See. Ein Abstecher geht zu den **Hirere Falls**.

Der Hauptweg leitet zwischen Granitmauern durch ein immer schmaler werdendes Tal bis zu einer Grasebene mit herrlichem Blick auf den Mackinnon Pass. Der Weg steigt an, ehe man am Ende des zweiten Tages die **Mintaro Hut** ③ erreicht.

Am dritten Tag *(14 Kilometer, 6 Stunden)* nimmt man über zwei Stunden hinweg den Aufstieg zum Mackinnon Pass wieder auf, um dann die Aussicht am **Mackinnon Memorial** ④ zu genießen. Es geht dann noch 20 Minuten zum höchsten Punkt des Weges: zum **Pass Day Shelter** (1154 Meter).

Von da an führt der Weg über acht Kilometer bergab (auf 1000 Meter), an den spektakulären Wasserfällen und Kaskaden des Roaring Burn vorbei. Von der Quintin Hut (privat) führt ein 1,5-stündiger Abstecher als Rundweg zu den eindrucksvollen **Sutherland Falls** ⑤, den mit 580 Metern höchsten Wasserfällen Neuseelands. Zurück an der Quintin Hut, dauert es noch etwa eine Stunde zur wohlverdienten Ruhe in der **Dumpling Hut** ⑥.

Der vierte Tag *(18 Kilometer, 6 Stunden)* führt langsam bergab, zum Arthur River und zur historischen **Boatshed** hinunter. Danach sind es noch 20 Minuten zu den **MacKay Falls** ⑦ und zum Bell Rock. Der

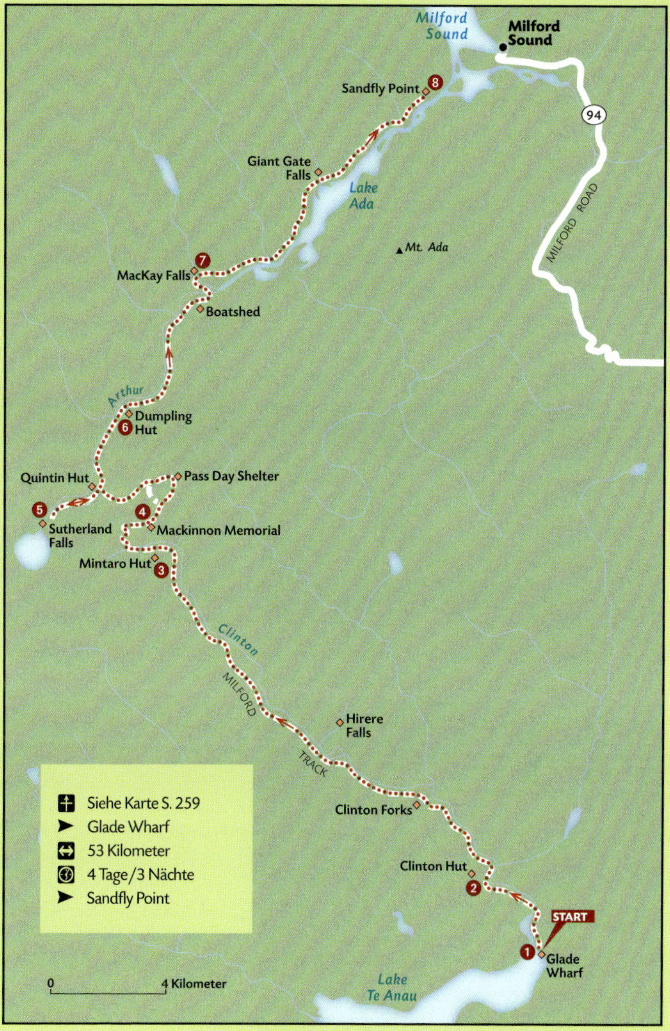

Weg drängt weiter zum Lake Ada und den **Giant Gate Falls**, wo sich ein Unterstand für die Mittagspause anbietet. Etwa eine Stunde nach dem See erreicht man das flache Ende des Tales, und am **Sandfly Point** 8 legen Boote zum Milford Sound ab. ■

NICHT VERSÄUMEN

Mackinnon Memorial • Sutherland Falls • MacKay Falls • Giant Gate Falls

Milford Sound Boat Tours

Real Journeys
☎ 03/249-7416
$ $$$$$

www.realjourneys.co.nz

Southern Discoveries
☎ 03/441-1137
$ $$$$$

www.southerndiscoveries.co.nz

und ein kleines Museum. Die Hauptstraße klettert zum **Homer Tunnel** hoch. Der 1270 Meter lange Tunnel wurde 1954 eröffnet – seitdem ist der Milford Sound der Welt zugänglich.

Die Straße verläuft danach steil abwärts zur letzten Station vor dem Milford, **The Chasm**. Ein herrlicher, 15-minütiger Rundwanderweg führt durch prächtige, moosbewachsene Wälder und tiefe, vom Fluss ausgewaschene Schluchten.

Ein moosbewachsener Südbuchenwald am Milford Track

Milford Sound

Der Milford Sound ist Fiordlands berühmteste Sehenswürdigkeit. Dank seiner Felsgipfel ist er höchst spektakulär. Der **Mitre Peak**, so genannt wegen der Ähnlichkeit mit einem Bischofshut (Mitra), ist der Spitzenreiter, weil er 1692 Meter steil aus dem Meer aufragt.

INSIDERTIPP

Es gibt einen Grund, warum es so schön grün in den Fjorden ist: Es regnet – und zwar an vielen Tagen. Es mag selbstverständlich klingen, aber Regenkleidung ist unverzichtbar.

JANE SUNDERLAND
National Geographic-Redakteurin

Die Straße von Te Anau endet in der kleinen Siedlung Milford am Ende des Milford Sound. Das Ortsbild wird vom riesigen Cruise Center beherrscht, das einem internationalen Flughafen ähnelt. Die meisten Besucher übernachten in Te Anau.

Rundfahrten durch den Fjord starten den ganzen Tag über, aber man sollte möglichst die Stoßzeiten gegen 13 Uhr meiden. Alle Veranstalter bieten recht ähnliche zweistündige Touren mit Schiffen an, die den 16 Kilometer langen Fjord durchkreuzen. Es werden Zwischenstopps eingelegt, um die

Wasserfälle und die Tierwelt auf den Felsen beobachten zu können. Die Schiffe kehren am versteckten Zugang zur Tasmansee um, den Captain Cook, der dort entlangsegelte, für einen Höhleneingang hielt. Erst 1810 entdeckten die Europäer die ganze Pracht, die sich hinter dieser Biegung verbarg.

Die Rückfahrt führt an den **Stirling Falls** und der **Harrison Cove** mit dem **Mount Pembroke** (2014 Meter) vorbei. Im **Underwater Observatory** an der Harrison Cove kann man tief unter der Oberfläche das vielfältige Meeresleben beobachten (siehe Kasten rechts).

Vom Flughafen aus starten kleine Touristenflugzeuge zu Rundflügen. Die beeindruckenden Berge lassen sich aber am besten vom Wasser aus bewundern. Kajaktouren sind daher eine gute Alternative.

Doubtful Sound

Der Doubtful Sound steht nicht so oft auf dem Ausflugsprogramm wie der Milford Sound, ist aber ebenso schön. Obwohl seine Berggipfel auf den ersten Blick weniger eindrucksvoll sind, ist dieser Fjord viel friedlicher und unberührter.

Auf den achtstündigen Rundfahrten erlebt man Natur pur. Man startet in Manapouri mit einer Bootstour über den **Lake Manapouri** nach West Arm, wo man in Busse umsteigt, die die Touristen zur unterirdischen **Manapouri Power Station** bringen. Das Wasserkraftwerk besitzt riesige Turbinen, die durch Meerwasser angetrieben werden, das durch einen zehn Kilometer langen Tunnel in den Doubtful Sound hinunterstürzt.

ERLEBNIS:

Unter der Oberfläche

Die einzigartige Chemie im Milford Sound schirmt das Licht von den Tiefen des Gewässers ab. Das Wasser ist hier so dunkel, dass sogar Lebewesen der Tiefsee noch 40 Meter unter der Wasseroberfläche leben können. Das Ergebnis ist einzigartig: Es gibt hier so viele Arten unter der Wasseroberfläche, dass Jacques Cousteau seine Fjorderkundungen zu seinen Top-Ten-Taucherlebnissen zählte. Zu den Lebewesen gehören hier Schwarze und Edelkorallen, elfarmige Seesterne, Röhrenwürmer und Weißkiemen-Lippfische. Das Milford Discovery Centre *(Harrison Cove, Tel. 03/441-1137, www.southerndiscoveries.co.nz)* **ermöglicht es, den Fjord in einem Beobachtungsraum in zehn Meter Tiefe zu erleben. Tawaki Adventures** *(44 Caswell Rd., Te Anau, Tel. 03/249-9006, www.tawakidive.co.nz)* **bieten zudem Gerätetauchen an.**

Eine spektakuläre Straße führt von **West Arm** zur **Deep Cove** am Doubtful Sound, von wo aus die Schiffsrundfahrten starten. Die Straße führt durch gemäßigten Regenwald an den über allem thronenden **Cleve Garth Falls** vorüber und schließlich über den 670 Meter hohen **Wilmot Pass.**

Vom Pier an der Deep Cove erkunden die Schiffe auch diesen Fjord der Länge nach, aber ohne die Störungen durch Besuchermassen. ■

Mitre Peak Cruises
☎ 03/249 -8110
$ $$$$$
www.mitrepeak.com

Jucy Cruize
☎ 03/442-4196
$ $$$$$
www.jucycruize.co.nz

Doubtful Sound Boat Tours
Real Journeys
✉ Real Journeys, Pearl Harbour, Manapouri
☎ 03/249-6602
$ $$$$$
www.realjourneys.co.nz/en/destinations/doubtful-sound

Southland

Das flache Schafweideland von Southland beginnt bei Invercargill. Es ist überwiegend Durchgangsgebiet zur Stewart Island oder nach Fiordland, aber entlang der Stecke liegen herrliche Küsten- und Waldlandschaften. Die Southern Scenic Route von Invercargill nach Fiordland ist ähnlich schön.

Schulkinder streicheln eine Tuatara im Southland Museum, Invercargill.

Invercargill

Karte S. 259

Besucher-information

Visitor Centre, Southland Museum & Art Gallery, Queens Park

03/211-0895

www.invercargill.org.nz

Invercargill

Southlands Finanzzentrum und Neuseelands südlichste Stadt Invercargill (53 000 Einwohner) wurde 1856 von schottischen Siedlern gegründet. Landwirtschaft und später Holzwirtschaft und Kohleabbau führten zu einem schnellen Wachstum, so dass im 19. Jahrhundert schöne viktorianische Gebäude entstehen konnten. Es ist eine Stadt mit breiten Straßen und historischen Gebäuden in schönen Gärten.

Hauptanziehungspunkt der Stadt ist der **Queens Park**, die 81 Hektar große grüne Lunge mit botanischem Garten, Voliere und Tiergehege. Am Haupteingang zum Park kann man im **Southland Museum & Art Gallery** maorische und koloniale Exponate bewundern. Von besonderem Interesse ist die Galerie „Beyond the Roaring 40s" über die subantarktischen Inseln sowie die Tuataras, Überlebende aus dem Zeitalter der Dinosaurier (siehe Kasten).

Anderson Park & Art Gallery am Nordrand der Stadt gehört zu einem schönen neugeorgianischen Haus in einem großen Park und beherbergt eine ansehnliche Sammlung neuseeländischer Kunst.

Bluff

Der glanzlose Hafen Invercargills, Bluff, liegt 28 Kilometer südlich am Ende der SH1, die das Land der Länge nach vom Cape Reinga im Norden bis zum Stirling Point im Süden der Stadt durchquert, wo ein viel fotografiertes Schild auf exotischere Ziele hinweist.

Bluff ist Southlands Hauptumschlagplatz für gefrorenes Fleisch, Düngemittel und Aluminium, aber auch der Fährhafen für Stewart Island. Besonders interessant ist der Bluff Hill, von dem man eine gute Aussicht über die Insel und die umliegenden Ebenen hat. Das **Bluff Maritime Museum** *(241 Foreshore Rd., Tel. 03/212-7534)* zeigt die Spuren der Geschichte des Hafens, einschließlich des wichtigen Austernfangs.

Rund um Invercargill

Die fleißigen schottischen Siedler verwandelten die grasbewachsene, sumpfige Ebene in saftiges Weideland, das einst über 20 Prozent der Exporte des Landes hervorbrachte.

Gore, 66 Kilometer nördlich von Invercargill an der SH1 gelegen, ist der Hauptversorgungsort von Southland, aber auch die Hauptstadt der Countrymusic Neuseelands. Jedes Jahr im Mai wird die Stadt lebendig, um die zehntägigen **New Zealand Gold Guitar Awards** zu feiern. Während der restlichen Zeit des Jahres ist es ein verschlafenes Nest, das Touristen überwiegend wegen Forellenangelns anzieht.

Tuataras

Das Southland Museum in Invercargill war lange Zeit sehr berühmt für seine Tuataras (Brückenechsen), Relikte aus der Zeit der Dinosaurier. Tuataras sind die einzigen Überlebenden aus der Familie der *Sphenodontidae*: eidechsenähnliche Reptilien, die vor 220 Millionen Jahren lebten. Auf dem Festland sind Tuataras ausgestorben. Lebende Exemplare finden sich nur noch auf den vorgelagerten Inseln und in Gefangenschaft. Das Southland Museum führte als erste Institution ein Zuchtprogramm durch und präsentiert die Reptilien in einem Tuatarium. Star der Show und größtes Exemplar seiner Art ist Henry, der bereits 130 Jahre alt sein soll, immer schlechte Laune hat und ständig die Schwänze seiner Freundinnen abbeißt.

Das Besucherzentrum von Gore *(Hokonui Dr. & Norfolk St., Tel. 03/203-9288)* hat alle Informationen über die Stadt.

Die meisten Touristen umfahren Gore und dessen ebene Weidelandschaft zugunsten der längeren, aber

Southland Museum & Art Gallery
✉ Queens Park, 108 Gala St.
☎ 03/219-9065
www.southlandmuseum.com

Anderson Park & Art Gallery
Karte S. 259
✉ 91 McIver Rd.
☎ 03/215-7432
www.andersonparkgallery.co.nz

Schilder bei Invercargills Hafen Bluff weisen den Weg zu entfernten Zielen.

dafür landschaftlich abwechslungsreicheren Strecke durch die Catlins (siehe S. 272 f.) entlang der Ostküste oder über die Southern Scenic Route Richtung Westen nach Te Anau.

Southern Scenic Route

Der Weg zurück von Invercargill nach Te Anau ist eine geruhsame Fahrt auf der SH99 entlang der Küste, ehe sie ins Inland abzweigt. Erster interessanter Zwischenstopp ist **Riverton**, 39 Kilometer von Invercargill entfernt. Dieser nette Badeort bezeichnet sich selbst als die „Riviera des Südens". Tatsächlich gibt es dort einige gute Strände. Weiter westlich liegt **Colac Bay/Oraka**, ein beliebter Ort zum Surfen.

An der Te Waewae Bay kann man einen kleinen Abstecher zur **Monkey Island** machen, einem Walbeobachtungsort der Maori. Bei Ebbe kann man zu dieser Insel bis hoch oben zur Aussichtsplattform hinüberwandern.

Das winzige **Tuatapere**, etwa auf halber Stecke dieser malerischen Route gelegen, ist die einzige Stadt von Bedeutung vor Manapouri. Es gibt hier ein Touristenbüro *(Tel. 03/226-6739)* mit Informationen über heimische Attraktionen. Nebenan zeigt das **Bushman's Museum** *(31 Orawia Rd., Tel. 03/226-6399)* eine Ausstellung zur Regionalgeschichte der Sägewerke.

In **Clifden**, 13 Kilometer von Tuatapere, gibt es eine alte Hängebrücke sowie einige Höhlen, die jedoch nicht ausgebaut und daher mit Vorsicht zu genießen sind.

Von Clifden aus zweigt man auf eine 30 Kilometer lange, meist unbefestigte Straße zum malerischen **Lake Hauroko** ab, Neuseelands tiefstem See mit Wanderwegen von 30 Minuten bis zu drei Stunden. ■

ERLEBNIS: Auf der Suche nach dem Kiwi

Nur wenige Kiwis (wie sich die Neuseeländer selbst nennen) haben jemals einen Kiwi in freier Wildbahn gesehen (einen nachtaktiven Vogel, das Nationalsymbol). Obwohl im ganzen Land Kiwi-Häuser dazu beitragen, dass man diese langschnäbeligen, flugunfähigen Vögel zu Gesicht bekommt, ist es schwierig, sie in ihrer natürlichen Umgebung anzutreffen.

Die meisten Kiwis leben auf der **Stewart Island** am äußersten Ende des Landes. Dort zählt die Populationen der Streifenkiwis oder Tokoekas rund 20 000 Vögel. In der **Mason Bay** kann man Kiwis sogar tagsüber am Strand beobachten. Die Bay ist jedoch nur per Nachtwanderung oder mit einem Charterflug zu erreichen. **Ruggedy Range** *(Tel. 03/219-1066, www.ruggedyrange.com)* bietet Mason-Bay-Touren an.

Alternativ kann man vom Hauptort Oban Bootsausflüge zu einer kleinen Insel unternehmen, auf der die Kiwis nisten. **Bravo Adventure Cruises** *(Tel. 03/219-1144, www.kiwispotting.co.nz)* bieten abendliche Ausflüge an. Wenn man stillhält, kommen die halbblinden Kiwis nah heran und picken auf der Suche nach Futter an den Füßen der Besucher. Die Touren sind jedoch schnell ausgebucht.

Ein Streifenkiwi auf der Suche nach Nahrung

In **Okarito** behaupten **Okarito Kiwi Tours** *(The Strand, Okarito, Tel. 03/753-4330, www.okaritokiwitours.co.nz)*, dass sie mit 98-prozentiger Sicherheit Kiwis finden.

Eine lange Kiwi-Tour wird im **Trounson Kauri Park** an der Kauriküste in Northland angeboten, wo es mit der Unterstützung des DOC gelungen ist, die Population des Streifenkiwis in Northland auf über 200 Tiere zu erhöhen. Es ist allerdings nicht garantiert, dass man die Kiwis beobachten kann.

Der **Kauri Coast Top 10 Holiday Park** *(Trounson Park Rd., Kaihu, Dargaville, Tel. 09/439-0621, www.kauricoasttop10.co.nz)* veranstaltet seine Kiwi-Touren nachts. Daneben kann man den Streifenkiwi auch gut auf Aroha Island, im Waitangi Forest und im Puketi State Forest beobachten. Kapiti Island in der Nähe Wellingtons ist der beste Ort, an dem man den Zwergkiwi sehen kann. Wer über Nacht bleiben möchte, braucht jedoch eine Sondererlaubnis (siehe S. 164). ■

Rundfahrt durch die Catlins

Die kurvenreiche Küstenstraße von Invercargill nach Dunedin führt durch eine Region, die unter dem Namen „Catlins" bekannt ist. Die schöne Strecke führt durch Wälder und zerklüftete Küstenlandschaft. Es gibt einige interessante Dinge am Wegesrand, wie Strände, Wasserfälle und Orte zur Tierbeobachtung.

Der Leuchtturm am Waipapa Point warnt Schiffe vor der felsigen Küste.

Den malerischen Streckenabschnitt von Invercargill nach Balclutha kann man in zwei Stunden direkt durchfahren, aber durch einige Abstecher wird die Fahrt viel vergnüglicher. Von **Invercargill** aus fährt man 50 Kilometer nach Fortrose und biegt dann nach Otara und zur Küstenstraße zum **Waipapa Point** ❶ ab – mit seinen goldenen Stränden und dem Leuchtturm. Weiter gen Osten erreicht man den **Slope Point** ❷, den südlichsten Punkt der Südinsel. In 20 Minuten kann man über das private Weideland bis zu einem Schild wandern, das in Richtung Südpol weist *(der Zugang ist zur Zeit des Lammens untersagt)*.

Als Nächstes folgt **Curio Bay** ❸, wo das Niedrigwasser einen 180 Millionen Jahre alten fossilen Wald freilegt. Hier nisten auch Gelbaugenpinguine, während in der angrenzenden Porpoise Bay im Sommer Hector-Delfine zu sehen sind.

Die Straße führt anschließend durch Waikawa, wo es ein kleines Museum und das gute Niagara Falls Café gibt. Zurück auf der Hauptstraße, sind es 20 Kilometer bis zur Abzweigung zu den hübschen **McLean Falls** ❹, die man auf einem 45-minütigen Rundweg durch den Wald erreichen kann.

Direkt hinter der Straße zu den Wasserfällen führt eine Abzweigung zu den **Cathedral Caves** ❺ *($)*, eindrucksvolle, bis zu 30 Meter hohe Höhlen in den Klippen, die vom Meerwasser ausgewaschen wurden.

Big-Wave-Surfen

Die Catlins sind dem südlichen Ozean ungeschützt ausgesetzt und daher für die höchsten Wellen der Welt bekannt. Big-Wave-Surfer kommen von überall her, um auf der Papas – einer bis zu zehn Meter hohen Welle – zu reiten. Beim aufregenden Tow-in-Surfen lassen sich die Surfer von Jetbooten in die Wellen hineinfahren.

Sie liegen auf dem Land der Maori und können über einen einstündigen Rundwanderweg erreicht werden. Sie sind jedoch nur bei Ebbe zugänglich.

Die **Matai Falls** ❻ sind die am besten zu erreichenden Wasserfälle der Catlins, da sie wie die **Horseshoe Falls** über einen 20-minütigen Rundweg direkt von der Hauptstraße aus erwandert werden können. In der Nähe liegen die **Purakaunui Falls** ❼.

Direkt hinter dem Ort Owaka sollte man zur **Cannibal Bay** abbiegen, denn dort kann man oft Seelöwen sehen.

Von der Cannibal Bay führen Schotterstraßen weiter zum Leuchtturm **Nugget Point** ❽, der über den Klippen thront und auf einem schmalen Pfad zu erreichen ist. Robben spielen auf den Felsen darunter, auch Seelöwen, Zwerg- und Gelbaugenpinguine bewohnen dieses Stück Land. Direkt vor dem Leuchtturm an der **Roaring Bay** kann man Gelbaugenpinguine aus einer Schutzhütte heraus beobachten *(am besten vor 7 Uhr oder nach 16 Uhr).*

- Siehe Karte S. 259
- Invercargill
- 158 Kilometer
- 4–5 Stunden
- Balclutha

NICHT VERSÄUMEN

Waipapa Point • Curio Bay • Cathedral Caves • Matai Falls • Nugget Point

Das zehn Kilometer entfernt liegende **Kaka Point** ❾ ist ein kleiner Ferienort mit hübschem Strand. Es ist die letzte Stadt von Bedeutung vor **Balclutha** ❿. Mit dem Besuch dieses Ferienorts ist zugleich das Ende der Reise durch die Catlins erreicht. ■

Stewart Island

Stewart Island täuscht über ihre extrem südliche Lage hinweg. Sie ist reich an Wäldern und Tieren, und die weißsandigen Strände werden von erstaunlich warmen Strömungen umspült. In diesem abgelegenen Naturparadies kann man wunderbar wandern und Vögel beobachten.

Sonnenuntergang über der Mason Bay im Rakiura National Park, Stewart Island

Stewart Island

Karte S. 259

Besucherinformation

12 Elgin Ter. (beim Fährterminal), Oban

03/219-0056

www.stewartisland.co.nz

&

www.stewartislandexperience.co.nz

Oban und Umgebung

Die Maori nennen diese Insel Rakiura oder „leuchtender Himmel", möglicherweise als Anspielung auf die Aurora australis, das Süd-(polar-)licht. Etwa 85 Prozent der Insel, also 157 000 Hektar, werden vom **Rakiura National Park** eingenommen.

Wanderer finden hier ein Paradies mit Wegen an Stränden und durch Wälder, die eine Stunde oder auch zwei Wochen einnehmen können. Reiseveranstalter bieten auch weniger anstrengende Möglichkeiten, die Schönheiten der Insel zu erleben: mit dem Schiff, Bus oder Hubschrauber.

Die Insel ist ein Zufluchtsort für einheimische Tierarten. Zu diesen gehört der scheue Kiwi, den man nur selten in freier Wildbahn erspähen kann. Hier hat man beste Chancen, dem Nationalsymbol zu begegnen.

Oban, auch „Halbmondbucht" genannt, ist der zauberhafteste kleine Ort der Insel.

Der Tui

Der Tui gehört zu Neuseelands bekannteren Vogelarten – und zu den lautesten. Mit seinen zwei Kehlköpfen kann dieser große, bunt schillernde Vogel zwei Melodien gleichzeitig singen. Seine Lieder sind eine Mischung aus Melodie und atonalem Husten. Darüber hinaus kann der Tui aber auch Geräusche, wie die Lieder anderer Vögel, menschliche Stimmen und sogar das Klingeln eines Telefons, imitieren. Anwohner haben sich wiederholt über nächtliche Ruhestörungen beschwert.

Hier kann man Übernachtungsmöglichkeiten, Pubs, Restaurants, Tourveranstalter und Vermietungsfirmen für Autos, Motorroller oder Kajaks finden. Das **Rakiura Museum** *(9 Ayr St., Mo–Sa 10–12, So 12–14 Uhr)* stellt maorische Kunstwerke, Fotos und Gegenstände der Pionierzeit aus. Das **Rakiura Environment Centre** auf Elgin Terrace liegt gleich neben dem Kai und informiert über Naturschutzprojekte der Insel.

Ulva Island ist von Golden Bay aus leicht mit dem Wassertaxi zu erreichen. Da natürliche Feinde fehlen, wimmelt es hier von Vögeln.

Stewart Island steht für Natur und Wandern schlechthin. Der **Rakiura Track** gehört zu Neuseelands *Great Walks*, eine Dreitageswanderung von Lee Bay aus, östlich von Oban. Wanderer erleben eine herrliche Küstenlandschaft und wenden sich dann ins Landesinnere, um durch einen Wald nach Paterson Inlet und schließlich zurück nach Oban zu gelangen.

Eine weitere gute Wanderung führt von der Stadt zum **Leuchtturm Ackers Point** *(3-stündige Rundwanderung)* und am **Ackers Cottage** vorbei. Dunkle Sturmtaucher versammeln sich in der Abenddämmerung, in der man sogar Zwergpinguine sehen kann.

INSIDERTIPP

Um sich einen Eindruck vom Rakiura Track zu verschaffen, gehen Sie den Abschnitt von Lee Bay zur Maori Beach, der durch herrliche Küsten- und Waldlandschaften führt.

PETER TURNER
National Geographic-Author

Es gibt auch längere Wanderungen wie den neun bis elf Tage langen **Northwest Circuit**. Er führt unter anderem zur **Mason Bay**, die von Sanddünen eingerahmt wird und durch die Kiwis bekannt ist, die sich hier manchmal auch am Tage zeigen. Dorthin gehen auch Charterflüge, am besten kann man die Kiwis aber nachts auf einer Tour von Oban aus zu einer nahe gelegenen Insel beobachten (siehe S. 271). ■

Rakiura National Park
Karte S. 259

Besucherinformation
15 Main Rd., Stewart Island
03/219-0009
www.doc.govt.nz/parks-and-recreation/national-parks/rakiura

Fähre nach Bluff
Stewart Island Experience, Visitor Terminal, Oban
03/219-0034
3-mal tgl.
$$$$$

Stewart Island Flights
Flughafen Invercargill
03/218-9129
3 Flüge tgl.
www.stewartislandflights.co.nz

Rakiura Helicopters
250 Ocean Beach Rd., Bluff
03/212-7770
www.rakiurahelicopters.co.nz

REISEINFORMATIONEN

Pferdetrekking am Lake Tekapo, Südinsel

REISEPLANUNG

Anreise

Die Großzahl der internationalen Flüge gehen nach Auckland. Air New Zealand *(www.airnz.com)* ist die Hauptfluglinie. Die meisten Flüge erfolgen nicht über Amerika, sondern nehmen die andere Richtung um den Globus. Zahlreiche Flüge sind täglich zwischen Neuseeland und Australien unterwegs, zudem gibt es Anschlussflüge nach Asien, Europa und Nordamerika. Air New Zealand und Qantas/Jetstar sind die Hauptfluglinien, doch es fliegen auch Emirates, Virgin Australia und andere Airlines von und nach Australien und von dort aus weiter.

Einige der preiswertesten Flüge von Europa aus nehmen den Weg über Asien. Air New Zealand und Cathay Pacific fliegen von London nach Auckland via Hongkong, während Malaysian Airlines, Singapore Airlines, Thai Airways und andere asiatische Fluglinien direkte Flüge zwischen ihren Heimatflughäfen und Auckland anbieten und auch Europa in ihr Netz eingebunden haben.

Ein weiterer wichtiger internationaler Flughafen ist Christchurch. Hier gibt es jedoch deutlich weniger Flüge. Die meisten Maschinen starten von hier aus zu Städten an der australischen Ostküste, es gibt aber auch direkte Verbindungen von und nach Singapur, Tokio, Fidschi und Rarotonga.

Sie können auch direkt von Australien nach Wellington, Queenstown, Hamilton, Rotorua und Dunedin fliegen. Air New Zealand, Virgin Australia und Jetstar bieten häufig verbilligte Flüge an. Die meisten Besucher landen jedoch am Flughafen Auckland *(www.aucklandairport.co.nz)*, 21 Kilometer südlich der Stadt.

Man erreicht den Flughafen per Bus, Taxi oder Shuttleservice. Ein kostenloser Bus pendelt zwischen dem internationalen und dem nationalen Terminal, die etwa einen Kilometer voneinander entfernt liegen.

Die Flughafensteuer wird nicht mehr vom Abflugflughafen erhoben, sondern ist im Ticketpreis mit inbegriffen.

Formalitäten

Visa: Für Aufenthalte von bis zu drei Monaten benötigen Besucher aus über 50 Ländern kein Visum, darunter auch Gäste aus der EU. Britische Staatsbürger dürfen bis zu sechs Monate ohne Visum einreisen, australische Bürger benötigen dagegen kein Visum.

Alle, die ein Visum benötigen, sollten ein Besuchervisum beantragen. Infos erhält man unter *www.immigration.govt.nz*.

Sogenannte Working-Holiday-Visa gibt es für 18- bis 30-Jährige aus 26 Ländern, darunter auch Deutschland; sie sind zwölf Monate gültig. Dieses Visum ist für Besucher geeignet, die während ihrer Reise hin und wieder auch arbeiten wollen, vorwiegend in der Landwirtschaft. Es gilt nicht für Einreisende, die für immer in Neuseeland bleiben und arbeiten wollen.

Zoll: Man darf 4,5 Liter Wein oder Bier und 1,125 Liter Spirituosen sowie 200 Zigaretten oder 250 Gramm Tabak oder 50 Zigarren (oder eine Kombination dieser drei, die nicht mehr als 250 Gramm wiegt) einführen.

Die Zollbeamten setzen diese Bestimmungen, die die heimische Agrar- und Lebensmittelindustrie vor eingeführten Seuchen und Krankheiten schützen sollen, streng durch. Jedes Nahrungsmittel und jede Pflanze muss angemeldet werden, wenn man sich nicht Bußgeldzahlungen einhandeln will.

Jeder, der mit mehr als 10 000 NZ$ ins Land einreist oder das Land verlässt, muss dieses Geld beim Zoll deklarieren.

Nicht vergessen

Im Hinblick auf das wechselhafte Wetter sollte man sogar im Sommer immer an Pullover, Windjacken und Regenbekleidung denken. Neuseeländer kleiden sich leger und den Wetterbedingungen und Aktivitäten entsprechend.

Kurze Hosen und T-Shirts sind für den Strandurlaub im Sommer genau richtig, aber für Restaurant- und Nachtclubbesuche sollte auch angemessenere Kleidung im Gepäck sein. Im Winter sollte man warme Kleidung mitbringen.

Wesentlich sind auch gute Wanderschuhe. Sportschuhe sind für Stadtrundgänge und kürzere Wanderungen geeignet, doch für Wanderungen in der Natur benötigt man richtige Wanderschuhe. Ernsthafte Wanderer müssen auf alles vorbereitet sein, auch auf frostige Temperaturen in den Bergen im Sommer.

Fast alles, was man zu Hause vergessen hat, kann man in Neuseeland kaufen. Es kann jedoch recht mühsam werden, Zubehör für Kameras und andere elektronische Geräte außerhalb größerer Städte zu bekommen. Deshalb sollte man Kabel, Ladegeräte, Batterien und Sonstiges selbst mitbringen.

Obwohl es in Neuseeland nur selten sehr heiß wird, ist die UV-Strahlung recht hoch. Deshalb sind gute Sonnenbrillen und Sonnencremes mit hohem Lichtschutzfaktor wichtig. Ein Fernglas hilft bei der Tierbeobachtung.

Reisezeit

Der Sommer (Dez.–Feb.) ist die beste Jahreszeit für Neuseelandreisen. Die Hauptsaison erstreckt sich von Oktober bis Mai. Außerhalb dieser Monate bleiben einige Attraktionen und Übernachtungsmöglichkeiten, insbesondere an der Küste, geschlossen. Grundsätzlich kann man aber das ganze Jahr hindurch, sogar mitten im Winter (Juli/Aug.), an- und umherreisen.

Höhepunkt des internationalen Reiseverkehrs sind Februar und März. Dann werden die Touristenorte gestürmt, und die Straßen sind mit Wohnmobilen überfüllt. Übernachtungsmöglichkeiten und Mietwagen werden dann vor allem auf der Südinsel rar. Deshalb sollte man im Voraus buchen. Im Dezember ist es etwas ruhiger, aber von Weihnachten bis Ende Januar verbringen die Neuseeländer hier ihren Sommerurlaub. Im Oktober/November und April/Mai ist es erheblich leerer, kühler und preiswerter.

Neuseeland besitzt ein überwiegend gemäßigtes Klima. Der hohe Norden hat subtropische Sommer und milde Winter, während der tiefe Süden milde Sommer und kalte Winter aufweist. Schneefall ist auf die Bergregionen begrenzt. Die maximalen/minimalen Durchschnittstemperaturen reichen in Auckland von 24/16 Grad Celsius im Januar (Hochsommer) bis 15/8 Grad Celsius im Juli. Im Süden reichen sie, beispielsweise in Dunedin, von 19/11 Grad Celsius im Januar bis 10/3 Grad Celsius im Juli.

Die sogenannten *Roaring Forties* – Westwinde, die vom südlichen Ozean zwischen dem 40. und 50. südlichen Breitengrad wehen – bringen vielfach Regen mit. Daher ist die Westküste feuchter als die Ostküste, vor allem auf der Südinsel, wo die Southern Alps den Regen auffangen. Wer den Milford Sound an einem klaren Tag zu Gesicht bekommt, kann sich sehr glücklich schätzen.

Da das Land vom Meer umgeben ist, fällt verhältnismäßig viel Regen, im Winter etwas mehr als im Sommer. Wie das Wetter selbst, so sind auch die Winde recht wechselhaft. Das Wetter reicht von Sonnenschein zu Schauern, von sanften Brisen bis zu tobenden Stürmen.

Versicherungen

Eine Reiseversicherung ist eine sinnvolle Investition. Wertvolle Gegenstände wie Kameras und Laptops sollte man ausreichend versichern. Mit einer Reiseversicherung ist man auf der sicheren Seite, vor allem wenn man ein Auto mietet. Die Versicherungen, die die Autoverleihfirmen anbieten, sind oft mit einer anteilsmäßig hohen Eigenbeteiligung verbunden. Oftmals bietet die eigene Reiseversicherung unter Umständen bessere Konditionen an.

UNTERWEGS IN NEUSEELAND

Mit dem Auto

Die beliebteste Art, durch Neuseeland zu reisen, ist mit einem gemieteten Auto oder Wohnmobil. Öffentliche Verkehrsmittel steuern alle großen Ziele an, fahren aber nicht so häufig. Abgelegene Attraktionen des Landes kann man oft nur mit dem eigenen Auto erreichen. Die meisten Straßen Neuseelands verlaufen als landschaftlich schöne Strecken.

Man fährt auf der linken Straßenseite. Das Fahren ist, außer in der Rushhour von Auckland, nicht sehr nervenaufreibend, kann aber recht langsam vorangehen, da die kurvenreichen Straßen sich oftmals die Berge hochschlängeln oder steil abfallen. Gerade Strecken und Autobahnen sind eher selten. Die Straßen sind schmal und werden mitunter ganz unvermittelt einspurig über enge Brücken geführt.

Viele internationale und heimische Firmen verleihen Autos. Einige einheimische Firmen haben ein gutes Preis-Leistungs-Verhältnis, aber viele bieten auch nur ausgefahrene, alte Autos, unverschämtes Kleingedrucktes und verbotene Stornierungsgebühren, so dass die großen Firmen die bessere Wahl sind.

Hertz *(Tel. 0800/654-321, 03/9698-2555 www.hertz.co.nz)*, Thrifty *(Tel. 0800/737-070, 03/359-2721, www.thrifty.co.nz)*, Budget *(Tel. 0800/283-438, 09/529-7784, www.budget.co.nz)* und Avis *(Tel. 0800/655-111, 09/526-2847, www.avis.co.nz)* unterhalten Büros an den Flughäfen und auch sonst überall im Land. Für die Hochsaison (Feb./März) sollte man lange im Voraus buchen.

Es gibt bei den Versicherungen eine hohe Eigenbeteiligung (siehe „Versicherungen", links), und die Preise sind saisonabhängig – im Sommer überteuert, im Winter spottbillig.

Einige Verleihfirmen bestehen darauf, dass man beim Verlassen der Nord- oder Südinsel das Auto am Fährterminal abgibt und sich auf der anderen Seite der Cook Strait ein neues mietet (bitte beim Anmieten klären).

Jeder gültige Führerschein reicht aus, um in Neuseeland fahren zu dürfen. ADAC-Mitglieder oder Mitglieder eines anderen Automobilclubs sollten ihre Mitgliedskarte mitführen, damit sie Anspruch auf die jeweils gleichen Leistungen des AA New Zealand *(Tel. 0800/500-444, www.aa.co.nz)* haben, 24-Stunden-Pannenhilfe, kostenlose Straßenkarten und Reiseinformationen inklusive.

Mit dem Bus

Intercity *(Tel. 09/583-5780, www.intercity.co.nz)* bedient alle Städte und bietet verschiedene Jahres-Buspässe an, mit denen man auf den Nordinsel- und Südinsel-Routen beliebig oft unterbrechen kann. Den Flexipass für uneingeschränktes Reisen kann man für Zeitblöcke von 15 bis 60 Stunden erwerben. Diese Pässe berechtigen auch zur Teilnahme an den Sightseeing-Touren von Newmans Coach Lines *(Tel. 09/623-1504, www.newmanscoach.co.nz).*

Nakedbus *(Tel. 0900/625-33, www.nakedbus.com)* verfügt über ein umfassendes Liniennetzwerk in ganz Neuseeland und bietet verbilligte Tickets an. Der *Naked Passport* ermöglicht verbilligtes Reisen.

Einige kleinere Busunternehmen fahren nur im näheren Umland. Eines der nützlichsten ist dabei Atomic Shuttles *(Tel. 03/349-0697, www.atomictravel.co.nz)*, die auf der gesamten Südinsel fahren. Touristenbüros haben eine Liste der ortsansässigen Busunternehmen, die auch Ziele abseits der Hauptbusstrecken anfahren. Sie bringen Touristen meist zu den Ausgangspunkten der beliebtesten Wanderwege.

Einige Reisebusse fahren spezielle Strecken für Rucksackreisende und halten an Jugendherbergen. Dazu gehören Kiwi Experience *(Tel. 09/366-4286, www.kiwiexperience.co.nz)* und Magic Travellers Network *(Tel. 09/358-5600).*

Mit dem Fahrrad

Radler aus der ganzen Welt kommen im Sommer scharenweise nach Neuseeland. Viele bringen ihr eigenes Fahrrad mit, aber auch Kauf oder Miete ist kein Problem. Am einfachsten kann man Räder in den Städten Otagos mieten, die entlang dem 150 Kilometer langen Central Otago Rail Trail *(www.centralotagorailtrail.co.nz)*, der beliebtesten Radstrecke des Landes, liegen.

Mit der Fähre

Es gibt zwei Unternehmen, die auf der Cook Strait zwischen Wellington auf der Nordinsel und Picton auf der Südinsel verkehren: Interislander *(Tel. 0800/802-802, 04/498-3302, www.interislander.co.nz)* und Bluebridge *(Tel. 0800/844-844, 04/471-6188, www.bluebridge.co.nz).*

Auto- und Personenfähren überqueren die Strait in etwa drei Stunden bei bis zu neun Abfahrten pro Tag. Der Bluebridge-Terminal liegt gegenüber dem Hauptbahnhof Wellingtons. Der Interislander-Terminal liegt 2,4 Kilometer nördlich und wird von einem Shuttleservice vom und zum Hauptbahnhof bedient. In Picton liegt der Fährhafen in der Nähe des Stadtzentrums. Vom Fährhafen im Stadtzentrum Aucklands betreibt Fullers *(Tel. 09/367-9111, www.fullers.co.nz)* Fähren zu den Vororten der Stadt, wie nach Devonport und zu den Inseln Rangitoto, Waiheke und Great Barrier im Hauraki Gulf. Sealink *(Tel. 09/300-5900, www.sealink.co.nz)* betreibt ebenfalls Fähren zur Waiheke Island und Great Barrier Island.

360 Discovery (*Tel. 09/307-8005, www.360discovery.co.nz*) betreibt Fähren zu den Inseln Waiheke, Great Barrier, Motuihe und Tiritiri Matangi sowie zur Stadt Coromandel.

Weitere Fähren verkehren in der Bay of Islands und von Rawene in Northland aus, von Wellington und den Marlborough Sounds sowie zwischen Bluff und Stewart Island (siehe S. 275).

Mit dem Flugzeug

Air New Zealand *(Tel. 0800/737-000, 09/357-3000, www.airnewzealand.co.nz)* bietet auch viele Inlandflüge an. Täglich werden Auckland, Hamilton, Wellington, Christchurch, Queenstown und Dunedin angeflogen. Air New Zealand Link deckt mit kleineren Flugzeugen weitere 20 Städte von Kaitaia im Norden bis Invercargill im Süden ab.

Die australische Fluglinie Qantas *(Tel. 0800/808-767, www.qantas.co.nz)* versorgt nur größere Städte wie Auckland, Rotorua, Wellington, Christchurch und Queenstown. Virgin's Pacific Blue *(Tel. 0800/670-000, www.virginaustralia.com)* fliegt von und nach Auckland, Wellington und Christchurch.

Wer preiswertere Flüge sucht, sollte verbilligte Tickets über die Websites der Fluglinien oder über Reisebüros erwerben. Es hilft meistens auch, im Voraus zu buchen oder zu ungewöhnlichen Zeiten zu fliegen.

Außer diesen großen Airlines fliegen auch einige kleinere die Regionalstrecken. Dazu gehören Soundsair *(Tel. 0800/505-005, www.sound sair.co.nz)* mit Panoramaflügen von Wellington über die Cook Strait nach Picton, Nelson, Blenheim und Kaikoura sowie die Fluglinie Stewart Island Flights *(Tel. 03/218-9129, www.stewartislandflights.com)*, die zwischen Invercargill und Stewart Island verkehrt.

Mit dem Wohnmobil

Im Sommer wimmelt es in den Haupttouristenzentren nur so von Wohnmobilen, und die Preise für einen Stellplatz sind dann oft höher als für ein Auto samt Übernachtung im Motel. Die Preise in der Zwischen- und Nebensaison sind weitaus moderater. Kleinere Wohnmobile sind auf Neuseelands schmalen, gewundenen Straßen leichter zu fahren als große.

Neuseeland hat ein hervorragendes Netz von Camping- und Stellplätzen. Viele sind extra für Familien eingerichtet, gut ausgestattet und liegen idyllisch an Strand, See oder Wald.

Zu den großen Verleihfirmen gehören Kea *(Tel. 0800/520-052, 09/441-8800, www.keacampers.com)*, Apollo *(Tel. 0800/113-131, 09/889-2976, www.apollocamper.co.nz)*, Maui *(Tel. 0800/651-080, 09/225-3983, www.maui.co.nz)* und Britz *(Tel. 0800/831-900, www.britz.co.nz)*.

Die Depots liegen oft in der Nähe des Flughafens (manchmal etwas weiter entfernt). Die Stornierungsgebühren gelten als überzogen, auch die Versicherungsprämien sind hoch.

Mit dem Zug

Seit ihrer Privatisierung ist die staatliche Eisenbahn nur noch ein Schatten ihrer selbst.

KiwiRail (Tel. 04/495-0775, *www.kiwirailscenic.co.nz*) bedient nur vier Routen, bietet aber bequemes Reisen und herrliche Aussichten. Eine der schönsten Panoramastrecken der Welt erleben Sie im TranzAlpine. Die Fahrt von Christchurch nach Greymouth verläuft über die Südlichen Alpen von einer Seite der Südinsel zur anderen. Eine ebenfalls herrliche Reise genießen Sie im Coastal Pacific von Christchurch über Kaikoura nach Picton, die größtenteils entlang der spektakulären Küste entlangführt. Der Northern Explorer fährt von Auckland über Hamilton nach Wellington , vorbei an den Vulkanen des Tongariro National Park. Capital Connection verbindet Wellington mit Palmerston North. Es gibt Bahnpässe, aber sie bieten keine große Ersparnis. Nahverkehrszüge bedienen nur die Regionen um Auckland und Wellington.

PRAKTISCHE TIPPS

Alkoholgesetze

In konzessionierten Lokalen darf man ab 18 Jahren Alkohol trinken. Kinder können in Begleitung ihrer Eltern in Gaststätten gehen.

Besucherinformation

I-SITE, Neuseelands Netz von Besucherinformationsbüros, ist unter dem Dachverband von Tourism New Zealand *(www.newzealand.com)* organisiert. In über 80 Büros kann man Übernachtungen, Rundfahrten sowie Nah- und Fernreisen buchen.

Im Allgemeinen bieten diese Büros einen guten Service, sie können jedoch im Sommer recht überlaufen sein. Allerdings sind diese i-SITE-Büros auch kommerzielle Unternehmen, die mit lokalen Veranstaltern zusammenarbeiten, so dass sie bei der Beratung nicht ganz neutral sind.

In fast jeder Stadt findet man kleinere lokale Touristenbüros. Sie werden oft von Freiwilligen geführt, führen keine Buchungen durch, geben aber ausführliche Informationen heraus.

Wer Informationen zu Nationalparks und Wanderungen sucht, wendet sich an das Department of Conservation (DOC) mit seinem Netzwerk von Büros in den jeweiligen Parks und Städten. Diese Büros haben oft gute Unterkunftverzeichnisse und Adressen weiterer Service-Einrichtungen für Touristen, führen aber im Allgemeinen keine Buchungen durch. Auf ihrer Website *(www.doc.govt.nz)* findet sich eine hervorragende Übersicht über die Parks und Freizeitmöglichkeiten Neuseelands.

Einrichtungen für Behinderte

Unterkünfte und öffentliche Einrichtungen müssen einen Rollstuhlzugang und Behindertentoiletten nachweisen. Viele Kurzwanderwege sind rollstuhlgerecht ausgebaut.

In großen Städten gibt es Taxis und Reisebusse mit Rollstuhlzugang. Viele Mietwagenfirmen bauen eine Handsteuerung in ihre Autos ein, wenn man diese früh genug vorbestellt. Für Campingfreunde: Man kann auch Wohnmobile mit Rollstuhlaufzug mieten.

Eine hervorragende Website zum Thema ist *www.weka.net.nz*.

Feiertage

1. Januar (Neujahr)

2. Januar (Tag nach Neujahr)
6. Februar *(Waitangi Day)*
März/April (Karfreitag, Ostermontag)
25. April *(Anzac Day)*
1. Montag im Juni (Geburtstag der Königin)
4. Montag im Oktober (Tag der Arbeit)
25./26. Dezember (Weihnachten)

Geld

Landeswährung ist der in 100 Cents unterteilte New Zealand Dollar. Er ersetzt seit 1967, als das Dezimalsystem eingeführt wurde, Pounds, Shillings und Pennys. Es gibt Geldscheine zu 5 NZ$, 10 NZ$, 20 NZ$, 50 NZ$ und 100 NZ$ aus Polymer-Propylen, eine zähe, farbenfrohe und fälschungssichere Alternative zum alten Geldnotenpapier. Seit 2006 in Umlauf befindlich sind die bronzefarbene 10-c-Münze, die silberfarbene 20-c-Münze und die goldfarbenen Münzen zu 1 NZ$ und 2 NZ$ coins. Derzeit ist 1 NZ$ 85 Euro-Cents wert. Informieren Sie sich vor der Abreise über den aktuellen Kurs.

Reiseschecks werden in Banken und Wechselstuben bereitwillig ausgezahlt, aber der Kurs ist dabei ungünstiger als beim Bargeldtausch, und es wird eine Gebühr von wenigstens einem Prozent erhoben. Die Gebühr für den Bargeldtausch ist jedoch ähnlich hoch.

Es könnte je nach Konditionen der eigenen Hausbank preiswerter und auch bequemer sein, mit der Kredit- oder Kundenkarte zu zahlen oder an den zahlreichen Geldautomaten Bargeld abzuheben.

Visa und MasterCard sind am weitesten verbreitet. American Express und Diners Club werden weniger oft akzeptiert. Auf alle Einkäufe wird eine Art Mehrwertsteuer von 15 Prozent aufgeschlagen, sie ist aber meist bereits im Endpreis enthalten (man sollte in Geschäften, wo das nicht so ist, vorsichtig sein). Diese Steuer wird ausländischen Besuchern, die das Land wieder verlassen, nicht erstattet.

KOMMUNIKATION

Postämter: Die Post in Neuseeland arbeitet recht effizient: Die Auslieferungszeit von Post in alle Welt beträgt vier bis zehn Tage. Postämter sind werktags von etwa 8.30 bis 17 Uhr und samstags bis 13 Uhr geöffnet. Auch einige Einzelhandelsgeschäfte übernehmen grundlegende Postdienste wie Paketannahme.

Telefone: Neuseeland hat ein gut funktionierendes Netz öffentlicher Telefone, die mit Münzen, Kreditkarten oder Telefonkarten benutzt werden können. In den meisten Hotels oder Motels gibt es Telefone in den Zimmern, die jedoch höhere Gebühren haben. Selbst preiswerte Herbergen haben ein Telefon für ihre Gäste.

Die billigste Art, ins Ausland zu telefonieren, ist mit der internationalen Telefonkarte, die man in vielen Mini-Märkten kaufen kann. Die Märkte bieten oft auch verbilligtes Internettelefon an: Man wählt eine gebührenfreie Nummer in Neuseeland, fügt die eigene PIN hinzu und wählt dann die gewünschte Nummer im Ausland. Die Gebühren variieren je nach Kartenanbieter – fragen Sie hierzu den entsprechenden Händler.

Telecom New Zealand *(www.telecom.co.nz)*, Vodafone *(www.vodafone.co.nz)* und 2degrees *(www.2degreesmobile.co.nz)* bieten Handyverbindungen an. Investieren Sie in eine lokale SIM-Karte, um über Ihr Handy Reservierungen, Buchungen und so weiter vornehmen zu können. Die Telecom hat das beste Netz, ist aber am teuersten, während 2degrees am billigsten ist, in abgelegenen Regionen aber oft keinen Empfang hat. Inlandsgespräche kosten ca. 0,44 NZ$ pro Minute, doch alle drei Gesellschaften bieten kombinierte monatliche Telefon-, SMS- und Internetpakete ab 20 NZ$ plus 5–10 NZ$ für die SIM-Karte an. Handy- und Elektronikläden wie etwa die Kette Dick Smith verkaufen SIM-Karten und stellen Ihnen Ihr Handy entsprechend ein. Aufladekarten erhalten Sie online oder in Drogerien und Lebensmittelläden.

Der Notruf ist unter 111 zu erreichen. Um ins Ausland zu telefonieren, muss man 00 plus die jeweilige Landes- und Stadtvorwahl (plus die eigentliche Rufnummer) wählen. Die Vorwahl für Neuseeland ist 64. Die Vorwahlnummern für einzelne Gebiete in Neuseeland sind: 09 für Auckland und Northland; 07 für

Coromandel, Bay of Plenty und Waikato; 06 für Hawke's Bay, Gisborne, Palmerston North und Wairarapa; 04 für Wellington; 03 für die Südinsel.

Internet: Internetcafés schießen wie Pilze aus dem Boden. Viele Touristenbüros haben münzbetriebene Internetterminals. Auch in vielen Unterkünften hat man Internetzugang, meist in der Lobby. In manchen Hotels hat man sogar in den Zimmern Internetzugang. Jedoch sind dabei die teureren WLAN-Anschlüsse für den eigenen Laptop die Regel. In Cafés gibt es oftmals kostenlose WLAN-Verbindungen.

Maße und Gewichte

In Neuseeland gilt das metrische System. Straßenschilder geben Entfernungen in Kilometern an, Benzin wird in Litern verkauft, und Geschäfte verkaufen in Gramm und Kilogramm.

Konfektionsgrößen (Frauen)

D	34	36	38	40	42	44
NZ	36	38	40	42	44	46

Konfektionsgrößen (Männer)

D	46	48	50	52	54	56
NZ	46	48	50	52	54	56

Schuhgrößen (Frauen)

D	37 37/38 38/39 39 39/40
NZ	37 38 38 39 39 40 41

Schuhgrößen (Männer)

D	41/42	42	43	44	45	45/46
NZ	41	42	43	44	45	46

Medien

In den meisten Städten Neuseelands gibt es Tageszeitungen mit lokalen und internationalen Nachrichten. Die beiden Hauptzeitungen sind der *New Zealand Herald* in Auckland und die *Dominion Post* in Wellington.

Beliebte Regionalzeitschriften sind etwa der *New Zealand Listener* und *North & South*, das Lifestyle-Magazin *Metro* in Auckland und *Cuisine* mit dem Schwerpunkt Essen und Trinken.

Der öffentliche Sender TVNZ betreibt die Fernsehprogramme TV1 und TV2. Lokale Produktionen sind unter anderem die Soaps von Shortland Street und das freche bro'Town, eine polynesische South-Park-Version. Zu den Free-TV-Programmen zählen Four, TV3, Prime und Maori TV, das sich am stärksten auf Neuseeland konzentriert.

Neben dem öffentlichen Radiosender Radio New Zealand gibt es im ganzen Land unzählige regionale Rundfunksender, die man über Mittelwelle und UKW empfangen kann.

Öffnungszeiten

Die meisten Geschäfte sind montags bis freitags von 9 bis 17 Uhr und zum Late-Night-Shopping ein oder zweimal pro Woche (Do und/oder Fr) auch bis 21 Uhr geöffnet. Große Supermärkte haben gewöhnlich bis 20 oder 21 Uhr, einige in großen Städten bis Mitternacht oder noch länger geöffnet. Mini-Märkte und Tankstellen bieten dort sogar einen 24-Stunden-Service.

Samstags kann man von etwa 10 bis 17 Uhr einkaufen, allerdings schließen manche Geschäfte bereits um 14 Uhr. Die meisten Geschäfte haben sonntags geschlossen, große Shoppingmalls sind aber von 10 bis 16 Uhr geöffnet. Souvenirläden in den Touristenzentren haben bis spät in die Nacht geöffnet.

Elektrizität

Die Stromspannung beträgt 230 Volt Wechselspannung bei 50 Hertz. Stecker haben drei flache Metallstifte (einer in senkrechter, zwei in schräger Position). Viele Hotels und Motels haben in den Bädern zweipolige 110-Volt-Steckdosen für elektrische Rasierapparate. Für alle anderen Elektrogeräte ist ein Adapter mit Spannungskonverter notwendig, sofern ihre Spannungen nicht umschaltbar sind.

Trinkgeld

(siehe S. 10)

Zeitunterschied

Neuseeland liegt nahe der Datumsgrenze und gehört zu den ersten Ländern, die einen neuen Tag begrüßen können. Neuseeland ist elf Stunden weiter als die mitteleuropäische Zeit (MEZ). Die Sommerzeit beginnt am letzten

Sonntag im September und endet am ersten Sonntag im April.

IM NOTFALL

Autounfall

Im Falle eines Autounfalls sollte man zunächst prüfen, ob jemand verletzt ist. Rufen Sie die Notrufnummer an, und bitten Sie Passanten um Hilfe für die Verletzten.

Wenn jemand verletzt oder ein weiteres Auto beschädigt ist, muss der Unfall der Polizei gemeldet werden. Dazu müssen Name, Adresse, Autonummer und Versicherungsgesellschaft der Unfallbeteiligten sowie von Zeugen und Polizeibeamten notiert werden. Geben Sie auch Ihre Personalien an, aber geben Sie Ihre Schuld an dem Unfall nicht ohne Weiteres zu.

Der Unfall sollte möglichst bald bei der Autoverleihfirma oder Versicherung gemeldet werden. Bei Ansprüchen gegenüber der Reiseversicherung benötigt man eine Kopie des Automietvertrags, der Versicherungsvereinbarungen, des Polizeiberichts und aller Rechnungen.

Botschaften & Konsulate

Deutsche Botschaft, 90–92 Hobson St., Thorndon, 6011 Wellington; Tel. 04/473-6063, Fax 04/473-6069; www.wellington.diplo.de

Österreichisches Honorarkonsulat, 75 Ghuznee Street, Level 4, P. O. Box 9395, Wellington; Tel. 04/384-1402; www.bmeia.gv.at/botschaft

Schweizer Botschaft, 10 Customhouse Quay, Level 12, P. O. Box 25004, Wellington; Tel. 04/472-1593, Fax 04/499-6302; www.eda.admin.ch/wellington

Notrufnummern

Die Notrufnummer für Polizei, Krankenwagen und Feuerwehr lautet 111.

Sicherheit & Polizei

Generell ist Neuseeland ein sehr sicheres Land mit niedriger Kriminalitätsrate. Diebstähle aus Autos sind allerdings häufig, vor allem auf abgelegenen Touristenparkplätzen wie beispielsweise an Ausgangspunkten von Wanderwegen. Deshalb sollte man möglichst keine Wertsachen sichtbar im Auto liegen lassen.

Einige lokale Polizeistationen sind als kleine staatliche Büros in Einkaufszonen versteckt, stehen jedoch immer zur Verfügung, wenn man einen Diebstahl anzeigen will oder einen Polizeibericht für die Reiseversicherung benötigt.

GESUNDHEIT

Neuseeland hat einen hohen medizinischen Standard und Krankenhäuser der Weltklasse. Besucher, die eine Notfallversorgung nach Unfällen im Straßenverkehr, beim Sport oder bei sonstigen Freizeitbeschäftigungen benötigen, können das neuseeländische Accident Compensation Scheme (ACC) in Anspruch nehmen. In allen anderen Fällen muss man die Behandlung selbst bezahlen, deshalb empfiehlt sich eine Reiseversicherung.

Im Krankheitsfall kann man gebührenfrei rund um die Uhr eine medizinische Hotline anrufen: Tel. 0800/611-116.

Wasser aus dem Wasserhahn kann bedenkenlos als Trinkwasser genutzt werden. Wasser aus Bächen und Seen sollte jedoch wegen möglicher Verunreinigungen vor dem Trinken abgekocht werden. Amöbenmeningoenzephalitis (eine besondere Art der Hirnhautentzündung) kommt zwar selten vor, die Erreger können aber in Thermalquellen und -seen, wie in Rotorua, auftreten. Um eine Infektion zu vermeiden, sollte man in diesen Gewässern den Kopf immer über Wasser halten.

In Neuseeland gibt es keine Schlangen oder gefährliche wilde Tiere. Giftig ist allerdings die seltene, rot gestreifte Katipo, eine Spinne aus der Gattung der Echten Witwen, die nur in küstennahen Sanddünen vorkommt. Die größten Gefahren der Wildnis drohen schlecht ausgerüsteten Wanderern in den Bergen und Surfern in unberechenbaren Strömungen.

Hotels & Restaurants

Ob exklusive Landhäuser, internationale Hotelketten, hübsche Frühstückspensionen (B&Bs), Motels oder gut ausgestattete Campingplatzhäuschen – Neuseeland hat Übernachtungsmöglichkeiten für jeden Geldbeutel.

Bei der Ankunft sollte man vom Flughafen oder von einem Touristenbüro ein kostenloses Unterkunftsverzeichnis mitnehmen. Motels, Hotels, B&Bs und Unterkünfte für Rucksackreisende geben jeweils ihre eigenen Verzeichnisse heraus. Die nützlichsten dieser kostenlosen Verzeichnisse sind das umfangreiche „Jasons Motels, Apartments & Motor Lodges" (auch online unter *www.jasons.com*) und die Führer der Automobile Association *(www.aatravel.co.nz)*, die Informationen zu Sehenswürdigkeiten und Unterkünften bieten.

Wer nur begrenzt Zeit hat oder seine Reiseroute genau kennt, sollte alle Unterkünfte im Voraus buchen. Dies gilt vor allem in der Hochsaison im Sommer. Aber Vorsicht bei Unsicherheiten – Vermieter in Neuseeland erstatten das bezahlte Geld bei Stornierungen nur selten. Am Tag der Anreise noch eine Unterkunft zu finden ist in der Hochsaison eher schwierig und zeitaufwendig, außerhalb der Touristenzentren ist es jedoch weniger problematisch.

Hotels & Motels

Die Qualität der Hotels reicht vom Fünfsternehotel bis zur bescheidenen Gaststätte. In den großen Städten gibt es Hotels der internationalen Ketten (wie Hilton, Hyatt, Sheraton), aber eigentlich geht man in Touristenzentren üblicherweise eher in Einzelhotels und kleinere Ketten, wie Scenic Circle *(www.scenichotelgroup.co.nz)* und Millennium *(www.millenniumhotels.co.nz)*.

Buchungen in Reisebüros oder im Internet, zum Beispiel über *www.wotif.com* oder *www.ezibed.com*, sind oft preiswerter als eigene Direktbuchungen. Die zuletzt genannte Website hat sich auf verbilligte Hotelbuchungen von bis zu 28 Tagen im Voraus spezialisiert.

Die Hotelpreise variieren je nach Saison stark. Viersternehotels beginnen bei etwa 140 NZ$ (92 Euro), öfter aber bei 200 NZ$ (131 Euro) oder mehr pro Zimmer.

Am oberen Ende der Preisskala bieten einige Boutiquehotels, Luxuslodges und Eliteresorts, wie die Huka Lodge in der Nähe von Taupo oder das Millbrook Resort nahe Queenstown, Luxus und Überfluss zu extravaganten Preisen.

Mittelklassehotels kosten von 90 bis zu 180 NZ$ (59 bis 118 Euro). Das können Gaststätten oder eher private Hotels ohne Gastronomie sein – mit etwas Glück vielleicht mit einem Café dabei. Sie konkurrieren mit Motels beziehungsweise *Motor Lodges*, wie man sie in Neuseeland nennt. Viele Motels haben schon einmal bessere Zeiten gesehen, sind aber gewöhnlich sauber, bieten Küchen und Komfort zum kleinen Preis. Neuere Motels sind mit Preisen ab 120 NZ$ (78 Euro) meist besser bestellt.

Am unteren Ende der Skala liegen Gaststätten, die ihre Zimmer oftmals über der Gaststube haben. Manchmal sind das aber auch ganz gut ausgestattete Zimmer im Stil von Motels. Preislich beginnen sie bei etwa 50 NZ$ (33 Euro) für ein Doppelzimmer ohne Bad.

B&Bs

Bed-and-Breakfast-Unterkünfte florieren: Immer mehr Hauseigentümer wandeln Zimmer in Gästezimmer um oder lassen Häuser zu diesem Zweck erbauen. Einige sind in prächtigen Herrenhäusern untergebracht und gehören damit zu den Toppensionen Neuseelands. Am unteren Ende der Skala gibt es einfache Gästehäuser mit preiswerten Zimmern ohne Bad und WC.

Je nach Zimmerpreis ist das Frühstück eher ein leichtes Kontinentalfrühstück oder aber eine große Sache. In den meisten B&Bs trifft man die einheimischen Besitzer oder andere Reisende in einer heimischen Atmosphäre, kann aber auch, wenn man es wünscht, völlig unabhängig sein. Die meisten kosten von etwa 120 bis 180 NZ$ (78 bis 118 Euro).

Das „New Zealand Bed & Breakfast Book" hat ausführliche Online-Listen *(www.bnb.co.nz)* und ist in Buchläden erhältlich, ähnlich wie das „B&B Directory of New Zealand" *(www.bed-and-breakfast.co.nz)*.

Budgetunterkünfte

Campingplätze, die als *Holiday Parks* bekannt sind, bieten außer dem reinen Campingplatz noch viele weitere preiswerte Möglichkeiten zur Übernachtung. Es gibt Zimmer in billigen, spartanischen Hütten und Zimmer für Rucksacktouristen, aber auch motelähnliche Wohneinheiten und Apartments. Die Campingplätze sind normalerweise gut ausgestattet: mit gemeinsamer Küche, Waschräumen, Unterhaltungsmöglichkeiten, Spielplätzen und manchmal sogar mit einem Swimmingpool oder einer heißen Quelle.

Neuseeland bietet alle erdenklichen Herbergen für Rucksackreisende: von Hotels in großen Städten bis hin zu entlegenen Farmen. Die meisten Herbergen für Rucksackreisende gehören zu einem der drei Herbergsvereine: Budget Backpacker Hostels *(www.bbh.co.nz)*, YHA *(www.yha.co.nz)* und VIP Backpackers *(www.vipbackpackers.com)*. Viele Herbergen sind sogar mit guten Doppelzimmern, zum Beispiel für ältere Ehepaare, ausgestattet. Manche bieten auch Fahrradverleih, Touren, kostenlose Abholung und viele Extras.

Weitere Unterkünfte

In Städten und Ferienorten schießen überall sogenannte Apartmenthotels aus dem Boden. Einige bieten Luxus, doch die meisten sind eher einfache, neue Gebäude mit modernen Zimmern und voll ausgestatteter Küche. Wer nicht den Service eines großen Hotels sucht, findet mit diesen Apartmenthotels eine gute Möglichkeit, den Urlaub zu verbringen.

Für längere Aufenthalte kann man *Holiday Homes* –auch *baches* genannt – mieten. Manchmal ist dies auch für einen kürzeren Zeitraum möglich *(www.bookabach.co.nz, www.holidayhouses.co.nz)*. Meist werden sie von Maklern vermittelt, doch auch Touristenbüros haben oft Listen.

Touristenbüros vermitteln auch Aufenthalte auf Farmen und in Häusern von Gastfamilien. Das kann manchmal sehr günstig sein. Oft ist es nur ein Zimmer bei einer Familie, es gibt jedoch auch eigenständige Wohneinheiten und umgebaute Bungalows.

Restaurants

Vor allem in großen Städten, wo viele Inder, Chinesen, Südostasiaten und Menschen aus dem Mittleren Osten wohnen, gibt es viele entsprechende Restaurants, die die wachsende kulturelle Vielfalt Neuseelands bezeugen. Daneben findet man natürlich auch einfache Cafés.

Man kann wundervolle kulinarische Erlebnisse haben, doch ebenso bieten viele Restaurants ähnliche Speisen zu hohen Preisen ohne Rücksicht auf Qualität – oft Lamm/Rind/Wild oder Fisch auf Süßkartoffelpüree. Spitzenköche gibt es nur in Urlaubsorten. Sie kommen und gehen. Wenn dann noch unerfahrenes Personal und Horden hungriger Touristen in der Hauptsaison dazukommen, muss man auf ein ganz gewöhnliches Essen oft lange warten.

Mit dieser Information im Gedächtnis ist festzustellen: In Neuseeland kann man in vielen Restaurants und Cafés wundervoll frisches Essen bekommen – Meeresfrüchte, Fleisch, Obst und Gemüse. In den meisten Etablissements darf auch Alkohol ausgeschenkt werden, man kann aber auch seinen eigenen Wein oder sein eigenes Bier mitbringen („BYO": *Bring Your Own*). Das Rauchen ist in neuseeländischen Restaurants, Cafés und Bars nicht erlaubt, manchmal gibt es dazu aber im Freien eine Möglichkeit.

An Feiertagen variieren die Öffnungszeiten, und einige Restaurants schlagen ungefähr 15 Prozent auf ihre Preise auf. Viele Cafés, die nur leichte Speisen servieren, sind nur zum Frühstück und/oder Mittagessen geöffnet. Die meisten Restaurants haben mittags und abends geöffnet. Die Öffnungszeiten entnehmen Sie bitte den nachfolgenden Listen. Dabei werden folgende Abkürzungen verwendet:

M = mittags
A = abends

Gliederung: Hotels und Restaurants in den jeweiligen Orten sind zuerst nach Preisen, im zweiten Schritt alphabetisch sortiert.

Kreditkarten: Die Abkürzungen bedeuten: AE: American Express; DC: Diners Club; MC: MasterCard; V: Visa.

AUCKLAND

HILTON AUCKLAND

$$$$$

PRINCES WHARF, 147 QUAY ST.

TEL. 09/978-2000 FAX 09/978-2001

www.hilton.co.nz

Am Ende des Princes Wharf bringt das Hilton unter Einsatz von Glas und weitem Raum den Hafen mit ins Spiel. In den Zimmern findet man heimisches Holz, und in den Apartments zur Vorderseite sorgen Fenster von der Decke bis zum Boden für zusätzliche Effekte.

166

Alle gängigen Kreditkarten

SKYCITY GRAND HOTEL

$$$$$

90 FEDERAL ST.

TEL. 09/363-7000 FAX 09/363-6383

www.skycityauckland.co.nz

Wer unter dem von überall gut sichtbaren SkyTower steht, geht nicht verloren. Gehobene Ausstattung und Service machen dieses Fünfsternehotel sowohl für Geschäftsleute als auch für Touristen so anziehend. Es ist Teil des riesigen SkyCity Casino mit Unterhaltungs- und Speisemöglichkeiten.

316

Alle gängigen Kreditkarten

SOFITEL AUCKLAND VIADUCT HARBOUR

$$$$$

21 VIADUCT HARBOUR AVE.

TEL. 09/909-9000 FAX 09/909-9001

www.sofitel.com

Das neue Gesicht in Aucklands Hotelszene bietet einen guten Blick auf den Viaduct Harbour, unweit der protzigen Nachtlebenmeile der Stadt. Der gehobene Service, das gepflegte Dekor, das Wellnesscenter und die gute Lage zeichnet es aus.

172

Alle gängigen Kreditkarten

PEACE & PLENTY INN

$$$$–$$$$$

6 FLAGSTAFF TER., DEVONPORT

TEL. 09/445-2925 FAX 09/445-2901

www.peaceandplenty.co.nz

Im vornehmen Devonport ist dieses hübsche B&B ein wunderbarer Rückzugsort von den Cafés der Hauptstraße um die Ecke. Mit der Fähre ist man in zehn Minuten in der City von Auckland. In dieser viktorianischen Villa gibt es großzügige Zimmer, ein reichhaltiges Frühstück, gepaart mit herzlicher Gastfreundschaft. Im Winter sind die Preise annehmbarer.

7 MC, V

HERITAGE AUCKLAND

$$$–$$$$$

35 HOBSON ST.; TOWER WING, 22–24 NELSON ST.

TEL. 09/379-8553 FAX 09/379-8554

www.heritagehotels.co.nz

In diesem Luxushotel im Art-déco-Stil gibt es regelmäßig Sonderpreise für Zimmer, Suiten und Apartments, von denen viele auch über eine Küche verfügen. Die Zimmer im Hauptgebäude haben hohe Decken und Holzfußböden im Stil der 1920er-Jahre, während der moderne Tower Wing mit zeitgenössischem Dekor aufwartet. Auf dem Hoteldach befindet sich ein beheizter Swimmingpool, es gibt aber auch einen Wellnessbereich und einen Tennisplatz. Das Hotel liegt im Stadtzentrum mit Blick auf den Hafen.

325

Alle gängigen Kreditkarten

PREISKATEGORIEN

HOTELS

Preiskategorien für ein Doppelzimmer in der Hochsaison.

$$$$$	Über 240 NZ$
$$$$	160–240 NZ$
$$$	110–160 NZ$
$$	70–110 NZ$
$	Unter 70 NZ$

RESTAURANTS

Preiskategorien für ein Drei-Gänge-Menü ohne Getränke.

$$$$$	Über 65 NZ$
$$$$	50–65 NZ$
$$$	30–50 NZ$
$$	20–30 NZ$
$	Unter 20 NZ$

AUCKLAND CITY OAKS
$$$
188 HOBSON ST.
TEL. 09/337-5800 FAX 09/337-5900
www.vrhotels.co.nz
Die modernen Apartments mit kleiner Küche und Waschmaschine eignen sich gut für Paare. Es gibt auch günstige Zweizimmerapartments für Familien. Die zentrale Lage in der Nähe des Kasinos und unweit der Queen's Street ist günstig, und die Zimmer sind besser als in den meisten anderen Apartmenthotels.
110 MC, V

COPTHORNE HOTEL HARBOUR CITY
$$$
196–200 QUAY ST.
TEL. 09/377-0349 FAX 09/307-8159
www.millenniumhotels.co.nz
Dieses Hochhaus-Hotel aus den 1970er-Jahren hat schon bessere Zeiten erlebt, liegt jedoch günstig im Stadtzentrum am Wasser, nahe dem Viaduct Quay. Die meisten Zimmer bieten herrlichen Hafenblick. Rund um das Hotel pulsiert das Nachtleben. Die Preise sind erschwinglich.
186
Alle gängigen Kreditkarten

THE QUADRANT
$$$
10 WATERLOO QUADRANT
TEL. 09/984-6000 FAX 09/984-6001
www.thequadrant.com
Dieses modische Apartmenthotel nahe der Universität am Rande der Innenstadt bietet ein gutes Preis-Leistungs-Verhältnis. Kompakte Studios als Ein- oder Zweibettapartments haben voll eingerichtete Küchen und modernes Mobiliar. Zu den Extras gehören WLAN, DVDs und Spielekonsolen, allerdings fehlt eine Klimaanlage.
250
Alle gängigen Kreditkarten

PARNELL INN
$$
320 PARNELL RD.
TEL. 09/358-0642 FAX 09/367-1032
www.parnellinn.co.nz
Wer dieses einladende Motel/Gästehaus aufsucht, spart Geld. Die Innenstadt ist mit dem Bus oder in 25 Minuten zu Fuß zu erreichen, und das Auckland Museum liegt nicht weit entfernt. Die Zimmer sind einladend und gut gepflegt. Im Haus gibt es ein kleines Café.
16 MC, V

SHAKESPEARE TAVERN
$–$$
61 ALBERT ST. (BEI DER WYNDHAM ST.)
TEL. 09/373-5396 FAX 09/373-5397
www.shakespearehotel.co.nz
Dieses klassische alte Pub liegt im Stadtzentrum, nahe dem Kasino. Hier warten hinter der alten Fassade preiswerte, dabei stilvolle Zimmer mit Bad und teilweise mit Balkon. Das unten gelegene Restaurant und eine kleine Brauerei-Bar sind ein zusätzliches Bonbon.
10 MC, V

DER BESONDERE TIPP

DINE BY PETER GORDON
$$$$$
LEVEL 3, SKYCITY GRAND HOTEL,
90 FEDERAL ST.
TEL. 09/363-7030
www.skycitygrand.co.nz
Chefkoch Peter Gordon gibt diesem feinen Restaurant seinen Namen. Die überwältigende Innenausstattung und die gepflegte Bar sind ein passender Rahmen zu den fantastischen Menüs. Obwohl es hier nicht ganz preiswert ist, gehört dieses höchst innovative Restaurant zu den besten Neuseelands. Lassen Sie noch Platz für überraschende Desserts.
70 M
Alle gängigen Kreditkarten

EURO RESTAURANT & BAR
$$$$$
SHED 22, PRINCES WHARF
TEL. 09/309-9866
www.eurobar.co.nz
Chefkoch Simon Gault führt am Princes Wharf in der Nähe des Hafens eines der Toprestaurants der Stadt. Man kann drinnen oder auch draußen auf der Veranda mit Blick auf die Luxusyachten speisen. Die Speisekarte konzentriert sich im Sommer auf Meeresfrüchte, bietet aber generell viel Abwechslung.
120 Alle gängigen Kreditkarten

HARBOURSIDE
$$$$
ERDGESCHOSS, FERRY BLDG., 99 QUAY ST.
TEL. 09/307-0486 FAX 09/307-0523
www.harboursiderestaurant.co.nz
Harbourside, eines der besten Seafood-Restaurants Aucklands, ist auf frischen Fisch spezialisiert, wie etwa Stachelmakrele vom Holzkohlengrill mit gerösteter Rote Bete, Lauch und Chorizo-Öl. Auf der Karte stehen auch Rind und Lamm, doch bei den Vorspeisen konzentriert man sich auf einfallsreiche Seafood-Kreationen. Vom oberen Stockwerk aus sieht man die Fähranleger.
340 Alle gängigen Kreditkarten

PONSONBY ROAD BISTRO
$$$$
165 PONSONBY RD., PONSONBY
TEL. 09/360-1611
www.ponsonbyroadbistro.co.nz
Raffiniert und gleichzeitig lässig und eines von Aucklands renommiertesten Restaurants, an der Gourmetmeile der Ponsonby Road gelegen. Das Angebot reicht von perfekt zubereitetem Fisch oder Steaks vom Holzkohlengrill mit hausgemachten Pommes frites bis hin zu raffinierteren, an der orientalischen und mediterranen Küche inspirierten Kreationen, und beinhaltet eine große Auswahl von Weinen. Gourmetfreuden ohne gestärkte Tischdecken und Business-Class-Preise!
50 So & Sa M Alle gängigen Kreditkarten

SOUL BAR & BISTRO
$$$$
VIADUCT HARBOUR
TEL. 09/356-7249
www.soulbar.co.nz
Gehört zu den meistbesuchten Bars und Bistros im lebhaftesten Gastronomiebezirk der Stadt und zieht zum Mittag- und Abendessen eine legere Designerklientel an. Schwerpunkte der abwechslungsreichen Crossover-Karte sind Meeresfrüchte und Fisch, wie etwa in der Pfanne gebratener Petersfisch und geräucherter Tintenfisch mit Tabouleh von eingelegten Zitronen. Setzen Sie sich auf die Sonnenterrasse am Wasser.
200 P Alle gängigen Kreditkarten

GPK
$$$–$$$$
262 PONSONBY RD.
TEL. 09/360-1113 FAX 09/376-6832
www.gpk.co.nz
Einige Meilen westlich der Innenstadt reiht sich ein Café ans nächste. Das GPK war eine der ersten Gourmetpizzerien in Auckland. Dieses Café verbindet ungewöhnliche Pizzen auf einer breit gefächerten Speisekarte mit Austern, Lachs und Steaks. Zum Frühstück, Mittag- und Abendessen geöffnet.
120 Alle gängigen Kreditkarten

KHAO THAI CUISINE
$$$
CHANCERY ST. & O'CONNELL ST.
TEL. 09/377-5088 FAX 09/377-5077
www.khao.co.nz
Schickes Dekor, gedämpftes Licht und feine Speisen in einem denkmalgeschützten Haus. Hier bekommt der Gast klassische Gerichte wie rotes Curry und gefüllte Thainudeln, aber auch brutzelnd heiße Rinderfilets auf geröstetem Gemüse mit Chilisauce.
120 Sa–So M
Alle gängigen Kreditkarten

MECCA CHANCERY
$$$
SHOP C, 103 CHANCERY LN.
TEL. 09/356-7028 FAX 09/356-7028
www.meccacafe.com
An einer Piazza unweit der Einkaufszone der High Street liegt dieses Toprestaurant für Frühstück, Mittag- und Abendessen. Die Speisekarte ist sowohl mediterran als auch orientalisch geprägt, die Gerichte sind erschwinglich.
120 Alle gängigen Kreditkarten

L'ASSIETTE
$$–$$$
9 BRITOMART PLACE
TEL. 09/309-0961
www.lassiette.co.nz
Dieses moderne, minimalistische Café ist für Frühstücke, Gebäck und leichte Mittagessen à la française berühmt. Abends gibt es französische Klassiker zu vernünftigen Preisen. Es liegt im Restaurant- und Barbezirk Britomart.
40 So–Mi A Alle gängigen Kreditkarten

MANUKA
$$–$$$
49 VICTORIA RD., DEVONPORT
TEL. 09/445-7732
www.manukarestaurant.co.nz
Das Küstendorf Devonport, nur einige Fährminuten vom Zentrum Aucklands entfernt, lädt zum netten Tagesausflug ein. Dieses lässige Eckcafé ist wegen seiner Holzofenpizzen beliebt. Es gibt auch weitere erschwingliche Speisen, von Meeresfrüchtevorspeisen über Steak bis zu Gerichten für Vegetarier. Zum Frühstück, Mittag- und Abendessen geöffnet.
50 Alle gängigen Kreditkarten

MARKET CAFÉ
$$–$$$
AUCKLAND FISH MARKET, 22 JELLICOE ST.
TEL. 09/309-0262
www.afm.co.nz
Der westlich des Viaduct Harbour gelegene Auckland Fish Market ist die richtige Adresse für alle, die Fisch und Meeresfrüchte lieben. Zu angemessenen Preisen können Sie hier eine Auswahl frischester Gerichte genießen, von Garnelen über Tintenfische bis hin zu Paella. Im Markt selbst werden an Essständen unterschiedliche Speisen angeboten. Ein Shuttlebus bringt Sie gratis von den Hotels der Innenstadt zum Markt.
30 A Alle gängigen Kreditkarten

CAFÉ MIDNIGHT EXPRESS
$$
59 VICTORIA ST. W.
TEL. 09/303-0312 FAX 09/303-0514
www.cafemidnightexpress.co.nz
Dieses freundliche Restaurant mit seinem zeltähnlichen Dach und türkischen Kunstwerken serviert seit fast 20 Jahren am Sky Tower Speisen zu vernünftigen Preisen. Reis und Salat werden zu schmackhaften türkischen Gerichten wie Döner Kebab und *karni yarik* (gefüllte Aubergine) gereicht. Die Portionen sind riesig.
50 So M AE, MC, V

SATYA SOUTH INDIAN CAFÉ
$$
271 KARANGAHAPE RD.
TEL. 09/377-0007
Die Queen Street führt den Hügel zur Karangahape Road hoch, eine etwas schäbige, aber immer wieder interessante Gegend mit einer Auswahl preiswerter asiatischer Restaurants. Das Satya ist dank seiner durchweg leckeren Currys immer gut besucht, und seine Thaligerichte werden sowohl von Fleischessern als auch von Vegetariern geschätzt.
70 MC, V

TANUKI'S SUSHI & SAKE BAR
$$
319 QUEEN ST.
TEL. 09/379-5353 FAX 09/379-5252
www.sakebars.co.nz
Am oberen Ende der Queen Street, wo es viele preiswerte japanische und koreanische Restaurants gibt, wartet das Tanuki's in rustikalem japanischem Stil mit einer großen Auswahl zu moderaten Preisen auf. Im Untergeschoss befindet sich das Tanuki Cave, eine abgefahrene Bar mit Yakitori- oder Kushiatsu-Snacks an Stäbchen oder Spießen.
106 M Alle gängigen Kreditkarten

NORTHLAND

WHANGAREI

LODGE BORDEAUX
$$$$–$$$$$
361 WESTERN HILLS DR.
TEL. 09/438-0404 FAX 09/438-0405
www.lodgebordeaux.co.nz
Westlich des Stadtzentrums liegt am Haupthighway diese Lodge mit ihren luxuriösen Studios, Küchensuiten mit ein oder zwei Schlafzimmern, allesamt mit Whirlpool. Diese mit fünf Sternen ausgezeichnete, kleine, familiengeführte Lodge ist die erste Wahl in der Stadt.
15 Alle gängigen Kreditkarten

TOPSAIL RESTAURANT
$$$$
206 BEACH RD., ONERAHI
TEL. 09/436-2985
www.topsail.co.nz
Von Meeresfrüchten über Lammrippchen und Wildbret bis hin zu Crème brulée und Apple Pie bietet dieses Restaurant klassische Speisen mit modernem Flair. Am acht Kilometer vom

Zentrum entfernten Onerahi Yacht Club gelegen, ergänzen Hafenansichten und Sonnenuntergänge das Menü.

40 So–Di M & A MC, V

KILLER PRAWN

$$$–$$$$

26–28 BANK ST.

TEL. 09/430-3333 FAX 09/430-3131

www.killerprawn.co.nz

Im Herzen von Whangarei ist dieses freundliche Restaurant für seine Garnelen in Tomatenbrühe mit Brotstückchen zum Eintunken bekannt, jedoch finden sich auch weitere Meeresfrüchtegerichte auf der Speisekarte. Im oberen Stock werden Pizzen serviert.

140 So

Alle gängigen Kreditkarten

BAY OF ISLANDS

Paihia

EDGEWATER PALMS APARTMENTS

$$$$$

8–10 MARSDEN RD.

TEL. 09/402-0090 FAX 09/402-5910

www.edgewaterapartments.co.nz

Dieses neue Apartmenthotel hat Apartments mit ein oder zwei Schlafräumen mit Blick aufs Wasser. Die Apartments liegen an der Hauptstraße, der Weg in die Stadt ist nicht weit.

34 Alle gängigen Kreditkarten

PAIHIA BEACH RESORT & SPA

$$$$–$$$$$

116 MARSDEN RD.

TEL. 09/402-0111 FAX 09/402-6026

www.paihiabeach.co.nz

Am oberen Ende der Haupteinkaufsmeile liegen gegenüber dem Strand Paihias Spitzenapartments. Die Studios und Apartments mit ein oder zwei Schlafräumen bieten eine wunderbare Aussicht und angemessenen Komfort.

22 Alle gängigen Kreditkarten

BAY VIEW MOTEL

$$$–$$$$

MARSDEN RD. & BAYVIEW RD.

TEL. 09/402-7338 FAX 09/402-7279

www.bayviewmotel.co.nz

Zahlreiche Motels bieten billige Unterkunft. Viele sind ohne jeden Schick, doch für ein paar Dollar mehr liegt das Bay View mit gepflegten Einzimmerwohneinheiten über diesem Niveau. Viele Zimmer haben Meerblick.

11 Alle gängigen Kreditkarten

COPTHORNE HOTEL & RESORT

$$$–$$$$

TAU HENARE DR.

TEL. 09/402-7411 FAX 09/402-8200

www.milleniumhotels.co.nz

Direkt auf den Waitangi Treaty Grounds und nur 1,6 Kilometer vom Stadtzentrum Paihias entfernt gelegen, ist dieses Viersternehotel ein freundliches Haus mit Gärten, Golfplatz und Blick aufs Meer. Das Hotel hat sicherlich schon bessere Zeiten erlebt, aber Angebote durch Reisebüros und Last-Minute-Buchungen per Internet machen es zu einer lohnenden Alternative. Die Zimmer haben einen Balkon.

180

Alle gängigen Kreditkarten

35° SOUTH RESTAURANT & BAR

$$$–$$$$

69 MARSDEN RD.

TEL. & FAX 09/402-6220

www.35south.co.nz

Dieses Restaurant mit einem 60 000-Liter-Aquarium in der Mitte thront nahe dem Pier in einem achteckigen Gebäude über dem Wasser. Die Speisekarte konzentriert sich auf Meeresfrüchte, bietet aber auch Steaks und Ente. Die Dachterrasse ist an sonnigen Tagen der ideale Ort. Es werden Frühstück, Mittag- und Abendessen angeboten.

50 Alle gängigen Kreditkarten

ONLY SEAFOOD

$$$–$$$$

40 MARSDEN RD.

TEL. 09/402-6066 FAX 09/402-7083

Das Only Seafood ist eine feste Einrichtung in Paihia. Es liegt abseits der Hauptstraße in einer zweistöckigen Villa mit Blick aufs Meer. Das Restaurant ist bekannt durch seine Meeresfrüchte in Blätterteig, Fisch mit gerösteten Cashewkernen und Räucherlachs mit Brie.

95 M

Alle gängigen Kreditkarten

WAIKOKOPU CAFÉ
$$–$$$
TREATY GROUNDS, TAU HENARE DR.
TEL. 09/402-6275 FAX 09/402-6276
www.waikokopu.co.nz
Das in den Waitangi Treaty Grounds gelegene Café ist der richtige Ort für ein leckeres Frühstück oder Mittagessen im Grünen. Die ausführliche Menükarte braucht den Vergleich mit der eines Restaurants nicht zu fürchten. Leider hat es abends nicht geöffnet.
150 A MC, V

Russell

DUKE OF MARLBOROUGH HOTEL
$$$–$$$$$
35 THE STRAND
TEL. 09/403-7829 FAX 09/403-7828
www.theduke.co.nz
Am Wasser nahe dem Fähranleger in Paihia gelegen, ist dies eines der ältesten Gasthäuser des Landes. Für den Preis fehlt Luxus, doch die Zimmer zum Wasser hin sind hübsch. Das beliebte Restaurant hat zwei Speiseräume.
26 Alle gängigen Kreditkarten

HANANUI LODGE & APARTMENTS
$$$–$$$$$
4 YORK ST.
TEL. 09/403-7875 FAX 09/403-8003
www.hananui.co.nz
Der Komplex ist zweigeteilt: Es gibt gut ausgestattete Apartments und in der Lodge am Ufer Wohnungen. Die moderneren Apartments mit Küche haben ein bis zwei Zimmer, die Wohnungen mit Küche in der Lodge sind älter und erinnern an Motelzimmer.
16 Alle gängigen Kreditkarten

DER BESONDERE TIPP

THE GABLES
$$$$
19 THE STRAND
TEL. 09/403-7670
www.thegablesrestaurant.co.nz
In dem Restaurant an der Küste mit Speisesaal und schönem Außenbereich wird kreativ gekocht. Rind- und Lammfleisch aus der Gegend bilden einen Schwerpunkt auf der Karte, mit Kreationen wie gebratene Lammlende mit Gourmet-Kartoffelkuchen, Cashews in Manuka-Honig, geröstetem Knoblauch und Schwarze-Oliven-Jus. Es gibt aber auch Seafood. Reservieren Sie im Sommer rechtzeitig.
60
Alle gängigen Kreditkarten

MANGONUI

MANGONUI FISH SHOP
$
BEACH RD.
TEL./FAX 09/406-0478
Dieses Fischlokal, auf Pfählen über dem Hafen erbaut, ist ein absolutes Muss für Leute, die *fish and chips* mögen. Es gibt auch Austern, Hummer und andere Meeresfrüchte. Da die Fischerboote direkt vor Ort anlegen, könnte das alles nicht frischer sein. Die Picknicktische auf der Terrasse sind empfehlenswert.
40 MC, V

HOKIANGA

COPTHORNE HOTEL & RESORT HOKIANGA
$$$
SH12, OMAPERE
TEL. 09/405-8737 FAX 09/405-8801
www.millenniumhotels.co.nz
Wenn Sie den Kauri Coast Loop entlangfahren, ist dieses beliebte Hotel im schläfrigen Badeort Opononi/Omapere das Beste, das Sie an der Westküste finden. Die Lage ist schön und die Preise sind vernünftig. Am begehrtesten sind die Räume mit Meeresblick.
34 Alle gängigen Kreditkarten

ZENTRALE NORDINSEL

WAITOMO

WAITOMO CAVES HOTEL
$–$$$
RD7, OTOROHANGA
TEL. 07/878-8204 FAX 07/878-8205
www.waitomocaveshotel.co.nz
Dieses große, im Jahr 1908 erbaute Ferienhotel ist eine feste Einrichtung in Waitomo und liegt nur fünf Minuten von den Glowworm Caves entfernt. Die Renovierung wird seit Jahren versprochen, doch immer noch

muss man versuchen, das schäbige Aussehen und den muffigen Geruch zu ignorieren. Die meisten Räume sind hostel-artig; die größeren Suites sind besser in Schuss.

33 Alle gängigen Kreditkarten

COROMANDEL PENINSULA

Whitianga

SOVEREIGN PIER ON THE WATERWAYS
$$$$–$$$$$
73 SOUTH HWY.
TEL. 07/867-1236
www.whitiangaholidays.co.nz
Im boomenden Whitianga hat man in puncto neue Apartments die Qual der Wahl . Etwa zwei Kilometer südlich des Zentrums finden Sie luxuriöse und mit allem Wichtigen ausgestattete Apartments, die Sie zusammen mit Bootsliegeplätzen mieten können.

48 Alle gängigen Kreditkarten

OCEANSIDE MOTEL
$$$–$$$$
32 BUFFALO BEACH RD.
TEL. 07/866-5766
www.oceansidemotel.co.nz
Weniger als 1,6 Kilometer von der Stadt entfernt, liegt dieses Apartmentmotel am besten Stück Strand und offeriert etwas günstigere Sommerpreise im sonst teuren Whitianga.

12 Alle gängigen Kreditkarten

SALT
$$$$
1 BLACKSMITH LN.
TEL. 07/866-5818
www.salt-whitianga.co.nz
Vor dem Whitianga Hotel liegt das Salt mit einer großen Terrasse und Blick auf die Yachten auf dem Fluss. Auf der Speisekarte finden sich überwiegend Meeresfrüchte.

130 Alle gängigen Kreditkarten

SQUIDS BAR & RESTAURANT
$$$
15 BLACKSMITH LN.
TEL. 07/867-1710
www.squids.co.nz
Seafood-Fans kommen in Scharen zu diesem Restaurant über dem Yachthafen. Unter den zu vernünftigen Preisen angebotenen Gerichten finden sich eine großartige Bouillabaisse, Nudeln mit Meeresfrüchten und herrliche Bluff-Austern. Selbst bei einfachen Fischgerichten fehlt nicht das gewisse Etwas. Auch Fleischesser kommen hier auf ihre Kosten.

40 Alle gängigen Kreditkarten

BAY OF PLENTY

Mount Maunganui/Tauranga

OCEANSIDE TWIN TOWERS
$$$–$$$$$
1 MAUNGANUI RD., MOUNT MAUNGANUI
TEL. 07/575-5371 FAX 07/575-0486
www.twintowers.co.nz
Diese Anlage nahe dem Stadtzentrum und dem Strand gehört mit ihren Suiten und Apartments zu den besten Unterkünften der Stadt. Dazu gehören Restaurants, ein kleiner Pool, Sauna und Fitnesscenter.

70 Alle gängigen Kreditkarten

THE PAVILIONS
$$$$–$$$$$
4 MARINE PARADE, MOUNT MAUNGANUI
TEL. 07/572-0001 FAX 07/574-6666
www.pavilion.net.nz
Diese Lage gegenüber dem Strand ist unschlagbar. Gut ausgestattete Luxusapartments inklusive Balkon und Meerblick.

15 Alle gängigen Kreditkarten

BAY PALM MOTEL
$$–$$$$
84 GIRVEN RD., MOUNT MAUNGANUI
TEL. 07/574-5971 FAX 07/574-5972
www.baypalmmotel.co.nz
Dieses gute Motel bietet Studios und Wohneinheiten mit ein oder zwei Schlafräumen mit Küche und Whirlpool sowie einen beheizten Pool. Es liegt außerhalb von Mount Maunganui beim Golfplatz. Ocean Beach und Bayfair Mall sind zu Fuß zu erreichen.

16 Alle gängigen Kreditkarten

MOUNT BISTRO RESTAURANT

$$$$–$$$$$
6 ADAMS AVE., MOUNT MAUNGANUI
TEL. 07/575-3872
www.mountbistro.co.nz

Die Einrichtung ist vielleicht nicht total hip, aber im Mount (gegenüber der heißen Quellen) speist man vom Feinsten. Wählen Sie ein Menü oder essen Sie à la carte, und lassen Sie Platz für den Dessert-Kostproben-Teller.

70 Mo M & A Alle gängigen Kreditkarten

ASTROLABE BREW & BAR

$$$
82 MAUNGANUI RD., MOUNT MAUNGANUI
TEL. 07/574-8155 FAX 07/547-8156
www.astrolabe.co.nz

Das schicke Lieblingslokal der Einheimischen wurde zum Brauhaus-Restaurant umgemodelt. Gute Pub-Gerichte. Raffinierteres gibt es im Bistro. Vernünftige Preise.

180 Alle gängigen Kreditkarten

AMPHORA ON THE STRAND

$$–$$$
43 THE STRAND, TAURANGA
TEL. 07/578-1616 FAX 07/576-9846
www.amphoraonthestrand.co.nz

In diesem italienischen Restaurant gibt es Pizza, Pasta und Meeresfrüchte. Die Portionen sind groß, die Preise human. Man kann drinnen oder draußen am Wasser essen.

90 Alle gängigen Kreditkarten

Whakatane

TUSCANY VILLAS MOTOR INN

$$$
57 THE STRAND E.
TEL. 07/308-2244 FAX 07/308-2255
www.tuscanyvillas.co.nz

Trotz der kitschigen Toskanabauweise ist dieses Haus mitten im Stadtzentrum die Unterkunft mit dem größten Luxus in Whakatane. Die gut ausgestatteten Studios und Suiten mit einem Schlafraum bieten Kitchenette, ein breites Doppelbett und Whirlpool.

28 P Alle gängigen Kreditkarten

WHITE ISLAND RENDEZVOUS

$$–$$$
15 THE STRAND E.
TEL. 07/308-9500 FAX 07/308-0303
www.whiteisland.co.nz

Gute Motelzimmer mit Blick aufs Wasser, nur einen kurzen Spaziergang von der Stadt. Da es von einem Reiseunternehmer geführt wird, werden auch Reisepakete angeboten.

27 P Alle gängigen Kreditkarten

SOULSA

$$$$
126 THE STRAND
TEL. 07/307-8689
www.soulsa.co.nz

Unaufgeregt, aber mit guter Küche: Das angesagteste Esslokal an der Hauptstraße von Whakatane ist stets gut besucht (Reservierung empfohlen!). Die doppelt gebratene Ente und der Vorspeisenteller bilden Höhepunkte der an sich schon interessanten Karte.

36 So & Mo M & A Alle gängigen Kreditkarten

ROQUETTE RESTAURANT & BAR

$$$
23–29 QUAY ST.
TEL. 07/307-0722
www.roquette-restaurant.co.nz

Im Roquette kann man, auch wenn man in der Provinz ist, erstaunlich gut essen. Gehen Sie einfach vom Tourist Office aus den Fluss entlang. Ausgezeichnete Küche! Auf der Karte stehen unter anderem Meeresfrüchte-Risotto und Schweinefilet mit Dukkah-Kruste.

40 Alle gängigen Kreditkarten

ROTORUA

DER BESONDERE TIPP

PEPPERS ON THE POINT

$$$$$
214 KAWAHA POINT RD.
TEL. 07/348-4868 FAX 07/348-1868
www.peppers.co.nz

Dieses umgebaute Haus aus den 1930er-Jahren ist vor nicht langer Zeit zur Rotorua Luxuslodge hinzugekommen. Es findet sich drei Kilometer nördlich der Stadt, am Lake Rotorua. Das Haus liegt in einem drei Hektar großen Garten und hat Luxussuiten und Cottages, die mit Antiquitäten ausgestattet sind. Die Villa mit vier Schlafzimmern bietet großen Luxus.

13 Alle gängigen Kreditkarten

MILLENNIUM HOTEL ROTORUA

$$$–$$$$$

ERUERA ST. & HINEMARU ST.

TEL. 07/347-1234 FAX 07/348-1234

www.millenniumhotels.co.nz

Zu dem einen kurzen Spaziergang vom Zentrum entfernten, großen Hotel gehört die Rotorua Experience mit Wellnesszentrum, beheiztem Schwimmbecken, Fitnessraum, Saunas und Spa-Becken. Bitten Sie um ein Zimmer mit Seeblick.

227 Alle gängigen Kreditkarten

NGONGOTAHA LAKESIDE LODGE

$$$$

41 OPERIANA ST., NGONGOTAHA

TEL./FAX 07/357-4020

www.rotorualakesidelodge.co.nz

In diesem kleinen, trauten B&B, neun Kilometer nördlich von Rotorua gelegen, erlebt man herzliche Gastfreundschaft. Alle Zimmer gehen direkt zum See hinaus.

3 MC, V

PRINCES GATE HOTEL

$$$–$$$$

1057 ARAWA ST.

TEL. 07/348-1179 FAX 07/348-6215

www.princesgate.co.nz

Dieses zweistöckige, hölzerne Hotel von 1897 liegt mitten in der Stadt, direkt am Eingang zu den Government Gardens. Es bietet gut ausgestattete Zimmer zu fairen Preisen.

50 Alle gängigen Kreditkarten

REGAL PALMS

$$$–$$$$

350 FENTON ST.

TEL. 07/350-3232 FAX 07/350-3233

www.regalpalms.co.nz

Dieses hochklassige Motel bietet einen beheizbaren Pool, einen Spielplatz, eine Minigolfanlage, ein Fitnesscenter, eine Sauna und einen Tennisplatz. Die großen, modernen Zimmer haben einen Whirlpool. Auch wenn es hier teurer als an manch anderen Orten ist, sind Ausstattung und Service in diesem großen, gut gepflegten Komplex exzellent.

44 Alle gängigen Kreditkarten

ROTOVEGAS MOTEL

$$–$$$

249 FENTON ST.

TEL./FAX 07/348-5586

www.rotovegasmotelrotorua.co.nz

Rotorua ist voll von billigen Motels, die meisten davon an der Fenton Street. Dieses hier gehört zu den besseren und verfügt über Wellnessbäder, einige davon in den Suiten, und ein beheiztes Schwimmbecken.

23 Alle gängigen Kreditkarten

SUDIMA HOTEL

$$–$$$

1000 ERUERA ST.

TEL. 07/348-1174 FAX 07/346-0238

www.sudimahotels.com

Dieses große Hotel am See, in der Nähe des Polynesian Spa, wird gern von Reisegruppen besucht. Es gibt hier Restaurants, Bars, einen Wellnessbereich und hauseigene heiße Quellen. Die Zimmer wurden vor Kurzem renoviert. Durch Online-Rabatte ist es preiswert.

250 Alle gängigen Kreditkarten

BELLA VISTA MOTEL ROTORUA

$$

94–98 LAKE RD.

TEL. 07/343-6418 FAX 07/343-6417

www.bellavistamotelrotorua.co.nz

Ein Stück von den Motels an der Fenton Street entfernt, dafür aber näher am See, zählt es zu den besseren Motels der Stadt. Gastlich, mit erstklassigem Service. Das Angebot reicht von kleinen Studios bis hin zu Familiensuiten mit Küche.

18 Alle gängigen Kreditkarten

BISTRO 1284

$$$$

1284 ERUERA ST.

TEL./FAX 07/346-1284

www.bistro1284.co.nz

In diesem kleinen Cottage im Herzen von Rotorua sind gutes Essen und guter Service garantiert. Viele halten es für das netteste Restaurant der Stadt. Es ist für seine Rindfleisch- und Lammgerichte bekannt.

35 M; So A

Alle gängigen Kreditkarten

SABROSO

$$$

1184 HAUPAPA ST.

TEL. 07/349-0591

www.sabroso.co.nz

Dieses lateinamerikanische Restaurant mit venezolanisch-mexikanischem Schwerpunkt ist eine gute Ergänzung zu Rotoruas Gastronomiewelt. Probieren Sie Chimichurri Chicken oder den brasilianischen Shrimp-Eintopf, und bestellen Sie dazu Sangria. Gemütlich, mit ausgezeichnetem Service (Reservierung empfohlen!).

32 Mi M & A (Winter)

MC, V

ZANELLI'S

$$$

1243 AMOHIA ST.

TEL. 07/348-4908

www.zanellis.net.nz

Seit über 20 Jahren serviert das Zanelli's hochklassige italienische Gerichte. Die Speisekarte konzentriert sich auf Meeresfrüchte, Kalb, Pasta und Risottogerichte, bietet aber keine Pizza. Als Dessert gibt es selbst gemachtes Eis und Tiramisu.

56 M, So–Mo A

Alle gängigen Kreditkarten

FAT DOG CAFÉ & BAR

$$–$$$

1161 ARAWA ST.

TEL. 07/347-7586

www.fatdogcafe.co.nz

Mosaiken von „dicken Hunden" und Seepferdchen sowie Gemälde zieren das Innere dieses Cafés. Leichte Kost und reichhaltigere Lieblingsspeisen der Neuseeländer werden hier gut zubereitet.

100 Alle gängigen Kreditkarten

CAPERS EPICUREAN

$–$$

1181 ERUERA ST.

TEL. 07/348-8818 FAX 07/348-1388

www.capers.co.nz

Dieses Feinkostrestaurant im Stadtzentrum bietet eine reiche Auswahl an Speisen vom Tresen und leichte Gerichte aus der Küche. Sehr beliebt zum Frühstücken und Mittagessen und jederzeit zu Kaffee und Kuchen, fünfmal pro Woche auch zum Abendessen.

90 So–Mo A

Alle gängigen Kreditkarten

TAUPO

DER BESONDERE TIPP

HUKA LODGE

$$$$$

HUKA FALLS RD.

TEL. 07/378-5791 FAX 07/378-0427

www.hukalodge.co.nz

Die Mutter aller Lodges in Neuseeland ist die Huka Lodge, die schon mehr als ein Jahrzehnt lang die Weltliste der großen Hotels angeführt hat. Dieses Urlaubsdomizil bietet großzügige Zimmer und exquisites Essen im klassischen Haupthaus an. Auch das exklusive Owner's Cottage kann gemietet werden.

25 P Alle gängigen Kreditkarten

MILLENNIUM MANUELS TAUPO

$$$$

243 LAKE TERRACE

TEL. 07/378-5110 FAX 07/378-5341

www.millenniumhotels.co.nz

Schlendern Sie über den Rasen dieses Hotels – eines der wenigen an Neuseelands größtem See –, oder genießen Sie die Aussicht aus den Zimmern, das gute Bistro oder die Restaurants. Die vor Kurzem renovierten Zimmer und der gute Service zeichnen das Haus aus.

51 P

Alle gängigen Kreditkarten

ABOVE THE LAKE AT WINDSOR CHARTERS

$$$–$$$$

46 Rokino Rd.

TEL. 07/378-8738 FAX 07/378-8748

www.troutfishingtaupo.co.nz

Die Forellen des Lake Taupo ziehen Angler an. Dieses B&B ist eine ideale Bleibe für all jene, die einheimische Gastfreundschaft suchen. Die Besitzer bieten Chartertouren für Angler, die Zimmer sind geräumig und bequem.

4 MC, V

QUALITY INN SAILS
$$$–$$$$
138 LAKE TERRACE
TEL. 07/377-0655 FAX 07/378-0488
www.sailstaupo.co.nz

In einem der ausgefalleneren Motels am See runden Balkone mit segelförmigen Dächern den modernen Architekturstil ab. Der Blick auf den See und die Lage machen es zu einem Motel der Spitzenklasse.

16 Alle gängigen Kreditkarten

LAKEFRONT MOTOR LODGE THERMAL SPA
$$–$$$
2 TAHAREPA RD.
TEL. 07/378-9020 FAX 07/378-9021
www.lakefrontmotorlodge.co.nz

Dieses gut ausgestattete Motel südlich des Stadtzentrums bekommt Pluspunkte für den Seeblick, die Whirlpools mit heißem Mineralquellwasser in manchen Wohneinheiten und die akzeptablen Preise. Es gibt Preisnachlässe für Senioren und an Werktagen.

14 AE, MC, V

BISTRO LAGO
$$$$$
80-100 NAPIER TAUPO HWY.
TEL. 07/378-7080 FAX 07/378-4174
www.bistrolago.co.nz

Der berühmte Chefkoch Simon Gault lieh diesem exquisiten Restaurant im Hilton Lake Taupo Name und Inspiration. Die Karte bietet wenige, aber köstliche Gerichte. Sie können im Winter drinnen am Kamin sitzen und im Sommer auf den Balkons die Aussicht genießen.

100
Alle gängigen Kreditkarten

THE VINE
$$$
37 TUWHARETOA ST.
TEL. 07/378-5704

Dieses im Wein-Shop der Scenic Cellars versteckte Bistro ist eines von Taupos besten Esslokalen. Die Tapasteller bieten eine Auswahl von mediterranen Köstlichkeiten zu vernünftigen Preisen. Die Auswahl an Weinen ist gut.

60 Alle gängigen Kreditkarten

WATERSIDE RESTAURANT & BAR
$$$
3 TONGARIRO ST.
TEL. 07/378-6894
www.waterside.co.nz

Dieses im Stadtzentrum gelegene, nette Restaurant mit Blick auf den See bietet im Winter Plätze am Kaminfeuer und in lauen Sommernächten Tische draußen. Es gibt überwiegend Meeresfrüchte, aber auch moderne neuseeländische Gerichte zu humanen Preisen.

150 Alle gängigen Kreditkarten

TONGARIRO NATIONAL PARK

DER BESONDERE TIPP

CHATEAU TONGARIRO
$$$–$$$$$
SH48, MOUNT RUAPEHU
TEL. 07/892-3809 FAX 07/892-3704
www.chateau.co.nz

Am Fuße des Vulkans Mount Ruapehu liegt dieses eindrucksvolle Hotel aus den 1930er-Jahren. Es lohnt sich, wenn man den Aufpreis für ein Zimmer mit Aussicht zahlt.

106 Alle gängigen Kreditkarten

NAPIER

SCENIC HOTEL TE PANIA
$$$–$$$$
45 MARINE PARADE
TEL. 06/833-7733 FAX 06/833-7732
www.scenichotels.co.nz

Dieses Viersternehotel mit sechs hufeisenförmigen Etagen liegt zentral, gegenüber dem Strand und Ocean Spa. Alle Zimmer gehen zum Meer hinaus. Es gibt Preisnachlässe, wenn man über Online-Agenturen bucht.

109 Alle gängigen Kreditkarten

SEA BREEZE
$$
281 MARINE PARADE

TEL. 06/835-8067 FAX 06/835-0512
In Napier gibt es viele nette B&Bs am Seeufer und auf dem Bluff Hill. Diese viktorianische Villa in der Innenstadt hielt dem Erdbeben stand. Die Preise sind akzeptabel.
3 MC, V

MISSION ESTATE RESTAURANT
$$$$
198 CHURCH RD., TRADALE
TEL. 06/845-9354
www.missionestate.co.nz
Hier speisen Sie in eleganter Umgebung. Lokale Zutaten werden zu Gerichten verarbeitet, die unter anderem an der französischen Küche inspiriert sind. Auch die Weine kommen aus der Gegend. Genießen Sie die herrliche Aussicht auf die Weingärten und Hawke's Bay.
180 Alle gängigen Kreditkarten

PACIFICA KAIMOANA
$$$$
209 MARINE PARADE
TEL. 06/833-6335
www.pacificarestaurant.co.nz
Hier kann man hervorragend die frischen Meeresfrüchte Neuseelands probieren. Fisch gehört zu den Spezialitäten des Hauses, mit Kräutern oder gegrillt oder vielleicht in einer Kokosnuss-Taro-Creme. Je nach Saison gibt es auch Austern und Jakobsmuscheln.
40 Mo Alle gängigen Kreditkarten

WELLINGTON

BOLTON HOTEL
$$$$–$$$$$
BOLTON ST. & MOWBRAY ST.
TEL. 04/472-9966 FAX 04/472-9955
www.boltonhotel.co.nz
Dieses relativ neue Fünfsternehotel gehört zu den besten der Stadt. Die schicken, neutral gehaltenen Zimmer bieten gehobene Ausstattung und viele Extras. Preisnachlässe an Wochenenden oder in der Nebensaison.
144
Alle gängigen Kreditkarten

COPTHORNE HOTEL WELLINGTON ORIENTAL BAY
$$$–$$$$$
100 Oriental Parade
TEL. 04/385-0279 FAX 04/384-5324
www.millenniumhotels.co.nz
Fünfsternehotel am Rande der Innenstadt, nicht weit vom Strand und nur einige Minuten zu Fuß vom Museum Te Papa entfernt. Es wurde kürzlich modernisiert. Zu den gepflegten Zimmern gehören Balkone, viele geben den Blick auf den Hafen frei.
117
Alle gängigen Kreditkarten

MUSEUM HOTEL
$$$–$$$$
90 CABLE ST.
TEL. 04/802-8900 FAX 04/802-8909
www.museumhotel.co.nz
Komfortables Touristenhotel gegenüber dem Museum. Schöner kann man gar nicht essen, als hier zwischen dem Te Papa Museum und dem Meer. Die Zimmer sind mit Kunst und Verstand eingerichtet. Sein französisch inspiriertes Restaurant Hippopotamus ist eines der besten der Stadt.
160
Alle gängigen Kreditkarten

HOTEL IBIS WELLINGTON
$$
153 FEATHERSTON ST.
TEL. 04/496-1880 FAX 04/496-1881
www.ibis.com
Dieses gepflegte Dreisternehotel liegt sehr zentral. Die Zimmer sind einfach, aber komfortabel eingerichtet. Das Hotel verfügt über ein Bistro und eine Bar.
200
Alle gängigen Kreditkarten

SOUTHERN CROSS SERVICED APARTMENTS
$$
35 ABEL SMITH STREET, TE ARO
TEL. 04/802-3441
www.sxapts.co.nz
Hochwertige Apartments mit Küche, nicht weit vom Ausgehviertel Cuba/Courtenay entfernt. Für längere Aufenthalte (ab einer Woche) gibt es Ermäßigungen. Gutes Café mit Bar im Untergeschoss.
188 Alle gängigen Kreditkarten

DER BESONDERE TIPP

MARTIN BOSLEY'S
$$$$$
103 ORIENTAL PARADE
TEL. 04/920-8302
www.martin-bosley.com
In der oberen Etage des Royal Port Nicholson Yacht Club in Oriental Bay, östlich der Innenstadt, erfreuen elegantes Dekor und der Blick auf den Hafen die Gäste. Die Küche, die sich einer ganzen Reihe von Auszeichnungen rühmen kann, bietet vor allem Seafood (probieren Sie Fisch mit schwarzen Gnocchi, Chorizo und Kalmar), doch gibt es auch Gerichte wie etwa Ente und Fleisch vom Wagyu-Rind.
80 Alle gängigen Kreditkarten

ORTEGA FISH SHACK
$$$$
16 MAJORIBANKS ST., MOUNT VICTORIA
TEL. 04/382-9559
www.ortega.co.nz
Dieses Restaurant vollbringt wahre Wunder mit Fisch, von Lachs mit Wurst-Cassoulet bis hin zu Blue Moki in malaysischer Kokossoße mit Garnelen, Limetten und Koriandersalat. Muscheln sind bei den Vorspeisen gut vertreten, das Dessert ist von hoher Qualität. Leichte Imbisse gibt es an der Bar, die eine große Auswahl von Weinen und Bieren parat hält.
70 So & Mo M, A
Alle gängigen Kreditkarten

SHED 5
$$$$
QUEENS WHARF
TEL. 04/499-9069
www.shed5.co.nz
Das in einer am Queen's Wharf 1888 erbauten Wollhandlung untergebrachte Lokal ist eines von Wellingtons besten Seafood-Restaurants. Von fisch and chips mit asiatischer Note bis hin zu gegrillten Fischen mit gedämpften Herzmuscheln in pikanter Tomatensoße reicht die interessante, individuelle Speisekarte.
180 Alle gängigen Kreditkarten

ONE RED DOG
$$–$$$
57 CUSTOMHOUSE QUAY
TEL. 04/918-4723
www.onereddog.co.nz
Der inzwischen in helle Räume an der Queen's Wharf umgezogene One Red Dog war eines der ersten Pizzarestaurants der Stadt. Auch heute noch ist er für seine Pasta, Salate, Pizzen und Calzoni berühmt, zu denen am besten frisch gezapftes Bier passt.
120 Alle gängigen Kreditkarten

CAFFE L'AFFARE
$–$$
27 COLLEGE ST.
TEL. 04/385-9748 FAX 04/385-9261
www.laffare.co.nz
Dieses Café machte den Espresso in den 1990er-Jahren zum Lieblingsgetränk in Wellington. Hierher geht man, wenn man ein Frühstück, ein leichtes Mittagessen oder Kuchen genießen möchte. Wegen der offenen Küche und der Tische an der Straße beliebt.
80 A; So M Alle gängigen Kreditkarten

MARTINBOROUGH

MARTINBOROUGH HOTEL
$$$–$$$$
THE SQUARE
TEL. 06/306-9350 FAX 06/306-9345
www.martinboroughhotel.co.nz
Das im Stadtzentrum gelegene, klassische Hotel ist ein Wahrzeichen des Wairarapa-Weinviertels. Die oberen Zimmer des viktorianischen Gebäudes gehen auf Veranden, die im Erdgeschoss auf den Garten hinaus. Im Haus befindet sich ein Restaurant mit lokalen Weinen. Ermäßigung bei Onlinebuchung!
16 Alle gängigen Kreditkarten

MARLBOROUGH & NELSON

PICTON/MARLBOROUGH SOUNDS

DER BESONDERE TIPP

BAY OF MANY COVES RESORT
$$$$$
QUEEN CHARLOTTE SOUND, PICTON
TEL. 03/579-9771 FAX 03/579-9777
www.bayofmanycovesresort.co.nz
Das perfekte Hotel für Flitterwochen oder kleine Fluchten: Kuschelige Apartments mit Balkons, zwei Restaurants mit ausgezeichne-

ter Küche, ein Café unten am Wasser und lobenswerter Service machen den Aufenthalt hier sehr angenehm. Erreichen kann man das Luxushotel nur mit dem Wassertaxi (von Picton aus 30 Min.) oder einem Hubschrauber.

11 Alle gängigen Kreditkarten

PORTAGE RESORT
$$$–$$$$$
2923 KENEPURU RD.,
MARLBOROUGH SOUNDS
TEL. 03/573-4309 FAX 03/573-4362
www.portage.co.nz

Dieses Dreisternehotel am Ende des ruhigen Kenepuru Sound verfügt über einen Swimmingpool und einen Wellnessbereich, über das Restaurant Te Weka und das zwanglosere Snapper Café. Die meisten Zimmer und Suiten haben Meerblick und sind ein idealer Rückzugsort. Man erreicht das Resort nach einer 15-minütigen Fahrt mit dem Wassertaxi von Picton aus oder nach einer 1,5-stündigen Autofahrt.

41 Alle gängigen Kreditkarten

HARBOUR VIEW MOTEL
$$$–$$$$
30 WIKAWA RD., PICTON
TEL. 03/573-6259
www.harbourviewmotel.com.au

Von den Räumen des nahe des Zentrums in den Hang hineingebauten Hotels genießt man tatsächlich einen Ausblick auf Pictons malerischen Hafen. Die Studios mit Küche haben Balkone (von der obersten Etage aus ist die Aussicht am besten), und für das teure Picton sind die Preise gar nicht mal so hoch.

12 Alle gängigen Kreditkarten

LE CAFÉ
$$$
12–14 LONDON QUAY, PICTON
TEL. 03/573-5588
www.lecafepicton.co.nz

Die Tische am Wasser ziehen die Massen vom Frühstück bis zum Abendessen an. Steaks, Lammkarree und Meeresfrüchte beherrschen die gut aufgemachte Speisekarte. Am Abend gibt es häufig Livemusik.

100 Alle gängigen Kreditkarten

NELSON

RUTHERFORD HOTEL NELSON
$$$–$$$$
TRAFALGAR SQUARE
TEL. 03/548-2299 FAX 03/546-3003
www.heritagehotels.co.nz/nelson

In diesem älteren Viersternehotel in exzellenter Innenstadtlage gibt es renovierte Zimmer zu guten Preisen. Vom oberen Stockwerk aus hat man natürlich den besten Blick. Zur Ausstattung gehören ein Pool, Fitnesscenter und ein hervorragendes japanisches Restaurant.

112 Alle gängigen Kreditkarten

CEDAR GROVE MOTOR LODGE
$$$
TRAFALGAR ST. & GROVE ST.
TEL. 03/545-1133 FAX 03/545-1134
www.cedargrove.co.nz

In diesem gut gepflegten Motel werden Zimmer, Suiten und Apartments, teils mit Klimaanlage und Whirlpool, angeboten. Die gehobene Ausstattung der Zimmer, der Service und die zentrale Lage nahe der Innenstadt tragen zu seiner Beliebtheit bei.

23 Alle gängigen Kreditkarten

DELORENZOS STUDIO APARTMENTS
$$–$$$$
43-55 TRAFALGAR ST.
TEL. 03/548-9774 FAX 03/548-9775
www.delorenzos.co.nz

Die Apartments in dem nur fünf Gehminuten vom Zentrum entfernten Haus sind sehr gut mit Küche, Spülmaschine, Waschmaschine, Trockner, TV-Apparat und WLAN (gratis) ausgestattet. Freundliches Management und interessante Preise (in der Nebensaison) tragen mit zur Beliebtheit bei. Das Haus hat selbst kein Restaurant, ist aber mit dem benachbarten Tides Restaurant am Fluss verbunden.

30 Alle gängigen Kreditkarten

NIKAU APARTMENTS
$$–$$$$
79–85 NILE ST.
TEL. 03/548-7000 FAX 03/548-7004

www.nikauapartments.co.nz
Die einfach eingerichteten, aber modernen Apartments befinden sich in der Innenstadt, direkt östlich der Kathedrale, und bewegen sich zudem preislich im Rahmen. Jedes Apartment hat eine voll eingerichtete Küche.

42 Alle gängigen Kreditkarten

BOAT SHED CAFÉ
$$$
350 WAKEFIELD QUAY
TEL. 03/546-9783
www.boatshedcafe.co.nz
Dieses Etablissement thront über dem Wasser am beliebten Wakefield Quay. Für ein Fischrestaurant mit frischem Fisch könnte die Lage nicht besser sein. Vom herzhaften Frühstück über leichtere Mittagsspeisen bis hin zu sättigenden Abendmahlzeiten wird alles wunderbar angerichtet.

60 Alle gängigen Kreditkarten

HOPGOODS RESTAURANT & BAR
$$$$
284 TRAFALGAR ST.
TEL. 03/545-7191
www.hopgoods.co.nz
Am oberen Ende der Trafalgar Street kann man im Schatten der Kathedrale gut essen und trinken. Das Hopgoods serviert durchweg sehr gute, zeitgemäße Speisen. Lamm und Meeresfrüchte dominieren auf der ausgefeilten Speisekarte eines erfahrenen Chefkochs, der für Beständigkeit in einer Stadt steht, in der die Chefköche kommen und gehen.

50 So; Mo M
Alle gängigen Kreditkarten

CAFE AFFAIR
$$$
295 TRAFALGAR ST.
TEL./FAX 03/548-8295
www.cafeaffair.co.nz
Gegenüber dem Hopgoods liegt dieses attraktive Restaurant. Die Tische draußen an der Straße laden zu einem Kaffee oder einer Mahlzeit im Freien ein. Die Gerichte sind erschwinglich, und auf der Speisekarte findet man Pasta, Pizza, Meeresfrüchte und frisch gegrillte Steaks aus dem Steinofen.

130 Alle gängigen Kreditkarten

MORRISON STREET CAFÉ
$$
244 HARDY ST.
TEL. 03/548-8110
www.morrisonstreetcafe.co.nz
In diesem Café werden drinnen wie draußen gutes Frühstück und Mittagessen serviert. Auf der interessanten Speisekarte findet man mediterrane und asiatische Einflüsse, wie Muschel-Laksa und Chorizo-/Pilz-Pilau.

70 A Alle gängigen Kreditkarten

BLENHEIM

CHATEAU MARLBOROUGH HOTEL
$$$$
HIGH ST. & HENRY ST.
TEL. 03/578-0064 FAX 03/578-2661
www.marlboroughnz.co.nz
Guter Service, modische Zimmer, Himmelbetten und gute Preise machen dieses moderne Hotel mit mittelalterlichem Flair zur besten Wahl. Es liegt nur einen Spaziergang vom Stadtzentrum entfernt und ist idealer Ausgangspunkt für Ausflüge in die Weinberge.

45 Alle gängigen Kreditkarten

KAIKOURA

KAIKOURA GATEWAY MOTOR LODGE
$$$–$$$$
16–18 CHURCHILL ST.
TEL. 03/319-6070 FAX 03/319-7080
www.kaikouragateway.co.nz
Das Motel, das über Pool und Sauna verfügt, gehört zu den neuesten in der Stadt. In komfortablen Wohneinheiten mit ein oder zwei Schlafräumen findet man gute Qualität zu vernünftigen Preisen.

20 Alle gängigen Kreditkarten

WHITE MORPH MOTOR INN
$$$–$$$$
92–94 THE ESPLANADE
TEL. 03/319-5014 FAX 03/319-5015
www.whitemorph.co.nz
Die gut ausgestatteten Studios am Wasser haben kleine Küchen und gehören zu den besten Unterkünften der Stadt. Die Wohnein-

heiten reichen von Standardstudios bis hin zu Wohlfühlstudios mit Meerblick und einer Familiensuite mit zwei Schlafräumen.

24 Alle gängigen Kreditkarten

GREEN DOLPHIN
$$$$
12 AVOCA ST.
TEL. 03/319-6666
www.greendolphinkaikoura.com

The Green Dolphin serviert exzellente Fischgerichte sowie andere Speisen. Versuchen Sie, einen Fenstertisch mit Meeresblick zu ergattern. Das beste Lokal, um Flusskrebse in der Saison zu genießen.

40 M Alle gängigen Kreditkarten

CHRISTCHURCH & CANTERBURY

DER BESONDERE TIPP

THE GEORGE CHRISTCHURCH
$$$$–$$$$$
50 PARK TERRACE
TEL. 03/379-4560 FAX 03/366-6747
www.thegeorge.com

Das George, eines der besten Boutiquehotels Neuseelands, kann sich mit seiner luxuriösen Ausstattung am Rande der Innenstadt brüsten. Großzügig geschnittene Zimmer bieten verwöhnende Extras und eine Einrichtung von neo-chintz bis modern-cool. Zwei gute Speiselokale und ein gehobener Service – auf Wunsch sogar mit Butler – runden die Vorzüge des Hotels ab.

55 Alle gängigen Kreditkarten

COLOMBO IN THE CITY MOTEL
$$$$
863 COLOMBO ST.
TEL. 03/366-8775 FAX 03/366-7224
www.motelcolombo.co.nz

Motel des obersten Preissegments, relativ nah an der Stadt gelegen. Die gut eingerichteten Apartments sind besser als der Durchschnitt, haben kleine Küchen und doppelt verglaste Fenster.

12 Alle gängigen Kreditkarten

PAVILIONS HOTEL
$$$$
42 PAPANUI RD.
TEL. 03/355-5633 FAX 03/355-3554
www.pavilionshotel.co.nz

Etwa 1,5 Kilometer nordwestlich der Stadt gelegen, bietet es einfache Zimmer, auch mit Wellness-Pool, sowie Ein- bis Zweizimmersuites. Das gut geführte Hotel wird wohl den Bedarf decken, bis die großen Hotels wieder präsent sind. Das Restaurant ist empfehlenswert.

85 Alle gängigen Kreditkarten

HERITAGE CHRISTCHURCH
$$$–$$$$$
28–30 CATHEDRAL SQ.
TEL. 03/377-9722 FAX 03/377-9881
www.heritagehotels.co.nz

Dieses im Old Government Building untergebrachte Luxushotel am Cathedral Square im Herzen der Altstadt soll 2014 wiedereröffnet werden. Die großen Suiten dieses historischen Gebäudes, das die Erdbeben überstand, haben hohe Decken. Ob der moderne Anbau des Hotels wieder in Betrieb genommen werden kann, bleibt noch ungewiss.

174 Alle gängigen Kreditkarten

IBIS HOTEL
$$$–$$$$
107 HEREFORD ST.
TEL. 03/367-8666 FAX 03/367-8667
www.ibis.com

Das Ibis war eines der ersten großen Hotels, die nach dem Erdbeben wieder aufmachten. Wirklich luxuriös ist ein Hotel dieser Kette nie, aber die renovierten Zimmer sind modern. Es verfügt über ein Restaurant und liegt nahe der Re:START-Zone mit ihren Pop-up-Läden.

155 Alle gängigen Kreditkarten

SOUTHWARK APARTMENTS
$$$
25 SOUTHWARK ST.
TEL. 03/377-2799 FAX 03/377-2722
www.southwarkapartments.co.nz

Dieser neue Apartment-Komplex am Südrand der Innenstadt bietet kleine Ein-Zimmer-Studios mit Kochnische und Suiten. Außerdem gibt es gut ausgestattete Gemeinschaftsküchen und Fernsehräume. Angemessene Preise.

33 Alle gängigen Kreditkarten

TUSCANA MOTOR LODGE

$$$

74 BEALEY AVE.

TEL./FAX 03/377-4485

www.tuscana.co.nz

An der Bealey Avenue liegen zahlreiche Motels. Dieses ist eines der besten und liegt nur 15 Minuten zu Fuß vom Zentrum entfernt.

12 Alle gängigen Kreditkarten

PESCATORE

$$$$$

THE GEORGE, 50 PARK TER.

TEL. 03/371-0257

www.thegeorge.com

Anders als der Name vermuten lässt, ist Pescatore weder ein Fisch- noch ein italienisches Restaurant, sondern das innovativste Esslokal der Stadt. Hinter gepolsterten Türen beginnt die Gourmet-Inszenierung mit Jakobsmuschel-Fettuccine (ganz ohne Nudeln, dafür mit dünnen Schinkenstreifen). Weiter geht es etwa mit Popcorn-Hähnchen (Hähnchen mit getrüffeltem Popcorn und Chorizo).

50 Alle gängigen Kreditkarten

SAGGIO DI VINO

$$$$$

179–181 VICTORIA ST.

TEL. 03/379-4006

www.saggiodivino.co.nz

Da es über den landesweit besten Weinkeller verfügt, steht der Wein sicher im Vordergrund, doch auch der Küchenchef ist *saggio* („weise"): Die Einrichtung des Restaurants ist zeitgenössisch schick, das Menü europäisch, und die Produkte sind lokal – von den neuseeländischen Trüffeln bis hin zu Hirschlende mit Thymian-Gnocchi und grünen Bohnen.

65 M Alle gängigen Kreditkarten

THE BODHI TREE

$$$

397–399 ILAM RD.

TEL. 03/377-6808

www.thebodhitree.co.nz

Stellen Sie sich einen Crossover von südostasiatischer Küche, indischen Currys und frischesten neuseeländischen Lokalprodukten vor, denn das erwartet Sie in diesem beliebten burmesischen Restaurant im nordwestlichen Stadtteil Fendalton. Das Abendessen wird im Tapasstil serviert: Bestellen Sie eine Anzahl kleiner Gerichte. Reservierung empfohlen!

35 Mo A; M Alle gängigen Kreditkarten

ARJEE BHAJEE

$$–$$$

13 RICCARTON RD., RICCARTON

TEL. 03/365-6633

www.arjeebhajee.co.nz

Dieses indische Restaurant ist gleichzeitig auch nepalesisch. Genießen Sie hier Gerichte der nordindischen Küche. An der Cranford Street gibt es eine weitere Filiale.

40 Sa & So A Alle gängigen Kreditkarten

HONEYPOT CAFÉ

$$–$$$

458 COLOMBO ST., SYDENHAM

TEL. 03/366-5853

www.honeypotcafe.co.nz

Hier schmeckt alles – das den ganzen Tag über erhältliche herzhafte Frühstück ebenso wie die leichten Mittagessen oder gut abgehangenen Steaks. Das Café liegt ca. 1,5 Kilometer südlich des Cathedral Square im Distrikt Sydenham.

60 Alle gängigen Kreditkarten

DUX LIVE

$$

363 LINCOLN RD., ADDINGTON

TEL. 03/366-6919

www.duxlive.co.nz

Wenn Sie das hier lesen, könnte das Dux, beliebt als Restaurant und Bar, wiedereröffnet sein. Andernfalls sollten Sie diese Filiale in dem südwestlichen Vorort Addington kennenlernen. Es bietet Pub-Gerichte und dazu selbstgebrautes Bier.

120 Alle gängigen Kreditkarten

MOUNT COOK

DER BESONDERE TIPP

HERMITAGE HOTEL

$$$$

TERRACE RD.
TEL. 03/435-1809 FAX 03/435-1879
www.hermitage.co.nz
Was für eine Kulisse, was für eine Aussicht! Diese 1884 erbaute große alte Dame unter Neuseelands Hotels verfügt über bequeme Zimmer, davon viele mit Bergblick, Motelzimmer und Chalets. Besonders in der Hochsaison zahlt man auch für die Aussicht, aber in der Nebensaison ist der Aufenthalt hier nicht teuer. Die eleganten Restaurants und Bars bieten Ausblick auf den „Cloud Piercer".
214 Alle gängigen Kreditkarten

WESTKÜSTE

FRANZ JOSEF

TE WAONUI FOREST RETREAT
$$$$$
3 WALLACE ST.
TEL. 03/752-0555 FAX 03/752-0550
www.tewaonui.co.nz
Eine schicke Öko-Lodge mit fünf Sternen, mitten in der Wildnis der Westküste. In Holz und Glas gefasste Räume umgeben ein Stück Regenwald. Im Preis ist ein fünfgängiges Abendessen mit eingeschlossen.
100 Alle gängigen Kreditkarten

SCENIC HOTEL FRANZ JOSEF GLACIER
$$$$–$$$$$
SH6
TEL. 03/752-0729 FAX 03/752-0709
www.scenic-circle.co.nz
Eine kürzlich erfolgte Renovierung gab diesem im Ortskern gelegenen Kurhotel seinen alten Glanz zurück. Große, gemütliche Zimmer und guter Service machen den Aufenthalt trotz der hohen Preise sehr angenehm.
177 Alle gängigen Kreditkarten

ALPINE GLACIER MOTEL
$$$–$$$$
CRON ST. & CONDON ST.
TEL. 03/752-0226 FAX 03/752-0221
www.alpineglaciermotel.com
Dieses freundliche Hotel im Ortskern bietet Zimmer mit Bergblick und mit Kochgelegenheit. Die Zimmer sind gut ausgestattet und preiswert in dieser sonst eher teuren Gegend Neuseelands. Nach einem Tag auf dem Gletscher ist der Whirlpool sehr willkommen.
24 Alle gängigen Kreditkarten

FOX GLACIER

FOX GLACIER LODGE
$$$$
SULLIVAN RD.
TEL. 03/751-0888 FAX 03/751-0026
www.foxglacierlodge.com
Diese freundliche Berglodge mit Kiefernbestand und Spitzdach verströmt ein heimeliges Flair. Die Lodge liegt direkt hinter den Geschäften der Hauptstraße.
8 Alle gängigen Kreditkarten

MISTY PEAKS
$$$$
105 COOK FLAT RD.
TEL. 03/751-0849
www.mistypeaks.co.nz
Dieses moderne B&B-Anwesen gehört zu den besten Unterkünften an den Gletschern. Das Misty Peaks liegt direkt vor den Toren der Stadt Fox, ermöglicht atemberaubende Ausblicke auf die Berge und begegnet dem Gast mit großzügiger Gastfreundschaft.
5 Alle gängigen Kreditkarten

OTAGO

DUNEDIN

DER BESONDERE TIPP

BLUESTONE ON GEORGE
$$$$
571 GEORGE ST.
TEL. 03/477-9201 FAX 03/477-9203
www.bluestonedunedin.co.nz
Dieses zentrumsnah gelegene beliebte Motel bietet gut eingerichtete Apartments. Alle Zimmer mit Kochnische und Waschmaschine/Trockner, manche mit Jacuzzi.
15 Alle gängigen Kreditkarten

THE BROTHERS HOTEL
$$$–$$$$
295 RATTRAY ST.

TEL. 03/477-0043
www.brothershotel.co.nz
Der Herrensitz der Gebrüder Christian aus den 1920er Jahren wurde in ein Boutiquehotel umgewandelt, hat aber viel von seinem Charme behalten. Nur zehn Minuten zu Fuß vom Octagon entfernt, bietet es von den Balkonen aus herrliche Ausblicke.

14 Alle gängigen Kreditkarten

LARNACH CASTLE
$$$–$$$$
CAMP RD., OTAGO PENINSULA
TEL. 03/476-1616 FAX 03/476-1574
www.larnachcastle.co.nz
Das 15 Kilometer von Dunedin entfernte Larnach Castle verfügt über verschiedene Typen von Zimmern. Die Gäste schlafen nicht im Schloss, können hier aber zu Abend essen. Die Themenzimmer in der Lodge bieten schöne Ausblicke auf die Halbinsel Otago, die Räume im Stallgebäude sind einfacher ausgestattet. Der neue, luxuriöse Camp Estate außerhalb des Anwesens bietet hervorragenden Service.

21 Alle gängigen Kreditkarten

SCENIC HOTEL DUNEDIN CITY
$$$–$$$$
PRINCES ST. & DOWLING ST.
TEL. 03/470-1470 FAX 03/470-1477
www.scenichotels.co.nz
Große, gut gepflegte Zimmer in bester Lage, zwei Häuserblocks vom Octagon entfernt, machen dieses Viersternehotel zu einer guten Wahl. Obwohl es nicht gerade mit übermäßig viel Charakter beeindruckt, ist es doch gut geführt, und die Onlineangebote sind oft außergewöhnlich preiswert. Die Zimmer mit Hafenblick sind besonders zu empfehlen.

110 Alle gängigen Kreditkarten

LIVINGSPACE
$$
192 CASTLE ST.
TEL. 03/951-5000 FAX 03/951-5001
www.livingspace.net
Funkige Apartments im Stil von Studentenwohnungen zu günstigen Preisen, und dazu noch mitten im Zentrum! Ausgestattet sind sie mit Kochnische und WLAN. Es werden auch kleine Hotelzimmer angeboten.

128 Alle gängigen Kreditkarten

ARDEN STREET HOUSE
$–$$
36 Arden St., North East Valley
TEL. 03/473-8860 FAX 03/473-8861
www.ardenstreethouse.co.nz
Dieses reizende Haus, das 1930 von einem schottischen Kapitän erbaut wurde, zeigt nautische Elemente und eine herrliche Aussicht in der Nähe des botanischen Gartens. Die älteren, etwas skurrilen Zimmer mit oder ohne Bad sind preiswert, und die Vermieterin begegnet den Gästen mit herzlicher Gastfreundschaft.

5 MC, V

TWO CHEFS BISTRO
$$$$
121 STUART ST.
TEL. 03/477-7293
www.twochefsbistro.co.nz
Dieses Bistro im Herzen der Stadt besitzt Pariser Flair, das von dem dunklen Holz der Einrichtung ebenso ausgeht wie von den *terrines*, *ragouts* und Lammbraten des Menüs. Alles wird mit lokalen Zutaten zubereitet. Star der Getränkeliste ist der Central Otago Pinot noir.

50 Sa–Do M Alle gängigen Kreditkarten

PIER 24
$$$–$$$$
HOTEL ST. CLAIR, 24 ESPLANADE, ST. CLAIR BEACH
TEL. 03/456-0555
www.hotelstclair.com
Der prominente Chefkoch Michael Coughlin ist ein Meister der Verarbeitung von Lamm- und Rindfleisch, aber auch Fisch und Meeresfrüchte werden in Dunedins bestem Restaurant einfallsreich und schmackhaft zubereitet. Mittagessen und Frühstück sind schlichter (und günstiger). An der Bar gibt es zu den Getränken pikante Häppchen. Durch die bodentiefen Fenster kann der Blick frei über den Pazifischen Ozean schweifen.

70 Alle gängigen Kreditkarten

THE REEF
$$$
329–333 GEORGE ST.
TEL. 03/471-7185
Drei Blocks nördlich des Octagon liegt die meistbesuchte Restaurantmeile der Stadt. Das Reef ist allseits beliebt und serviert hervorragende Meeresfrüchte zu mäßigen Preisen. Probieren sollte man die Chili-Krabbe im guten Singapur-Stil. Man isst sie mit den Fingern. Die Meeresfrüchteplatte bietet eine bunte Mischung aus Meeresfrüchten der Region.
75 Alle gängigen Kreditkarten

GREAT TASTE
$–$$
12 ST. ANDREW ST.
TEL. 03/479-2088
www.greattaste.co.nz
In einer Studentenstadt sollte man dort essen, wo die Studenten hingehen. Auf dem Menü stehen Seafood und Steaks mit Beilagen von der Salatbar, doch das Asia-Büfett ist am beliebtesten und mittags billiger. Keine Haute Cuisine, aber unschlagbar günstig.
130 Alle gängigen Kreditkarten

QUEENSTOWN

DER BESONDERE TIPP

EICHARDT'S PRIVATE HOTEL
$$$$$
MARINE PARADE
TEL. 03/441-0450 FAX 03/441-0440
www.eichardts.com
Dieses wunderschöne, originelle Boutique-Hotel kombiniert Rockstar-Preise mit altmodischer Eleganz. Im Restaurantviertel am Seeufer gelegen, verwöhnt es die Gäste mit riesigen Betten, offenen Kaminen, Ankleidezimmern und Fußbodenheizung. Neu hinzugekommen sind Suiten mit Seeblick und eine Ferienvilla.
10 P Alle gängigen Kreditkarten

SOFITEL QUEENSTOWN HOTEL & SPA
$$$$$
8 DUKE ST.
TEL. 03/450-0045 FAX 03/450-0046
www.sofitel.com
Die elegant ausgestatteten Zimmer verfügen über Balkon mit Berg- oder Seeblick. Zu den Extras gehören LCD-Fernseher im Bad und Espressomaschine. Dieses Luxushotel wirbt mit seinem Wellnessbereich, und jedes Zimmer hat einen Whirlpool.
82 P Alle gängigen Kreditkarten

MILLBROOK
$$$$–$$$$$
MALAGHANS RD.
TEL. 03/441-7000 FAX 03/441-7007
www.millbrook.co.nz
Dieses Haus rühmt sich wegen seiner Freizeitangebote, wie Golfplatz, Wellnessbereich, Tennisplätze, Fitnesscenter und Hallenbad mit Langschwimmbecken. Es liegt, eingebettet in ein Tal, an einer Nebenstraße nach Arrowtown. Villen und Cottages sind über das Gelände verstreut. Darin befinden sich Unterkunftsmöglichkeiten vom Studio bis zur Wohnung mit vier Schlafräumen.
175 P
Alle gängigen Kreditkarten

BELLA VISTA MOTEL
$$$–$$$$
36 ROBINS RD.
TEL. 03/442-4468 FAX 03/442-4491
www.stayqueenstown.co.nz
Dieses Motel gehört einer Kette an und liegt nördlich des Stadtzentrums. Es hat moderne und gut ausgestattete Zimmer. Das Personal ist freundlich, die Preise sind vernünftig.
24 P Alle gängigen Kreditkarten

MERCURE RESORT QUEENSTOWN
$$$–$$$$
SAINSBURY RD.
TEL. 03/442-6600 FAX 03/442-7354
www.mercure.com
Viersternehotels einer Kette bieten oft gute Preise, und das alte Mercure hat gewöhnlich die besten Preise in Queenstown. Obwohl es 2,4 Kilometer von der Stadt entfernt liegt, eröffnet es eine herrliche Aussicht auf den See und das Skigelände The Remarkables und bietet gute Erholungsmöglichkeiten.
148 P Alle gängigen Kreditkarten

NOVOTEL LAKESIDE QUEENSTOWN
$$$–$$$$
EARL ST. & MARINE PARADE
TEL. 03/442-7750 FAX 03/442-7578
www.novotel.com
In einer ansprechenden Umgebung nahe der Innenstadt, auf einem ruhigen Grundstück am See, liegt dieses preislich günstige Novotel mit seinen guten Viersternezimmern, die in den oberen Stockwerken Balkon und unten jeweils Zugang zum Garten haben.
273 Alle gängigen Kreditkarten

TURNER HEIGHTS APARTMENTS
$$$–$$$$
TURNER ST.
TEL. 03/442-8383 FAX 03/442-9494
www.turnerheights.co.nz
Diese Apartments im alpinen Stil mit ihren ein oder zwei Schlafräumen liegen auf dem Hügel am Ende der Shotover Street. Sie sind ruhig und preiswert. Einige bieten Whirlpool und Seeblick.
12 Alle gängigen Kreditkarten

SHERWOOD MANOR HOTEL
$$–$$$
GOLDFIELD HEIGHTS, FRANKTON RD.
TEL. 03/442-8032 FAX 03/442-7915
www.discoverysherwood.co.nz
Dieses kleinere Hotel/Motel im Apartmentstil liegt gegenüber dem See, mit wundervollem See- und Bergblick. Es hat gut ausgestattete Studios sowie Apartments mit ein oder zwei Schlafräumen, allesamt mit Kochgelegenheiten. Es liegt außerhalb der Stadt Richtung Frankton, wo die Preise günstiger sind.
78 Alle gängigen Kreditkarten

WAI WATERFRONT RESTAURANT
$$$$$
STEAMER WHARF, BEACH ST.
TEL. 03/442-5969
www.wai.net.nz
Das Wai, eines der besten Restaurants in Queenstown, findet sich in bester Lage mit Sitzgelegenheiten direkt am Wasser. Hier gibt es unter anderem Thunfisch-, Schweinefleisch-, Rindfleisch- und Lammgerichte. Eine hervorragende Weinauswahl, viele Weine aus Central Otago, rundet das Mahl ab. Für ein Dinner-Erlebnis der Extraklasse bietet die Speisekarte ein Sieben-Gänge-Menü mit Weinvorschlägen.
50 M Alle gängigen Kreditkarten

BATHHOUSE CAFÉ
$$$–$$$$$
28 MARINE PARADE.
TEL. 03/442-5625
www.bathhouse.co.nz
Nachmittags und abends gibt es hier vor allem Tapas und zusätzlich eine kleine Speisekarte.
90 Alle gängigen Kreditkarten

AMISFIELD BISTRO
$$$
10 LAKE HAYES RD.
TEL. 03/442-0556
www.amisfield.co.nz
Dieses vortreffliche Restaurant mit Weinkellerei zwischen Queenstown und Arrowtown liegt inmitten einer lieblichen Landschaft und bietet Ausblicke auf den Lake Hayes. Das Menü, das die 15-minütige Anfahrt mehr als wert ist, ist überwiegend mediterran inspiriert. Zu den Spezialitäten zählen marinierte Oliven, Chorizo, Schweinebraten mit Äpfeln und Brunnenkresse. Geöffnet mittags und abends.
70 Mo AE, MC, V

FISHBONE BAR & GRILL
$$$
7 BEACH ST.
TEL. 03/442-6768
www.fishbonequeenstown.co.nz
Dieses Restaurant mit „fischlastigem" Outfit deckt das Spektrum der Meeresfrüchte von *fish and chips* bis Hummer ab. Auf der Speisekarte findet man Austern, Miesmuscheln, *paua* (Abalone) und Lachsfilet vom Holzkohlegrill. Die Meeresfrüchteplatte biegt sich unter ihrer Last. Reservierung empfohlen.
65 M Alle gängigen Kreditkarten

WINNIES GOURMET PIZZA BAR
$$$
7 THE MALL
TEL. 03/442-8635
www.winnies.co.nz
Das stets beliebte Winnies hat Steak, Fisch und

Pasta auf der Speisekarte, doch sind die Gourmetpizzen am beliebtesten. Dazu gehören die Pescara-Meeresfrüchte-Pizza und die Pizza Montanara mit Hühnchen, Brie, sonnengetrockneten Tomaten und süßer Chilisauce. Im Sommer sitzt man oben auf der Veranda, im Winter am lodernden Kaminfeuer. Im Winnies findet man auch Poolbillardtische. Es ist bis zwei Uhr nachts geöffnet.

90 Alle gängigen Kreditkarten

SPEIGHT'S ALE HOUSE

$$–$$$
STANLEY ST. & BALLARAT ST.
TEL. 03/441-3065
www.speights.co.nz

Dieser Pub in einem denkmalgeschützten Haus bereitet gutes Essen zu vernünftigen Preisen zu. Die riesigen Portionen bestehen überwiegend aus traditionellen Gerichten wie *pies* (Pasteten), Lammschenkel und *fish and chips*. Dazu ist Speights-Bier zu empfehlen.

80 Alle gängigen Kreditkarten

WANAKA

EDGEWATER RESORT

$$$$
SARGOOD DR.
TEL. 03/443-0011 FAX 03/443-8323
www.edgewater.co.nz

Direkt am Lake Wanaka, knapp außerhalb der Stadt gelegen, ist dies ein idealer Erholungsort mit Tennisplätzen, Fahrrad- und Kajakverleih. Die Studios sind gut ausgestattet, und die großen Suiten mit einem Schlafraum bieten sogar Küchen. Viele liegen an der Seeseite. Das Hotel hat gleich zwei hervorragende Restaurants.

104 P Alle gängigen Kreditkarten

WANAKA LUXURY APARTMENTS

$$$$
8 STONEBROOK DR.
TEL. 03/443-4943 FAX 03/443-6036
www.wla.co.nz

Diese Reihenhaus-Apartments, die sich am Rande der Stadt befinden, sind geräumig und gut ausgestattet. Die Apartments mit ein oder zwei Schlafräumen haben Kitchenettes. Sie sind allerdings nicht richtig zum Kochen geeignet. Dafür lockt das Reihenhaus-Apartment mit einem Whirlpool und einem kleinen, beheizten Swimmingpool.

26 P Alle gängigen Kreditkarten

THE MOORINGS

$$$–$$$$
17 Lakeside Rd.
TEL. 03/443-8479 FAX 03/443-8489
www.themoorings.co.nz

Diese neuen Motelwohneinheiten und Apartments liegen in einem modernen Gebäudekomplex unweit der Hauptstraße. Die Wohneinheiten sind schön eingerichtet. Die voll ausgestatteten Apartments mit ein oder zwei Schlafräumen verfügen über eine Dachterrasse, viele haben Seeblick.

22 P Alle gängigen Kreditkarten

LAKEVIEW MOTEL

$$
64–68 Lismore St.
TEL. 03/443-6955 FAX 03/443-7029
www.lakeviewmotel.co.nz

Dieses Motel gehört zu den besseren in Wanaka. Es liegt eine Straße weiter vom See entfernt, bietet aber noch schöne Ausblicke. Es sind nur wenige Minuten Fußweg zum Stadtzentrum, und die Studios sind mit einer Küche und Kabel-TV ausgestattet.

6 P MC, V

RELISHES

$$$–$$$$
1/99 ARDMORE ST.
TEL. 03/443-9018
www.relishescafe.co.nz

Relishes ist zu jeder Tageszeit eine gute Adresse: Es bietet großzügige, ganztägig servierte Frühstücke und leichten Lunch und verwandelt sich abends in ein schickes Restaurant mit innovativem Menü. Auf der Weinkarte sind Weine aus Central Otago gut vertreten.

65 Alle gängigen Kreditkarten

SARGOODS & WINEGLASS CAFE

$$$–$$$$
SARGOOD DR.
TEL. 03/443-0011
www.edgewater.co.nz

Dieses Restaurant und Café im Edgewater Resort ist eines der besten der Stadt. An sonnigen Tagen sitzt es sich auf der Terrasse am See sehr schön. Zum Brunch gibt es Eggs Benedict und Lammburger sowie Scones, am Abend werden moderne Menüs serviert.

100 M Alle gängigen Kreditkarten

KAI WHAKAPAI

$$–$$$

ARDMORE ST.

TEL. 03/443-7795

Tagsüber gibt es hier Frühstück und Kaffee sowie bis in den Abend hinein eine gute Auswahl von Bistrogerichten. Das im Boheme-Stil gehaltene beliebte Restaurant wurde vor Kurzem renoviert.

50 Alle gängigen Kreditkarten

FIORDLAND & SOUTHLAND

TE ANAU

DER BESONDERE TIPP

FIORDLAND LODGE

$$$$$

472 TE ANAU MILFORD HWY.

TEL. 03/249-7832 FAX 03/249-7449

www.fiordlandlodge.co.nz

Luxusliebhaber müssen fünf Kilometer in nördlicher Richtung aus der Stadt hinausfahren, um zu dieser aus Stein und grob behauenen Holzblöcken erbauten Lodge am Lake Te Anau zu gelangen. In der Lobby findet man einen offenen Kamin und große Fenster. Die Zimmer bieten See- und Bergblick, Familien können eine der beiden Holzhütten mieten. Zum guten Essen werden die passenden Weine angeboten.

12 Alle gängigen Kreditkarten

FIORDLAND LAKEVIEW HOTEL & APARTMENTS

$$$

42 LAKEFRONT DR.

TEL. 03/249-7546 FAX 03/249-7814

www.fiordlandlakeview.co.nz

Diese qualitativ guten Apartments im Chaletstil mit einem Schlafraum liegen am Wasser und sind ganzjährig beliebt – und daher oft belegt, man sollte also frühzeitig buchen. Eine gepflegte Anlage, guter Service und voll ausgestattete Zimmer machen das Hotel zu einer echten Alternative zu vielen großen Hotels.

12 Alle gängigen Kreditkarten

KINGSGATE HOTEL TE ANAU

$$$

20 LAKEFRONT DR.

TEL. 03/249-7421 FAX 03/249-8037

www.millenniumhotels.co.nz

Das Kingsgate gehört zu den größten Hotels der Stadt, bietet aber gute Zimmer und oft Preisnachlässe. Es liegt nahe dem See und nur einen Spaziergang von der Stadt entfernt. Das Haus ist gut gepflegt und preiswert.

94 Alle gängigen Kreditkarten

RADFORDS LAKEVIEW MOTEL

$$$

56 LAKEFRONT DR.

TEL. 03/249-9186 FAX 03/249-9187

www.radfordslakeviewmotel.co.nz

Dieses Seemotel hat Studios und Wohneinheiten mit ein und zwei Schlafräumen. Man genießt von allen Zimmern Seeblick, und manche Zimmer haben einen Whirlpool. Dank dem zuvorkommenden Personal, der Lage und guten Qualität ist es sehr beliebt.

14 Alle gängigen Kreditkarten

TE ANAU LAKEVIEW HOLIDAY PARK

$–$$

77 MANAPOURI – TE ANAU HIGHWAY

TEL. 03/249-7457 FAX 03/249-7536

www.teanauholidaypark.co.nz

In Te Anau sind die Unterkünfte teuer und in der Hochsaison übervoll. Deshalb sollte man diese Anlage nahe dem See ansteuern, wenn man nach Angeboten sucht. Die Auswahl an Zimmern ist riesig, sie reicht von einfachen Einzelzimmern in der gut ausgestatteten Lodge bis zu Nurdachhütten, komfortablen Touristenapartments und Motelzimmern.

200 AE, MC, V

REDCLIFFE CAFÉ & BAR

$$$

12 MOKONUI ST.

TEL. 03/249-7431

Dieses hübsche hölzerne Cottage liegt im

Stadtzentrum und ist mit Gegenständen aus der Geschichte des Hauses sowie mit Lobeshymnen der Schauspieler von „Der Herr der Ringe" gespickt. Die Fusionsküche kombiniert die Aromen, die Zutaten kommen aus der Region. Besonders zu empfehlen sind Wild und Schweinebauch.

50 M MC, V

LA TOSCANA
$–$$
108 MILFORD RD.
TEL. 03/249-7756
www.latoscana.co.nz

In diesem Restaurant in einer Stadt, die sonst nicht für ihr Essen berühmt ist, bekommt man gute Pasta und Pizza zu moderaten Preisen. Es hat länger als die meisten Restaurants geöffnet und ist bei Einheimischen beliebt.

42 M MC, V

INVERCARGILL

ASCOT PARK HOTEL
$$–$$$
TAY ST. & RACECOURSE RD.
TEL. 03/219-9076 FAX 03/219-9071
www.ascotparkhotel.co.nz

Oft steht der große Hotelkomplex nahezu leer, dabei bietet er qualitativ gute Zimmer zu Vorzugspreisen. Zur Ausstattung gehören ein beheiztes Hallenbad, eine Sauna, ein Fitnessraum, eine Bar und ein Restaurant.

96 Alle gängigen Kreditkarten

KELVIN HOTEL
$$
KELVIN ST. & ESK ST.
TEL. 03/218-2829 FAX 03/218-2287
www.kelvinhotel.co.nz

Dieses große Dreisternehotel im Herzen der Stadt hat sehr gut ausgestattete Zimmer mit Kabel-TV zu den in ganz Invercargill üblichen niedrigen Preisen. Das Hotel verfügt auch über eine Bar und ein schönes Restaurant.

60 Alle gängigen Kreditkarten

ZOOKEEPERS CAFÉ
$$
50 TAY ST.
TEL. 03/218-3373

Dieses abgedrehte Café – an den Wellblech-Tierfiguren auf der Veranda gut zu erkennen – ist eine feste Einrichtung in Invercargill. Es ist von zehn Uhr morgens bis spät in die Nacht geöffnet und serviert Frühstück, Suppen, Fisch und gute Steaks zu moderaten Preisen.

120 Alle gängigen Kreditkarten

STEWART ISLAND

RAKIURA LODGE
$$–$$$
8 MIRO CREScent, OBAN
TEL./FAX 03/219-1003
www.rakiuralodge.co.nz

In dieser kleinen Lodge findet man moderne Zimmer rund um einen gut eingerichteten Wohnbereich mit Ess- und Kochecke und einer Terrasse. Um in die Stadt zu kommen, benötigt man zu Fuß nur fünf Minuten.

4 MC, V

SOUTH SEA HOTEL
$–$$$
THE WATERFRONT, OBAN
TEL. 03/219-1059 FAX 03/219-1120
www.stewart-island.co.nz

Dieses Hotel hat viel Stil. Die Zimmer sind zwar recht einfach, manche bieten aber Meeresblick. Die Cottages im hinteren Teil haben Küchen. Das verglaste Restaurant mit Blick auf den Hafen serviert gutes Essen, und in der Bar geht es oft lebhaft zu.

17 AE, MC, V

CHURCH HILL CAFÉ BAR
$$$
36 KAMAHI RD., OBAN
TEL. 03/219-1323
www.churchhillrestaurant.com

Auf dem Hügel über dem Fähranleger liegt dieses für den winzigen Ort überraschend gute Restaurant. Drinnen sitzt man sehr gemütlich, draußen kann man mit Blick auf den Hafen sein Essen genießen. Die Speisekarte führt überwiegend Meeresfrüchte. Aber auch Steaks aus dem Steinofengrill oder Dunkler Sturmtaucher (eine regionale Delikatesse) wird hier angeboten.

40 Alle gängigen Kreditkarten

Einkaufen

Neuseeland bietet einige herausragende Einkaufsmöglichkeiten. Als Mitbringsel eignen sich etwa Jadeschnitzereien der Maori, Schmuck aus *paua* (Abalone), Knochen- und Holzschnitzereien, Wollwaren und Wein. In den großen Städten und Touristenorten gibt es Kunsthandlungen und Souvenirläden in Hülle und Fülle. Das Zentrum der Jadeschnitzerei, der Kunsthandlungen und Studios, die Kunsthandwerk und Schmuck verkaufen, ist **Hokitika** an der Westküste der Südinsel.

Wer in letzter Minute noch etwas besorgen möchte, sollte sich in den vielen Souvenirläden von Auckland und Christchurch umsehen.

In **Auckland** sollte man an der Queen Street oder im Downton Shopping Centre *(11–19 Customs St.)* nach preiswerteren Souvenirs suchen. Gehen Sie in Auckland die Queen Street entlang, oder besuchen Sie das Downtown Shopping Centre *(11–19 Customs St.)*, wenn Sie günstige Souvenirs suchen. Britomart beim Quay St./Britomart Place ist Aucklands neuestes und spannendstes Shoppingviertel. Die Märkte am Victoria Park und Aotea Square sind für Schnäppchenjäger im Bereich des Kunsthandwerks gut geeignet. An der High Street im Zentrum Aucklands liegen schicke neuseeländische Modegeschäfte – ebenso am Stadtrand von Newmarket. Die Stadt hat einige interessante Kunstgewerbeläden, wie Pauanesia *(35 High St., Tel. 09/366-7282)* mit Geschenkartikeln des Pazifikraums. Am Stadtrand von Parnell findet man etwas gehobenere Souvenirläden, wie Elephant House Crafts *(237 Parnell Rd., Tel. 09/309-8740)*.

In **Christchurch** liegen die Souvenirgeschäfte rund um den Cathedral Square. Wenn die Souvenirläden am Cathedral Square noch nicht aufgemacht haben, verlegen Sie Ihren Einkaufsbummel in die Container-Mall Re:START an der Colombo St. Beim Sonntagsmarkt in Riccarton House *(16 Kau Rd., Riccarton)* gibt es Handwerkliches und Gebasteltes.

Kunst der Maori: *Pounamu* (neuseeländische Jade) wurde über Jahrhunderte hinweg sehr gepriesen. Da man diese Jade nur an der Westküste der Südinsel finden kann, war sie wichtigstes Handelsgut zwischen den Stämmen der Süd- und Nordinsel. Noch heute ist die Westküste das Zentrum der *pounamu*-Kunst.

Der berühmteste Jadeschmuck ist der maorische *hei-tiki* (oft zu *tiki* abgekürzt), ein kleiner Anhänger, den man um den Hals trägt. Diese kleinen, menschenähnlichen Figuren sind nicht nur bei den Maori beliebt.

Knochenschnitzereien gehören ebenso zum traditionellen Kunsthandwerk, das sowohl praktischen als auch schmückenden Nutzen hat.

Maorische Holzschnitzer haben einige der schönsten Kunstwerke Polynesiens gefertigt, und diese Kunstfertigkeit wurde vor kurzer Zeit wiederbelebt. *Mere* (kurze, paddelähnliche Kriegskeulen) sind beliebte traditionelle Gegenstände. Viele Stücke in Souvenirläden sind Massenware. Wirklich schöne Kunstwerke findet man bei den Holzschnitzern selbst oder in Schnitzzentren wie Te Puia in Rotorua.

Abalone *(paua)* wurden von den Maori für Einlegearbeiten verwendet und sind heute als Schmuck in Souvenirläden verbreitet.

Die Frauen der Maori webten einst prächtige Umhänge aus Flachs, die sie mit Vogelfedern schmückten. Diese Kunst ist beinah verloren gegangen, doch werden diese Umhänge nun wieder produziert. Sie sind jedoch sehr teuer und mit importierten Vogelfedern oder Kaninchen- oder Kusufellen geschmückt. Gebräuchlicher sind noch heute die *kete*, gewebte Flachskörbe, die man als Handtasche verwenden kann.

Kleidung: Neuseelands Modeindustrie floriert. In den großen Boutiquen der Städte sind sowohl junge als auch etablierte Modedesigner vertreten. Beim World of WearableArt Festival, das jährlich in Wellington stattfindet und im WOW Museum in Nelson gezeigt wird, kann man avantgardistische Mode bewundern. Von Wanderkleidung bis zu Swanndri-Shirts und -jacken, die die neuseeländischen Farmer so lieben, wird viel im Land selbst produziert. Auch Rugbymode gehört mit den Rugbytrikots von Canterbury mittlerweile zum Mainstream.

Unterhaltung

Neuseeland hat eine kleine, blühende Kunstszene, von Theater, Ballett und Symphonieorchestern bis hin zu künstlerischen Darbietungen der Maori, Rappern aus dem Pazifikraum und Rockbands.

Auf der Website des Tourism New Zealand *(www.newzealand.com)* findet man aktuelle Hinweise zu Kunst-, Kultur-, Musik- und Sportveranstaltungen sowie zu Nahrungsmittel- und Weinpräsentationen.

Von all den Festivals darstellender Künste ist das New Zealand International Arts Festival *(www.festival.co.nz)* das größte des Landes. Es findet jährlich in Wellington statt.

Das New Zealand International Film Festival *(www.nzff.co.nz)* führt die Filmfestivals der größeren Städte zusammen und geht mit einer großen Auswahl an Filmen, die nicht zum Mainstream gehören, durchs ganze Land auf Tour.

Theater: In Auckland ist die Auckland Theatre Company *(www.atc.co.nz)* das wichtigste professionelle Theaterensemble, das übers Jahr an verschiedenen Theatern spielt, darunter das Maidment Theatre, Aotea Centre, die Town Hall und das Skycity Theatre.

Das Theater ist vor allem in Wellington präsent. Dort spielen die Theaterensembles Circa *(www.circa.co.nz)*, Downstage *(www.downstage.co.nz)* sowie Bats *(www.bats.co.nz)*.

In Christchurch ist das professionelle Court Theatre *(www.courttheatre.org.nz)* beheimatet, und Dunedin hat sein Fortune Theatre *(www.fortunetheatre.co.nz)*.

Klassische Musik, Ballett & Oper: Wellington, das kulturelle Zentrum Neuseelands, ist Sitz des New Zealand Symphony Orchestra *(www.nzso.co.nz)*, das jedoch im ganzen Land auftritt.

Das Royal New Zealand Ballet *(www.nzballet.org.nz)* kommt ebenfalls aus Wellington und geht regelmäßig auf Tour. Die New Zealand Opera *(www.nzopera.com)* ist hingegen in Auckland beheimatet.

Darstellende Künste der Maori: Traditionelle Musik und Tänze der Maori gehören zu jedem Touristenprogramm und werden oft von Reiseveranstaltern in Rotorua organisiert. Zwei der am leichtesten erreichbaren und professionellsten Truppen führen ihre Künste in Te Puia in Rotorua und im Auckland Museum auf.

Beim alle zwei Jahre stattfindenden Te Matatini Maori Performing Arts Festival *(www.tematatini.org.nz)* erlebt man die besten Aufführungen.

Nachtleben: Das pulsierende Nachtleben findet in den großen Städten mit ihren Bars und Clubs statt.

Auckland (siehe auch S. 60.) Das lebhafteste Nachtleben findet man am Wasser am Viaduct Basin, und es schwappt zum nahe gelegenen Princes Wharf und Britomart sowie zur Quay St. In der Nacht verwandeln sich die Restaurants am Wasser in Bars, viele mit DJs und Livemusik. Ein weiteres empfehlenswertes Bar- und Clubviertel erstreckt sich an der Vulcan Lane/High Street im Herzen der Stadt. An der Victoria Street liegen das SkyCity Casino und einige elegantere Bars. Am oberen Ende der Queen Street findet man entlang der Karangahape Road viele Musikclubs und -kneipen. An einem Teil der Parnell Road am inneren Stadtrand und besonders an der Ponsonby Road gibt es viele schicke Bars, in denen es am Wochenende so richtig abgedreht.

Wellington (siehe auch S. 159.) Cuba Street/Courtenay Place und deren Nebenstraßen bilden das Herz des überschäumenden Nachtlebens von Wellington. Am Wasser, vor allem am Queens Wharf, finden sich ebenfalls einige gute Restaurants/Bars.

Christchurch (siehe auch S. 194.) Die Erdbeben bereiteten dem lebhaften Nachtleben an der Oxford Terrace und in anderen Teilen von Christchurch ein jähes Ende. In Vorstädten wie Addington finden Sie ein paar Lokale, darunter das Dux Live und das umgezogene Court Theatre.

Freizeitaktivitäten

Da Neuseeland mit einer wundervollen Landschaft gesegnet ist, finden die meisten Aktivitäten in der freien Natur statt. Jeder Touristenort bietet, teils mithilfe von Reiseveranstaltern, eine Fülle an Aktivitäten an. Die Touristenbüros vor Ort vermitteln den Besucher gern an diese Veranstalter weiter.

Extremsportarten: Neuseeland war eines der ersten Länder, die Extremsportarten wie Bungee-Jumping, Wildwasserrafting oder Tandemspringen populär gemacht haben. Veranstalter im ganzen Land werden nicht müde, den Touristen eine Fülle von Sportarten anzubieten, die sie zu Tode erschrecken. Ein Überblick findet sich auf S. 252.

Kanu- & Kajakfahren: Das Kanufahren auf dem Whanganui River durch die Wildnis des Whanganui National Park ist so beliebt geworden, dass es nun als *Great Walk* ausgezeichnet wurde und beim DOC *(www.doc.govt.nz)* gebucht werden muss. Die drei- bis fünftägige Tour kann auch von Reiseveranstaltern vorbereitet werden, die die Ausrüstung und den Hin- und Rücktransport organisieren.

Die beliebteste Kajaktour übers Meer führt entlang der Küste des Abel Tasman National Park und wird von Reiseveranstaltern als geführte Tour angeboten; sie kann aber von erfahrenen Kajakfahrern auch allein unternommen werden. Auf der Website des DOC findet man weitere Details zu diesen beiden Touren.

Das Kajakfahren auf dem Meer ist auch in den Marlborough Sounds und vor allem in Fiordland beliebt, wo Veranstalter in Te Anau, Manapouri und Milford spektakuläre Ausflüge auf dem Milford und Doubtful Sound anbieten.

Angeln: Fische gibt es in Hülle und Fülle. Regenbogen- und Bachforellen sowie Königslachse tummeln sich in den Seen und Flüssen Neuseelands. Besonders der Lake Taupo und die Flüsse, die in diesen See fließen (vor allem der Tongariro) sind berühmte Forellenparadiese. Rotorua und die Seen der Südinsel wie der Lake Brunner sind ebenfalls für den Forellenfang gut geeignet. Lachse leben in den Flüssen der Ostküste der Südinsel. Man benötigt allerdings eine Angelerlaubnis vom DOC *(www.doc.govt.nz)*. Die Saison erstreckt sich von Oktober bis Mai.

Die Bay of Islands und Tutukaka in Northland sind die Hauptzentren des Sportangelns, beispielsweise auf Marline, sowie des Hochseeangelns auf viele schmackhafte Fischarten: Schnapper, *hapuka* (Wrackbarsch), *tarakihi*, Meerbarbe und Sandbarsch. Neuseeländer angeln überall, ob am Pier oder in der Brandung am Strand. Ein Angelschein wird nicht benötigt.

Golf: Neuseeland hat mehr als 400 Golfplätze, angeblich die weltweit höchste Anzahl pro Kopf. Zu den Spitzenplätzen gehören Kauri Cliffs in der Bay of Islands, Cape Kidnappers in Hawkes Bay und Millbrook nahe Queenstown. Während die Greenfees auf diesen exklusiven Plätzen recht hoch sind, liegen die Gebühren auf kleineren Plätzen vor Ort niedriger und beginnen bei 10 NZ$ (6,50 Euro) und pendeln sich im Durchschnitt bei etwa 30 NZ$ (20 Euro) ein. Der New Zealand Golf Guide *(www.nzgolfguide.myshopify.com)* liefert weitere Details.

Reiten: Reiten ist im ganzen Land beliebt. Veranstalter bieten Reitausflüge über Farmen, durch Wälder und an Stränden an, die eine Stunde bis zu mehrere Tage lang sind. Meist gibt es Pferde für alle Fähigkeiten. Auf der Südinsel, vor allem in Otago und Canterbury, kann man auch Ritte durch die Berge und das Hinterland unternehmen. Reitzentren finden sich an der Westküste, in Kaikoura, Tekapo, Queenstown und Dunedin. Auf der Nordinsel gibt es Reitzentren am Pakiri Beach und in South Kaipara, in der Nähe von Auckland. In Raglan, Rotorua und anderen Orten kann man Pferde ausleihen.

Besucherzentren geben gern weitere Infos zu Reitveranstaltern. Man kann aber auch unter *www.truenz.co.nz/horsetrekking* nach Trekkingzentren suchen.

Bergsteigen & Klettern: Die Southern Alps waren schon immer ein Übungsgebiet für viele Bergsteiger der Weltklasse. Der Mount Cook und Mount Aspiring National Park sind das Hauptziel vieler Profibergsteiger, doch es gibt auch Bergsteigerkurse für Anfänger, die von Alpine Guides am Mount Cook *(Tel. 03/435-1834, www.alpineguides.co.nz)*, von Aspiring Guides *(Tel. 03/443-9422, www.aspiringguides.com)* und von Adventure Consultants *(Tel. 03/443-8711, www.adventureconsultants.co.nz)* in Wanaka durchgeführt werden. Zu den besten Kletterregionen gehören Port Hills und Castle Hill bei Christchurch, Wharepapa in der Nähe von Te Awamutu und Whanganui Bay nahe Taupo. Die Website von Climb New Zealand *(www.climb.co.nz)* gibt Informationen zu weiteren Klettergebieten.

Skifahren: Obwohl die Skigebiete nicht so weitläufig sind wie in Europa und Nordamerika, kann man in Neuseelands spektakulärem Hinterland wunderbar Ski fahren. Eine Übersicht der Hauptskigebiete findet sich auf S. 206 f.

Wandern: Es gibt überall Wanderwege. Viele sind eher leichte Spazierwege, die sich für Familien eignen. Man kann aber auch schwierigere Wanderungen wählen. In den Nationalparks kann man herrlich wandern, ob fünf Tage an der Küste entlang oder quer durch die Alpen. Die berühmtesten und beliebtesten Wege werden *Great Walks* genannt. Hier wird jedoch zugunsten des Umweltschutzes darauf geachtet, dass die Anzahl der Wanderer begrenzt bleibt. Übernachtungen sind nur auf dazu vorgesehenen Campingplätzen oder in Hütten erlaubt, die man in der Hauptsaison zusammen mit der Wanderung selbst buchen muss. Berühmt sind der viertägige Milford Track (siehe S. 264 f.) durch den Fiordland National Park und der eintägige Tongariro Alpine Crossing (siehe S. 134 f.) in der Vulkanlandschaft des Tongariro National Park.

Zu den weiteren *Great Walks* gehören der Abel Tasman Coastal Walk (3–5 Tage, Abel Tasman National Park), Heaphy Track (4–6 Tage, Kahurangi National Park), Kepler Track (4 Tage, Fiordland National Park), Lake Waikaremoana Track (3–4 Tage, Te Urewera National Park), Rakiura Track (3 Tage, Stewart Island), Routeburn Track (3 Tage, Mount Aspiring Park und Fiordland National Park) und der Tongariro Northern Circuit (3–4 Tage, Tongariro National Park).

Die Büros des Department of Conservation (DOC) in den Parks, aber auch in den Städten haben Informationsmaterial zu Hunderten von Wanderwegen. Auf der Website des DOC *(www.doc.govt.nz)* erhält man zahlreiche Infos zum Thema Wandern, man kann hier die meisten *Great Walks* auch direkt buchen.

Wassersport: Da Neuseeland eine so lange Küste hat, bieten sich sehr viele Möglichkeiten, das Meer zu erleben. Segeln ist gleichsam eine nationale Leidenschaft, vor allem seitdem Neuseeland den America's Cup gewonnen hat. Auckland ist als „Stadt der Segel" der richtige Ort, um ein Segelabenteuer zu beginnen. Auch Segelbootverleiher in der Bay of Islands und in Nelson lassen freudig Besucher an Bord. Zum Sporttauchen eignet sich die Ostküste der oberen Hälfte der Nordinsel, vom Vulkan der White Island bis zur Goat Island bei Leigh und im Poor Knights Island Marine Reserve nahe Tutukaka, besonders. Dort hat man gute Sicht und ein reichhaltiges Meeresleben. Auch weiter nördlich, rund um die Bay of Islands, insbesondere an den Three Kings Islands, kann man hervorragend tauchen.

Auf der Südinsel gibt es ebenfalls einzigartige Tauchmöglichkeiten, vor allem in den Fjorden Fiordlands, in denen eine Frischwasserschicht an der Meeresoberfläche ebenso subtropische Tiefsee- wie Flachwasserfische nach oben zieht. Im Milford Sound gibt es die weltweit größten Vorkommen der Schwarzen Koralle. Zwei Websites zum Thema Tauchen sind *www.divenewzealand.com* und *www.nzu.org.nz.*

Raglan an der Westküste der Nordinsel ist das bekannteste Surferparadies des Landes, es gibt jedoch auch viele andere, wie Piha und Muriwai bei Auckland, Whangamata auf der Coromandel Peninsula und Gisborne. Surfberichte und Informationen zu den beliebtesten Breaks findet man unter *www.surf.co.nz.*

REGISTER

Seitenzahlen im **Fettdruck** verweisen auf Abbildungen.

E

F

G

H

I

J

K

ABBILDUNGSNACHWEIS

Alle Fotos stammen von Colin Monteath mit folgenden Ausnahmen:
14-5, Wilfried Krecichwost/Getty Images; 17, Tony Brunt/Hedgehog House New Zealand; 18, RST/Ian Brodie Photo; 22, Andy Reisinger/Hedgehog House New Zealand; 26-7, Alexander Turnbull Library, Wellington, New Zealand; 29, Clive Rose/Getty Images; 30, Popperfoto/Getty Images; 32, Stephen Barker/Rex Features via AP Images; 42, Dave J Hogan/Getty Images; 46, Nick Groves/Hedgehog House New Zealand; 58, Chad Ehlers/Getty Images; 63, Kim Christensen/PhotoNewZealand; 65, Tony Brunt/Hedgehog House New Zealand; 69, Rob Brown/Hedgehog House New Zealand; 70, Peter Morath/Hedgehog House New Zealand; 72, David Rogers/Getty Images; 82, Courtesy SheepWorld; 90, Alexander Turnbull Library, Wellington, New Zealand; 91, Hannah Johnston/Getty Images; 106, Focus_on_Nature/iStockphoto; 110, Alexander Turnbull Library, Wellington, New Zealand; 129, Ross Nolly/Hedgehog House New Zealand; 134, Guy Vickers/Hedgehog House New Zealand; 142, Harley Betts/Hedgehog House New Zealand; 147, Andy Reisinger/Hedgehog House New Zealand; 155, Maltings Partnership, Derby, England; 164, Dave Hansford/Hedgehog House New Zealand; 166, Graham Charles/Hedgehog House New Zealand; 172, Tony Brunt/Hedgehog House New Zealand; 180, Ingrid Visser/Hedgehog House New Zealand; 181, Richard Casswell/Hedgehog House New Zealand; 183, Graham Charles/Hedgehog House New Zealand; 188, WSL Ltd, CHCH, NZ; 196, AP Images/NZPA, David Wethey; 198, Nigel Spiers/iStockphoto; 201, Logan Murray/Hedgehog House New Zealand; 230-1, Maltings Partnership, Derby, England; 271, Neil Farrin/JAI/CORBIS; 272, John Rendle/Hedgehog House New Zealand.

In der Reihe NATIONAL GEOGRAPHIC TRAVELER sind bisher folgende Titel erschienen:

ÄGYPTEN
ALASKA
ANGKOR
ARGENTINIEN
AUSTRALIEN
BARCELONA
BERLIN
BOSTON UND UMGEBUNG
BRASILIEN
CHINA
COSTA RICA
DEUTSCHE NATIONALPARKS
FLORENZ UND TOSKANA
FLORIDA
FRANKREICH
GRIECHENLAND
GROSSBRITANNIEN
HAWAII
HONGKONG
INDIEN
IRLAND
ISTANBUL MIT TÜRKISCHE RIVIERA UND KAPPADOKIEN
ITALIEN
JAPAN
KALIFORNIEN
KAMBODSCHA
KANADA
KANADA-NATIONALPARKS
KARIBIK
KOLUMBIEN
KROATIEN
KUBA
LONDON
MADRID
MAROKKO
MEXIKO
MIAMI UND DIE FLORIDA KEYS
NEUSEELAND
NEW YORK
PANAMA
PARIS
PERU
PORTUGAL
PRAG UND TSCHECHIEN
PROVENCE UND CÔTE D'AZUR
RIO DE JANEIRO
ROM
RUMÄNIEN
SAN FRANCISCO
SCHOTTLAND
SCHWEIZ
SPANIEN
SÜDAFRIKA
SYDNEY
TAIWAN
THAILAND
USA-NATIONALPARKS
VENEDIG
VIETNAM
WASHINGTON, D.C.
WIEN

Weitere Titel in Vorbereitung

Deutsche Ausgabe veröffentlicht von NATIONAL GEOGRAPHIC DEUTSCHLAND (NG Malik Buchgesellschaft mbH), Hamburg 2009
3. aktualisierte Auflage, Hamburg 2014

Deutsche Übersetzung: Brigitte Beier, Dr. Birgit Beile-Meister, Christiane Gsänger, Dr. Annegret Pago. Dr. Heinz Vestner, Simone Wiemken
Aktualisierung 2014: bookwise Medienproduktion GmbH, München
Druck und Verarbeitung: Firmengruppe APPL, aprinta druck GmbH, Wemding

Printed in Germany
ISBN 978-3-95559-056-7

Titel der amerikanischen Originalausgabe:
National Geographic Traveler New Zealand

Alle Angaben in diesem Buch wurden zum Zeitpunkt der Erarbeitung sorgfältig geprüft. Dennoch können sich natürlich Details ändern, und der Verlag kann für solche Änderungen, eventuelle Fehler oder Auslassungen keine Verantwortung oder Haftung übernehmen. Bewertungen von Hotels, Restaurants oder Sehenswürdigkeiten geben die Sicht der Autoren wieder.

Die National Geographic Society, eine der größten gemeinnützigen wissenschaftlichen Vereinigungen der Welt, wurde 1888 gegründet, um »die geographischen Kenntnisse zu mehren und zu verbreiten«. Sie unterstützt die Erforschung und Erhaltung von Lebensräumen sowie Forschungs- und Bildungsprogramme. Ihre weltweit mehr als neun Millionen Mitglieder erhalten monatlich das National Geographic-Magazin, in dem die besten Fotografen der Welt berichten. Ihr Ziel: *inspiring people to care about the planet,* Menschen zu inspirieren, sich für ihren Planeten einzusetzen.

Die National Geographic Society informiert nicht nur durch das Magazin, sondern auch durch Bücher, Fernsehprogramme und DVDs.

Falls Sie mehr über National Geographic wissen wollen, besuchen Sie unsere Website unter *www.nationalgeographic.de*

Zur richtigen Zeit am richtigen Ort
Fakten, Tipps und Insider-Informationen für alle wichtigen Reiseländer
BLUFF
ZEALAND
HOBART 1680 km
SYDNEY 2000 km
TEWART ISLAN
(OBAN)
Urlaubsreif? –
110 Länder, 6000 Ideen
Reiseratgeber, Softcover,
432 Seiten, 18,2 × 23,8 cm,
€ 24,95 (D)
www.nationalgeographic.de
NATIONAL GEOGRAPHIC
110 LÄNDER
URLAUBSREIF?
6000 IDEEN
ZUR RICHTIGEN ZEIT AM RICHTIGEN ORT
NATIONAL GEOGRAPHIC
Abenteuer von Welt.